U0330307

基于小数据的高校图书馆用户电子资源使用习惯研究

A Study on Electronic Resource Usage Habits of University Library Users Based on Small Data

杨涛 著

中山大学出版社
SUN YAT-SEN UNIVERSITY PRESS

·广州·

图书在版编目（CIP）数据

基于小数据的高校图书馆用户电子资源使用习惯研究/杨涛著．—广州：中山大学出版社，2023.12

ISBN 978 – 7 – 306 – 07972 – 5

Ⅰ.①基…　Ⅱ.①杨…　Ⅲ.①院校图书馆—电子出版物—图书馆服务—研究　Ⅳ.①G258.6

中国国家版本馆 CIP 数据核字（2024）第 005113 号

出 版 人：王天琪
策划编辑：陈晓阳
责任编辑：陈晓阳
封面设计：林绵华
责任校对：舒　思
责任技编：靳晓虹
出版发行：中山大学出版社
电　　话：编辑部 020 – 84110283，84113349，84111997，84110779，84110776
　　　　　发行部 020 – 84111998，84111981，84111160
地　　址：广州市新港西路 135 号
邮　　编：510275　　传　　真：020 – 84036565
网　　址：http://www.zsup.com.cn　E-mail：zdcbs@mail.sysu.edu.cn
印 刷 者：广州市友盛彩印有限公司
规　　格：787mm×1092mm　1/16　24 印张　405 千字
版次印次：2023 年 12 月第 1 版　2023 年 12 月第 1 次印刷
定　　价：88.00 元

本书为国家哲学社会科学基金一般项目"基于小数据的高校图书馆用户电子资源使用习惯研究"（项目批准号：15BTQ031）成果

序

　　随着数字化、网络化的发展，科学研究范式和信息环境正在发生根本性的变革，电子资源已经成为高校图书馆用户教学、科研活动的主要信息源。为学校的学科建设和人才培养提供文献资源支撑是高校图书馆的重要使命。因应用户需求的变化，高校图书馆文献资源建设的重心逐步向电子资源转移，电子资源经费投入不断增长。电子资源的建设和服务已经成为高校图书馆业务的重要组成部分，对于提高教学质量、推动科研发展、服务社会需求具有至关重要的作用。

　　然而，当前高校图书馆用户电子资源的使用和管理还存在一些问题。如电子资源的使用绩效有待提高，某些电子资源的利用率不高，甚至用户对其知晓率较低；部分用户不知道如何获取所需的电子资源，对电子资源的使用方法也不清楚；高校图书馆对用户电子资源的使用过程和使用行为掌握得不够充分；高校图书馆在对电子资源的组织和揭示上也存在不合理、不充分之处。

　　为了更好地解决这些问题，了解高校图书馆用户电子资源的使用习惯、偏好和影响因素变得尤为重要。本书旨在深入调查和分析高校图书馆用户电子资源使用行为，为高校图书馆和相关的电子资源供应商提供电子资源服务和推广的改进策略，以便提高电子资源的利用率，让电子资源发挥应有的效益。

　　本书第一部分通过相关统计数据分析了我国高校图书馆电子资源建设的现状；以世界一流大学建设高校为例，调查了我国高校图书馆电子资源组织与揭示的情况，概述了高校图书馆用户电子资源使用行为研究进展，为读者提供了电子资源使用行为的详细背景材料；在现有研究成果的基础上，构建了高校图书馆用户电子资源使用习惯模型，提出了相关的研究假设。

　　本书第二部分首先将高校图书馆用户电子资源的使用行为放在整个社会背景中来审视，通过对不同情境中用户信息搜索起点的对比来发现高校图书馆的"危"与"机"。然后，从用户使用电子资源的流程出发，对用户的电子资源使用行为进行了分析，包括用户的查寻和选择行为、电子资源利用与偏好，以及影响高校图书馆用户电子资源使用行为的因素。

本书第三部分利用问卷收集到的数据对高校图书馆用户电子资源使用习惯模型及相关研究假设进行了检验。结构模型方程分析显示，模型具备了一定的适配度，能够在一定程度上解释高校图书馆用户电子资源使用习惯，发现了性别、年龄、身份、专业、学历等的调节效应。

本书第四部分为案例研究，以电子图书这种类型的电子资源为例，研究了用户对电子图书的具体使用行为和持续使用行为。

本书最后总结了研究获得的结论，并以之为基础，提出了相应的对策和建议。

在学界和业界"大数据"概念流行的背景下，本书从通过调查、访谈、日志分析等收集到的用户使用图书馆电子资源的"小数据"的视角对我国高校图书馆用户电子资源使用行为进行了深入研究，对丰富我国高校图书馆用户电子资源使用行为理论，以及图书馆电子资源供应商和图书馆如何提高电子资源质量、进行电子资源建设、改进电子资源服务具有较高的借鉴价值。

本书不仅从多个角度具体刻画了高校图书馆用户电子资源使用行为，总结了用户的偏好和习惯，而且还以扩展版整合技术接受与使用模型构建了高校图书馆电子资源使用习惯模型，以期望确认模型为基础构建了电子图书持续使用模型。希望本书能为相关领域的研究者提供有益的资料和思路。同时，希望本书能够得到广大读者的喜爱和关注。

在图书馆用户电子资源使用行为的研究与实践成果相当丰富且发展迅速的情况下，书中定有不少疏漏。欢迎读者提出宝贵的意见和建议，一起为高校图书馆文献资源建设的高质量发展贡献力量。

目　　录

第1章　绪　　论

1.1　研究背景

图书馆早期的馆藏以纸质图书和纸质期刊为主。随着数字化、网络化的发展，图书馆馆藏朝着纸质资源和电子资源并存的混合式馆藏形态发展。电子资源因其使用的便利性受到了图书馆用户的青睐。Ithaka 的研究报告《高等教育数字化转型中主要利益相关者研究：2006》（*Ithaka's 2006 Studies of Key Stakeholders in the Digital Transformation in Higher Education*）指出，总体而言，电子资源被视为对教师具有重要的价值，并且有望随着时间的推移而愈发重要①。孔青青也认为，随着科学研究范式和学术信息环境的根本性变革，电子资源已成为科研人员获取信息的主要类型②。

图书馆投入了大量的经费用于电子资源的建设。以美国高校图书馆近 10 年的情况为例，美国研究图书馆协会（Association of Research Libraries, ARL）公布的图书馆统计报告中包含资源建设经费。2011—2012 财年之前，统计数据含有电子资源建设经费这一项目，分为一次性电子资源建设经费和连续性电子资源建设经费两个子项。自 2011—2012 财年起，ARL 调整了统计项目，资源建设经费分为一次性资源建设经费、连续性资源建设经费和馆藏支持经费。虽然一次性资源建设经费里面也包括了回溯数据库等的一次性买断费用，连续性资源建设经费也包括了连续购买纸质期刊等的费用，但是目前连续性资源建设经费中绝大多数为电子资源建设经费。因此我们可以通过连续性资源的经费数额来大致推测 ARL 成员馆的电子资源建设经费数额。2009—2010 财年，ARL 成员馆中有 114 家高校图书馆提供了有效的电子资源建设经费数据，平均数为 696 万美元，中位

---

① Housewright R, Schonfeld R C. Ithaka's 2006 Studies of Key Stakeholders in the Digital Transformation in Higher Education [M]. New York：Ithaka, 2008：15.

② 孔青青. 科研人员电子资源需求调查分析 [J]. 图书情报工作, 2016 (10)：47 – 54.

数为 669 万美元①。2010—2011 财年，ARL 成员馆中有 113 家高校图书馆提供了有效的电子资源建设经费数据，平均数为 757.7 万美元，中位数为 728.1 万美元②。2011—2012 财年，ARL 成员馆中有 113 家高校图书馆提供了有效的连续性资源建设经费数据，平均数为 870.2 万美元，中位数为 820.2 万美元③。2012—2013 财年，ARL 成员馆中有 113 家高校图书馆提供了有效的连续性资源建设经费数据，平均数为 908.9 万美元，中位数为 874.3 万美元④。2013—2014 财年，ARL 成员馆中有 113 家高校图书馆提供了有效的连续性资源建设经费数据，平均数为 951.4 万美元，中位数为 880.4 万美元⑤。2014—2015 财年，ARL 成员馆中有 114 家高校图书馆提供了有效的连续性资源建设经费数据，平均数为 987.9 万美元，中位数为 911.1 万美元⑥。2015—2016 财年，ARL 成员馆中有 113 家高校图书馆提供了有效的连续性资源建设经费数据，平均数为 1008.4 万美元，中位数为 919.1 万美元⑦。2016—2017 财年，ARL 成员馆中有 113 家高校图书馆提供了有效的连续性资源建设经费数据，平均数为 1031 万美元，中位数为 941.8 万美元⑧。2017—2018 财年，ARL 成员馆中有 115 家高校图书馆提供了有效的连续性资源建设经费数据，平均数为 1050.6 万美元，中位数为 981.1 万美元⑨。2018—2019 财年，ARL 成员馆中有 115 家高校图书

---

① Kyrillidou M, Morris S, Roebuck G. ARL Statistics 2009 – 2010 ［M］. Washington, DC: Association of Research Libraries, 2011.

② Kyrillidou M, Morris S, Roebuck G. ARL Statistics 2010 – 2011 ［M］. Washington, DC: Association of Research Libraries, 2012.

③ Kyrillidou M, Morris S, Roebuck G. ARL Statistics 2011 – 2012 ［M］. Washington, DC: Association of Research Libraries, 2013.

④ Kyrillidou M, Morris S, Roebuck G. ARL Statistics 2012 – 2013 ［M］. Washington, DC: Association of Research Libraries, 2014.

⑤ Kyrillidou M, Morris S, Roebuck G. ARL Statistics 2013 – 2014 ［M］. Washington, DC: Association of Research Libraries, 2015.

⑥ Morris S, Roebuck G. ARL Statistics 2014 – 2015 ［M］. Washington, DC: Association of Research Libraries, 2017.

⑦ Morris S, Roebuck G. ARL Statistics 2015 – 2016 ［M］. Washington, DC: Association of Research Libraries, 2018.

⑧ Morris S, Roebuck G. ARL Statistics 2016 – 2017 ［M］. Washington, DC: Association of Research Libraries, 2019.

⑨ Morris S, Roebuck G. ARL Statistics 2017 – 2018 ［M］. Washington, DC: Association of Research Libraries, 2019.

馆提供了有效的连续性资源建设经费数据，平均数为 1072.2 万美元，中位数为 981.2 万美元[①]。

　　ARL 成员馆中高校图书馆近 10 年来的电子资源建设经费状况见图 1-1。近 10 年来，ARL 成员馆电子资源建设经费无论是平均数还是中位数都在稳定增长，并且平均数和中位数的差别不大，说明成员馆之间的差距不明显。

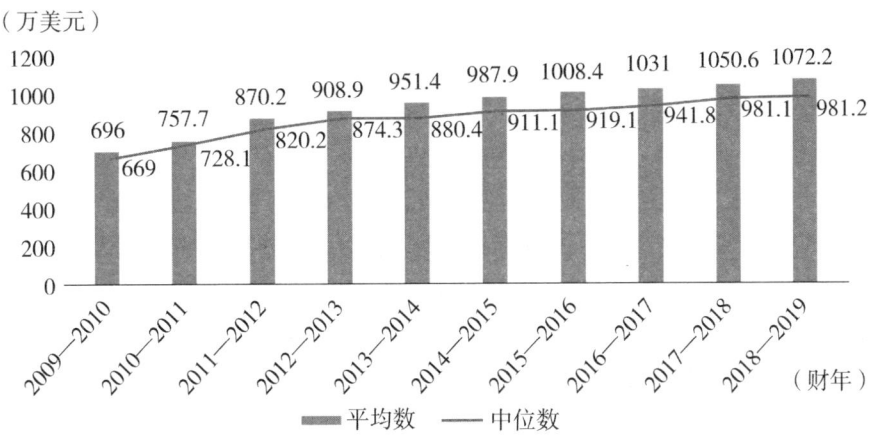

图 1-1　近 10 年来美国 ARL 高校图书馆电子资源建设经费

（注：2009—2010 财年和 2010—2011 财年使用电子资源建设经费数据，其他财年使用连续性资源建设经费数据）

　　如图 1-2 所示，从电子资源建设经费占图书馆资源建设经费的比例来看，ARL 高校图书馆电子资源建设经费占资源建设总经费的平均比例虽然不像电子资源建设经费平均数那样逐年增长，但是也从 2009—2010 财年的 62.24% 上升到了 2018—2019 财年的 73.54%，也就是说有将近 3/4 的图书馆资源建设经费投入电子资源领域。

　　与美国高校同行情况类似，中国高校图书馆馆均电子资源建设经费数额也大致呈现增长趋势，并且可能因为起点低，所以增长的速度更快。

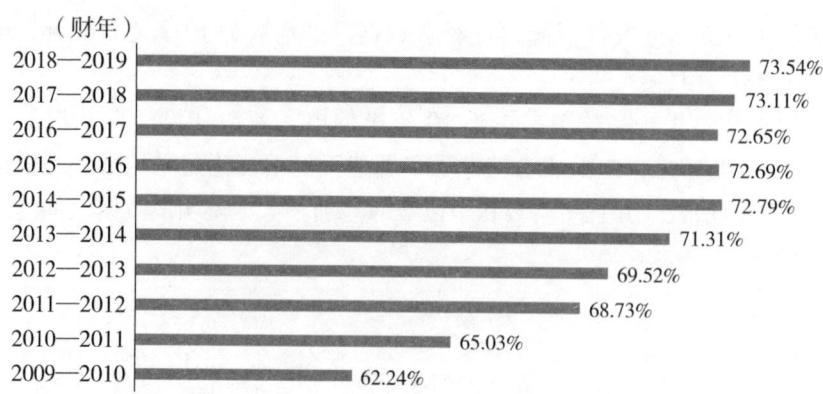

图1-2　近10年来美国 ARL 高校图书馆电子资源建设经费占资源建设经费的比例

　　根据我国高校图书馆发展报告，2011 年有 416 所高校图书馆提交了有效的电子资源采购费数据，平均数为 171.8 万元，中位数约为 50.5 万元①。2012 年有 446 所提交了有效的电子资源采购费数据，平均数为 180 万元，中位数约为 56.5 万元②。2013 年有 505 所提交了电子资源采购费数据，平均数为 187.9 万元，中位数约为 63.8 万元③。2014 年有 549 所提交了有效的电子资源采购费数据，平均数为 239 万元，中位数约为 86.0 万元④。2015 年有 665 所提交了有效的电子资源采购费数据，平均数为 251.4 万元，中位数约为 88.4 万元⑤。2016 年有 763 所提交了有效的电子资源采购费数据，平均数为 288.1 万元，中位数约为 95.8 万元⑥。2017 年有 744 所提交了有效的电子资源采购费数据，平均数为 326.7 万元，中位数约为 111.5 万元⑦。2018 年有 964

　　① 王波，吴汉华，姚晓霞，等. 2011 年高校图书馆发展报告 [EB/OL]. [2021-09-19]. http://www.scal.edu.cn/sites/default/files/attachment/tjpg/20130109081426.pdf.
　　② 王波，吴汉华，姚晓霞，等. 2012 年高校图书馆发展报告 [EB/OL]. [2021-09-19]. http://www.scal.edu.cn/sites/default/files/attachment/zxdt/2012fzbg.pdf.
　　③ 王波，刘静，庞琳，等. 2013 年高校图书馆发展概况 [EB/OL]. [2021-09-19]. http://www.scal.edu.cn/sites/default/files/attachment/tjpg/2013ALgaikuang.pdf.
　　④ 王波，吴汉华，姚晓霞，等. 2014 年高校图书馆发展概况 [EB/OL]. [2021-09-19]. http://www.scal.edu.cn/sites/default/files/attachment/tjpg/20151109.pdf.
　　⑤ 王波，吴汉华，姚晓霞，等. 2015 年高校图书馆发展概况 [J]. 高校图书馆工作，2017，37 (1)：4-16.
　　⑥ 王波，吴汉华，宋姬芳，等. 2016 年高校图书馆发展概况 [J]. 高校图书馆工作，2017，37 (6)：20-34.
　　⑦ 吴汉华，王波，朱强. 2017 年中国高校图书馆基本统计数据分析 [J]. 大学图书馆学报，2018，36 (6)：37-43.

所提交了有效的电子资源采购费数据，平均数为 337.8 万元，中位数约为
106.8 万元[①]。2019 年有 1151 所提交了有效的电子资源采购费数据，平均数
为 323.3 万元，中位数约为 94.0 万元[②]。2020 年有 1141 所提交了有效的电
子资源采购费数据，平均数为 343.6 万元，中位数约为 105.4 万元[③]。

近 10 年来我国高校图书馆电子资源购置经费的平均数和中位数见图
1-3。由图可知，2011 年到 2018 年，我国高校图书馆平均电子资源购置
经费稳定增长，2019 年较 2018 年略有下降，但在 2020 年恢复了增长态
势，达到这 10 年的顶峰。2011 年到 2017 年，我国高校图书馆电子资源购
置经费的中位数也稳定增长，但 2018 年和 2019 年呈现出下降的态势，
2020 年有所恢复。与 ARL 成员馆中高校图书馆不一样的是，我国高校图
书馆电子资源建设经费的中位数和平均数差别非常大。原因是我国高校图
书馆事实数据库中填报高校类型多样，既包括世界一流大学建设高校图书
馆等研究型图书馆，也包括职业技术学院图书馆等专科学校图书馆，而不
同类型高校图书馆经费状况差别非常大。

尽管图书馆在电子资源上投入了大量的经费，但是其使用情况却不尽
如人意。如 Atilgan 和 Bayram 对土耳其安卡拉大学教职员工的调查发现，
只有 27.5% 的受访者经常使用数据库，偶尔使用者比例高达 52.0%[④]。
Bhatia 对印度昌迪加尔 11 个学院的师生的调查表明，60.78% 的受访者从
不使用电子期刊，50.72% 的受访者从不使用电子图书[⑤]。杨毅等对清华大
学的读者的调查发现，有将近 1/4 的本科生未利用过任何电子资源[⑥]。大
连理工大学图书馆电子资源已经达到近 70 种，其中外文全文电子期刊就

① 吴汉华，王波. 2018 年中国高校图书馆基本统计数据分析 [J]. 大学图书馆学报，2019，
37 (6): 44-50.

② 吴汉华，王波，古永洁. 2019 年中国高校图书馆基本统计数据分析 [J]. 大学图书馆学报，
2020，38 (6): 49-54.

③ 吴汉华，王波. 2020 年中国高校图书馆基本统计数据报告 [J]. 大学图书馆学报，2021，39
(4): 5-11.

④ Atilgan D, Bayram O G. An evaluation of faculty use of the digital library at Ankara University,
Turkey [J]. The Journal of Academic Librarianship, 2006, 32 (1): 86-93.

⑤ Bhatia J K. Use of electronic resources in degree college libraries in Chandigarh [J]. DESIDOC
Journal of Library & Information Technology, 2011, 31 (6): 480-484.

⑥ 杨毅，邵敏，李京花，等. 电子资源建设与利用的读者调查：由读者调查结果分析读者
利用电子资源的方式与倾向 [J]. 大学图书馆学报，2006，24 (6): 39-48.

达到 1 万余种，但是利用率却长期处在一个较低的水平①。2007 年南昌工程学院超星电子图书点击率为 281 次／日，方正电子图书的点击率仅为 17 次／日②。华中师范大学图书馆对用户的调查发现，数据库的使用率普遍偏低，绝大部分低于三成，外文数据库使用率更低，2/3 以上低于一成③。有研究在对从中国知网获得的 10 篇电子资源利用实证研究相关文章进行分析后发现，其中有 9 篇的调查数据显示电子资源低利用率的严重现状，由此得出电子资源利用率低的现象普遍存在于我国高校图书馆④。虽然这些研究因为样本量太少，得出的结论可能过于武断，但是很多高校图书馆存在电子资源绩效不高的现象是不争的事实。

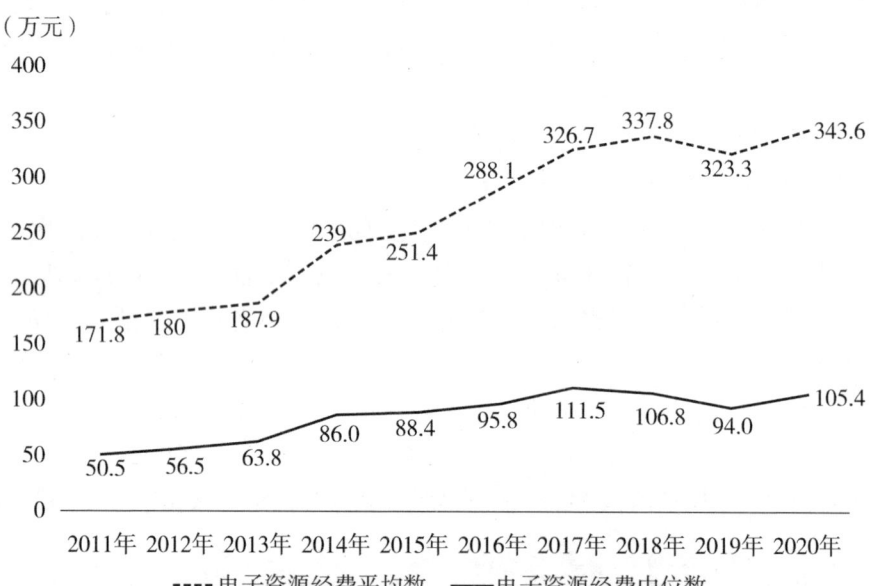

图 1 - 3　近 10 年来中国高校图书馆电子资源购置经费平均数和中位数

①　张建，陈陶. 高校图书馆如何提高电子资源利用率［J］. 情报探索，2007（9）：96 - 98.

②　辛洪芹. 提高高校图书馆电子资源利用率之思考：以南昌工程学院图书馆为例［J］. 江西图书馆学刊，2008（4）：72 - 73.

③　肖景. 大学图书馆数据库使用的读者调查与分析：以华中师范大学图书馆为例［J］. 四川图书馆学报，2010（6）：53 - 56.

④　蔡屏. 从用户阅读视角谈高校图书馆数字资源的利用率［J］. 高校图书馆工作，2012，32（1）：78 - 81.

研究高校图书馆用户电子资源使用行为，有助于高校图书馆改进电子资源相关的服务和推广策略、提高电子资源的利用率，让其发挥应有的效益。

1.2 研究目的

本书希望在全面总结分析国内外高校图书馆用户电子资源使用行为研究成果的基础上，提出高校图书馆用户电子资源使用习惯模型，以我国高校图书馆用户为抽样调查对象，通过问卷调查等方式获得原始数据，对建立的研究模型进行检验，得出以下问题的答案：

我国高校图书馆用户如何使用电子资源？

我国高校图书馆用户电子资源使用行为受到哪些因素的影响？

我国高校图书馆用户电子资源使用习惯是如何形成的？

哪些因素会影响我国高校图书馆用户电子资源使用习惯的形成？

再选择一些个案，对用户的特定行为类型如电子图书的使用习惯进行专题研究，以研究获得的数据分析结果为基础，为高校图书馆和数据库供应商提出相应对策，提高研究成果的实用价值。

1.3 研究内容与研究方法

本小节将对研究内容和研究方法进行详细论述。

1.3.1 研究内容

研究内容主要包括以下八个方面。

（1）高校图书馆电子资源建设现状分析。高校图书馆首先要投入经费购买电子资源（包括买断和租用等形式），之后要通过一定的方式对电子资源进行组织与揭示。所以本研究就选择有代表性的高校，从经费投入和电子资源组织与揭示两个方面来探讨我国高校图书馆电子资源建设现状。"双一流"建设高校（包括世界一流大学建设高校和世界一流学科建设高校）是我国高校中的顶尖部分，其在很大程度上代表了我国高校的最高发展水平。以"双一流"建设高校图书馆为例，分析我国高校图书馆资源建设经费特别是电子资源建设经费的投入现状。以世界一流大学建设高校图书馆为例来分析我国高校图书馆电子资源组织与揭示的现状。

（2）高校图书馆用户电子资源使用行为研究进展。从高校图书馆用户的电子资源认知（包括使用目的、知晓情况、知晓渠道、获取途径等）、电子资源查寻（包括检索策略、检索途径、检索技术等）、电子资源选择（包括检索结果判断、检索结果处理等）、电子资源利用（包括频率、时长、场所、类型、终端、问题、偏好、影响因素等）等方面概述国内外高校图书馆用户电子资源使用行为研究现状。

（3）高校图书馆用户信息搜索的起点。从研究背景、学习背景和生活背景三个方面分析学生信息搜索的起点，从工作背景和生活背景两个方面分析教工信息搜索的起点。通过对高校图书馆用户信息搜索起点的研究，明确高校图书馆和高校图书馆电子资源在用户信息搜索中的地位和作用。

（4）高校图书馆用户电子资源查寻和选择行为。从访问图书馆电子资源方式、进入电子资源导航页面方式、导航途径的使用、检索途径、检索方式等方面分析用户电子资源使用中的查寻行为。从检索结果相关性判断、检索结果价值判断辅助标准、检索结果处理等方面探讨用户电子资源使用中的选择行为。

（5）高校图书馆用户电子资源利用与偏好。从电子资源使用频率、电子资源使用场所、电子资源使用设备、电子资源使用时遇到的问题、移动服务需求、了解图书馆电子资源的途径、解决电子资源使用问题的渠道、电子资源宣传和培训内容需求、电子资源宣传和培训方式需求等方面来具体描述用户对电子资源的利用情况、偏好及服务需求。

（6）高校图书馆用户电子资源使用习惯模型检验。以扩展版整合技术接受与使用模型为基础建立高校图书馆用户电子资源使用习惯模型架构，以相关文献为基础，建立研究假设。通过问卷收集数据，利用结构模型方程和因子分析方法检验量表的效度和信度，通过结构模型方程对高校图书馆用户电子资源使用习惯模型进行拟合，对潜变量之间的关系和性别、年龄、身份、专业、学历、自我效能等变量的调节效应进行检验。

（7）高校图书馆用户电子图书使用行为。研究内容包括电子图书搜索起点、各类型电子图书需求、使用过的电子图书、电子图书阅读行为、电子图书阅读方式、电子图书使用时长、电子图书使用场所、使用设备和用户对电子图书功能的需求。以期望确认理论为基础建立电子图书持续使用模型，通过问卷收集数据对模型和研究假设进行检验来对高校图书馆用户的电子图书持续使用行为进行探究。

（8）影响高校图书馆用户电子资源使用行为的因素。通过独立样本 t 检验和单因子方差分析等方法探讨性别、年龄、身份、学历、专业、职称等因素对高校图书馆用户电子资源具体使用行为和电子资源使用偏好的影响。

1.3.2　研究方法

本研究主要应用调查研究法中的问卷法、访谈法。问卷法因为其使用方便、格式统一、较为经济、信息量大等优点，成为目前社会科学研究中最常用的方法[①]。本研究设计了"高校图书馆用户电子资源使用习惯"和"学术类电子图书使用行为"两份调查问卷，通过问卷来收集研究所需的数据。在问卷实施过程中，针对问卷内容对部分图书馆用户进行了访谈。

1.4　研究意义

本研究在理论上丰富和深化了电子资源使用行为理论。国内外高校图书馆用户电子资源使用行为研究大多是对用户行为的具体刻画，比如电子资源的使用频率、电子资源的知晓情况等，较少构建模型进行研究。本研究以扩展版整合技术接受与使用模型为基础设计了高校图书馆用户电子资源使用习惯模型，使用问卷收集数据。结构模型方程分析显示，构建的模型具备一定的适配度，能够在一定程度上解释高校图书馆用户电子资源使用习惯，发现性别、年龄、身份、专业、学历等的调节效应，这可以作为未来相关研究的参考。此外，本研究构建的电子图书持续使用模型，经过检验，显示具备较好的适配度，能够很好地解释用户的电子图书持续使用行为，这也可以作为未来其他类型电子资源或者电子资源服务系统持续使用行为研究的参考。

本研究的实践价值体现在研究得到的结果上，可以直接指导图书馆电子资源建设和服务，也可以为电子资源供应商提高电子资源质量和改进相关服务提供直接参考。

---

① 诸含彦. 社会科学研究方法［M］. 重庆：西南师范大学出版社，2016.

1.5 相关概念的界定

为了厘清本研究中的主要概念，现将高校图书馆、图书馆用户、电子资源、小数据、电子资源使用、电子资源使用习惯等概念界定如下。

1.5.1 高校图书馆

高校图书馆又称大学图书馆。《图书馆学情报学大辞典》对"高校图书馆"给出了如下定义："高校图书馆是学院、大学以及其他高等教育机构的内部图书馆，是其不可分割的组成部分，用来满足学生、教师以及工作人员的信息需求和科研需求，兼有服务性和学术性。"① 《图书馆·情报与文献学名词》将"大学图书馆"定义为："由大学建立并管理的图书馆或图书馆系统。负责收集、整理各种文献资料，以满足其学生和教职工对教学及研究的需要。"②

本研究所指的高校图书馆，是由学院、大学建立并管理的图书馆或图书馆系统。

1.5.2 图书馆用户

"用户"和"读者"是图书馆学情报学领域中较常使用的两个术语。在我国，图书馆学领域使用"读者"较为普遍，情报学领域使用"用户"较为普遍，从图书情报机构服务角度来看，"用户"和"读者"为同义词③。《中国大百科全书》将"图书馆读者"定义为："图书馆的服务对象。即利用图书馆服务的个人和社会团体。"④ 《图书馆·情报与文献学名词》认为图书馆用户是利用图书情报机构服务的个人或团体，是图书情报机构的当前服务对象⑤。

① 丘东江. 图书馆学情报学大辞典 [M]. 北京：海洋出版社，2013：272.

② 《图书馆·情报与文献学名词》审定委员会. 图书馆·情报与文献学名词 [M]. 北京：科学出版社，2019：34.

③ 国家教委高教司. 读者服务与研究教学大纲 [M]. 北京：高等教育出版社，1995：5.

④ 张涵. 图书馆读者 [M]//中国大百科全书总编辑委员会. 中国大百科全书. 北京：中国大百科全书出版社，1993：765.

⑤ 《图书馆·情报与文献学名词》审定委员会. 图书馆·情报与文献学名词 [M]. 北京：科学出版社，2019：218.

本研究使用"图书馆用户"这一术语，并将其界定为利用图书馆资源或服务的个人或者团体。

1.5.3 电子资源

电子资源又称电子文献、电子信息资源、数字资源、数字文献等。目前业界对"电子资源"还没有统一的定义。

1997 年，《美国国会图书馆电子资源编目指南》（*Draft Interim Guidelines for Cataloging Electronic Resources*）将"电子资源"定义为："借由电脑操作而呈现的作品，可以直接使用或者远程使用。有些电子资源还需要使用与电脑连接的周边设备如光驱。"[1] 2004 年，Lee 和 Boyle 在《构建电子资源馆藏：实践指南（第二版）》（*Building an Electronic Resource Collection：A Practical Guide*）一书中将"电子资源"定义为："任何正在销售的数字形式的出版物或任何可以通过商业形式获得的提供数据集的电子产品，无论是文字、数字、图形还是基于时间的形式。"[2] 2007 年，中国教育部高等学校图书情报工作指导委员会在《高等学校图书馆数字资源计量指南（2007 年）》中指出，数字资源是指图书馆引进（包括购买、租用和受赠）或自建（包括扫描、转换和录入）的，拥有磁、光介质或网络使用权的数字形态的文献资源[3]。2012 年，国际图书馆协会联合会（简称"国际图联"）在《电子资源馆藏建设的关键问题：图书馆指南》中认为电子资源是需要通过个人电脑、主机或手持移动设备等获取的资源，它们既可以通过因特网远程获取，也可以本地化获取[4]。2019 年，《图书馆·情报与文献学名词》将"数字资源"定义为："以数字形式存取、发布和利用的各类文献、信息、数据等资源的总称。"[5]

---

[1] Library of Congress. Draft interim guidelines for cataloging electronic resources ［EB/OL］. ［2022–01–20］. https://www.loc.gov/catdir/cpso/dcmb19.pdf.

[2] Lee S D, Boyle F. Building an Electronic Resource Collection：A Practical Guide ［M］. 2nd ed. London：Facet Publishing, 2004：5.

[3] 教育部高等学校图书情报工作指导委员会. 高等学校图书馆数字资源计量指南（2007 年）［EB/OL］. ［2022–03–12］. http://www.scal.edu.cn/tjpg/201311191006.

[4] Johnson S, Evensen O G, Gelfand J, et al. Key Issues for E-resource Collection Development：A Guide for Libraries ［M］. Hague：IFLA, 2012：3.

[5] 《图书馆·情报与文献学名词》审定委员会. 图书馆·情报与文献学名词 ［M］. 北京：科学出版社, 2019：91.

本研究所指的"电子资源",是指图书馆引进（包括购买、租用和受赠）或自建（包括扫描、转换和录入）的,需要通过电脑或者移动设备等获取的信息资源。

1.5.4 小数据

2008 年 9 月 3 日《自然》（*Nature*）杂志出版了大数据专辑,包括"Big data：data wrangling"① "Big data：welcome to the petacentre"② 等论文,提出了大数据的概念。2013 年 8 月,国际图联发布的《国际图联趋势报告》列举了帮助图书馆在新的信息环境下保持不被边缘化的关键性信息技术,其中之一就是大数据。③ 大数据相关的研究逐渐成为热点。2012 年到 2021 年,CSSCI 来源刊图书馆、情报与文献学学科发表的有关大数据方面的论文（书评、会议综述除外）总数超过 1000 篇（图 1 - 4）。大数据已经成为人们耳熟能详的词汇。在大数据的浪潮中,也有研究注意到大数据存在的问题,提出了"小数据"的概念。如 Chip Health 在给 Martin Lindstrom 的《痛点:挖掘小数据满足用户需求》（*Small Data：The Tiny Clues that Uncover Huge Trends*）一书所写的前言中指出,在关注大数据的时候应当注意到两个问题:第一,大数据不会激发洞察力;第二,大数据分析忽略了情感的存在,无法捕捉到人类看重的情感品质,如美丽、出色、友好等。而小数据的优势可以弥补大数据的缺陷④。

① Goldston D. Big data：data wrangling ［J］. Nature, 2008, 455 (7209)：15.

② Doctorow C. Big data：welcome to the petacentre ［J］. Nature, 2008, 455 (7209)：16 - 21.

③ IFLA. Big data ［EB/OL］. ［2022 - 03 - 16］. https：// trends. ifla. org/literature-review/big-data.

④ Lindstrom M. Small Data ：The Tiny Clues that Uncover Huge Trends ［M］. New York：Picador, 2017.

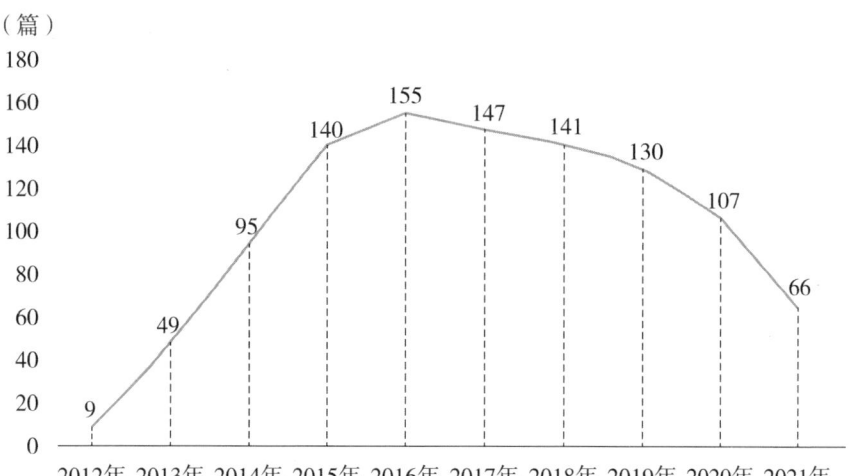

图 1-4 2012—2021 年 CSSCI 来源刊大数据论文篇数

对于"小数据",目前还没有统一的定义。从现有文献看,主要有以下四种观点:其一,从量的特征界定。如马传江将小数据定义为基于开放源代码或自由软件开发的专题性质的微小应用数据库和应用软件①。其二,从产生方式界定,认为抽样是小数据的典型特征。如王成文认为小数据是指基于抽样调查技术而建立的数据收集、存储、传输、处理和安全系统②;车玥认为小数据是抽样获取的数据③;唐文方认为传统小数据研究方法以抽样调查和实验研究为代表④;徐立军将抽样采集方式获取的数据界定为小数据⑤;秦萧与甄峰将基于统计资料、问卷调查、基础地理信息及访谈数据的研究看作小数据城市研究的思路与方法⑥;唐魁玉与张旭认为传统的小数据研究方法包括问卷调查、调查量表、实验等定量研究方法以及依

① 马传江. 大数据时代高校图书馆的"小数据"建设 [C]//中华中医药学会. 全国中医药图书信息学术会议暨第十届中医药院校图书馆馆长会议论文集 2013 年卷, 2013: 108 – 112.

② 王成文. 数据力:"大数据"PK"小数据"[J]. 中国传媒科技, 2013 (19): 68 – 70.

③ 车玥. 节目收视的大数据与小数据的融合之路 [J]. 新闻传播, 2014 (17): 98.

④ 唐文方. 大数据与小数据:社会科学研究方法的探讨 [J]. 中山大学学报 (社会科学版), 2015, 55 (6): 141 – 146.

⑤ 徐立军. 数据时代的未来:大数据与小数据融合的价值与路径 [J]. 新闻与写作, 2015 (11): 11 – 15.

⑥ 秦萧, 甄峰. 大数据与小数据结合:信息时代城市研究方法探讨 [J]. 地理科学, 2017, 37 (3): 321 – 330.

靠文献分析、个案分析、深度访谈等质性研究方法①；赵恒指出小数据指在传统技术和方法条件下收集、存储、处理和分析的数据②；龙春芳指出小数据因其数据体量及其抽样采集方式而得名③。其三，从来源对象界定，认为小数据是以个人或团体为中心的全方位的数据。Estrin 认为用户在使用移动设备过程中会产生大量的用户行为数据，通过提取反映个体行为的个体数据，可以总结出个体行为模式的规律，她将这种个体数据称为小数据④。Estrin 的观点得到了较多人的认同。如马晓亭与陈臣指出，小数据就是以人这个个体为中心，围绕不同个体采集的相关人的思想、行为、个性、爱好等数字化特征的数据⑤。王敏⑥、孙红蕾与郑建明⑦、李立睿与邓仲华⑧、孙英月⑨、刘庆麟⑩等的观点都源于 Estrin，他们对小数据的定义基本一致。刁羽与畅佩则扩展了小数据的对象的范围，他们认为小数据是围绕不同属性个体或群体全方位、多层次采集的特征、行为模式及情景感知的数据集合⑪。沈欣欣扩展的范围更广，他将限定在"一段时期""一类人"或"一种审美情趣"范围内的数据称为小数据⑫。其四，从与大数据的关系来界定。如李广乾在对小数据基本内涵及其与大数据关系概括的

① 唐魁玉，张旭. 网络社会质量的数据化基础：从小数据到大数据的网络社会演进 [J]. 自然辩证法研究，2018，34（8）：117-122.

② 赵恒. 大数据的脚印 [M]. 北京：中国税务出版社，2017：146.

③ 龙春芳. 基于小数据融合的图书馆用户精准画像构建研究 [J]. 河南图书馆学刊，2020，40（10）：90-92.

④ Estrin D. Small data, where n = me [J]. Communications of the Acm, 2014, 57（4）：32-34.

⑤ 马晓亭，陈臣. 基于可信小数据的图书馆个性化服务研究 [J]. 图书情报工作，2015（4）：70-75.

⑥ 王敏. 小数据思维驱动下的公共图书馆信息服务模式研究 [J]. 图书馆学刊，2015，37（12）：77-79.

⑦ 孙红蕾，郑建明. 小数思维驱动下的数字文化治理路径探析 [J]. 图书馆学研究，2015（18）：39-43.

⑧ 李立睿，邓仲华. 面向科研用户小数据的微知识服务研究（上）[J]. 图书与情报，2016（3）：49-54.

⑨ 孙英月. 大数据时代小数据在高校图书馆的应用价值研究 [J]. 河北科技图苑，2016，29（1）：37-40.

⑩ 刘庆麟. 基于小数据的图书馆精准服务研究 [J]. 图书馆工作与研究，2017（5）：45-50.

⑪ 刁羽，畅佩. 面向小数据的图书馆精准创客服务研究 [J]. 图书馆理论与实践，2018（5）：109-112.

⑫ 沈欣欣. 个性化设计中的"小数据"趋势研究 [D]. 武汉：湖北美术学院，2016.

基础上，将小数据定义为描述并管理大数据的数据属性的数据①。陈国青等认为，大数据是指相关数据全体，而小数据是相关数据全体的一个子集，小数据通过部分数据反映大数据在特定方面的语义内容②。

本研究认为，第一，无论是大数据还是小数据，其本质是数据，不是软件或者数据库。第二，小数据来源于用户。第三，数据获取方式有多种，既可以是大数据分析，也可以是传统的问卷调查、实验、访谈等。第四，大数据和小数据各有优劣。

本研究将通过调查、访谈、日志分析等收集到的用户使用图书馆电子资源的数据称为电子资源使用行为小数据。目前，电子资源用户身份认证主要还是采用 IP 认证，获得用户使用电子资源完整的数据集存在较大困难，更不用说获得围绕某个用户或者用户群的全方位数据。考虑到现实性和可能性，本研究主要通过调查、访谈、日志分析等方式收集用户的电子资源使用数据，在此基础上对用户行为进行分析。

1.5.5　电子资源使用

正如 Fleming-May 所言，图书馆资源和服务的"使用"经常以不需要定义的原始概念的面目出现在图书馆学情报学文献中，但实际上"使用"不是一个统一的概念，在不同文献中有着不同的含义③。

Tariq 和 Zia 是目前所见极少数对"电子资源使用"给出定义的作者。他们认为电子资源使用是指通过因特网充分利用电子信息资源去获取所需的信息，包括找出所需信息的频率、策略、浏览、探索和搜索等④。

Rowlands 和 Nicholas 根据使用者的身份将电子资源使用分为两种：一种是图书馆用户的身份，此身份用户对电子资源的浏览、下载和检索等，均可被认定为用户使用该电子资源。另外一种是作者的身份，作者学术研

---

①　李广乾. 小数据的大价值 [J]. 重庆理工大学学报（社会科学版），2019，33（1）：1 - 7.

②　陈国青，张瑾，王聪，等."大数据—小数据"问题：以小见大的洞察 [J]. 管理世界，2021，37（2）：203 - 213.

③　Fleming-May R A. What is library use? Facets of concept and a typology of its application in the literature of library and information science [J]. The Library Quarterly，2011，81（3）：297 - 320.

④　Tariq H，Zia M W. Use of electronic information resources by the students of faculty of science，University of Karachi [J]. International Journal of Digital Library Services，2014，4（3）：80 - 91.

究成果中的引文就代表引用了文献或者信息来源有被使用①。

本研究所指的"电子资源使用",不仅包括图书馆用户利用电子资源的频率、类型,还包括用户利用电子资源的信息行为和阅读行为等。

1.5.6　电子资源使用习惯

《伦理学大辞典》指出,习惯是某个人在一定的情况下自然地或自动地进行某种动作的倾向②。本研究将"电子资源使用习惯"定义为在电子资源利用中养成的、在一定情况下主动进行有关电子资源利用操作的行为倾向。

① Rowlands I, Nicholas D. The missing link: journal usage metrics [J]. Aslib Proceedings New Information Perspectives, 2007, 59 (3): 222 –228.

② 宋希仁, 陈劳志, 赵仁光. 伦理学大辞典 [M]. 长春: 吉林人民出版社, 1989: 79.

第2章　近10年我国高校图书馆文献资源建设经费分析：以"双一流"建设大学为例

　　Kortick 指出，图书馆使用的研究通常关注参考咨询请求的数量、纸质资源流通的数量、电子资源的使用量和入馆人次等，这些计量指标虽然有用，但可能不太精确。比如纸质资源可能被使用过，但并没有被外借。电子资源的使用一般使用 Counter 报告，但不是所有电子资源供应商都能提供。比较电子资源和纸质资源相对使用量的另外一种方法是比较图书馆电子资源和纸质资源的经费投入[①]。

　　通过文献调查可知，我国高校图书馆电子资源建设经费投入一直呈上升趋势。魏豫州等对国内50余所高校图书馆2005—2006年经费使用情况的分析表明，纸质资源占文献资源购置费70%～90%的高校图书馆要占所有被统计图书馆的60%以上，电子资源集中在10%～30%之间[②]。黄燕华分析了2008—2012年"985"高校、"211"高校、普通高等院校3个不同层级高校的图书馆的资源建设经费投入情况，发现电子资源的经费投入增幅最大，纸质资源的经费投入相对平稳，随着时间的推移，电子资源与纸质资源经费投入的比例接近1:1[③]。尹伊秋等对我国2015—2019年"双一流"建设高校图书馆文献资源建设经费投入情况的统计结果显示，文献资源建设总经费均有不同程度的增加，电子资源建设经费在其中占比较大，且年均增长率比纸质资源经费高[④]。

　　2017年我国正式启动了世界一流大学和一流学科建设，这也是中国高等教育领域继"211工程""985工程"之后的又一国家战略。相对而

---

　　① Kortick Y. Changing priorities：trends in physical and electronic resource usage in U. S. academic libraries [J]. Technicalities，2021，41（2）：17－20.

　　② 魏豫州，金声，李志强，等. 图书馆纸质资源与电子资源建设经费比例研究 [J]. 图书馆论坛，2008（3）：104－107.

　　③ 黄燕华. 近5年我国高校图书馆资源建设经费投入差异性研究 [J]. 图书馆建设，2014（6）：31－35.

　　④ 尹伊秋，尹方屏，吴丹. "双一流"建设高校图书馆文献资源建设经费投入分析 [J]. 图书馆学刊，2021，43（10）：57－66.

言，"双一流"建设高校图书馆发展状况较好，具有一定的典型性。本章以我国"双一流"建设高校图书馆为例，探讨 2011—2020 年这 10 年高校图书馆文献资源建设经费投入状况，如总文献资源建设经费、电子资源和纸质资源投入的比例等，从一个方面了解电子资源和纸质资源的相对使用量，为高校图书馆提高经费使用效益特别是电子资源建设经费使用效益、提高图书馆信息服务能力提供数据支撑。

2.1　数据来源

根据《教育部　财政部　国家发展改革委关于公布世界一流大学和一流学科建设高校及建设学科名单的通知》（教研函〔2017〕2 号），一流大学建设高校 42 所，一流学科建设高校 95 所，合计 137 所①。根据 2022 年 4 月在教育部高校图书馆事实数据库系统查询的结果，该数据库没有国防科技大学、中国科学院大学、第二军医大学、第四军医大学等学校的数据，中国石油大学分为北京与华东两个校区、中国矿业大学分为北京与徐州两个校区，所以在高校图书馆事实数据库中，"双一流"建设高校图书馆共 135 所。我们选取 2011—2020 年 10 年 135 所"双一流"建设高校图书馆年度数据，并对数据进行了初步整理。我们将填报了（或者是能够计算出）"B1.1 购纸质资源"和"B1.2 购电子资源"这两个字段的数据定义为有效数据。如图 2 – 1 所示，2012 年有效数据数量最少，只有 81 所；2020 年有效数据数量最多，有 118 所。2011—2016 年有效数据数量都在 100 所以下，2017—2020 年有效数据数量均在 100 所以上。

由图 2 – 2 可知，有 47 所高校图书馆 10 年的数据均有效，18 所高校图书馆 9 年数据有效，11 所高校图书馆 8 年数据有效。有效数据数量时长在 8 年以上的高校图书馆占"双一流"建设高校图书馆的比例只有 55.5%。还有 4 所高校图书馆 10 年的数据均无效。

本书以 8 年及以上数据完整的高校图书馆为研究对象，一共 76 所，其中世界一流大学建设高校图书馆 31 所，世界一流学科建设高校图书馆 45 所。详见表 2 – 1 所列名单。

---

① 中华人民共和国教育部. 教育部　财政部　国家发展改革委关于公布世界一流大学和一流学科建设高校及建设学科名单的通知 [EB/OL]. [2021 – 09 – 03]. http://www.moe.gov.cn/src-site/A22/moe_843/201709/t20170921_314942.html.

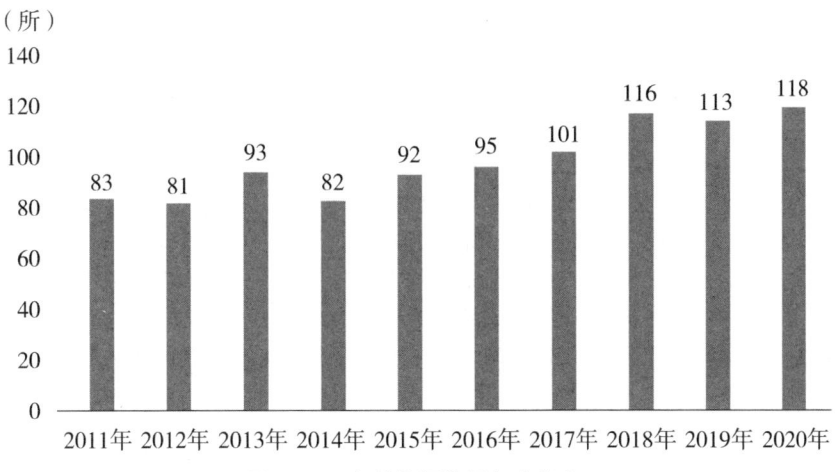

图 2-1　有效数据数量年度分布

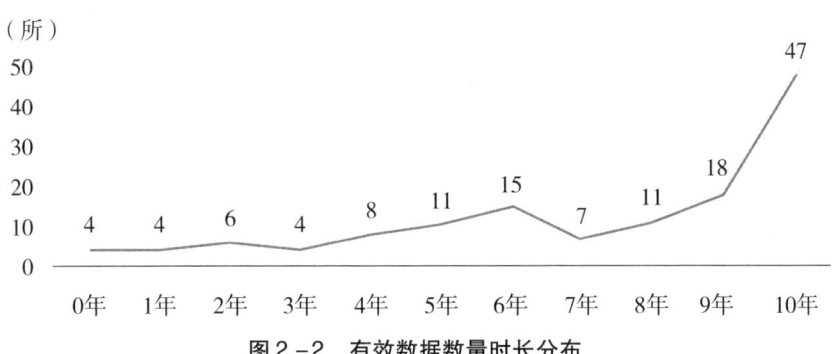

图 2-2　有效数据数量时长分布

表 2-1　8 年及以上数据完整的"双一流"建设高校图书馆名单

类型	名单
世界一流大学建设高校图书馆	北京大学图书馆、大连理工大学图书馆、电子科技大学图书馆、东南大学图书馆、复旦大学图书馆、湖南大学图书馆、华东师范大学图书馆、兰州大学图书馆、清华大学图书馆、厦门大学图书馆、四川大学图书馆、天津大学图书馆、同济大学图书馆、武汉大学图书馆、西安交通大学图书馆、西北工业大学图书馆、西北农林科技大学图书馆、中国人民大学图书馆、中山大学图书馆、中央民族大学图书馆、重庆大学图书馆、北京师范大学图书馆、东北大学图书馆、华南理工大学图书馆、华中科技大学图书馆、南京大学图书馆、山东大学图书馆、上海交通大学图书馆、浙江大学图书馆、中国海洋大学图书馆、中国科学技术大学图书馆

续表2-1

类型	名单
世界一流学科建设高校图书馆	安徽大学图书馆、北京中医药大学图书馆、成都理工大学图书馆、成都中医药大学图书馆、福州大学图书馆、合肥工业大学图书馆、河北工业大学图书馆、华北电力大学图书馆、华东理工大学图书馆、江南大学图书馆、南京航空航天大学图书馆、南京农业大学图书馆、南京师范大学图书馆、宁波大学图书馆、上海财经大学图书馆、上海大学图书馆、上海海洋大学图书馆、上海中医药大学图书馆、首都师范大学图书馆、四川农业大学图书馆、武汉理工大学图书馆、西北大学图书馆、西南交通大学图书馆、西南石油大学图书馆、长安大学图书馆、中国美术学院图书馆、北京工业大学图书馆、北京科技大学图书馆、大连海事大学图书馆、东北师范大学图书馆、贵州大学图书馆、哈尔滨工程大学图书馆、海南大学图书馆、华中师范大学图书馆、暨南大学图书馆、辽宁大学图书馆、南京理工大学图书馆、南京林业大学图书馆、陕西师范大学图书馆、上海外国语大学图书馆、苏州大学图书馆、西安电子科技大学图书馆、西南财经大学图书馆、中国矿业大学图书馆、中国政法大学图书馆

　　下面将从两个方面对数据进行分析：一是对近10年高校图书馆文献资源建设经费投入总体情况进行分析。二是对高校图书馆资源建设经费投入的情况进行差异分析，主要从办学水平、高校所在地区和高校所属类型这三个维度进行分析。从办学水平进行划分，可将高校图书馆分为世界一流大学建设高校图书馆和世界一流学科建设高校图书馆。根据中华人民共和国国家统计局发布的《东西中部和东北地区划分方法》，我国的经济区域划分为东部、中部、西部和东北四大地区。东部包括北京、天津、河北、上海、江苏、浙江、福建、山东、广东和海南；中部包括山西、安徽、江西、河南、湖北和湖南；西部包括内蒙古、广西、重庆、四川、贵州、云南、西藏、陕西、甘肃、青海、宁夏和新疆；东北包括辽宁、吉林和黑龙江[①]。参考此标准，根据高校所在地区进行划分，本研究将高校图书馆分为东部高校图书馆、中部高校图书馆、西部高校图书馆和东北高校

---

① 国家统计局. 东西中部和东北地区划分方法 [EB/OL]. [2022-01-26]. http://www.stats.gov.cn/ztjc/zthd/sjtjr/dejtjkfr/tjkp/201106/t20110613_71947.htm.

图书馆。《普通高等学校基本办学条件指标合格标准》将高校分为：①综合、师范、民族院校；②工科、农、林院校；③语文、财经、政法院校；④医学院校；⑤体育院校；⑥艺术院校①。对生均年进书量，综合、师范、民族院校和语文、财经、政法院校及艺术院校的要求一致，工科、农、林院校和医学院校及体育院校一致，所以本研究将高校分为综合类院校（含综合、师范、民族院校、语文、财经、政法院校及艺术院校）、理工类院校（含工科、农、林院校及医学院校、体育院校）两种类型。

2.2　文献资源建设经费投入分析

2.2.1　总体情况

如表 2 - 2 所示，2011—2019 年"双一流"建设高校图书馆文献资源建设经费一直在增长，年均增长率为 11.3%。受疫情影响，2020 年较 2019 年稍有下降，但是与 2011 年相比，也增长了 126%。

表 2 - 2　近 10 年 76 所"双一流"建设高校图书馆文献资源建设经费总体情况

年份	2011 年	2012 年	2013 年	2014 年	2015 年
总金额（万元）	83178	95791	108064	119964	135545
年份	2016 年	2017 年	2018 年	2019 年	2020 年
总金额（万元）	163168	173410	187940	196282	188434

2.2.2　纸质资源建设经费和电子资源建设经费

由表 2 - 3 可知，2011—2016 年，纸质资源建设经费呈增长态势，平均数从 2011 年的 657 万元增长到 2016 年的 875 万元；2017—2020 年呈现波动态势，先是小幅下降，然后又有所回升，再是较大幅度的下降，2020 年大体回到了 2014 年的水平。但纸质资源建设经费占图书馆文献资源建设经费的比例却是稳定下降，2011 年还能超过一半，2020 年下降到只有 29.8%。

---

① 中华人民共和国教育部. 教育部关于印发《普通高等学校基本办学条件指标（试行）》的通知 [EB/OL]. [2022 - 01 - 26]. http://www.moe.gov.cn/srcsite/A03/s7050/200402/t20040206_180515.html.

表2-3　近10年76所"双一流"建设高校图书馆纸质资源平均经费情况

年份	2011年	2012年	2013年	2014年	2015年
平均金额（万元）	657	686	725	769	794
占比（%）	53.0	48.7	46.3	45.5	42.8
年份	2016年	2017年	2018年	2019年	2020年
平均金额（万元）	875	856	860	863	749
占比（%）	40.2	36.5	34.3	32.6	29.8

电子资源平均经费和所占比例如表2-4所示。从平均金额来看，除2020年外，电子资源建设经费呈稳定增长的态势，并且是一年上一个台阶，2011年仅为562万元，2012年就突破了700万元，2013年突破800万元，2014年突破900万元，2015年突破1000万元，2016年突破1200万元，2017年突破1400万元，2018年突破1600万元，2019年突破1700万元，2020年受到疫情的影响稍有下降，但仍然维持超过1700万元的水平。从占文献资源建设经费的比例来看，电子资源建设经费所占比例10年来稳步提高，2011年时还不到五成（45.3%），到2020年就已经将近七成（69.5%），10年时间提高了将近25个百分点。图书馆文献资源建设经费向电子资源倾斜的趋势非常明显。

表2-4　近10年76所"双一流"建设高校图书馆电子资源平均经费情况

年份	2011年	2012年	2013年	2014年	2015年
平均金额（万元）	562	706	807	913	1047
占比（%）	45.3	50.1	51.5	54.0	56.4
年份	2016年	2017年	2018年	2019年	2020年
平均金额（万元）	1286	1465	1628	1775	1746
占比（%）	59.1	62.5	65.0	66.9	69.5

2.2.3　纸质图书经费与纸质期刊经费

如表2-5所示，2011—2019年纸质图书平均经费持续增长，2020年纸质图书经费有所下降，10年的平均年增长率为3.8%。纸质期刊的平均经费变化不大，呈现下滑状态。这一结果表明纸质资源建设经费的投入重点在图书。

表 2-5　近 10 年 76 所"双一流"建设高校图书馆纸质图书和纸质期刊平均经费情况

年份	2011 年	2012 年	2013 年	2014 年	2015 年
纸质图书平均经费（万元）	378	396	453	492	499
纸质期刊平均经费（万元）	283	292	282	289	314
年份	2016 年	2017 年	2018 年	2019 年	2020 年
纸质图书平均经费（万元）	583	593	606	635	527
纸质期刊平均经费（万元）	297	269	254	247	230

2.2.4　电子图书经费与电子期刊经费

由表 2-6 可知，2011—2019 年电子图书的平均经费持续增长，2020 年较 2019 年有较大的降幅，10 年的平均年增长率为 12.5%。2011—2020 年电子期刊平均经费稳步增长，年平均增长率为 15.1%。电子图书和电子期刊经费的差距越来越大，2011 年差距只有 219 万元，到 2020 年已经扩大到 818 万元。这一结果说明电子资源建设经费主要投入在电子期刊方面。

表 2-6　近 10 年 76 所"双一流"建设高校图书馆电子图书和电子期刊平均经费情况

年份	2011 年	2012 年	2013 年	2014 年	2015 年
电子图书平均经费（万元）	67	88	111	120	151
电子期刊平均经费（万元）	286	369	440	481	563
年份	2016 年	2017 年	2018 年	2019 年	2020 年
电子图书平均经费（万元）	194	223	224	235	194
电子期刊平均经费（万元）	670	715	874	1010	1012

2.2.5 纸质图书经费与电子图书经费

由图2-3可知，虽然电子图书的平均经费一直低于纸质图书，但是二者的差距在缩小。2011年纸质图书的经费是电子图书的5.6倍；2012—2014年，纸质图书的经费分别是当年电子图书经费的4.5倍、4.1倍和4.1倍；2015年和2016年，纸质图书的经费分别是当年电子图书经费的3.3倍和3.0倍；2017—2020年，纸质图书的经费均为当年电子图书经费的2.7倍。这个结果表明，我国"双一流"建设高校图书馆在图书上的经费投入目前还是偏向纸质图书，但是电子图书的经费在迅速增长。

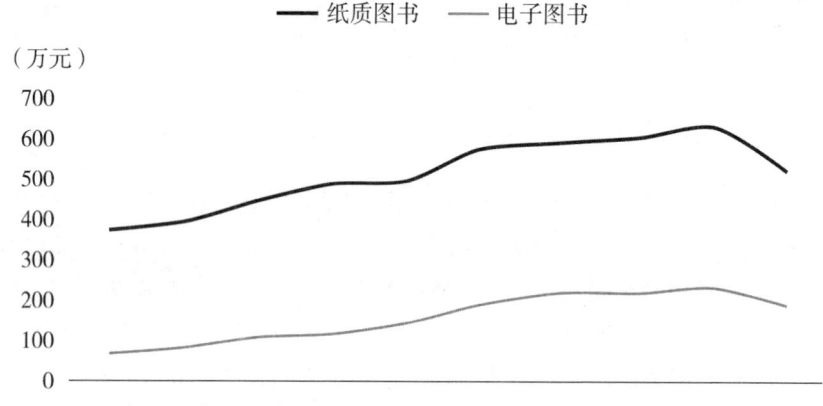

图2-3 近10年76所"双一流"建设高校图书馆纸质图书和电子图书平均经费

2.2.6 纸质期刊经费与电子期刊经费

由图2-4可知，2011年，纸质期刊的经费基本上与电子期刊相当，但是从2012年开始，二者逐渐拉开差距，并且差距越来越大。2012—2015年，电子期刊的经费分别是当年纸质期刊经费的1.3倍、1.6倍、1.7倍和1.8倍；2016—2017年，电子期刊的经费分别是当年纸质期刊经费的2.3倍、2.7倍；2018年，电子期刊的经费是当年纸质期刊经费的3.4倍；2019—2020年，电子期刊的经费分别是当年纸质期刊经费的4.1倍、4.4倍。这一结果说明，我国"双一流"建设高校图书馆在期刊上的经费投入主要是电子期刊，纸质期刊的经费投入呈现逐渐减少的趋势。

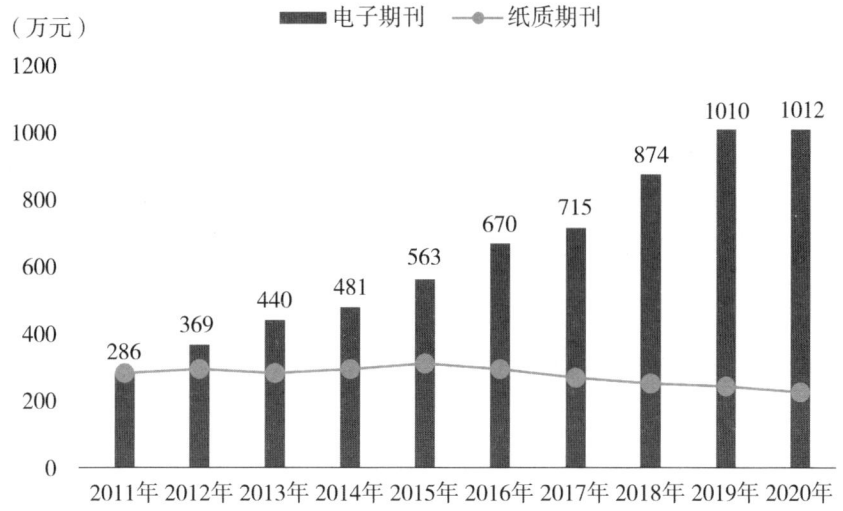

图 2-4　近 10 年 76 所"双一流"建设高校图书馆纸质期刊和电子期刊平均经费

2.2.7　中文电子资源与外文电子资源建设经费投入

中文电子资源包括中文电子图书和中文电子期刊，外文电子资源包括外文电子图书和外文电子期刊。从表 2-7 可知，2011 年，外文电子资源的平均经费是中文电子资源的 3.8 倍；2012 年，二者之间的差距有所缩小，外文电子资源的平均经费是中文电子资源的 2.8 倍；2013 年这一差距又有扩大，外文电子资源的平均经费是中文电子资源的 3.3 倍；从 2014 年起，二者之间的差距进一步扩大，2014—2020 年外文电子资源的平均经费分别是同年中文电子资源的 4.8 倍、4.5 倍、4.8 倍、5.7 倍、5.6 倍、5.8 倍和 5.9 倍。这些数据说明，我国"双一流"建设高校图书馆的电子资源建设经费主要投在外文电子资源上。

表 2-7　近 10 年 76 所"双一流"建设高校图书馆中文电子资源与
外文电子资源建设经费投入

年份	2011 年	2012 年	2013 年	2014 年	2015 年
中文电子资源平均 经费（万元）	74	119	121	110	133
外文电子资源平均 经费（万元）	280	336	406	495	599

续表 2 - 7

年份	2016 年	2017 年	2018 年	2019 年	2020 年
中文电子资源平均经费（万元）	147	136	165	182	176
外文电子资源平均经费（万元）	709	776	918	1048	1033

2.3 文献资源建设经费差异分析

2.3.1 不同办学层次高校图书馆资源建设经费投入差异分析

世界一流大学建设高校图书馆资源建设总经费个案数应为 310 个，实际有效个案数为 296 个（其中 2011 年 25 个、2012 年 27 个、2013 年和 2014 年均为 29 个、2015—2020 年均为 31 个）。世界一流学科建设高校图书馆资源建设总经费个案数应为 450 个，实际有效个案数为 425 个（其中 2011 年 42 个、2012 年 41 个、2013 年 40 个、2014 年和 2015 年均为 42 个、2016 年 44 个、2017 年 43 个、2018 年 44 个、2019 年 43 个、2020 年 44 个）。独立样本 t 检验的结果表明，世界一流大学建设高校图书馆和世界一流学科建设高校图书馆的资源建设总经费存在显著差异，世界一流大学建设高校图书馆资源建设总经费显著高于世界一流学科建设高校图书馆的资源建设总经费（表 2 - 8）。

表 2 - 8 近 10 年不同办学层次高校图书馆资源建设总经费差异分析

类型	个案数（个）	平均值（万元）	t 值	显著性
世界一流大学建设高校图书馆	296	2993	15.927	0.000
世界一流学科建设高校图书馆	425	1331		

世界一流大学建设高校图书馆纸质资源建设经费有效个案数为 296 个（其中 2011 年 25 个、2012 年 27 个、2013 年和 2014 年均为 29 个、2015—2020 年均为 31 个）。世界一流学科建设高校图书馆纸质资源建设经费有效个案数为 430 个（其中 2011 年 43 个、2012 年 42 个、2013 年 40 个、

2014 年 42 个、2015 年 43 个、2016 年 44 个、2017 年 43 个、2018 年 45 个、2019 年和 2020 年均为 44 个）。独立样本 t 检验的结果表明，世界一流大学建设高校图书馆和世界一流学科建设高校图书馆的纸质资源建设经费存在显著差异，世界一流大学建设高校图书馆纸质资源经费显著高于世界一流学科建设高校图书馆的纸质资源经费（表 2 - 9）。

表 2 - 9　近 10 年不同办学层次高校图书馆纸质资源建设经费差异分析

类型	个案数（个）	平均值（万元）	t 值	显著性
世界一流大学建设高校图书馆	296	1184	11.371	0.000
世界一流学科建设高校图书馆	430	512		

　　世界一流大学建设高校图书馆电子资源建设经费有效个案数为 297 个（其中 2011 年 26 个、2012 年 27 个、2013 年和 2014 年均为 29 个、2015—2020 年均为 31 个）。世界一流学科建设高校图书馆电子资源建设经费有效个案数为 431 个（其中 2011 年和 2012 年均为 42 个、2013 年 43 个、2014 年和 2015 年均为 42 个、2016 年 45 个、2017 年和 2018 年均为 44 个、2019 年 43 个、2020 年 44 个）。独立样本 t 检验的结果表明，世界一流大学建设高校图书馆和世界一流学科建设高校图书馆的电子资源建设经费存在显著差异，世界一流大学建设高校图书馆电子资源建设经费显著高于世界一流学科建设高校图书馆的电子资源建设经费（表 2 - 10）。

表 2 - 10　近 10 年不同办学层次高校图书馆电子资源建设经费差异分析

类型	个案数（个）	平均值（万元）	t 值	显著性
世界一流大学建设高校图书馆	297	1780	15.238	0.000
世界一流学科建设高校图书馆	431	811		

　　世界一流大学建设高校图书馆电子资源建设经费占比有效个案数为 296 个（其中 2011 年 25 个、2012 年 27 个、2013 年和 2014 年均为 29 个、2015—2020 年均为 31 个）。世界一流学科建设高校图书馆电子资源建设经费占比有效个案数为 425 个（其中 2011 年 42 个、2012 年 41 个、2013 年 40 个、2014 年和 2015 年均为 42 个、2016 年 44 个、2017 年 43 个、2018 年 44 个、2019 年 43 个、2020 年 44 个）。独立样本 t 检验的结果表明，世界一流大学建设高校图书馆和世界一流学科建设高校图书馆的电子

资源建设经费占比不存在显著差异（表 2 – 11）。

表 2 – 11　近 10 年不同办学层次高校图书馆电子资源建设经费占比差异分析

类型	个案数（个）	比例（％）	t 值	显著性
世界一流大学建设高校图书馆	296	59.5	1.528	0.127
世界一流学科建设高校图书馆	425	57.8		

2.3.2　不同地区高校图书馆文献资源建设经费投入差异分析

东部、中部、西部和东北地区的高校图书馆资源建设经费个案数分别为 460 个、70 个、180 个、50 个，实际有效个案数东部地区为 433 个（其中 2011 年 39 个、2012 年 41 个、2013 年和 2014 年均为 42 个、2015 年 44 个、2016 年 45 个、2017 年 44 个、2018 年为 46 个、2019 年和 2020 年均为 45 个），中部地区为 67 个（其中 2011—2013 年均为 7 个、2014 年和 2015 年均为 6 个、2016—2020 年均为 7 个），西部地区为 176 个（其中 2011 年 18 个、2012 年 17 个、2013 年 16 个、2014—2018 年均为 18 个、2019 年 17 个、2020 年 18 个），东北地区为 45 个（其中 2011 年 4 个、2012 年 3 个、2013 年 4 个、2014—2017 年均为 5 个、2018 年 4 个、2019 年和 2020 年均为 5 个）。单因子方差分析的结果表明，不同地区高校图书馆资源建设总经费存在显著差异（表 2 – 12）。事后分析的结果表明，东部地区、中部地区高校图书馆资源建设经费显著高于西部；中部地区高校图书馆资源建设经费高于东部。东部地区高校图书馆因为所处地区的经济条件较好，资源建设经费高于西部非常正常；中部地区高校图书馆的资源建设经费高于东部地区，原因很有可能是有效样本里面中部地区只有 7 所"双一流"建设高校，其中 3 所为世界一流大学建设高校、4 所为世界一流学科建设高校，世界一流大学建设高校图书馆的资源建设经费一般高于世界一流学科建设高校图书馆。

表 2 – 12　近 10 年不同地区高校图书馆资源建设总经费差异分析

地区	个案数（个）	平均值（万元）	F 值	显著性
东部	433	2160	6.955	0.000
中部	67	2268		
西部	176	1646		
东北	45	2013		

纸质资源建设经费方面，东部、中部、西部和东北地区的个案数分别为 435 个（其中 2011 年 39 个、2012—2014 年均为 42 个、2015 年和 2016 年均为 45 个、2017 年 44 个、2018 年 46 个、2019 年和 2020 年均为 45 个）、67 个（其中 2011 年 6 个、2012 年和 2013 年均为 7 个、2014 年和 2015 年均为 6 个、2016—2020 年均为 7 个）、177 个（其中 2011 年 18 个、2012 年 17 个、2013 年 16 个、2014—2020 年均为 18 个）和 47 个（其中 2011 年 5 个、2012 年 3 个、2013 年为 4 个、2014—2020 年均为 5 个）。单因子方差分析的结果发现，不同地区高校图书馆纸质资源建设经费存在显著差异（表 2–13）。事后分析的结果表明，东部地区高校图书馆纸质资源建设经费显著高于西部、东北地区高校图书馆；中部地区高校图书馆纸质资源建设经费显著高于西部地区高校图书馆。

表 2–13　近 10 年不同地区高校图书馆纸质资源建设经费差异分析

地区	个案数（个）	平均值（万元）	F 值	显著性
东部	435	869		
中部	67	936	8.561	0.000
西部	177	590		
东北	47	545		

电子资源建设经费方面，东部、中部、西部和东北地区的个案数分别为 438 个（其中 2011 年 40 个、2012 年 41 个、2013 年 44 个、2014 年 42 个、2015 年 44 个、2016 年 46 个、2017 年 45 个、2018 年 46 个、2019 年和 2020 年均为 45 个）、67 个（其中 2011 年 6 个、2012 年和 2013 年均为 7 个、2014 年和 2015 年均为 6 个、2016—2020 年均为 7 个）、177 个（其中 2011 年 18 个、2012 年和 2013 年均为 17 个、2014—2018 年均为 18 个、2019 年 17 个、2020 年 18 个）和 46 个（其中 2011—2013 年均为 4 个、2014—2017 年均为 5 个、2018 年 4 个、2019 年和 2020 年均为 5 个）。单因子方差分析的结果发现，不同地区高校图书馆电子资源建设经费存在显著差异（表 2–14）。但是事后分析并没有找出具体是哪些地区的高校图书馆电子资源建设经费存在显著差异。

表2-14 近10年不同地区高校图书馆电子资源建设经费差异分析

地区	个案数（个）	平均值（万元）	F 值	显著性
东部	438	1264		
中部	67	1324	3.210	0.023
西部	177	1046		
东北	46	1100		

电子资源建设经费比例方面，东部、中部、西部和东北地区的有效个案数分别为433个（其中2011年39个、2012年为42个、2013年和2014年均为42个、2015年44个、2016年45个、2017年44个、2018年46个、2019年和2020年均为45个）、67个（其中2011年6个、2012年和2013年均为7个、2014年和2015年均为6个、2016—2020年均为7个）、176个（其中2011年18个、2012年17个、2013年16个、2014—2018年均为18个、2019年17个、2020年18个）和45个（其中2011年4个、2012年3个、2013年4个、2014—2017年均为5个、2018年4个、2019—2020年均为5个）。单因子方差分析的结果表明，不同地区高校图书馆电子资源建设经费占比存在显著差异（表2-15）。事后分析的结果表明，东北地区高校图书馆电子资源建设经费所占比例显著高于东部地区高校图书馆。

表2-15 近10年不同地区高校图书馆电子资源建设经费占比差异分析

地区	个案数（个）	比例（%）	F 值	显著性
东部	433	56.9		
中部	67	58.1	4.598	0.003
西部	176	60.8		
东北	45	64.2		

2.3.3 不同类型高校图书馆文献资源建设经费投入差异分析

2011—2020年综合类高校图书馆和理工类高校图书馆在资源建设总经费、纸质资源建设经费、电子资源建设经费方面都存在显著差异。综合类高校、理工类高校图书馆的个案数分别应为310个和450个。资源建设总经费的有效个案数综合类高校图书馆为292个（其中2011年和2013年均为27个、2012年和2014年均为28个、2015年和2019年均为29个、2016—2018年和2020年均为31个），理工类高校图书馆为429个（其中2011—2012年均为40个，2013年为42个，2014年和2017年均为43个，2015年、2016年、2018年和2020年均为44个，2019为45个）。如表2-16所示，独立样本t检验的结果表明，2011—2020年综合类高校图书馆的资源建设总经费显著高于理工类高校图书馆。

表2-16　近10年不同类型高校图书馆资源建设总经费差异分析

类型	个案数（个）	平均值（万元）	t 值	显著性
综合类高校图书馆	292	2333	4.579	0.000
理工类高校图书馆	429	1796		

纸质资源建设经费的有效个案数综合类高校图书馆为295个（其中2011年和2013年为27个、2012年和2014年均为28个、2015年和2019年均为29个、2016—2018年和2020年均为31个），理工类高校图书馆为431个（其中2013年为27个、2011—2012年和2014年均为28个、2013年和2019年均为30个、2016—2018年和2020年均为31个）。由表2-17可知，独立样本t检验的结果表明，2011—2020年综合类高校图书馆的纸质资源建设经费显著高于理工类高校。

表2-17　近10年不同类型高校图书馆纸质资源建设经费差异分析

类型	个案数（个）	平均值（万元）	t 值	显著性
综合类高校图书馆	295	1004	5.918	0.000
理工类高校图书馆	431	637		

电子资源建设经费的有效个案数综合类高校图书馆为294个（其中2011年为27个，2012年和2014年均为28个，2013年、2015年和2019年均为29个，2016—2018年和2020年均为31个），理工类高校图书馆为434个（其中2011—2012年均为41个，2013—2014年均为43个，2015年、2017年、2018年和2020年均为44个，2016年和2019年均为45个）。如表2-18所示，独立样本t检验的结果表明，2011—2020年综合类高校图书馆的电子资源建设经费显著高于理工类高校图书馆。

表2-18　近10年不同类型高校图书馆电子资源建设经费差异分析

类型	个案数（个）	平均值（万元）	t 值	显著性
综合类高校图书馆	294	1301	5.918	0.021
理工类高校图书馆	434	1142		

　　电子资源建设经费占比的有效个案数综合类高校图书馆为292个（其中2011年和2013年均为27个、2012年和2014年均为28个、2015年和2019年均为29个、2016—2018年和2020年均为31个），理工类高校图书馆为429个（其中2011—2012年均为40个，2013年为42个，2014年和2017年均为43个，2015年、2016年、2018年和2020年均为44个，2019年为45个）。如表2-19所示，独立样本t检验的结果表明，2011—2020年综合类高校图书馆的电子资源建设经费占比与理工类高校图书馆不存在显著差异。

表2-19　近10年不同类型高校图书馆电子资源建设经费占比差异分析

类型	个案数（个）	比例（%）	t 值	显著性
综合类高校图书馆	292	55.0	1.528	0.127
理工类高校图书馆	429	60.1		

2.4　本章小结

　　通过对我国"双一流"建设高校图书馆2011—2020年文献资源建设经费总体情况以及不同办学层次、不同地区、不同类型高校图书馆文献资源建设经费差异情况的分析，我们可以得出以下结论。

　　（1）近10年我国"双一流"建设高校图书馆文献资源建设经费基本呈平稳增长之势，这是我国"双一流"建设高校图书馆文献资源建设经费较好的10年。受益于国家对高等教育投入的增加，除了2020年受到疫情的影响外，这10年中前9年的文献资源建设经费的平均增长率高达11.3%，10年的平均增长率也达到9.5%。

　　（2）电子资源是我国"双一流"建设高校图书馆文献资源建设经费投入的重点。从2012年起，"双一流"建设高校图书馆的平均电子资源建设经费就超过了平均纸质资源建设经费。平均电子资源建设经费从 2010 年占平均纸质资源建设经费的 85.5% 上升到 2020 年的 233.1%。电子资源建设经费占文献资源建设经费的比例从 2011 年的不足 50% 上升到 2020 年的将近 70%。

（3）纸质图书是纸质资源建设经费投入的重点。纸质资源中纸质图书的经费除 2020 年外，一直在增长。纸质图书的经费也一直高于纸质期刊。

（4）电子期刊是电子资源建设经费投入的重点。电子资源中电子期刊的经费从 2012 年起就和电子图书拉开了差距，并且差距越来越大。

（5）外文电子资源是电子资源建设经费投入的重点。近 10 年来，每年我国"双一流"建设高校图书馆文献资源建设的经费主要投入在外文电子资源方面，并且比例越来越高。

（6）一流大学建设高校图书馆与一流学科建设高校图书馆的文献资源建设经费投入存在显著差异。一流大学建设高校图书馆的文献资源建设总经费、纸质资源建设经费、电子资源建设经费均显著高于一流学科建设高校图书馆。但是一流大学建设高校图书馆和一流学科建设高校图书馆的电子资源建设经费占文献资源建设经费的比例没有显著差异。

（7）不同地区高校图书馆文献资源建设经费投入存在显著差异。不同地区高校图书馆的文献资源建设总经费、纸质资源建设经费、电子资源建设经费、电子资源建设经费占文献资源建设总经费的比例均存在显著差异。这个结果与尹伊秋等①的研究结果不一致，原因有可能是样本选择的时间段不一样，尹伊秋的研究中选择的时间段是 2015—2019 年，并且是对样本进行逐年比较。

（8）不同类型高校图书馆文献资源建设经费投入存在显著差异。综合类高校图书馆的文献资源建设总经费、纸质资源建设经费、电子资源建设经费均显著高于理工类高校图书馆。但是综合类高校图书馆与理工类高校图书馆的电子资源建设经费占比不存在显著差异。

---

　　① 尹伊秋，尹方屏，吴丹.「双一流」建设高校图书馆文献资源建设经费投入分析 ［J］. 图书馆学刊，2021，43（10）：57–66.

第3章 高校图书馆电子资源组织与揭示调查：以世界一流大学建设高校图书馆为例

  收集、整理文献信息并提供使用是图书馆的基本职能①。由前文可知，国内外高校图书馆都在电子资源的建设上投入了大量的经费。高校图书馆在利用传统纸质资源组织方法的基础上又根据其特征对这些数量巨大、种类繁多的电子资源进行了组织与揭示。

  1998年，Sowards创建了用于评估参考咨询网站信息的组织分类方法。他从组织深度和组织标准两个方面综合进行考虑。组织深度为从主页到具体电子资源的点击次数，一般分为一层、两层和三层。组织标准分为 A、S、S#和 K。A 为网站按照电子资源的字母顺序排列电子资源，此种情况下名称的明确性至关重要。S 为网站按照主题对电子资源进行分组展示。S#为 S 的变种，此种情况下采用杜威十进制分类法或者其他分类法作为主题。K 为网站不对电子资源事先进行分类，而是允许用户使用关键词等创建类别。3 种组织深度和 4 种组织标准组合起来就有 12 种类型②。Kirkwood 使用 Sowards 的分类方法对 63 家商学院图书馆网站/馆藏网站的电子资源组织情况进行了研究。他发现组织深度为两层、按照主题对电子资源进行分类的情况最为普遍，有 35 家图书馆网站属于这一种；其次是组织深度为三层、按照主题对电子资源进行分类的情况，有 11 家图书馆网站属于这一种；有 4 家图书馆组织深度为一层、按照字母顺序排列电子资源；只有 1 家图书馆组织深度为三层、以分类法为主题组织电子资源③。Chase、Dygert 和 Johnston 将图书馆组织电子资源的方式分为在图书馆网页提供按照字顺或者主题排列的电子资源清单、在联机公共检索目录（online public access catalog，OPAC）中对所有电子资源进行编目、创建对

---

  ① 黄宗忠. 图书馆学导论［M］. 武汉：武汉大学出版社，1988：142.

  ② Sowards S W. A typology for ready reference web sites in libraries［J］. First Monday, 1998, 3 (5).

  ③ Kirkwood H P. Business library web sites: a review of the organization and structure of print, networked, and internet resources［J］. Journal of Business & Finance Librarianship, 2000, 5 (4): 23 – 39.

OPAC 补充的获取目录，以及将前面三种方式组合起来的第四种方式①。Abels 和 Magi 对美国 20 家顶级商学院图书馆网站的调查显示，提供数据库清单是这些图书馆组织电子资源的主要方式，数据库清单或者按字母顺序排列或者按分类排列或者同时提供这两种方式②。邵晶对高校图书馆虚拟馆藏资源的组织与揭示方式进行了探讨。他将西方国家大学图书馆虚拟馆藏资源的组织与揭示方式总结为三种：通过 OPAC 揭示全文电子期刊、采用多种导航方式揭示各种虚拟馆藏资源和采用先进技术集成各种虚拟馆藏资源。他指出，当时大多数图书馆在电子资源网页上展示馆藏虚拟资源时，只是简单地按数据库名称或提供商的名称罗列，没有充分地揭示每一种电子期刊，只有少数图书馆实现了全文电子期刊的字母顺序导航、主题导航、数据库供应商/数据库名称导航③。魏争光和余迎娣对我国 18 所高校图书馆电子资源组织和揭示情况的调查发现，不同图书馆电子资源的组织和揭示发展不平衡，有的高校图书馆对电子资源的组织和揭示很重视，无论是对引进的还是自建的电子资源都进行了规范的组织，为读者提供了多种检索途径；而有的图书馆则只对电子资源进行简单罗列，没有进行进一步的揭示，普遍缺乏对电子资源的深层次组织和揭示④。Kim 对美国 38 所商学院图书馆网站电子资源的组织情况进行了调查，他将信息组织的模式分为资源整合维度、资源/用户导向维度和用户教育方法维度。资源整合维度中不同类型的电子资源被整合在单一的标题之下。资源/用户导向维度中资源组织要么是资源导向，要么是用户导向。按字顺排列的资源列表属于典型的资源导向；相比之下，"顶级数据库"或者"顶级资源"属于用户导向。在资源整合维度和资源/用户导向维度二者之间的是用户教

① Chase L，Dygert C，Johnston J A. Organizing web-based resources ［J］. Serials Librarian，2000，38（3-4）：277-286.

② Abels E G，Magi T J. Current practices and trends in 20 top business school libraries ［J］. Journal of Business and Finance Librarianship，2001，6（3）：3-20.

③ 邵晶. 对我国大学图书馆虚拟馆藏资源组织与揭示的思考 ［J］. 大学图书馆学报，2001（1）：37-39.

④ 魏争光，余迎娣. 我国高校图书馆数字资源组织和揭示现状与分析 ［J］. 图书馆学研究，2004（11）：50-52.

育方法维度①。白晗和周雪松通过访问图书馆网站对 108 所"211"院校图书馆的电子资源组织与揭示方式进行了调研，内容主要包括电子资源编目情况、图书馆网站对电子资源分类的方式、资源统一检索平台的使用等。结果显示，大多数图书馆只是按语种和文献类型对电子资源进行粗略分类，只有 7 所大学图书馆通过 OPAC 揭示电子资源，36 所大学图书馆实现了电子资源统一检索②。韩玺等于 2011 年 7 月同样通过网站调查的方式对 39 所"985 工程"院校图书馆电子资源组织与揭示方式进行了调研，内容包括 OPAC 编目揭示、电子资源揭示的方式和种数、图书馆首页资源揭示的方式和种数、使用指南及指南方式、统一检索以及统一检索平台提供情况等。结果表明，有 12 所大学在馆藏目录中对电子资源进行了编目揭示，比白晗和周雪松 2007 年的调查结果增加了 5 所，但是开展情况还是不普遍。按照文献类型、数据库导航和电子期刊导航在图书馆主页链接揭示成为最重要的方式。有 3 所大学提供了数据库使用指南或说明，有 17 所大学提供了统一检索服务③。

强大的图书馆网站不仅是综合各种信息资源的门户或者网关，而且可以作为复杂的指南系统去支持用户实现从目标导向的搜索到任意浏览等广泛类型的信息查寻行为。距韩玺等的调查已经过去了 10 多年，目前国内高校图书馆电子资源组织的现状如何，其组织方式方法有什么变化，是否能够满足用户需求，值得深入调查。

本章以 42 所世界一流大学建设高校图书馆为研究对象，对其电子资源组织和揭示进行调查。调查进行了多次，最后一次调查的时间为 2022 年 5 月。电子科技大学图书馆、东北大学图书馆、北京航空航天大学图书馆 3 家图书馆网站在调查期间无法打开，所以下文的调查结果实际统计对象为 39 家世界一流大学建设高校图书馆。

① Kim S. Analyzing organizational schemes of information resources in library websites by user education approaches [C]//Proceedings of the American Society for Information Science and Technology, 2006, 43 (1): 1 – 17.

② 白晗, 周雪松. "211"院校图书馆电子资源的组织与揭示调研 [J]. 图书馆学研究, 2007 (10): 32 – 34.

③ 韩玺, 裴继红, 顾萍. "985 工程"院校图书馆电子资源揭示和组织的现状调查 [J]. 图书馆学研究, 2011 (24): 51 – 54.

3.1 入口点

本研究所指的入口点是用户使用图书馆电子资源的入口。我们调查的高校图书馆网站一般都会提供多个入口点给用户来访问电子资源。

3.1.1 检索框

调查的 39 家高校图书馆网站均在比较明显的位置设置了类似于搜索引擎的检索框（表 3 - 1）。每家图书馆网站均设置有学术发现系统检索框。此外，北京大学图书馆、大连理工大学图书馆、东南大学图书馆、复旦大学图书馆、国防科技大学图书馆、华中科技大学图书馆、南京大学图书馆、南开大学图书馆、清华大学图书馆、山东大学图书馆、上海交通大学图书馆、天津大学图书馆、同济大学图书馆、武汉大学图书馆、西安交通大学图书馆、浙江大学图书馆、中国海洋大学图书馆、中国农业大学图书馆、中国人民大学图书馆、北京理工大学图书馆、新疆大学图书馆、郑州大学图书馆、云南大学图书馆共 23 家图书馆网站设置了数据库导航检索框，至少提供数据库名检索，让读者能够快速进入自己需要的数据库。北京师范大学图书馆、大连理工大学图书馆、复旦大学图书馆、国防科技大学图书馆、华中科技大学图书馆、武汉大学图书馆、中国科学技术大学图书馆、中国人民大学图书馆、中南大学图书馆、中山大学图书馆、重庆大学图书馆、北京理工大学图书馆、郑州大学图书馆共 13 家图书馆设置了电子期刊导航检索框，至少提供电子期刊名检索，让读者能够查找自己所需的电子期刊。复旦大学图书馆、武汉大学图书馆、中国科学技术大学图书馆、重庆大学图书馆、新疆大学图书馆共 5 家图书馆设置了电子图书导航检索框，至少提供电子图书书名检索。北京大学图书馆、南开大学图书馆、同济大学图书馆、浙江大学图书馆共 4 家图书馆不区分电子图书与电子期刊，设置了电子图书/电子期刊导航检索框，至少提供电子图书书名/电子期刊刊名检索。

表3-1　与电子资源相关的检索框类型统计

图书馆名称	与电子资源相关的检索框类型	图书馆名称	与电子资源相关的检索框类型
北京大学图书馆	学术发现系统、数据库导航、电子图书/期刊导航	天津大学图书馆	学术发现系统、数据库检索
北京师范大学图书馆	学术发现系统、电子期刊导航	同济大学图书馆	学术发现系统、数据库、电子期刊/图书
大连理工大学图书馆	学术发现系统、数据库导航、电子期刊导航	武汉大学图书馆	学术发现系统、电子图书、电子期刊、数据库
东南大学图书馆	学术发现系统、数据库导航	西安交通大学图书馆	学术发现系统、综合搜索、数据库
复旦大学图书馆	学术发现系统、数据库、电子图书、电子期刊	西北农林科技大学图书馆	学术发现系统
国防科技大学图书馆	学术发现系统、数据库导航、期刊导航	浙江大学图书馆	学术发现系统、数据库、电子图书期刊
哈尔滨工业大学图书馆	学术发现系统、学者搜索	中国海洋大学图书馆	学术发现系统、数据库搜索
湖南大学图书馆	学术发现系统	中国科学技术大学图书馆	学术发现系统、电子图书、电子期刊
华东师范大学图书馆	学术发现系统、电子资源、开放资源	中国农业大学图书馆	学术发现系统、数据库导航
华南理工大学图书馆	学术发现系统	中国人民大学图书馆	学术发现系统、数据库、电子期刊
华中科技大学图书馆	学术发现系统、数据库、电子期刊	中南大学图书馆	学术发现系统、数据库搜索、期刊导航
吉林大学图书馆	学术发现系统	中山大学图书馆	学术发现系统、期刊导航
兰州大学图书馆	学术发现系统	中央民族大学图书馆	学术发现系统

续表 3－1

图书馆名称	与电子资源相关的检索框类型	图书馆名称	与电子资源相关的检索框类型
南京大学图书馆	学术发现系统、电子数据库、南雍撷珍（古籍与特藏文献平台）	重庆大学图书馆	全部搜索、期刊论文、图书、学位论文、标准
南开大学图书馆	学术发现系统、电子期刊/图书、数据库	西北工业大学图书馆	学术发现系统
清华大学图书馆	学术发现系统、数据库、电子期刊	北京理工大学图书馆	学术发现系统、数据库、电子期刊
厦门大学图书馆	学术发现系统	新疆大学图书馆	学术发现系统、数据库导航、电子书
山东大学图书馆	学术发现系统、数据库	郑州大学图书馆	学术发现系统、数据库、电子期刊
上海交通大学图书馆	学术发现系统、数据库、学术资源地图	云南大学图书馆	学术发现系统、数据库检索
四川大学图书馆	学术发现系统		

3.1.2　检索框下的链接

入口点除了主页显著位置的检索框外，还有 15 所高校图书馆利用检索框下的空间，设置了相关链接，引导用户快速检索到其想要的内容（表3－2）。

除了国防科技大学图书馆外，其他 14 所大学图书馆均是在不同的检索框下设置不同的链接。复旦大学图书馆设置的此类链接最多，分别在"资源发现""数据库""电子期刊""电子图书"检索框下都设置了相关链接。有些高校图书馆在一个检索框下只设置一条链接，有的高校图书馆在一条检索框下设置多条链接，有些链接直接指向特定的数据库。如同济大学图书馆就在"电子期刊/图书"检索框下设置了"全文期刊导航""核心期刊导航""超星电子图书数据库""IGI Global""RSC""Springer-Link""world scientific" 7 条链接。

表3-2 检索框下链接内容统计

图书馆名称	位置	链接内容
复旦大学图书馆	"资源发现"检索框下	望道溯源—资源发现系统、学术资源门户、其他学术搜索
	"数据库"检索框下	数据库导航、常用数据库
	"电子期刊"检索框下	电子期刊导航、核心期刊查询系统
	"电子图书"检索框下	电子图书导航
国防科技大学图书馆	"科图探索"检索框下、"期刊导航"检索框下、"数据库导航"检索框下	数字资源—我的收藏
华中科技大学图书馆	"数据库"检索框下	数据库导航、数据库列表
	"电子期刊"检索框下	电子期刊导航
南京大学图书馆	"电子数据库"检索框下	所有数据库列表、最新资源
	"中文资源发现"检索框下	期刊导航
清华大学图书馆	"水木搜索"检索框下	按类型查、按学科查
	"数据库"检索框下	数据库导航、校外访问
	"电子期刊"检索框下	电子期刊导航
山东大学图书馆	"数据库"检索框下	数据库导航、试用资源、OA资源
	"学术检索"检索框下	电子期刊导航、电子图书导航、学位论文
	"超星发现"检索框下	读秀
上海交通大学图书馆	"数据库"检索框下	各种导航途径
同济大学图书馆	"数据库"检索框下	常用数据库（列出了8种数据库的链接，点击"更多数据库"进入数据库导航页面）
	"电子期刊/图书"检索框下	全文期刊导航、核心期刊导航、超星电子图书数据库、IGI Global、RSC、SpringerLink、world scientific

续表 3-2

图书馆名称	位置	链接内容
武汉大学图书馆	"数据库" 检索框下	常用数据库（分为中文和英文，分别列出了10种数据库）；数据库导航
西安交通大学图书馆	"数据库" 检索框下	数据库导航
中国农业大学图书馆	"数据库导航" 检索框下	热门中文数据库（列出了5种）、热门外文数据库（列出了4种）、推荐数据库（列出了1种）
中国人民大学图书馆	"数据库" 检索框下	数据库导航、试用资源、多媒体资源、人大文库、古籍特藏、特色资源、校内外统一访问
	"电子期刊" 检索框下	电子期刊导航、其他电子刊、投稿指南、核心期刊目录、文献传递
中南大学图书馆	"数据库搜索" 检索框下	常用的10种中文数据库和10种外文数据库，点击"更多"进入数据库导航页面
北京理工大学图书馆	"电子期刊" 检索框下	电子期刊 A—Z 列表
郑州大学图书馆	"外文发现" 检索框下	外文图书、外文期刊、期刊导航、数据库导航
	"数据库" 检索框下	校外访问、数据库导航
	"电子期刊" 检索框下	外文期刊、资源地图、数据库导航

3.1.3　相关栏目

与电子资源相关的栏目是高校图书馆网站电子资源的重要入口点之一（为了避免重复计算，检索框不再计入栏目）。本研究将直接出现在图书馆网站主页的栏目层级定义为1级，需要点击或者将鼠标放在1级类目出现的栏目层级定义为2级，在2级类目下的栏目层级定义为3级。

如表3-3所示，有8家图书馆网站对电子资源相关的栏目设置了1级类目，用户在图书馆网站主页就可以看到。栏目名称有3家图书馆网站使用的是"电子资源"，2家使用的是"数字资源"，1家使用的是"资源"，1家使用的是"数据库频道"，有1家除了设置"数据库"栏目外，还设置了"期刊导航"栏目，提供电子资源导航功能。

表3-3 层级为1级的电子资源相关栏目统计

图书馆名称	栏目名称	图书馆名称	栏目名称
大连理工大学图书馆	期刊导航、数据库	中南大学图书馆	数字资源
南京大学图书馆	电子资源	中央民族大学图书馆	数字资源
天津大学图书馆	资源	重庆大学图书馆	数据库频道
中国科学技术大学图书馆	电子资源	西北工业大学图书馆	电子资源

有23家图书馆网站将电子资源相关的栏目设置为2级类目（表3-4）。其中有14家的上级栏目名称为"资源"，4家为"文献资源"，2家为"资源导航"，1家为"资源发现"，1家为"馆藏资源"，1家为"文献服务"。这些上级栏目名称基本一致。但是与电子资源相关的栏目名称较为复杂，"数据库""数据库导航""数据库列表"等出现次数较多，也有出现具体的文献类型，如"电子图书""电子期刊""学位论文"等。栏目数量方面，最少的为1个，最多的为10个，平均为5个。

表3-4 层级为2级的电子资源相关栏目统计

图书馆名称	与电子资源相关的栏目名称	上级栏目名称
北京师范大学图书馆	数据库导航、电子期刊导航	资源
复旦大学图书馆	电子期刊导航、学术资源门户、特藏资源、电子图书、试用数据库、常用数据库	资源
国防科技大学图书馆	数字资源、远程访问	文献资源
哈尔滨工业大学图书馆	数据库、数据库导航、试用数据库、多媒体、电子图书、标准服务、学位论文	资源
湖南大学图书馆	数字资源	文献资源

续表 3-4

图书馆名称	与电子资源相关的栏目名称	上级栏目名称
华南理工大学图书馆	数据库资源、标准/专利	资源
华中科技大学图书馆	电子资源导航、常用数据库列表、开放获取（OA）资源推荐、移动图书馆、试用数据库列表、热点检索词、数字资源统一访问	资源
吉林大学图书馆	数据库、电子图书、电子期刊、学位论文、专利、古籍、特色资源、网络资源、网上开放课程	资源
兰州大学图书馆	电子资源、特色资源	资源发现
清华大学图书馆	按类型查、按学科查、特色资源、最新资源、精选资源	资源
厦门大学图书馆	常用数据库、中文数据库、外文数据库、自建数据库、试用数据库、特色文献查找、电子图书、在线报刊、校外访问、资源推荐	资源
山东大学图书馆	多媒体资源、特色资源、电子资源、古籍文献	馆藏资源
上海交通大学图书馆	数据库列表、特色资源、试用数据库、学术期刊	资源
四川大学图书馆	数字资源	文献服务
同济大学图书馆	电子期刊、数据库	文献资源
武汉大学图书馆	数字资源、特色文献	资源
西北农林科技大学图书馆	数据库列表、期刊导航、电子期刊、试用资源、网络免费资源	资源
浙江大学图书馆	数据库导航、电子图书、电子期刊、古籍特藏、资源动态、CADAL	资源
中国人民大学图书馆	本校学位论文、数据库导航、电子期刊导航、学科资源导航、特色资源、教参资源、多媒体资源、古籍特藏、开放获取资源	资源
中山大学图书馆	数据库与电子资源、图书、期刊、报纸、学位论文、古籍与民国文献、校外访问	资源

续表 3 - 4

图书馆名称	与电子资源相关的栏目名称	上级栏目名称
北京理工大学图书馆	图书、学位论文、期刊、会议文献、专利、教材教参、标准、科技报告	资源导航
新疆大学图书馆	中文数据库、外文数据库、电子图书、视频/考试/云/工具、试用数据库、中外专利文献	文献资源
云南大学图书馆	数据库导航、中文数据库、英文数据库、试用数据库、开放获取资源、CALIS 资源、CADAL 资源	资源导航

有 8 家图书馆网站电子资源相关栏目为 3 级栏目（表 3 - 5）。它们的上级栏目中 1 级栏目为"资源"的有 3 家、"文献资源"的有 3 家、"查找资源"的有 2 家。2 级栏目各有不同，出现最多的为"馆藏资源"。3 级栏目中除了"数据库导航""电子图书导航""电子期刊导航"等外，也出现了很多具体的数据库，比如东南大学图书馆的"超星学术视频""好医生视频""KUKE 数字音乐""东南机构库""东南硕博论文""东南伦理道德专题库"等。

表 3 - 5　层级为 3 级的电子资源相关栏目统计

图书馆名称	与电子资源相关的栏目名称	上级栏目名称
北京大学图书馆	数据库导航、电子图书导航、电子期刊导航、试用/最新数据库	1 级栏目为文献资源，2 级栏目为馆藏资源、特色资源和最新/精选资源
东南大学图书馆	至善搜索、超星中文发现、读秀学术搜索、多媒体搜索、E - 读、中文电子书、外文电子书、数据库、期刊导航、东南硕博论文、电子报纸、超星学术视频、好医生视频、KUKE 数字音乐、东南机构库、东南硕博论文、东南伦理道德专题库、国鼎图书室、饭牛草堂	1 级栏目为查找资源，2 级栏目为资源发现、查找图书、查找文章、多媒体、东南特藏

续表 3-5

图书馆名称	与电子资源相关的栏目名称	上级栏目名称
华东师范大学图书馆	丽娃搜索、读秀学术搜索、开元知海·e读、CALIS-e得、按类型查找资源、电子图书、电子资源导航、本校硕博论文、本校全文电子书库、师范联盟数字方志集成、本校近代教科书平台、教参服务平台、杜鲁门口述历史全集、网上报告厅、师范教育专题数据库、JOVE实验视频库、超星学术视频、51CTO学院-计算机技能课、电子书+听书、库客音乐、文献管理软件	1级栏目为资源，2级栏目为资源发现、查找图书、查找文章、特藏资源、多媒体资源、相关指南
南开大学图书馆	自建库、特藏++数据库、古籍特藏、民国报刊、日经研所文献、多媒体资源、机构知识库、电子图书、电子期刊、数据库、学位论文、电子图书网络平台	1级栏目为资源，2级栏目为特藏资源、馆藏资源
西安交通大学图书馆	中外文数据库导航、视听资源、电子图书、学位论文、专利、课程教材门户、爱教材平台、培生电子教材库、超星电子图书库、机构知识门户、马克思主义专题库、一带一路专题库、新冠资源专题门户、百本经典、交大文库、党史学习专题门户、5G专题门户	1级栏目为查找资源，2级栏目为馆藏资源、教材资源、专题资源
中国海洋大学图书馆	电子书刊、数据库、专利、多媒体资源、学位论文、移动图书馆、海洋数字博物馆、机构知识库、试用数据库	1级栏目为文献资源，2级栏目为馆藏资源、特色资源、最新资源
中国农业大学图书馆	中文数据库、西文数据库、电子图书、多媒体资源、古籍文献、试用数据库、CADAL数字图书馆、中国科学院科技论文预发布平台、高等教育出版社产品信息检索系统	1级栏目为文献资源，2级栏目为馆藏资源、最新/试用资源、共享资源

续表 3 - 5

图书馆名称	与电子资源相关的栏目名称	上级栏目名称
郑州大学图书馆	中文搜递、外文发现、cails E 读、资源地图、数据库导航、电子期刊/图书	1 级栏目为资源，2 级栏目为资源发现和馆藏资源

3.2　资源导航

OPAC 一直是用户检索图书馆纸质资源的最主要入口，电子资源刚进入图书馆的时候，也有部分图书馆对电子资源进行编目之后通过 OPAC 来进行揭示。随着电子资源数量的不断增加，很多图书馆建立了电子资源导航系统，按照字顺、学科、文献类型等不同分类对电子资源进行导航[①]。

本研究对样本高校图书馆网站数据库导航页面进行统计，只计算 1 级类目，图书馆提供的电子资源导航方式见表 3 - 6（只统计图书馆数量在 10 家以上的）。北京师范大学图书馆网站数据库导航页面在调查期间无法打开，所以在统计的时候不包括在内。

表 3 - 6　数据库导航方式统计

导航方式	图书馆数量（家）	导航方式	图书馆数量（家）
字顺	33	类型	33
学科	32	语种	19
中文数据库	17	外文数据库	17
采购方式	12	试用数据库	11

3.2.1　概览

字顺导航、类型导航和学科导航是样本高校图书馆普遍提供的电子资源导航方式。

33 家图书馆提供了电子资源字顺导航，只有西北农林科技大学图书

---

①　陈顺忠，夏磊. 激活与共享：文献服务的实践与探索［M］. 上海：上海科学技术文献出版社，2012：86.

馆、厦门大学图书馆、湖南大学图书馆、中南大学图书馆、华南理工大学图书馆 5 家图书馆没有提供字顺浏览途径。清华大学图书馆和四川大学图书馆还将字顺浏览分为中文库字顺浏览和外文库字顺浏览。

同样也有 33 家图书馆提供了电子资源类型导航，其中 32 家图书馆提供 1 种类型的导航，上海交通大学图书馆提供了 2 种类型的导航。对于类型导航的名称，17 家图书馆使用了"文献类型"的名称，7 家图书馆使用了"类型"的名称，6 家图书馆使用了"资源类型"的名称，1 家图书馆使用了"内容类型"的名称，1 家图书馆使用了"数据库类型"的名称，上海交通大学图书馆提供的名称是"文献类型"和"资源类型"。湖南大学图书馆、华南理工大学图书馆、厦门大学图书馆、西北农林科技大学图书馆、西北工业大学图书馆、北京理工大学图书馆 6 家图书馆的数据库导航不提供类型导航。

32 家图书馆提供了电子资源学科导航。其中，国防科技大学图书馆既提供了学科门类导航，也提供了学科导航。上海交通大学图书馆既提供了学科导航，也提供了学科群导航，列出了该校的航海科学与工程、制造科学与工程、电子电气工程、计算智能与系统控制、先进材料与医学工程等学科群。只有湖南大学图书馆、华南理工大学图书馆、厦门大学图书馆、西北农林科技大学图书馆、新疆大学图书馆、云南大学图书馆 6 家图书馆不提供电子资源学科导航。

19 家图书馆提供了电子资源语种导航。6 家图书馆的语种导航提供了中文电子资源导航和外文（或者西文）电子资源导航，11 家图书馆的语种导航提供了全部电子资源导航、中文电子资源导航和外文电子资源导航 3 种。北京大学图书馆和清华大学图书馆的电子资源语种导航较为丰富。北京大学图书馆的电子资源语种导航包括中文、英文、德文、法文、日文、阿拉伯语、俄语及其他，共 8 种。清华大学图书馆提供的电子资源语种导航包括全部、中文、英文、德文、法文、西班牙文、日文、荷兰文、意大利文、俄文、葡萄牙文、阿拉伯文、拉丁文、韩文，共 14 种。

除了语种导航之外，还有 17 家图书馆直接列出了中文数据库清单和外文数据库清单，方便用户快速定位到自己需要的数据库。本书将其分别命名为中文电子资源导航和外文电子资源导航。

12 家图书馆提供了电子资源采购方式（或者叫"状态"）导航，一般分为试用、已购买、开放获取或者免费等类型。有的图书馆在此基础上增加了自建类型。还有 11 家图书馆提供了试用数据库导航。

除了上述导航途径外，兰州大学图书馆还提供了学院导航，点击学院名称，可以看到适合本学院使用的电子资源列表。清华大学图书馆提供了软件工具导航，分为文献管理软件、分析与评价工具、统计分析软件和电子资源远程访问工具 4 类，每一类列出了相应的软件或工具，点击名称就可以进入详细页面。郑州大学图书馆则提供了应用场景导航，分为全部和本地镜像 2 种。

北京大学图书馆和哈尔滨工业大学图书馆这 2 家图书馆的字顺、学科、类型、语种等导航途径里面的选项都提供了多选，比如学科里面可以选择一个或者多个学科，其他图书馆导航途径的选项均为单选。此外，北京大学图书馆、华东师范大学图书馆、南开大学图书馆、天津大学图书馆、中国人民大学图书馆、中南大学图书馆还提供了导航结果的排序功能。北京大学图书馆的数据库导航提供了发布时间、名称和总浏览量 3 种排序方式。华东师范大学图书馆、南开大学图书馆的数据库导航提供了名称和访问量 2 种排序方式。天津大学图书馆的数据库导航提供了名称和热度 2 种排序方式。中国人民大学图书馆和中南大学图书馆的数据库导航提供了名称和访问量 2 种排序方式。

3.2.2　类型导航详情

同时提供了资源类型导航和文献类型导航的高校图书馆，本书仅计算文献类型导航。在进行统计时，根据超链接的数量计算，一个超链接算一种类型。

从类型数量来看，最多的是 29 种，最少的是 7 种，平均为 14 种。其中，1～10 种有 8 家，11～20 种有 3 家，21～30 种有 2 家。

根据出版形式，可将文献划分为图书、期刊、报纸和特种文献。特种文献又分为会议文献、科技报告、产品样本、学位论文、政府出版物、专利、标准、档案资料等①。但这样的划分更多是从纸质资源的角度出发，没有太多考虑电子资源的特点。王印成等将高校图书馆网络型文献资源分为电子图书（学术专著、学位论文、教科书、标准、技术报告等）、电子期刊（出版商电子期刊、学会电子期刊、寄存集成商电子期刊）、工具型

---

① 李瑞欢，李树林，董晓鹏. 公共图书馆工作实务［M］. 北京：现代出版社，2018：80.

资源（考试系统、参考文献管理系统等）、学习型数据库（以语言学习、素质教育为主的文字、多媒体类资源）、文摘索引数据库（综合性、专业性）、数值型数据库（经济、金融类统计数据库）、集成商全文数据库（报纸、杂志、期刊等混合型全文数据库）①。这样的划分考虑了电子资源的特点，但存在多重划分标准，比如电子期刊和电子图书是从文献类型的角度进行划分的，但是工具型资源和学习型数据库等则是从用途的角度进行划分的。调查高校图书馆电子资源类型导航中频次大于等于 10 次的文献类型有 13 种，分别是学位论文 33 次、报纸 27 次、专利 26 次、会议论文 25 次、多媒体资源 22 次、其他 21 次、标准 20 次、期刊 19 次、图书 17 次、电子图书 17 次、全部 13 次、科技报告 12 次、电子期刊 10 次。有 94 种类型只出现 1 次。基本上高校图书馆都考虑了电子资源的特点，采用了包括文献类型在内的多种标准来设计本馆的电子资源类型导航。如北京大学图书馆数据库资源类型导航提供了电子图书、电子期刊、报纸和学位论文等按照文献类型划分的种类，也提供了文摘、原始档案等按照加工程度划分的类型，还提供了工具软件等按照用途划分的类型。

3.2.3　学科导航详情

本书在进行统计时，同样根据超链接的数量来计算学科的数量，将用"/"连接的多个学科如"生物/医学/农业/环境科学"算作 1 个学科，将写在一起的多个学科如"人文社科经济"也算作 1 个学科。如果既有大类学科，又对学科进行细分的，则以细分学科来计算，如大类学科为生物医学，此大类学科又分为生物科学和医药卫生 2 个学科，则算作 2 个学科。

从层次来看，有 3 家图书馆设置了 2 个层次的学科导航，其他图书馆均仅设置了 1 个层次。武汉大学图书馆数据库学科导航首先分为学科综合库和学科专业库，其中学科综合库分为全部、综合、理工综合、人文社科综合，学科专业库分为全部、测绘遥感、城市设计、地理学、其他等 22 个学科。国防科技大学图书馆既提供了《学位授予和人才培养学科目录》(2011 年颁布，2018 年修订) 学科门类导航，也提供了具体的细分学科导航。

① 王印成，包华，孟文辉. 高校图书馆信息管理与资源建设［M］. 北京：经济日报出版社，2018：4.

从学科数量来看，最少的只有 2 个，最多的有 39 个，平均为 20 个。学科数 1～10 个的图书馆有 3 家，11～20 个的图书馆有 15 家，21～30 个的图书馆有 8 家，31～40 个的图书馆有 6 家。从学科名称上看，共计 300 个。频次超过 10 次的学科名称有 12 个，分别为数学（23 次）、综合（23 次）、哲学（17 次）、管理学（14 次）、医学（14 次）、历史学（13 次）、法学（12 次）、教育学（11 次）、全部（11 次）、经济（10 次）、其他（10 次）和艺术学（10 次）。有 194 个学科名称只出现了 1 次。对于同一个学科，各家图书馆没有统一的名称标准，如对于图情档学科，就有"图情文献""图书档案/新闻传播""图书档案学""图书馆、情报与档案管理""图书馆档案情报学""图书馆学情报学""图书情报档案""图书情报与档案"和"图书情报与档案管理"9 种名称。

清华大学图书馆、上海交通大学图书馆、重庆大学图书馆和天津大学图书馆的电子资源学科导航基本采用了《学位授予和人才培养学科目录》（2011 年颁布，2018 年修订）一级学科名称。其他大学图书馆的电子资源学科导航中的学科名称均为自定。

3.3　资源发现

由于各种电子资源的检索入口不一，提供的检索途径和检索方法也不尽相同，导致用户需要逐一学习各种电子资源的使用方法，这就加重了用户的负担，影响了电子资源的利用率。为了解决这一问题，图书馆引入了跨库检索（又称"联邦检索""一站式检索"）。所谓跨库检索，一般是指模拟网站访问过程，将统一检索界面输入的检索条件保存下来依次传给多个电子资源系统，各电子资源系统启动各自的检索系统进行检索，并将检索结果返回到同一界面展示①。但跨库检索还存在返回结果速度慢、返回结果有限、返回结果没有去重、检索的效果不如在独立数据库检索的效果等问题②。这些问题使得跨库检索虽应用广泛，但是效果离图书馆和用户

① 陈顺忠，夏磊. 激活与共享：文献服务的实践与探索［M］. 上海：上海科学技术文献出版社，2012：86.

② 萨蕾，温泉，曲云鹏. 数字资源发现服务发展趋势研究［J］. 现代情报，2011，31（9）：75－79.

的预期甚远。在技术发展的推动下，出现了资源发现服务。它对海量的来自异构资源的元数据和部分对象数据通过抽取、映射、收割、导入等手段进行预收集，归并后映射到一个标准的表达式进行预聚合，形成统一的元数据索引，通过单一且功能强大的搜索引擎向终端用户提供或是本地分布或者远程中心平台的统一的检索和服务[①]。

本研究从三个方面对世界一流大学建设高校图书馆的资源发现服务进行调查：

（1）是否部署资源发现系统。

（2）资源发现系统的个体化命名情况。

（3）资源发现检索框是否提供检索字段选择和检索范围限制。

3.3.1　资源发现系统的部署情况

在纳入统计的 39 家世界一流大学建设高校图书馆中有 38 家部署了资源发现系统。有 11 家部署了 1 种资源发现系统，其中 4 家为超星发现系统，3 家为 Summon，2 家为 EDS，1 家为 Primo，1 家为百链。有 27 家部署了多种资源发现系统。资源发现系统类型统计结果见表 3 - 7。

表 3 - 7　资源发现系统配置详情统计

配置情况	图书馆数量（家）
EDS + 超星发现	10
Summon + 超星发现	9
Primo + 超星发现	7
Summon + 图书馆自己研发的系统	1
超星发现	4
Summon	3
EDS	2
Primo	1
百链	1

除部署专门的发现系统外，哈尔滨工业大学图书馆、湖南大学图书馆、华南理工大学图书馆、兰州大学图书馆、厦门大学图书馆和北京理工

---

① 聂华，朱玲. 网络级发现服务：通向深度整合与便捷获取的路径 [J]. 大学图书馆学报，2011，29（6）：5 - 10.

基于小数据的高校图书馆用户电子资源使用习惯研究

大学图书馆共6家图书馆还链接了学术搜索引擎"百度学术"。

由表3-7可知，在外文资源发现上，以国外厂商产品为主，EBSCO公司的EDS资源发现系统、ProQuest公司的Summon学术资源发现系统和Ex Libris公司的Primo学术资源发现系统呈现三足鼎立的状态。在中文资源发现上，基本使用超星发现。

部署了多种资源发现系统的27家高校图书馆中，有18家高校图书馆不同资源发现系统的入口不同，一般分为"中文发现"和"外文发现"（图3-1）。

图3-1　吉林大学图书馆网站主页截图

其他9家高校图书馆不同资源发现系统使用同一检索框，用户可以在"中文发现"和"外文发现"之间进行选择（图3-2）。

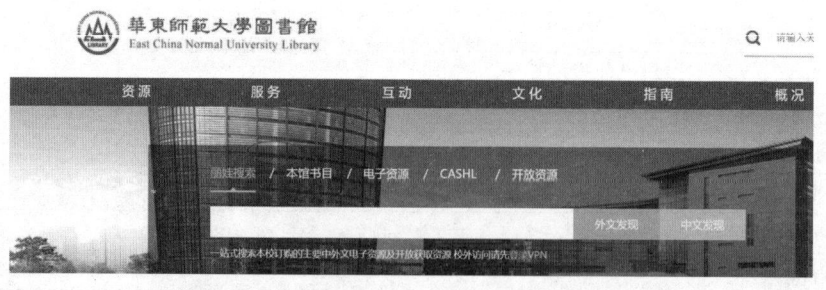

图3-2　华东师范大学图书馆网站主页截图

3.3.2　资源发现系统的个性化命名情况

有18家高校图书馆对本馆的资源发现系统进行了个性化命名（表3-8）。资源发现系统的个性化名称体现了本校浓厚的文化积淀，如北京大学图书馆的未名学术搜索、北京师范大学图书馆的木铎搜索。

表3-8 资源发现系个性化名称统计

图书馆名称	资源发现系统名称	图书馆名称	资源发现系统名称
北京大学图书馆	未名学术搜索	四川大学图书馆	明远搜索
北京师范大学图书馆	木铎搜索	天津大学图书馆	求实搜索
大连理工大学图书馆	百川搜索	武汉大学图书馆	珞珈学术搜索
东南大学图书馆	至善搜索	浙江大学图书馆	求是学术搜索
复旦大学图书馆	望道溯源	中国海洋大学图书馆	行之远搜索
华东师范大学图书馆	丽娃搜索	中南大学图书馆	云麓搜索
华南理工大学图书馆	木棉搜索	中山大学图书馆	智慧搜索
吉林大学图书馆	鼎新中文发现、鼎新外文发现	中央民族大学图书馆	知行搜索
上海交通大学图书馆	思源探索	重庆大学图书馆	弘深搜索

3.3.3 资源发现系统的检索限定

本小节只对出现在图书馆网站主页的资源发现系统的检索限定情况进行探讨。多数高校图书馆部署的发现系统在图书馆网站主页的页面仅提供简单的检索框，也有部分图书馆提供检索范围限制和检索字段选择。

北京师范大学图书馆、湖南大学图书馆、兰州大学图书馆、厦门大学图书馆、上海交通大学图书馆、浙江大学图书馆、新疆大学图书馆和郑州大学图书馆8家图书馆提供了检索范围选择。如北京师范大学图书馆的木铎搜索可以选择在全部资源、电子资源、纸质资源、学位论文里面进行检索。新疆大学图书馆的发现系统可以选择在全部、图书、期刊、报纸、学位论文、会议论文、标准、专利、音视频、科技成果、年鉴、法律法规、案例、信息资讯、特色库和专题等范围内检索。

北京师范大学图书馆、国防科技大学图书馆、哈尔滨工业大学图书馆、湖南大学图书馆、南开大学图书馆、厦门大学图书馆、武汉大学图书馆、西北工业大学图书馆、新疆大学图书馆、郑州大学图书馆和云南大学图书馆11家图书馆提供了检索字段选择。如北京师范大学图书馆的木铎搜索可选择的检索字段包括全部字段、题名和作者。新疆大学图书馆的发现系统可选择的检索字段包括全部字段、主题、标题、作者、作者机构、关键词和摘要等。

3.4 单个资源的揭示方式与内容

资源的详细页面可以帮助读者在使用该资源之前对其进行初步的了解。为了解世界一流大学建设高校图书馆对单个电子资源揭示的细粒度，包括具体提供了哪些信息，本研究对世界一流大学建设高校图书馆单个资源的揭示方式与内容进行了调查，方法是从世界一流大学建设高校图书馆网站的各资源详细信息页面收集信息，然后汇总分析。

各图书馆对资源揭示的详细程度不同，内容项也有所差异，最详细的包括15项，最少的包括2项。内容大致可以分为5个方面。

（1）版权声明或电子资源使用方面的规定。电子资源使用时经常出现的问题之一就是过量下载。为了规范用户的使用行为，部分图书馆在电子资源的详细页面列出了版权声明或者相关的规定。如中山大学图书馆每一种电子资源详情页面的第一项都列出了版权声明，第二项为《中山大学合理使用引进电子资源的规定》。大连理工大学图书馆每种电子资源的详情页面会用特别醒目的字体显示"版权提示"，点击可进入《数字资源使用规定》。

（2）资源的介绍。各个高校图书馆对资源介绍的详略情况不同。如浙江大学图书馆对每种电子资源的介绍就比较详细，包括网址、访问方式、购买类型、主要学科、访问内容年限、主要文献类型、入口等；南开大学图书馆对每种电子资源的介绍包括数据库名称、访问地址、简介、备注、语种、学科分类、文献类型、数据库类型（已购、试用、自建、开放存取等）。南京大学图书馆和湖南大学图书馆对每种电子资源的介绍就比较简单，只有访问地址和内容简介。

（3）相关统计。如浙江大学图书馆每种电子资源的详细信息页面包括总点击数、今日点击数、今日直连、今日移动版直连等信息。中国人民大学图书馆、天津大学图书馆每种电子资源的详细信息页面提供了总访问量。国防科技大学图书馆每种电子资源详细页面提供了总访问量、今日访问量、总评分等内容。

（4）使用说明或操作指南。有些图书馆是在资源详细页面中直接呈现使用说明或操作指南，有些图书馆则将使用说明和操作指南与培训材料一起打包成文件供用户下载观看。如中山大学图书馆在部分电子资源的详细页面设置了"检索指南"，提供相关的培训材料或课件。浙江大学图书馆在电子资源详细信息页面设置了"检索说明"。兰州大学图书馆在电子资源详细信息页面设置了"教学课件"。

（5）帮助信息。用户在使用过程中可能会出现这样或那样的问题，很多图书馆在电子资源详细页面提供了帮助信息，让用户在使用时能够找到相关的联系方式，不至于求助无门。如中山大学图书馆提供了负责该电子资源的联系人、联系电话和电子邮件等信息。浙江大学图书馆设置了问题排查，提供了自助解决问题的联系方式，在用户不能访问资源的时候，可以根据提供的问题导航图自行排查问题，如果问题还是不能得到解决，可通过电子邮件和在线留言两种方式联系负责的馆员。南开大学图书馆、山东大学图书馆、西安交通大学图书馆、同济大学图书馆、华南理工大学图书馆提供了电话和电子邮箱两种解决问题的方式。上海交通大学图书馆、华东师范大学图书馆、复旦大学图书馆等列出了每种电子资源的责任馆员，可以通过电话、电子邮件等方式联系。中国人民大学图书馆则将用户的问题分为两类，提供了相应的联系方式（技术人员的 QQ 号码和信息咨询工作人员的电子邮箱）。郑州大学图书馆提供了表单咨询方式。

第4章 高校图书馆用户电子资源
使用行为研究进展

　　本章将对国内外高校图书馆用户电子资源使用行为相关研究进行概述。概述的文献以英文和中文为限。英文文献来自 EBSCO 的图书馆学情报学专题库（Library & Information Science Source，LISS），该专题库是图书馆学情报学领域最全的全文数据库，内容包括超过 180 种非开放获取全文期刊，并且提供了将近 11300 个主题词，文献类型限定为期刊论文①。在 LISS 中使用正式主题词检索，既可以检索到正式主题词相关的文献，也可以检索到这些正式主题词取代的非正式主题词相关的文献，这样既可以保证检准率，也可以保证检全率。在 LISS 的主题词表中查找包含 digital 或者 electronic 相关的主题词，结果见表 4 - 1，其中正式主题词 12 个，非正式主题词 68 个。我国大陆地区的文献来自中国知网的"中国学术期刊"（网络版）和"学位论文库"。"中国学术期刊"（网络版）包括中文学术期刊 8550 余种，含北大核心期刊 1970 余种，网络首发期刊 2220 余种，最早回溯至 1915 年，共计 5860 余万篇全文文献②。"学位论文库"包括"中国博士学位论文全文数据库"和"中国硕士学位论文全文数据库"，是目前国内资源完备、连续动态更新的中国博硕士学位论文全文数据库，收录 500 余家博士培养单位的博士学位论文 40 余万篇，780 余家硕士培养单位的硕士学位论文 480 余万篇③。我国台湾地区的文献来自华艺学术文献数据库。华艺学术文献数据库的学术期刊库收录人文社科期刊与科学期刊两大主题类别，包含自 1991 年起在我国台湾地区发表的学术文献，涵盖 80% 以上台湾地区人文

---

　　① EBSCO. Library & Information Science Source［EB/OL］.［2020 - 06 - 16］. https://www. ebsco. com/products/research - databases/library - information - science - source.

　　② 中国知网. "中国学术期刊"（网络版）介绍［EB/OL］.［2021 - 05 - 06］. https://kns. cnki. net/kns/brief/result. aspx? dbprefix = CJFQ.

　　③ 中国知网. "中国博硕士学位论文全文数据库"介绍［EB/OL］.［2021 - 05 - 06］. https://kns. cnki. net/kns/brief/result. aspx? dbprefix = CDMD.

社科领域的重要核心期刊①。华艺学术文献数据库的学位论文库收录了自
2004 年起我国台湾地区的以中文为主要语言类别的硕博士论文②，使用
"电子资源""电子图书""电子期刊""电子学位论文""电子报纸""电
子教参""数字资源""数字图书""数字期刊""数字学位论文""数字
报纸""数字教参" 等作为主题词检索，其中 "中国学术期刊"（网络版）
在来源类别方面限制为核心期刊或者 CSSCI 来源刊。

表 4 - 1　LISS 中相关正式主题词与非正式主题词

正式主题词	非正式主题词
ELECTRONIC information resources	DIGITAL information resources、DIGITAL resources（Information resources）、ELECTRONIC information sources、ELECTRONIC resources（Information resources）
ELECTRONIC information resources use studies	ELECTRONIC information resources—Use studies
electronic journals	CYBER journals、CYBER magazines、CYBER periodicals、CYBER serials、E-journals、EJOURNALS、ELECTRONIC magazines、ELECTRONIC periodicals、ELECTRONIC serials、INTERNET journals（Electronic publications）、INTERNET magazines（Electronic publications）、INTERNET periodicals（Electronic publications）、INTERNET serials（Electronic publications）、ON-line journals、ON-line magazines、ON-line periodicals、ON-line serials、ONLINE journals、ONLINE magazines、ONLINE periodicals、ONLINE serials、PERIODICALS in machine-readable form、WEB journals（Electronic publications）、WEB magazines（Electronic publications）、WEB periodicals（Electronic publications）、WEB serials（Electronic publications）、WORLD Wide Web journals（Electronic publications）、WORLD Wide Web magazines（Electronic publications）、WORLD Wide Web periodicals（Electronic publications）、WORLD Wide Web serials（Electronic publications）

①　华艺学术文献数据库. 华艺学术文献数据库学术期刊［EB/OL］.［2022 - 02 - 15］.
http：//www. airitilibrary. cn/Search/JournalDissertation.

②　华艺学术文献数据库. 华艺学术文献数据库学位论文［EB/OL］.［2022 - 02 - 15］.
http：//www. airitilibrary. cn/Search/DegreeDissertation.

续表 4 - 1

正式主题词	非正式主题词
Electronic dissertations	ELECTRONIC academic dissertations、ELECTRONIC theses、ETDS(Electronic theses & dissertations)
ELECTRONIC information resource searching	COMPUTER searching、ELECTRONIC searching、ON-line searching、ONLINE searching、SEARCHING electronic information resources
ELECTRONIC reference sources	—
ELECTRONIC encyclopedias	ENCYCLOPEDIAS & dictionaries-Software、INTERACTIVE encyclopedias、MULTIMEDIA encyclopedias、ON-line encyclopedias、ONLINE encyclopedias
ELECTRONIC newspapers	INTERNET—Electronic newspapers、INTERNET-Newspapers、INTERNET newspapers、NEWSPAPER websites、NEWSPAPERS in machine-readable form、NEWSPAPERS on the Internet、NEWSPAPERS, Electronic、ON-line newspapers、ON-LINE newspapers
ELECTRONIC books	BOOKS in machine-readable form、BOOKS, Electronic、DIGITAL books、E-books、EBOOKS、MULTIMEDIA novels、ON-line books、ONLINE books
ELECTRONIC reserve collections in academic libraries	ACADEMIC libraries—Electronic reserve collections
LIBRARY digital resources	LIBRARIES—Computer network resources
ACADEMIC library digital resources	ACADEMIC libraries—Computer network resources

对于检索获得的结果，我们首先去掉研究对象不是高校图书馆用户的文献，然后根据内容进行分门别类的整理。

因为相关文献非常丰富，除了阅读行为部分外，仅涉及某种特定类型电子资源使用的研究如电子期刊使用、电子图书使用一般不纳入本章进行概述。

Adams 和 Blandford 引入"信息历程"（information journey）的概念来描述健康和学术领域用户不断变化的信息交互循环。信息历程被认为是用户通过个人或团队与信息的互动而进行的历程①。杜佳认为，人与信息互动的各个阶段，如信息查寻、信息判断和信息使用，在研究中通常被孤立地对待。信息历程的方法将这些不同的活动阶段，即不同类别的信息行为结合起来，从而提供对信息行为更加背景化和全面的理解②。本研究参考信息历程的概念，从用户使用电子资源的流程出发，对用户的电子资源使用行为进行全面研究。蔡建康根据用户使用电子资源的流程，将高校图书馆用户的电子资源使用行为分为认知行为、查询行为、选择行为、利用行为 4 个方面③。本研究参考蔡建康的研究，从电子资源认知、电子资源查寻、电子资源选择、电子资源利用 4 个方面概述国内外相关研究成果（图 4-1）。

图 4-1　高校图书馆用户电子资源使用行为概述框架

———————————

①　Adams A, Blandford A. Digital libraries' support for the user's 'information journey'［C］//Proceedings of the 5th ACM/IEEE-CS joint conference on Digital libraries, 2005, pp. 160-169.

②　Du J T. The information journey of marketing professionals: incorporating work task-driven information seeking, information judgments, information use, and information sharing［J］. Journal of the Association for Information Science and Technology, 2014, 65（9）: 1850-1869.

③　蔡建康. 高校图书馆电子资源使用行为类型研究［J］. 卷宗, 2020（20）: 220.

4.1 电子资源认知

美国著名的心理学家马斯洛认为，动机是驱使人从事各种活动的内部原因，不同的动机会产生不同的行为①。因此，电子资源的使用目的不同，其使用行为也有可能存在差异。电子资源的使用情况与用户对其的知晓程度密切相关。用户要知晓图书馆的电子资源，需要通过一定的渠道。用户为了满足自己对电子资源的需求就需要从某些渠道获取电子资源，这就涉及获取途径的问题。各种电子资源入口中，用户会选择哪些入口呢？本小节将对电子资源的使用目的、知晓情况、知晓渠道、获取途径和主要入口等方面进行概述。

4.1.1 使用目的

高校图书馆用户主要包括教师和学生。正如于振磊、田文利对山东轻工业大学图书馆用户的调查结果所示，绝大多数用户使用电子资源时有明确目的②。高校图书馆用户使用电子资源的目的多与其角色密切相关：教师要完成人才培养、科学研究和社会服务等任务，学生要完成学业任务。周小燕对南昌大学在校学生的调查结果表明，撰写论文和完成作业是学生使用电子资源的主要目的③。Atilgan 和 Bayram 对安卡拉大学教师的调查结果显示，87.7%的教师出于研究的目的使用电子资源，11.9%的教师出于教育教学的目的使用电子资源④。Bituka、Kumbar 和 Hadagali 对印度希瓦吉大学科学系教师的调查也得到了类似的结果⑤。Thanuskodi 对安纳玛莱大学艺术系的学生和研究人员的调查结果显示，大多数用户（76.66%）

---

① Maslow A H. A theory of human motivation [J]. Psychological Review, 1943 (50): 370 – 396.

② 于振磊，田文利. 大学电子资源利用情况调查及统计分析 [J]. 当代教育科学，2009 (7): 56 – 57.

③ 周小燕. 基于数字资源的大学生文献获取行为分析 [D]. 南昌：南昌大学，2016.

④ Atilgan D, Bayram O G. An evaluation of faculty use of the digital library at Ankara University, Turkey [J]. The Journal of Academic Librarianship, 2006, 32 (1): 86 – 93.

⑤ Bituka R, Kumbar B D, Hadagali G S. Use of electronic information resources by the faculty members of science departments in Shivaji University, Kolhapur: a critical analysis [J]. Journal of Advances in Library and Information Science, 2016, 5 (2): 187 – 192.

使用电子资源的目的是撰写论文，其次（62.22%）是完成课程作业①。有研究对电子资源使用目的的某一方面进行了细化，如涂文波对武汉大学图书馆用户的调查就将电子资源使用目的细化为专业学习、出席会议、发表论著、申报课题、了解学科前沿等②。

4.1.2　知晓情况

多数研究对图书馆用户是否知晓电子资源进行了调查分析。如 Kaur 和 Verma 对塔帕尔大学师生的调查发现，100% 的研究人员、96.3% 的教师、70% 的研究生和 19.25% 的本科生知晓图书馆提供的电子资源。对于印度 UGC Infonet 图书馆联盟电子资源，该校 91.11% 的研究生、77.78% 的教师和 3.45% 的本科生知晓，没有研究人员知晓③。Thanuskodi 对安纳玛莱大学艺术系的学生和研究人员的调查显示，87.77% 的用户知晓电子资源，其中 90.62% 的男性知晓，80.76% 的女性知晓④。

也有研究针对图书馆用户对电子资源的知晓程度进行了细分。如 Anaraki 和 Babalhavaeji 将伊朗 3 所大学的医学生对电子资源的熟悉程度分为"极好""很好""好""适当"和"差"5 种层次，结果发现 3 所学校的医学生对电子资源的熟悉程度均低于平均水平⑤。Isibika 和 Kavishe 将坦桑尼亚姆桑比大学图书馆用户对订购电子资源的知晓程度分为"完全不知道""知道一点""知道一些""中等程度知道"和"完全知道"5 个层次，结果发现 33.3% 的用户中等程度知道、25.0% 的用户知道一些、23.3% 的用户完全知道、18.3% 的用户知道一点，没有完全不知道的用户⑥。

①　Thanuskodi S. Use of e-resources by the students and researchers of faculty of arts, Annamalai University [J]. International Journal of Library Science, 2012, 1 (1): 1 – 7.

②　涂文波. 大学图书馆数字资源需求与服务的读者调查及分析 [J]. 大学图书馆学报, 2008, 26 (5): 82 – 89.

③　Kaur B, Verma R. Use of electronic information resources: a case study of Thapar University [J]. DESIDOC Journal of Library & Information Technology, 2009, 29 (2): 67 – 73.

④　Thanuskodi S. Use of e-resources by the students and researchers of faculty of Arts, Annamalai University [J]. International Journal of Library Science, 2012, 1 (1): 1 – 7.

⑤　Anaraki L N, Babalhavaeji F. Investigating the awareness and ability of medical students in using electronic resources of the integrated digital library portal of Iran: a comparative study [J]. Electronic Library, 2013, 31 (1): 70 – 83.

⑥　Isibika I S, Kavishe G F. Utilisation of subscribed electronic resources by library users in Mzumbe University library, Tanzania [J]. Library Review, 2018, 67 (1/2): 109 – 125.

除了从深层的维度细分知晓情况外，还有研究从时间的维度细分知晓情况，如 Vasishta 将图书馆用户对电子资源的知晓年限分为"少于 1 年""1～2 年""2～5 年""超过 5 年"4 种，其对印度北部 7 所技术大学研究人员和教师的调查结果显示，将近一半（49%）的受访者知晓年限为2～5 年，21% 的受访者为超过 5 年，20% 的受访者为 1～2 年①。

此类研究中，多数情况将电子资源看作一个整体概念，也有少数研究将电子资源划分为不同的类型。如 Natarajan 在对埃塞俄比亚吉马大学学生电子资源知晓情况的研究中，将电子资源分为电子图书、电子期刊、电子地图、电子学位论文、电子报纸、电子数据库、电子报告、光盘、数字图书馆、机构知识库、可供科学出版物国际网络（international network for the availability of scientific publications，INASP）资源。其中，用户知晓程度最高的是电子学位论文，有 86.5% 的用户知晓，其次是 INASP 资源，用户对电子报告和光盘的知晓程度最低，均只有 4% 的用户知晓②。

也有研究从多个层面对用户电子资源知晓情况进行深入分析。如 Angadi 和 Krishnamurthy 在对印度卡纳塔克邦两所大学的研究人员电子资源使用的研究中，首先了解用户是否知晓电子资源，结果发现 96.44% 的用户知晓。然后再对知晓的用户进行知晓程度划分，分为"非常好""还行""不确定""差"和"较差"5 种。结果显示，64.21% 的用户的知晓程度为"非常好"，28.94% 的用户为"还行"，6.85% 的用户为"不确定"，没有知晓程度为"差"和"较差"的用户。进一步了解用户对电子资源中的全文/文摘数据库的知晓程度，发现 57.37% 的用户的知晓程度为"非常好"，31.58% 的用户为"还行"，10% 的用户为"不确定"，1.05%的用户为"差"③。

① Vasishta S. Use pattern of e-resources by research scholars and faculty: a survey of technical university libraries in North India [J]. International Journal of Library and Information Studies，2014，4 (1): 1 – 11.

② Natarajan M. Use and impact of electronic resources by information science students at Jimma University, Jimma, Ethiopia [J]. Collection Building，2017，36 (4): 163 – 171.

③ Angadi M, Krishnamurthy C. Electronic information resources: access and usage by research scholars of 'UPE' universities of Karnataka State [J]. Journal of Advances in Library and Information Science，2017，6 (3): 224 – 229.

4.1.3　知晓渠道

用户知晓图书馆电子资源的渠道可以分为图书馆提供的渠道和用户自己的渠道。图书馆提供的渠道有纸质宣传资料（如印刷型小册子、馆办刊物等）、讲座、培训、信息素养课程、图书馆主页、图书馆指南、研讨会、图书馆馆员等。用户自己的渠道包括老师、同学、同事、朋友、网络论坛（BBS）等。

图书馆主页/网页是用户了解电子资源的重要渠道。涂文波在对武汉大学师生的调查中，请读者对知晓图书馆电子资源的渠道进行优先性排序，编码时最优先的选项计 5 分，未选中的选项计 0 分。统计结果发现，图书馆网页的得分为 4.1 分，远远高于其他途径①。杨毅等对清华大学师生的调查发现，将近八成的用户通过图书馆主页了解电子资源②。姜莹莹等对南京航空航天大学人文社科类研究生的调查表明，超过75%的用户通过图书馆主页了解电子资源③。周庆红对重庆交通大学师生的调查④、韩玺等对南方医科大学学生的调查⑤都发现，超过六成的用户通过图书馆主页/网站了解电子资源。李佳璐对福建师范大学师生的调查显示，超过四成的用户通过图书馆网站了解图书馆电子资源⑥。洪荣照等对台中教育大学研究生的调查发现，受访者了解图书馆电子资源的途径，最常见的是图书馆网页（33.6%）⑦。朱少红对安徽省中国科学技术大学、安徽大学和安徽农业大学 3 所高校师生的调查表明，将近 1/3 的用户通过图书馆网页了解图书馆电子资源⑧。

---

① 涂文波. 大学图书馆数字资源需求与服务的读者调查及分析 [J]. 大学图书馆学报，2008，26（5）：82 – 89.

② 杨毅，邵敏，李京花，等. 电子资源建设与利用的读者调查——由读者调查结果分析读者利用电子资源的方式与倾向 [J]. 大学图书馆学报，2006，24（6）：39 – 48.

③ 姜莹莹，杨家兴，吕静，等. 人文社科类研究生对图书馆电子资源利用及满意度调查与分析 [J]. 新世纪图书馆，2010（1）：34 – 37.

④ 周庆红. 高校用户数字信息获取行为优化探究 [J]. 图书馆建设，2011（6）：15 – 18.

⑤ 韩玺，袭继红，顾萍. 高校图书馆非科研型电子资源用户行为调查：以南方医科大学为例 [J]. 图书馆学刊，2014，36（2）：48 – 50.

⑥ 李佳璐. 高校图书馆数字资源用户满意度评价研究 [D]. 福州：福建师范大学，2017.

⑦ 洪荣照，邓英兰，苏雅敏. 台中教育大学研究生对电子资源馆藏使用情形之研究 [J]. 台中教育大学学报（教育类），2010，24（2）：151 – 172.

⑧ 朱少红. 安徽省高校图书馆数字资源利用分析 [D]. 合肥：安徽大学，2016.

老师、同学、同事、朋友等人际渠道也是用户知晓电子资源的重要途径。Madhusudhan 对库鲁克谢特拉大学研究人员的调查表明，教师/朋友/同事是研究人员知晓电子资源最常用的渠道，将近八成的研究人员选择此项①。丁枝秀和包平对南京大学、南京农业大学、南京信息工程大学和滨江学院 4 所不同层次大学师生的调查发现，超过五成的用户通过同学或朋友的介绍了解电子资源②。尹智慧等对长沙航空职业技术学院的调查发现，用户了解电子资源排在首位的渠道是同学或朋友介绍（31% 的用户选择此项），第二位是教师推荐（24% 的用户选择此项）③。Zafar 对巴基斯坦阿迦汗大学护理学院学生的调查表明，超过五成的用户通过老师了解图书馆电子资源，是用户数量排在第一位的渠道④。Gupta 和 Sharma 对印度理工学院孟买校区师生电子资源使用的调查发现，分别有 69.7% 的老师、48.2% 的研究生和 55.6% 的本科生通过朋友了解电子资源，朋友是这些用户了解电子资源排在第一位的渠道⑤。Kumar 对印度马哈里什·马克安德什瓦大学医学生的调查表明，研究生了解电子资源排在第一位的渠道是同学⑥。涂文波对武汉大学师生的调查显示，老师、同学、朋友推荐排在用户了解图书馆电子资源渠道的第二位⑦。姜莹莹等对南京航空航天大学人文社科类研究生的调查结果表明，同学、老师以及朋友也是了解电子资源的主要渠道，50% 的用户会使用此途径⑧。

———————————

① Madhusudhan M. Use of electronic resources by research scholars of Kurukshetra University［J］. Electronic Library, 2010, 28（4）: 492 – 506.

② 丁枝秀, 包平. 不同类型高校图书馆电子资源利用情况调查与分析［J］. 图书馆理论与实践, 2009（6）: 24 – 25.

③ 尹智慧, 曹仙叶, 彭连刚. 高职院校学生电子图书使用行为研究: 以长沙航空职业技术学院为例［J］. 图书馆, 2013（6）: 133 – 135.

④ Zafar A. Students' perception of electronic resources in MBBS Nursing Aga Khan University［J］. Pakistan Library & Information Science Journal, 2013, 44（1）: 31 – 37.

⑤ Gupta S K, Sharma S. Use of digital information resources and services by the students of IIT Mumbai central library: a study［J］. International Journal of Information Dissemination and Technology, 2015, 5（1）: 1 – 11.

⑥ Kumar R. Use of e-resources by the medical students of M. M. University, Ambala: a case study［J］. DESIDOC Journal of Library & Information Technology, 2016, 36（1）: 11 – 16.

⑦ 涂文波. 大学图书馆数字资源需求与服务的读者调查及分析［J］. 大学图书馆学报, 2008, 26（5）: 82 – 89.

⑧ 姜莹莹, 杨家兴, 吕静, 等. 人文社科类研究生对图书馆电子资源利用及满意度调查与分析［J］. 新世纪图书馆, 2010（1）: 34 – 37.

用户培训是图书馆的常规工作之一，但是从现有的研究来看，通过此条途径知晓电子资源的用户并不多。Oduwole 和 Sowole 对尼日利亚农业大学师生的调查发现，用户教育/培训是用户了解电子资源排在第一位的途径，但比例也只有 29.8%[1]。杨毅等对清华大学师生的调查表明，只有 17.4% 的用户通过图书馆的培训了解电子资源[2]。董文鸳和吴娟仙对嘉兴学院师生的调查发现，只有 22.3% 的用户通过图书馆的培训了解电子资源，排在列举出的 6 条渠道中的第四位[3]。

学科馆员肩负着资源的推广任务，但是从目前的研究结果来看，较少用户通过此渠道了解电子资源。如杨毅等对清华大学师生的调查表明，只有 1.4% 的用户通过学科馆员了解电子资源，排在所列的 8 条渠道中的最后一位[4]。董文鸳和吴娟仙对嘉兴学院师生的调查发现，只有 2.4% 的用户通过学科联络员了解电子资源，排在所列的 6 条渠道中的最后一位[5]。但是也有研究得出了不同的结论，如 Bhatt 和 Madan 对印度工程学学者的调查显示，通过图书馆馆员了解图书馆电子资源信息是用户使用比例最高的一条途径[6]。

4.1.4　获取途径

研究表明，用户获取电子资源的主要途径包括搜索引擎、学术搜索引擎、图书馆提供的电子资源、免费网络资源、大学网站、图书馆联机公共目录等。其中，搜索引擎最为普遍。

叶新东和郭雯靓对温州大学学生的调查结果发现，学生通过搜索引擎

① Oduwole A A, Sowole A O. Utilisation and impact of the Essential Electronic Agricultural Database (TEEAL) on library services in a Nigerian University of Agriculture [J]. Program, 2006, 40 (2): 157 – 167.

② 杨毅, 邵敏, 李京花, 等. 电子资源建设与利用的读者调查: 由读者调查结果分析读者利用电子资源的方式与倾向 [J]. 大学图书馆学报, 2006, 24 (6): 39 – 48.

③ 董文鸳, 吴娟仙. 高校图书馆电子资源利用现状调查研究: 以嘉兴学院图书馆为例 [J]. 图书馆建设, 2008 (9): 30 – 33.

④ 杨毅, 邵敏, 李京花, 等. 电子资源建设与利用的读者调查: 由读者调查结果分析读者利用电子资源的方式与倾向 [J]. 大学图书馆学报, 2006, 24 (6): 39 – 48.

⑤ 董文鸳, 吴娟仙. 高校图书馆电子资源利用现状调查研究: 以嘉兴学院图书馆为例 [J]. 图书馆建设, 2008 (9): 30 – 33.

⑥ Bhatt S, Madan S R. E-information usage among engineering academics in India with special reference to Rajasthan State [J]. Library Hi Tech, 2011, 29 (3): 496 – 511.

获取电子资源的比例最高,为71.6%[①]。周庆红对重庆交通大学师生的调查结果显示,83%的教师与87%的研究生获取电子资源的首选途径均为网络搜索引擎[②]。Bhatia对昌迪加尔11个学院的学生和教师的调查也表明,搜索引擎是用户获取电子资源的主要渠道[③]。付宁康对宁夏职业技术学院师生的调查发现,教师和学生获取电子资源排在第一位的途径是搜索引擎[④]。黄筱玲和李雯对湖南大学师生的调查表明,本科生获取电子资源的主要渠道是搜索引擎[⑤]。Bhat和Ganaie对印度一所大学的园艺学和林业学专业师生的调查发现,通过搜索引擎获取电子资源的用户的比例最高[⑥]。

也有研究提到了学术搜索引擎,如孙捷等对某工科高校毕业3年内的研究生的调查发现,Google Scholar是毕业研究生获取电子资源的主要途径[⑦]。目前,电子资源的获取大多采用IP认证,使用校园网的用户有时候通过搜索引擎等获取了所需的电子资源,实际上还是因为图书馆已经支付了相关费用。

4.1.5 主要入口

高校图书馆一般对电子资源进行了精心组织,构建了电子资源导航系统和专题网站等。但是用户是否会通过图书馆提供的入口使用电子资源呢?Thanuskodi对安纳玛莱大学艺术系的学生和研究人员的调查结果表明,图书馆网站的链接、电子资源网站和搜索引擎是用户进入电子资源的主要入口,分别有58.33%、51.66%和33.88%的用户选择[⑧]。Vasishta对

---

① 叶新东,郭雯靓. 大学生电子资源使用情况调查分析 [J]. 现代教育技术,2007,17 (6):76–81.

② 周庆红. 提高高校数字资源利用率的可行性研究 [J]. 图书馆,2010 (5):68–70.

③ Bhatia J K. Use of electronic resources in degree college libraries in Chandigarh [J]. DESIDOC Journal of Library & Information Technology, 2011, 31 (6):480–484.

④ 付宁康. 读者电子文献使用调查分析:以宁夏职业技术学院为例 [J]. 图书馆理论与实践,2012 (10):83–84.

⑤ 黄筱玲,李雯. 基于数据分析的高校图书馆数字资源建设优化:以湖南大学图书馆为例 [J]. 高校图书馆工作,2012 (1):58–60.

⑥ Bhat N A, Ganaie S A. E-resources: use and search strategies adopted by users of Dr Y. S. Parmar University of Horticulture and Forestry [J]. Collection Building, 2016, 35 (1):16–21.

⑦ 孙捷,宋福根,方宝红. 毕业研究生的电子资源需求及使用情况实证研究 [J]. 图书馆建设,2012 (9):21–23.

⑧ Thanuskodi S. Use of e-resources by the students and researchers of faculty of arts, Annamalai University [J]. International Journal of Library Science, 2012, 1 (1):1–7.

印度北部 7 所技术大学的研究人员和教师的调查发现，几乎一半的用户
（44%）通过出版商网站进入电子资源，其次是通过搜索引擎（39%），
再次是通过图书馆网站（34%），还有 5% 的用户通过图书馆联机公共目
录进入电子资源①。杨毅等对清华大学师生的调查发现，用户主要通过数
据库/电子期刊导航进入图书馆电子资源，其次是通过联机公共目录和图
书馆数据库说明页进入图书馆电子资源②。陈晨对南京航空航天大学学生
的调查结果表明，馆藏目录、统一检索平台与谷歌学术/百度学术是用户
最为常用进入电子资源的途径③。

4.2　电子资源查寻

　　针对高校图书馆用户电子资源查寻的研究，有用户视角和资源视角两
种。用户视角是通过问卷调查、访谈、实验等方式来了解用户的电子资源
查寻行为。资源视角是从电子资源的使用日志等挖掘用户的电子资源查寻
行为。

4.2.1　检索途径

　　用户视角的研究发现，关键词、题名和主题是用户常用的检索途径。
如涂文波对武汉大学师生的调查表明，用户检索数据库的途径以关键词和
论文题名为主④。曹文华对山东大学护理学院学生的调查显示，73.68% 的
学生最习惯使用的检索途径是关键词检索，16.27% 的学生习惯使用题名
检索⑤。周小燕对南昌大学学生调查的结果发现，68.85% 的用户以关键词
为检索途径，51.64% 的用户以主题为检索途径，47.68% 的用户以篇名为

　　① Vasishta S. Use pattern of e-resources by research scholars and faculty: a survey of technical university libraries in North India [J]. International Journal of Library and Information Studies, 2014, 4 (1): 1-11.

　　② 杨毅，邵敏，李京花，等. 电子资源建设与利用的读者调查：由读者调查结果分析读者利用电子资源的方式与倾向 [J]. 大学图书馆学报，2006，24 (6)：39-48.

　　③ 陈晨. 外文学术型电子书数据库利用研究 [D]. 南京：南京航空航天大学，2018.

　　④ 涂文波. 大学图书馆数字资源需求与服务的读者调查及分析 [J]. 大学图书馆学报，2008，26 (5)：82-89.

　　⑤ 曹文华. 护理人员电子文献数据库知晓和利用现况调查研究 [D]. 济南：山东大学，2009.

检索途径①。Bhat 和 Ganaie 对印度一所大学的园艺学和林业学专业师生的调查表明，79.80% 的用户以题名为检索途径，58.65% 的用户以关键词/主题为检索途径②。Chandrashekara 和 Mulla 对卡纳塔克工程学院工程研究社区人员电子资源使用的研究发现，主题是用户最常用的检索途径（78.1% 的用户经常使用），关键词是第二常用的检索途径（72.7% 的用户经常使用)③。Angello 对坦桑尼亚家畜研究者的调查发现，关键词是用户最常用的检索途径，有 80% 的用户使用④。Kumar 和 Kumbar 对印度 16 个自治工程学院的教师的调查表明，题名和关键词是用户最常使用的检索途径⑤。Kumar 对印度马哈里什·马克安德什瓦大学医学生的调查表明，题名是本科生和研究生最常使用的检索途径，主题是本科生和研究生第二常用的检索途径⑥。Chen 对辅仁大学人文学者的研究发现，受访者通常使用关键词进行检索⑦。Huded 和 Naikar 对印度泰伦加纳邦一所管理学院的师生的调查发现，关键词是用户最常使用的检索途径，其次是主题⑧。用户视角研究中提到的检索途径还有作者、书名、刊名、出版年、语种、数字对象标识符（DOI）、全文检索等。

4.2.2　检索策略与检索技术

在检索策略与检索技术方面，简单检索的使用最为普遍。如 Bhat 和

①　周小燕. 基于数字资源的大学生文献获取行为分析［D］. 南昌：南昌大学，2016.

②　Bhat N A, Ganaie S A. E-resources：use and search strategies adopted by users of Dr Y. S. Parmar University of Horticulture and Forestry［J］. Collection Building, 2016, 35（1）：16 - 21.

③　Chandrashekara M, Mulla K R. The usage pattern of electronic information resources among the engineering research community in Karnataka：a survey［J］. Pearl：A Journal of Library & Information Science, 2007, 1：33 - 38.

④　Angello C. The awareness and use of electronic information sources among livestock researchers in Tanzania［J］. Journal of Information Literacy, 2010, 4（2）：6 - 22.

⑤　Kumar G K, Kumbar M. Use of internet based electronic information resources and search strategy by the faculty of autonomous engineering colleges in Karnataka：a survey［J］. Journal of Library, Information and Communication Technology, 2013, 6（1 - 2）：52 - 60.

⑥　Kumar R. Use of e-resources by the medical students of M. M. University, Ambala：a case study［J］. DESIDOC Journal of Library & Information Technology, 2016, 36（1）：11 - 16.

⑦　Chen S. Exploring the use of electronic resources by humanities scholars during the research process［J］. Electronic Library, 2019, 37（2）：240 - 254.

⑧　Huded S M, Naikar S. Awareness, use and impact of electronic information resources by the patrons of narsee monjee institute of management studies（NMIMS）Hyderabad：a study［J］. International Journal of Information Dissemination and Technology, 2021, 11（2）：87 - 91.

Ganaie 对印度一所大学的园艺学和林业学专业师生的调查①、Tariq 和 Zia 对卡拉奇大学理学院学生的调查②都表明大多数用户只使用简单检索。也有研究发现，用户对简单检索和高级检索两种检索方式都有需求。如 Kumar 和 Kumbar 对印度 16 个自治工程学院的教师的调查发现，将近五成（48.91%）的受访者对简单检索和高级检索都有偏好③。李函儒对台湾地区政治大学教师和研究生的调查结果发现，86.1% 的受访者使用简单检索，66.6% 的受访者使用高级检索④。只有很少的研究发现用户偏好高级检索。如张李义等对武汉 7 所"211"高校的 NSTL 用户的调查表明，82.7% 的用户选择使用高级检索，17.3% 的用户只使用简单检索，并且学历较高的用户倾向于使用高级检索方式查找文献⑤。用户较少使用高级检索的原因很有可能是不熟悉这方面的知识。如杨瑜对福建省各高校师生以及一些情报机构人员的调查发现，非专业检索人员中有 31.1% 的用户不会使用布尔逻辑运算符⑥。张欣桐对武汉工业学院师生的调查表明，没听说过或不会用布尔逻辑运算符及截词符的用户占 2/3⑦。

在检索技术的应用上，使用布尔逻辑检索的用户较多。如 Sohail 和 Ahmad 对斐济国立大学师生的调查结果表明，超过九成的教工和超过八成的学生使用布尔逻辑检索搜索电子资源⑧。Bhat 和 Ganaie 的调查发现，在

---

①　Bhat N A, Ganaie S A. E-resources: use and search strategies adopted by users of Dr Y. S. Parmar University of Horticulture and Forestry [J]. Collection Building, 2016, 35 (1): 16 – 21.

②　Tariq H, Zia M W. Use of electronic information resources by the students of faculty of science, University of Karachi [J]. International Journal of Digital Library Services, 2014, 4 (3): 80 – 91.

③　Kumar G K, Kumbar M. Use of internet based electronic information resources and search strategy by the faculty of autonomous engineering colleges in Karnataka: a survey [J]. Journal of Library, Information and Communication Technology, 2013, 6 (1 – 2): 52 – 60.

④　李函儒. 大学图书馆电子资源服务品质评鉴: 以政治大学为例 [D]. 台北: 政治大学, 2013.

⑤　张李义, 叶平浩, 刘启华. NSTL 电子资源用户学历与文献服务关联分析: 以武汉地区高校为例 [J]. 图书情报知识, 2010 (1): 46 – 51.

⑥　杨瑜. 网络数据库用户检索结果选择行为探析 [J]. 情报理论与实践, 2009, 32 (4): 89 – 92.

⑦　张欣桐. 一个高校电子资源用户了解与需求的调研案例 [J]. 图书馆杂志, 2005, 24 (9): 43 – 44.

⑧　Sohail M, Ahmad S. Use of electronic resources and services by faculty members and students of Fiji National University [J]. DESIDOC Journal of Library & Information Technology, 2017, 37 (3): 165 – 171.

使用高级检索的用户中，43.26%的用户使用布尔逻辑检索①。周小燕对南昌大学学生的调查结果发现，24.44%的用户使用布尔逻辑检索②。姜莹莹等对南京航空航天大学人文社科类研究生的调查结果表明，19.3%的用户使用布尔逻辑检索③。Thanuskodi 对印度一所大学的工程和技术学院学生的调查显示，19.09%的用户使用布尔逻辑检索④。研究中提到的应用较多的检索技术还包括截词检索、通配符检索、加权检索、词组检索等。

也有研究涉及检索策略的调整。如周小燕对南昌大学学生的调查结果表明，31.33%的用户表示当初次检索结果不理想时，会调整检索方式⑤。杨瑜等对福建省各高校师生以及一些情报机构人员的调查发现，用户对检索词进行调整主要是利用相关词，使用上位词、下位词的比较少⑥。

资源视角方面的研究，结论也是用户以简单检索方式为主。曾尔雷以温州大学 2005 年 9 月到 2006 年 8 月 ScienceDirect 的使用数据为研究对象，发现在检索方式上用户以简单检索为主，占所有检索行为的 83%⑦。刘亚茹等以天津大学 2006 年 11 月到 2017 年 10 月 Elsevier SDOL 的使用数据为研究对象，结果显示，80.6%的检索方式为简单检索，18.9%为高级检索，0.5%为专家检索⑧。刘佳音分析了南京航空航天大学 2010 年 Science Direct 的使用数据，结果表明：简单检索的使用最多（占 69%），高级检索的使用次之（占 31%），没有人使用专业检索；检索策略调整方面，51%的用户是在结果中检索，45%是返回之前的界面调整，4%是重新检索⑨。

① Bhat N A, Ganaie S A. E-resources: use and search strategies adopted by users of Dr Y. S. Parmar University of Horticulture and Forestry [J]. Collection Building, 2016, 35 (1): 16 – 21.

② 周小燕. 基于数字资源的大学生文献获取行为分析 [D]. 南昌: 南昌大学, 2016.

③ 姜莹莹，杨家兴，吕静，等. 人文社科类研究生对图书馆电子资源利用及满意度调查与分析 [J]. 新世纪图书馆, 2010 (1): 34 – 37.

④ Thanuskodi S. Effective Use of e-resource materials among students of JJ college of engineering and technology: a study [J]. International Journal of Digital Library Services, 2013, 3 (2): 29 – 45.

⑤ 周小燕. 基于数字资源的大学生文献获取行为分析 [D]. 南昌: 南昌大学, 2016.

⑥ 杨瑜，张文德，陈建芳. 用户检索结果选择行为的调查与分析 [J]. 情报杂志, 2009, 28 (4): 52 – 55.

⑦ 曾尔雷. 电子资源使用统计的应用实例研究 [J]. 图书馆杂志, 2007, 26 (6): 26 – 29.

⑧ 刘亚茹，韩鹏鸣，闫装. 全文电子期刊数据库利用率统计分析研究: 以天津大学 Elsevier SDOL 为例 [J]. 图书馆工作与研究, 2010 (1): 73 – 76.

⑨ 刘佳音. 高校图书馆电子资源使用与用户检索行为统计分析: 以 ScienceDirect 数据库为例 [J]. 大学图书馆学报, 2012, 30 (2): 81 – 86.

4.3　电子资源选择

在查寻电子资源之后，面对返回的结果，用户需要根据一定的原则对检索结果进行相关性判断并处理。

4.3.1　检索结果判断

周小燕对南昌大学学生的调查结果发现，有超过六成的用户通过关键词、超过五成的用户通过题名、超过四成的用户通过摘要来判定检索结果是否与自己的需求相关，选择参考文献的用户的比例有 16.70%[1]。张李义等对武汉 7 所"211"高校的 NSTL 用户的调查表明，用户主要通过文摘或目录、作者影响力、文献被引用情况、文献被订购情况等标准判断检索结果的价值[2]。

4.3.2　检索结果处理

对于检索结果，用户有着不同的处理方式，有些用户会保存，有些用户会下载到设备上，有些用户会打印，还有些用户直接在设备上阅读。如涂文波对武汉大学师生的调查发现，对于检索结果，用户排在第一位的处理方式是选择性保存，第二位是在线浏览，第三位是全部保存，也有部分用户选择将部分结果打印出来，很少用户选择保存到文献管理软件[3]。洪荣照等对台中教育大学研究生的调查结果表明，有将近五成（46.8%）的受访者选择将检索结果下载到电脑上，28% 选择在电脑上阅读，还有 25.2% 受选择打印出来阅读[4]。任会兰对上海交通大学学生电子图书使用行为的调查发现，57% 的调研对象选择直接在屏幕上阅读，只有 24% 的调查对象选择打印出来阅读，还有 19% 的调研对象选择看情况而定[5]。Tha-

①　周小燕. 基于数字资源的大学生文献获取行为分析 [D]. 南昌：南昌大学，2016.

②　张李义，叶平浩，刘启华. NSTL 电子资源用户学历与文献服务关联分析——以武汉地区高校为例 [J]. 图书情报知识，2010（1）：46 – 51.

③　涂文波. 大学图书馆数字资源需求与服务的读者调查及分析 [J]. 大学图书馆学报，2008，26（5）：82 – 89.

④　洪荣照，邓英兰，苏雅敏. 台中教育大学研究生对电子资源馆藏使用情形之研究 [J]. 台中教育大学学报：教育类，2010，24（2）：151 – 172.

⑤　任会兰. 高校学生的电子图书使用行为研究 [D]. 上海：上海交通大学，2011.

nuskodi 对安纳玛莱大学艺术系的学生和研究人员的调查结果表明，70.55%的用户会将内容下载到存储设备中，54.44%的用户会将内容打印出来，而48.33%的用户会在计算机屏幕上浏览①。Zafar 对巴基斯坦阿迦汗大学护理学院学生的调查表明，80%的用户选择在线阅读，20%的用户选择打印出来阅读②。Vasishta 对印度北部7所技术大学的研究人员和教师的调查发现，48%的受访者偏好将内容下载到光盘和其他存储设备中供以后使用，41%偏好打印出来阅读，29%选择在屏幕上阅读③。王素芳等对浙江大学学生的电子图书使用的调查发现，大部分学生（63.5%）直接在屏幕上阅读，14%打印出来阅读，22.5%看情况。对于电子教材和研究专著，打印出来阅读的用户的比例相对较高④。陈铭对南京大学学生的调查显示，大多数用户首选在屏幕上阅读，其次是打印出来阅读⑤。Chithra 和 Geetha 对印度一所工程学院的教师的调查表明，68.33%的受访男性和36.67%的受访女性倾向于将电子资源下载到存储设备中，21.67%的受访男性和48.33%的受访女性倾向于将电子资源打印出来使用，10%的受访男性和15%的受访女性倾向于在屏幕上阅读⑥。

4.4　电子资源利用

电子资源利用包括用户利用电子资源的频率、利用电子资源的时长、常用电子资源的类型、利用电子资源的场所、利用电子资源的终端设备、

① Thanuskodi S. Use of e-resources by the students and researchers of faculty of arts, Annamalai University［J］. International Journal of Library Science, 2012, 1（1）: 1－7.

② Zafar A. Students' perception of electronic resources in MBBS Nursing Aga Khan University［J］. Pakistan Library & Information Science Journal, 2013, 44（1）: 31－37.

③ Vasishta S. Use pattern of e-resources by research scholars and faculty: a survey of technical university libraries in North India［J］. International Journal of Library and Information Studies, 2014, 4（1）: 1－11.

④ 王素芳, 白雪, 崔灿. 高校学生对电子书的认知、使用和态度研究: 以浙江大学为例［J］. 大学图书馆学报, 2014, 32（5）: 61－72.

⑤ 陈铭. 基于用户使用行为和需求的高校图书馆电子书服务调查: 以南京大学图书馆为例［J］. 图书馆论坛, 2015（3）: 73－77.

⑥ Chithra V C G C, Geetha V. Use of electronic information resources among the faculty members of K. Ramakrishnan College of engineering, Trichy District, Tamil Nadu: a study［J］. Asian Journal of Information Science and Technology, 2019, 9（1）: 50－54.

利用电子资源的阅读行为、利用电子资源时遇到的问题和用户利用电子资源时的偏好等。

4.4.1　利用频率

利用频率是衡量电子资源效益的重要指标之一。有研究将电子资源作为一个整体来探讨其使用频率。如杨毅等对清华大学图书馆用户电子资源使用的调查[①]，Praveena 等对安纳玛莱大学艺术和科学专业教师电子资源使用的研究[②]。有研究对电子资源进行细分，探讨了不同类型电子资源的使用频率。如 Ibrahim 对阿拉伯联合酋长国大学教师电子资源使用的研究中，将电子资源分为图书馆网站、在线目录、数据库、电子图书、电子期刊、全文文献、在线参考资料和在线馆际互借等类型来分析用户对电子资源的使用频率[③]；Mawindo 和 Hoskins 在对马拉维大学医学院学生电子资源使用的研究中，将电子资源分为网站、光盘数据库、电子图书、电子数据库、电子期刊、联机公共目录等类型来了解用户对每一种类型电子资源的使用频率[④]。也有研究直接细分到具体的数据库，探讨每种数据库的使用频率。如 Agboola 对尼日利亚大学农业科学专业学生电子资源使用的研究中，直接列举了 TEEAL、CAB 文摘库、AGRICOLA、AGRIS、BIOSIS 等数据库，考察学生对每种数据库的使用频率[⑤]。

对于利用频率，有研究采用较为模糊的表述。如徐晓津等将集美大学图书馆用户外文数据库的利用频率分为"常用""少用"和"不用"3 种

①　杨毅，邵敏，李京花，等. 电子资源建设与利用的读者调查：由读者调查结果分析读者利用电子资源的方式与倾向［J］. 大学图书馆学报，2006，24（6）：39 – 48.

②　Praveena K, Kavitha S, Nagarajan M. Usage of e-resources among the members of faculty of arts and science at Annamalai University：a study［J］. Indian Journal of Information Science and Services，2009，3（2）：74 – 76.

③　Ibrahim A E. Use and user perception of electronic resources in the United Arab Emirates University (UAEU)［J］. International Journal of Libraries & Information Services，2004，54（1）：18 – 29.

④　Mawindo D, Hoskins R. Use of print and electronic resources by students at the University of Malawi College of Medicine［J］. Mousaion，2008，26（1）：89 – 110.

⑤　Agboola I O. Use of print and electronic resources by agricultural science students in Nigerian universities［J］. Library & Information Science Research，2010，32（1）：62 – 65.

类型①；Ekwelem 等将尼日利亚大学学生电子资源的使用频率分为"非常
经常""经常""有时"和"不常"4 种类型②。也有研究对于利用频率的
描述较为具体。如 Thanuskodi 将安纳玛莱大学艺术系学生和研究人员利用
电子资源的频率分为"每天使用""每周两次""每周使用"和"每月使
用"4 种类型③；Ibrahim 将阿拉伯联合酋长国大学教师电子资源利用频率
分为"少于每学期时间的 5%""每学期时间的 6%～25%""每学期时间
的 26%～50%""每学期时间的 51%～75%"和"大于每学期时间的
75%"5 种类型④；唐琼将中山大学图书馆用户利用电子资源的频率分为
"0～1 次/周""2～4 次/周""5～7 次/周""每周 7 次以上"4 种类
型⑤；Habiba 和 Chowdhury 将达卡大学图书馆用户电子资源利用频率分为
"每天""每星期几次""至少每星期 1 次""2 星期至少 1 次""每个月至
少 1 次"5 种类型⑥；李函儒将台湾地区政治大学教师和研究生使用电子
资源的频率分为"过去 3 个月没有使用""10 次以内""11～20 次"
"21～30 次"和"31 次以上"5 种类型⑦。还有研究将具体和模糊的表述
相结合来描述用户的电子资源使用频率。如 Madhusudhan 将库鲁克谢特拉
大学研究人员电子资源的利用频率分为"每天使用""每周 2～3 次"
"每周 1 次""每月 1 次"和"偶尔"5 种类型⑧；Chandrashekara 和 Mulla
将卡纳塔克工程学院工程研究社区人员电子资源的利用频率分为"很少"

---

① 徐晓津，金健，谢晓燕，等. 集美大学图书馆外文数据库利用情况的调查分析 [J]. 大
学图书馆学报，2005，23（4）：39 –41.

② Ekwelem V O, Okafor V N, Ukwoma S C. Students' use of electronic information sources at the
University of Nigeria, Nsukka [J]. African Journal of Library, Archives & Information Science, 2009,
19（1）：89 –97.

③ Thanuskodi S. Use of e-resources by the students and researchers of faculty of arts, Annamalai
University [J]. International Journal of Library Science, 2012, 1（1）：1 –7.

④ Ibrahim A E. Use and user perception of electronic resources in the United Arab Emirates
University (UAEU) [J]. International Journal of Libraries & Information Services, 2004, 54（1）：18 –
29.

⑤ 唐琼. 高校图书馆电子资源使用评价研究 [D]. 广州：中山大学，2006.

⑥ Habiba U, Chowdhury S. Use of electronic resources and its impact：a study of Dhaka University
library users [J]. Eastern Librarian, 2012, 23（1）：74 –90.

⑦ 李函儒. 大学图书馆电子资源服务品质评鉴：以国立政治大学为例 [D]. 台北：国立政
治大学，2013.

⑧ Madhusudhan M. Use of electronic resources by research scholars of Kurukshetra University [J].
Electronic Library, 2010, 28（4）：492 –506.

"每月 1 次""每星期 1 次"和"每天 1 次"4 种类型①；Konappa 将蒂鲁帕蒂大学图书馆用户电子资源利用频率分为"每天""每星期 3 次""每星期 1 次""每月 3 次""每月 1 次""偶尔""从不使用"7 种类型②。更有研究采用量表的形式来描述用户的电子资源使用频率。如 Wu 和 Yeh 询问用户对"您经常使用图书馆电子资源"问项的认同程度，分为"强烈不同意""不同意""未决定""同意"和"强烈同意"5 种③。也有研究指出，部分用户的电子资源使用并不规律。如杨毅等对清华大学图书馆用户的调查发现，部分用户在文献调研、撰写论文和毕业设计时使用电子资源比较集中，其他时间使用并不多④。

对于电子资源利用频率的高低，不同的研究结果不同。有的研究中用户的电子资源利用频率较低。如 Atilgan 和 Bayram 的研究发现，27.5% 的用户经常使用电子资源，52.0% 的用户偶尔使用电子资源⑤；叶新东和郭雯靓对温州大学图书馆用户的调查中，只有 6.9% 的用户每天使用电子资源，每周使用的用户的比例为 25.1%，每月使用的用户的比例为 25.6%⑥。有的研究中用户电子资源的使用频率较高。如邵利勤对浙江工业大学图书馆用户的调查中，82.1% 的用户是电子期刊高频用户（每天使用 1 次或每周使用几次）⑦；姜莹莹等对南京航空航天大学人文社科类研究生的调查表明，受访用户对图书馆电子资源的使用频率较高⑧。

---

① Chandrashekara M，Mulla K R. The usage pattern of electronic information resources among the engineering research community in Karnataka：a survey ［J］. Journal of Library & Information Science，2007，1：33 - 38.

② Konappa K. Use of electronic information resources in university libraries of Tirupati（A. P）：an analytical study ［J］. International Journal of Library and Information Science，2014，6（1）：5 - 13.

③ Wu M，Yeh S. Effects of undergraduate student computer competence on usage of library electronic collections ［J］. Journal of Library and Information Studies，2012，10（1）：1 - 17.

④ 杨毅，邵敏，李京花，等. 电子资源建设与利用的读者调查：由读者调查结果分析读者利用电子资源的方式与倾向 ［J］. 大学图书馆学报，2006，24（6）：39 - 48.

⑤ Atilgan D，Bayram O G. An evaluation of faculty use of the digital library at Ankara University，Turkey ［J］. The Journal of Academic Librarianship，2006，32（1）：86 - 93.

⑥ 叶新东，郭雯靓. 大学生电子资源使用情况调查分析 ［J］. 现代教育技术，2007，17（6）：76 - 81.

⑦ 邵利勤. 从读者的使用现状看电子期刊和印刷型期刊的发展前景 ［J］. 图书馆工作与研究，2007（6）：91 - 93.

⑧ 姜莹莹，杨家兴，吕静，等. 人文社科类研究生对图书馆电子资源利用及满意度调查与分析 ［J］. 新世纪图书馆，2010（1）：34 - 37.

4.4.2 利用时长

有部分研究关注了用户在电子资源使用上花费的时间。利用时长与利用频率一样，也可以作为电子资源绩效的指标之一。但是不同研究中计量周期不同：有的研究以次为周期，如 Ekwelem 等对尼日利亚大学学生的调查发现，学生每次花费在电子资源使用上的时间为 60 分钟及以上①。有的研究以星期为周期，如 Oduwole 等将尼日利亚农业大学师生花费在电子资源使用上的时间分为"每周少于 1 小时""每周 2～4 小时""每周 5～6 小时""每周 7～9 小时""每周 10～20 小时""每周 20 小时以上"，结果发现，1/3 的用户每周花费在电子资源使用上的时间为 10～20 小时，将近 1/3 的用户每周花费在电子资源使用上的时间为 2～4 小时②。有的研究以天为周期，如 Bituka 将加尔各答西瓦吉大学化学系的学生每天花费在电子资源使用上的时间分为"30 分钟""1 小时""2 小时""3 小时及以上"，结果发现，38.3% 的用户每天花费 1 小时使用电子资源，36.7% 的用户每天花费 30 分钟③。还有的研究只给出了使用电子资源的时间，没有给出是在多长期限内。如 Chandran 将印度西瓦前沿技术学院师生的使用电子资源的时间分为"1 小时以下""1～2 小时""2～3 小时""3 小时以上"，结果发现，一半用户使用电子资源的时间在 1 小时以下④。Palani 和 Babu 将印度泰米尔纳德邦韦洛尔区工科大学图书馆用户花费在电子资源上的时间分为"1～2 小时""2～3 小时""3～4 小时""4～5 小时"和"5 小时以上"，电子资源利用也细分为"在图书馆浏览因特网电子期刊""在图书馆搜索在线数据库""在图书馆获取电子图书"。结果发现，在图书馆浏览因特网电子期刊方面，86.1% 的受访者花费的时间在 3 小时

① Ekwelem V O, Okafor V N, Ukwoma S C. Students' use of electronic information sources at the University of Nigeria, Nsukka [J]. African Journal of Library, Archives & Information Science, 2009, 19 (1): 89 –97.

② Oduwole A A, Sowole A O. Utilisation and impact of the Essential Electronic Agricultural Database (TEEAL) on library services in a Nigerian university of agriculture [J]. Program, 2006, 40 (2): 157 –167.

③ Bituka R. Usage of electronic resources by Chemistry Department members, Shivaji University Kolhapur [J]. International Journal of Digital Library Services, 2016, 6 (1): 94 –103.

④ Chandran V. Use and user perception of electronic information resources: a case study of Siva Institute of Frontier Technology, India [J]. Chinese Librarianship, 2013 (36): 85 –98.

以上；在图书馆搜索在线数据库方面，89.1% 的受访者花费的时间在 3 小时以上；在图书馆获取电子图书方面，88.9% 的受访者花费的时间在 3 小时以上[①]。

4.4.3　利用类型

对用户电子资源常用类型的研究主要有两个角度。一个角度是将电子资源按照特定的标准划分为不同的类型，然后探讨用户对各种类型电子资源的使用情况。大多数研究只是简单地将电子资源使用情况区分为"使用"和"不使用"两种情况。不同的研究对电子资源类型的划分有不同的标准。如 Madhusudhan 对库鲁克谢特拉大学研究人员的调查[②]、董文鸳和吴娟仙对嘉兴学院师生的调查[③]、涂文波对武汉大学师生的调查[④]、Zafar 对巴基斯坦阿迦汗大学护理学院学生的调查[⑤]、Chandran 对印度西瓦前沿技术学院师生的调查[⑥]、Giddaiah 和 Sarasvathy 对印度迈索尔大学生命科学研究者的调查[⑦]都表明，电子期刊是用户使用最多的电子资源。Bhatia 对昌迪加尔 11 个学院的学生和教师的调查[⑧]、付宁康对宁夏职业技术学院

① Palani R P G C, Babu V R. Electronic resources access pattern in engineering college libraries: an analytical study at Vellore District, Tamil Nadu [J]. Asian Journal of Information Science and Technology, 2019, 9 (2): 56 – 62.

② Madhusudhan M. Use of electronic resources by research scholars of Kurukshetra University [J]. Electronic Library, 2010, 28 (4): 492 – 506.

③ 董文鸳，吴娟仙. 高校图书馆电子资源利用现状调查研究——以嘉兴学院图书馆为例 [J]. 图书馆建设, 2008 (9): 30 – 33.

④ 涂文波. 大学图书馆数字资源需求与服务的读者调查及分析 [J]. 大学图书馆学报, 2008, 26 (5): 82 – 89.

⑤ Zafar A. Students' perception of electronic resources in MBBS Nursing Aga Khan University [J]. Pakistan Library & Information Science Journal, 2013, 44 (1): 31 – 37.

⑥ Chandran V. Use and user perception of electronic information resources: a case study of Siva Institute of Frontier Technology, India [J]. Chinese Librarianship, 2013 (36): 85 – 98.

⑦ Giddaiah D, Sarasvathy P. Electronic resources usage by researchers in the disciplines of biological sciences at the University of Mysore: a study [J]. Professional Journal of Library and Information Technology, 2013, 3 (2): 54 – 63.

⑧ Bhatia J K. Use of electronic resources in degree college libraries in Chandigarh [J]. DESIDOC Journal of Library & Information Technology, 2011, 31 (6): 480 – 484.

图书馆用户的调查①、Oni 等对尼日利亚本森·伊达霍萨大学学生的调查②、Bituka 对加尔各答西瓦吉大学化学系师生的调查③都表明，电子图书是用户使用最多的电子资源。唐琼对中山大学学生的调查④、Prabakaran 对工程学院教师的调查⑤、Egberongbe 对拉各斯大学图书馆用户的调查⑥、Santhi 和 Gopalakrishnan 对印度迈索尔大学生命科学研究者的调查⑦都表明，电子期刊是用户使用最多的电子资源，电子图书是用户使用第二多的电子资源。蒋知义对湘潭大学图书馆用户的调查⑧、Ahmed 对孟加拉国公立大学教师的调查⑨都表明，电子图书是用户使用第二多的电子资源。也有研究将 OPAC 列为电子资源。如 Deng 对澳大利亚大学师生的调查⑩、Habiba 和 Chowdhury 对达卡大学图书馆用户的调查⑪都显示，OPAC 是用户使用最多的电子资源。有研究对电子资源使用程度进行了细分。如 Karunarathna 将斯里兰卡开放大学阿努拉达普勒中心法律学位专业的电子资源使用程度分为"重度使用""中度使用""很少使用"和"从不使用"

① 付宁康. 读者电子文献使用调查分析：以宁夏职业技术学院为例 [J]. 图书馆理论与实践，2012（10）：83 – 84.

② Oni O, Oshiotse J O, Momoh A U. Awareness and utilization of electronic resources by students of Benson Idahosa University Benin City, Edo State Nigeria [J]. International Journal of Academic Library and Information Science, 2016, 4 (9): 242 – 248.

③ Bituka R. Usage of electronic resources by Chemistry Department members, Shivaji University Kolhapur [J]. International Journal of Digital Library Services, 2016, 6 (1): 94 – 103.

④ 唐琼. 高校图书馆电子资源使用评价研究 [D]. 广州：中山大学，2006.

⑤ Prabakaran M. Awareness and utilization of e-resources by faculty members with special reference to an engineering colleges, Virudhunagar District, Tamilnadu: a case study [J]. Social Science Electronic Publishing, 2016, 6 (3): 55 – 60

⑥ Egberongbe H S. The use and impact of electronic resources at the University of Lagos [J]. Library Philosophy & Practice, 2011 (1): 147 – 155.

⑦ Santhi K M, Gopalakrishnan S. Use of electronic resources in VIT University: an empirical study [J]. International Journal of Research in Library Science, 2016, 2 (2): 44 – 54.

⑧ 蒋知义. 高校图书馆数字资源用户满意度测评研究 [D]. 湘潭：湘潭大学，2008.

⑨ Zabed Ahmed S M. Use of electronic resources by the faculty members in diverse public universities in Bangladesh [J]. The Electronic Library, 2013, 31 (3): 290 – 312.

⑩ Deng H. Emerging patterns and trends in utilizing electronic resources in a higher education environment: an empirical analysis [J]. New Library World, 2010, 111 (3/4): 87 – 103.

⑪ Habiba U, Chowdhury S. Use of electronic resources and its impact: a study of Dhaka University library users [J]. Eastern Librarian, 2012, 23 (1): 74 – 90.

4 种，发现大多数用户属于重度使用电子期刊①。有研究让受访者给出对各种类型电子资源使用情况的排序。如 Subha 和 Natarajan 对印度泰米尔纳德邦伊洛德地区艺术与科学学院教职员工电子资源使用的调查表明：分别有 22.02%、28.38%、37.52%、22.51% 的受访者将电子图书、电子期刊和杂志、在线数据库、电子报纸排在第一位；分别有 46.66%、40.13%、31.48%、43.23% 的受访者将电子图书、电子期刊和杂志、在线数据库、电子报纸排在第二位；分别有 17.62%、24.80%、18.60%、19.09% 的受访者将电子图书、电子期刊和杂志、在线数据库、电子报纸排在第三位；分别有 13.70%、6.69%、12.40%、15.17% 的受访者将电子图书、电子期刊和杂志、在线数据库、电子报纸排在第四位②。也有研究通过不同类型电子资源的重要性来体现电子资源使用情况。如 Mishra 将电子资源重要性分为"一点都不重要""不重要""中等重要""非常重要""极其重要"5 种，对印度奥里萨邦桑巴尔普尔大学教师的调查发现，绝大多数（95.7%）受访者表示电子期刊极其重要，其次是在线数据库（90.0%）、电子书（84.3%）、电子档案（71.5%）和电子学位论文（65.7%）③。

　　第二个角度就是列出具体的数据库清单。如 Bhat 和 Ganaie 在对印度一所大学的园艺学和林业学专业师生电子资源的使用的调查中就将电子资源分为 AGRIS、CABI、FSTA、AGRICOLA、BIOSIS④。杨毅等在对清华大学图书馆用户的调查中也列举出 15 个数据库供受访者选择是否是其常用数据库⑤。

---

①　Karunarathna H M P P. Use of electronic resources by law degree students at Anuradhapura Regional Centre of the Open University of Sri Lanka [J]. Journal of the University Librarians Association of Sri Lanka, 2014, 18 (2): 41 -61.

②　Subha S S S G, Natarajan N O. Utilization and impact of electronic information resources among the faculty members of arts & science colleges in Erode District, Tamil Nadu: a case study [J]. Asian Journal of Information Science and Technology, 2019, 9 (1): 38 -42.

③　Mishra C C G C. Faculty perceptions of digital information literacy (DIL) at an Indian university: an exploratory study [J]. New Review of Academic Librarianship, 2019, 25 (1): 76 -94.

④　Bhat N A, Ganaie S A. E-resources: use and search strategies adopted by users of Dr Y. S. Parmar University of Horticulture and Forestry [J]. Collection Building, 2016, 35 (1): 16 -21.

⑤　杨毅, 邵敏, 李京花, 等. 电子资源建设与利用的读者调查: 由读者调查结果分析读者利用电子资源的方式与倾向 [J]. 大学图书馆学报, 2006, 24 (6): 39 -48.

4.4.4　利用场所

用户利用电子资源常见的场所包括图书馆、办公室、家中、实验室、宿舍、计算机中心等。Praveena 等对安纳玛莱大学艺术和科学专业教师的调查[1]、Kumar B. 和 Kumar G. 等对工程学、医学和管理学专业学者的调查[2]还提到了网吧。Thanuskodi 对安纳玛莱大学艺术系学生和研究人员的调查[3]、Natarajan 对埃塞俄比亚吉马大学学生的调查[4]、董文鸳和吴娟仙对嘉兴学院师生的调查[5]、Punchihewa 和 Jayasuriya 对莫勒图沃大学的调查[6]、Konappa 对印度蒂鲁帕蒂 4 所大学的图书馆用户的调查[7]、Bituka 对加尔各答西瓦吉大学化学系师生的调查[8]都显示图书馆是用户使用电子资源最主要的地点。办公室是部分用户使用电子资源的主要场所。如 Vasishta 对印度北部 7 所技术大学的研究人员和教师的电子资源使用的调查[9]、杨毅等对清华大学师生的调查[10]、Bhatt 和 Madan 对印度工程学学者的调

① Praveena K, Kavitha S, Nagarajan M. Usage of e-resources among the members of faculty of arts and science at Annamalai University: a study [J]. Indian Journal of Information Science and Services, 2009, 3 (2): 74 – 76.

② Kumar B T S, Kumar G T. Perception and usage of e-resources and the internet by Indian academics [J]. The Electronic Library, 2010, 28 (1): 137 – 156.

③ Thanuskodi S. Use of e-resources by the students and researchers of faculty of arts, Annamalai University [J]. International Journal of Library Science, 2012, 1 (1): 1 – 7.

④ Natarajan M. Use and impact of electronic resources by information science students at Jimma University, Jimma, Ethiopia [J]. Collection Building, 2017, 36 (4): 163 – 171.

⑤ 董文鸳, 吴娟仙. 高校图书馆电子资源利用现状调查研究: 以嘉兴学院图书馆为例 [J]. 图书馆建设, 2008 (9): 30 – 33.

⑥ Punchihewa C, Jayasuriya S. Use of online journals and databases: a case study based University of Moratuwa [J]. Journal of University Librarians Association of Sri Lanka, 2008, 12: 124 – 149.

⑦ Konappa K. Use of electronic information resources in university libraries of Tirupati (A. P): an analytical study [J]. International Journal of Library and Information Science, 2014, 6 (1): 5 – 13.

⑧ Bituka R. Usage of electronic resources by Chemistry Department members, Shivaji University Kolhapur [J]. International Journal of Digital Library Services, 2016, 6 (1): 94 – 103.

⑨ Vasishta S. Use pattern of e-resources by research scholars and faculty: a survey of technical university libraries in North India [J]. International Journal of Library and Information Studies, 2014, 4 (1): 1 – 11.

⑩ 杨毅, 邵敏, 李京花, 等. 电子资源建设与利用的读者调查: 由读者调查结果分析读者利用电子资源的方式与倾向 [J]. 大学图书馆学报, 2006, 24 (6): 39 – 48.

查①均显示，调查对象使用电子资源的主要地点是办公室。Kaur 和 Verma
对塔帕尔大学师生的调查发现，计算机中心是用户使用电子资源最主要的
场所②。家庭也是部分用户使用电子资源的主要场所。如 Tariq 和 Zia 对卡
拉奇大学理学院学生的调查表明，将近九成的用户在家里使用电子资源③；
袁琳蓉对西南民族大学图书馆用户的调查发现，教师使用电子资源的主要
场所是家庭④；洪荣照等对台中教育大学研究生的调查表明，42.9% 的受
访者在家里使用电子资源⑤。虽然所有的研究都提到用户会在多个场合使
用电子资源，但是目前所见，只有 Deng 的研究统计了用户使用电子资源
的场所的数量，他的调查结果显示 34.8% 的用户在 3 个地点使用电子
资源⑥。

4.4.5 利用终端

Bankole 等的调查表明，尼日利亚鄂肯布州联邦农业大学的本科生大
多数（77.1%）通过笔记本电脑使用电子资源，其次是台式电脑
（41.8%），也有较高比例的学生通过移动设备使用电子资源，如 38.2%
的学生通过手机使用电子资源，8.8% 的学生通过 iPad 使用电子资源⑦。

4.4.6 阅读行为

阅读行为主要涉及用户会在哪些电子设备上阅读和用什么样的方式去
阅读。

---

① Bhatt S, Madan S R. E-information usage among engineering academics in India with special reference to Rajasthan State [J]. Library Hi Tech, 2011, 29 (3): 496 – 511.

② Kaur B, Verma R. Use of electronic information resources: a case study of Thapar University [J]. DESIDOC Journal of Library & Information Technology, 2009, 29 (2): 67 – 73.

③ Tariq H, Zia M W. Use of electronic information resources by the students of faculty of science, University of Karachi [J]. International Journal of Digital Library Services, 2014, 4 (3): 80 – 91.

④ 袁琳蓉. 电子资源利用现状的研究: 以西南民族大学为例 [J]. 西南民族大学学报（人文社科版）, 2007 (12): 270 – 272.

⑤ 洪荣照, 邓英兰, 苏雅敏. 台中教育大学研究生对电子资源馆藏使用情形之研究 [J]. 台中教育大学学报（教育类）, 2010, 24 (2): 151 – 172.

⑥ Deng H. Emerging patterns and trends in utilizing electronic resources in a higher education environment: an empirical analysis [J]. New Library World, 2010, 111 (3/4): 87 – 103.

⑦ Bankole O M, Ajiboye B A, Otunla A O. The use of library electronic information resources by academic staff at Federal University of Agriculture, Abeokuta, Ogun State, Nigeria [J]. International Journal of Digital Library Services, 2015, 5 (4): 1 – 14.

（1）阅读设备。Mizrachi 对加州大学洛杉矶分校本科生的调查发现，手提电脑是用户阅读电子材料最常用的设备，有将近90%的用户使用，排在第二位的是手机，有 28%的用户使用，排在第三位的是平板电脑，有26.4%的用户使用①。尹智慧等对长沙航空职业技术学院学生电子图书使用行为的研究发现，88%的学生使用手机等移动终端设备阅读，8%的学生使用个人电脑，2%的学生使用电子图书阅读器②。王素芳等对浙江大学学生的电子图书使用情况的调查发现，70%的大学生使用手机等移动终端设备阅读，60.4%的大学生使用电脑来阅读，只有少数学生使用专用电子书阅读器阅读③。陈铭对南京大学学生的调查显示，用户的第一选择是电脑阅读，原因是受限于阅读设备④。

（2）阅读方式。任会兰对上海交通大学学生电子图书使用情况的调查发现，学生阅读电子图书的方式主要是选择性阅读，39%的调查对象阅读某些章节、36%的调查对象检索相关内容阅读⑤。

4.4.7　遇到的问题

用户在利用电子资源时遇到的问题可以总结为四个方面：一是基础设施存在的问题，二是电子资源本身存在的问题，三是用户自身存在的问题，四是图书馆服务存在的问题。

（1）基础设施存在的问题，包括电力供应、网络设施、计算机设备等方面的问题。很多发展中国家因为投入不足，信息基础设施落后，严重阻碍了用户电子资源的使用。如 Isibika 和 Kavishe 对坦桑尼亚姆桑比大学图书馆用户的调查发现，71.7%的用户使用电子资源时遇到的严重问题是网

---

① Mizrachi D. Undergraduates' academic reading format preferences and behaviors [J]. The Journal of Academic Librarianship, 2015, 41（3）：301 - 311.

② 尹智慧，曹仙叶，彭连刚. 高职院校学生电子图书使用行为研究：以长沙航空职业技术学院为例 [J]. 图书馆，2013（6）：133 - 135.

③ 王素芳，白雪，崔灿. 高校学生对电子书的认知、使用和态度研究：以浙江大学为例 [J]. 大学图书馆学报，2014, 32（5）：61 - 72.

④ 陈铭. 基于用户使用行为和需求的高校图书馆电子书服务调查：以南京大学图书馆为例 [J]. 图书馆论坛，2015（3）：73 - 77.

⑤ 任会兰. 高校学生的电子图书使用行为研究 [D]. 上海：上海交通大学，2011.

络连接不稳定①。Dadzie 对阿什西大学师生的调查发现，缺乏个人电脑是他们获取电子资源时的主要障碍，33% 的用户选择此项②。Ajayi 对大学教学医院 50 位医生的调查表明，将近九成的用户使用电子资源的阻碍是电脑的采购价格过高，将近六成的用户使用电子资源的阻碍是没有网络，超过四成的用户使用电子资源的阻碍是没有电脑③。Tella 等指出，尼日利亚伊洛林大学学术人员使用电子资源时遇到最大的问题是网络速度慢④。董文鸳和吴娟仙对嘉兴学院师生的调查发现，用户使用电子资源时面临的主要问题是网络问题，将近四成的用户选择此项⑤。Okello-Obura 和 Magara 对乌干达麦克雷雷大学图书情报专业学生的调查表明，九成的用户在使用电子资源时面临的问题是能够使用的计算机终端有限⑥。Punchihewa 和 Jayasuriya 对斯里兰卡莫勒图沃大学师生的调查发现，超过五成的用户使用在线数据库时遇到的困难是网络速度慢⑦。丁枝秀和包平的调查发现，南京大学图书馆用户使用电子资源排在第一位的障碍是网络条件限制⑧。Thaheer 等对印度一所工程学院的学生的调查发现，阻碍用户使用电子资源的第一位因素是基础设施的缺乏，25% 的用户选择此项⑨。Sahu 和 Basa 对印度一所工程学院的学生的调查发现，使用电子资源时遇到的排在第二

①　Isibika I S, Kavishe G F. Utilisation of subscribed electronic resources by library users in Mzumbe University library, Tanzania [J]. Library Review, 2018, 67 (1/2): 109 – 125.

②　Dadzie P S. Electronic resources: access and usage at Ashesi University College [J]. Campus-Wide Information Systems, 2005, 22 (5): 290 – 297.

③　Ajayi N A. Utilization of electronic databases for diagnostic information among medical laboratory scientists: implication on evidence-based medicine [J]. Journal of Hospital Librarianship, 2007, 7 (1): 43 – 51.

④　Tella A, Orim F, Ibrahim D M, et al. The use of electronic resources by academic staff at the University of Ilorin, Nigeria [J]. Education and Information Technologies, 2018, 23 (1): 9 – 27.

⑤　董文鸳, 吴娟仙. 高校图书馆电子资源利用现状调查研究: 以嘉兴学院图书馆为例 [J]. 图书馆建设, 2008 (9): 30 – 33.

⑥　Okello-Obura C, Magara E. Electronic information access and utilization by Makerere University students in Uganda [J]. Evidence Based Library and Information Practice, 2008, 3 (3): 39 – 56.

⑦　Punchihewa C, Jayasuriya S. Use of online journals and databases: a case study based University of Moratuwa [J]. Journal of University Librarians Association of Sri Lanka, 2008, 12: 124 – 149.

⑧　丁枝秀, 包平. 不同类型高校图书馆电子资源利用情况调查与分析 [J]. 图书馆理论与实践, 2009 (6): 24 – 25.

⑨　Thaheer M O M, Amudha G, Murugan N B S V. Use pattern of e-resources in Aalim Muhammed Salegh College of Engineering Library: a study [J]. Indian Journal of Information Science and Services, 2009, 3 (2): 65 – 67.

位的问题是计算机数量不够，42.55％的用户选择此项①。朱晓燕对曲阜师范大学师生的调查结果显示，网络问题是用户使用电子资源时遇到的排在第三位的问题，22.7％的用户选择此项②。周庆红对重庆交通大学师生的调查结果显示，网络问题是影响用户使用电子资源的排在第二位的问题③。Okiki 和 Asiru 对尼日利亚一所大学的研究生的调查结果发现，网络连接速度慢是用户使用电子资源时面临的主要问题，69.78％的用户选择此选项，排在第二位的问题是电力供应不稳定，41.61％的用户选择此项，排在第三位的问题是能够上网的电脑太少，37.22％的用户选择此项④。Peiris N. 和 Peiris B. 对斯里兰卡一所大学研究生的调查结果表明，缺乏设备如计算机等是用户使用电子资源的主要障碍⑤。

（2）电子资源本身存在的问题，包括较难使用和访问困难等。Thaheer 等对印度一所工程学院的学生的调查发现，阻碍用户使用电子资源的排在第二位的因素是不易于使用，22.5％的用户选择此项⑥。付宁康对宁夏职业技术学院师生的调查发现，用户使用电子资源排在第二位的障碍是检索系统使用不方便⑦。

（3）用户自身存在的问题，包括没有时间、使用计算机和网络的技能不足、缺乏信息检索技能、对电子资源缺乏了解等。如 Ajayi 对大学教学医院 50 位医生的调查表明，超过七成的用户使用电子资源的阻碍是没有时间，将近五成的用户使用电子资源的阻碍是缺乏计算机检索技巧，超过

————————

①　Sahu N K, Basa S S. Usage of electronic information resources and services among the students of Seemanta Engineering College, Jharpokhria, Orissa：a study［J］. Indian Journal of Information Science and Services, 2009, 3（2）：17 – 22.

②　朱晓燕. 曲阜师范大学图书馆电子资源的利用调查与分析［J］. 图书馆, 2010（5）：79 – 80.

③　周庆红. 提高高校数字资源利用率的可行性研究［J］. 图书馆, 2010（5）：68 – 70.

④　Okiki O C, Asiru S M. Use of electronic information sources by postgraduate students in Nigeria：influencing factors［J］. Library Philosophy & Practice, 2011：265 – 273.

⑤　Peiris N D, Peiris B L. Use of electronic information resources by postgraduate students：a case study［J］. Journal of the University Librarians Association of Sri Lanka, 2013, 16（1）：46 – 69.

⑥　Thaheer M O M, Amudha G, Murugan N B S V. Use pattern of e-resources in Aalim Muhammed Salegh College of Engineering Library：a study［J］. Indian Journal of Information Science and Services, 2009, 3（2）：65 – 67.

⑦　付宁康. 读者电子文献使用调查分析：以宁夏职业技术学院为例［J］. 图书馆理论与实践, 2012（10）：83 – 84.

两成的用户使用电子资源的阻碍是没有兴趣①。董文鸳和吴娟仙对嘉兴学院师生的调查发现，将近四成的用户在使用电子资源时面临缺乏检索技巧的问题，将近三成的用户面临语言问题②。Isibika 和 Kavishe 的调查发现，缺乏信息检索技能是坦桑尼亚姆桑比大学图书馆用户使用电子资源时遇到第二严重的问题，35% 的用户选择此项③。Okello-Obura 和 Magara 对乌干达麦克雷雷大学图书情报专业学生的调查表明，将近五成的用户使用电子资源时面临的问题是信息检索技巧不足，四成的用户面临的问题是缺乏有效使用电子资源的信息技术知识④。Punchihewa 和 Jayasuriya 对斯里兰卡莫勒图沃大学师生的调查发现，超过三成的用户使用在线数据库时遇到的困难是不了解电子资源⑤。刘煌裕和舒荣辉对我国台湾地区开南大学日间部商学院、观光运输学院、资讯学院、人文社会学院学生的调查表明，47%的受访者在使用电子资源时遇到的问题是不熟悉电子资源的内容与特色⑥。曹文华对山东大学护理学院学生的调查显示，影响用户利用电子资源的主要因素是用户对电子资源的了解不够，排在第二位的因素是缺乏计算机网络知识，排在第三位的是没有掌握检索技巧及缺乏检索知识⑦。甄连花对吉林 5 所医学院的图书馆用户的调查表明，影响用户顺利查找电子资源的主要因素是检索知识的缺乏，39.8% 的用户选择此选项，排在第二位的是不了解信息的分布情况，37.81% 的用户选择此选项⑧。丁枝秀的调查发

①　Ajayi N A. Utilization of electronic databases for diagnostic information among medical laboratory scientists: implication on evidence-based medicine [J]. Journal of Hospital Librarianship, 2007, 7 (1): 43 – 51.

②　董文鸳, 吴娟仙. 高校图书馆电子资源利用现状调查研究: 以嘉兴学院图书馆为例 [J]. 图书馆建设, 2008 (9): 30 – 33.

③　Isibika I S, Kavishe G F. Utilisation of subscribed electronic resources by library users in Mzumbe University library, Tanzania [J]. Library Review, 2018, 67 (1/2): 109 – 125.

④　Okello-Obura C, Magara E. Electronic information access and utilization by Makerere University students in Uganda [J]. Evidence Based Library and Information Practice, 2008, 3 (3): 39 – 56.

⑤　Punchihewa C, Jayasuriya S. Use of online journals and databases: a case study based University of Moratuwa [J]. Journal of University Librarians Association of Sri Lanka, 2008, 12: 124 – 149.

⑥　刘煌裕, 舒荣辉. 大学图书馆电子资源之需求分析与行销策略之研究 [J]. 教育资料与图书馆学, 2008, 45 (3): 331 – 356.

⑦　曹文华. 护理人员电子文献数据库知晓和利用现况调查研究 [D]. 济南: 山东大学, 2009.

⑧　甄连花. 高校图书馆数字信息资源的需求及利用调查分析 [J]. 图书馆理论与实践, 2008 (6): 104 – 105.

现，南京大学用户使用电子资源排在第二位的障碍是不熟悉数据库结构与检索方法，选择此项的用户的比例为 32.53%，排在第三位的障碍是不知道有什么资源，选择此项用户的比例为 29.79%[①]。Sahu 和 Basa 对印度一所工程学院的学生的调查发现，使用电子资源时遇到的主要问题是缺乏时间，51.06% 的用户选择此项[②]。Ekwelem 等对尼日利亚大学学生的调查发现，学生使用电子资源遇到的问题排在第一位的是经济问题，52% 的用户选择此项，排在第二位的是没有掌握足够的使用技巧，23.8% 的用户选择此项[③]。Thanuskodi 对印度一所大学的师生的调查结果发现，缺乏信息技术技巧是用户使用电子资源时遇到的主要问题，缺乏时间是排在第二位的问题[④]。Peiris N. 和 Peiris B. 对斯里兰卡一所大学的研究生的调查结果表明，用户使用电子资源排在第三位的障碍是缺乏对图书馆提供的电子资源/服务的了解[⑤]。

（4）图书馆服务存在的问题，包括图书馆电子资源组织不佳、提供的电子资源不能满足用户需求及校外访问、图书馆馆员对用户的支持和培训不够等。如 Angadi 和 Krishnamurthy 对印度卡纳塔克邦两所大学的研究人员的调查表明，大部分用户认为图书馆网站用户界面是阻碍电子资源使用的主要问题[⑥]。Thanuskodi 对安纳玛莱大学艺术系学生和研究人员的调查发现，在用户学科领域内可用的电子资源不足是用户使用电子资源遇到的

① 丁枝秀. 大学生移动阅读行为特征调查与分析：以江苏省 6 所高校为例 [J]. 四川图书馆学报，2014（5）：75 - 78.

② Sahu N K, Basa S S. Usage of electronic information resources and services among the students of Seemanta Engineering College, Jharpokhria, Orissa：A Study [J]. Indian Journal of Information Science and Services，2009，3（2）：17 - 22.

③ Ekwelem V O, Okafor V N, Ukwoma S C. Students' use of electronic information sources at the University of Nigeria, Nsukka [J]. African Journal of Library, Archives & Information Science，2009，19（1）：89 - 97.

④ Thanuskodi S. Usage of electronic resources at Dr T. P. M. library, Madurai Kamaraj University：a case study [J]. Desidoc Journal of Library & Information Technology，2011，31（6）：437 - 445.

⑤ Peiris N D, Peiris B L. Use of electronic information resources by postgraduate students：a case study [J]. Journal of the University Librarians Association of Sri Lanka，2013，16（1）：46 - 69.

⑥ Angadi M, Krishnamurthy C. Electronic information resources：access and usage by research scholars of 'UPE' universities of Karnataka State [J]. Journal of Advances in Library and Information Science，2017，6（3）：224 - 229.

主要问题①。Dukić 对克罗地亚大学教师和研究人员的调查表明，不能获取全文是用户认为使用电子资源时遇到的最严重的问题②。董文鸳和吴娟仙对嘉兴学院师生的调查发现，将近两成的用户使用电子资源时面临的主要问题是获取原文的问题，将近一成五的用户面临的主要问题是校外访问问题③。Thaheer 等对印度一所工程学院的学生的调查发现，阻碍用户使用电子资源的第三位因素是电子资源没有组织好，20% 的用户选择此项④。Okello-Obura 和 Magara 对乌干达麦克雷雷大学图书情报专业学生的调查表明，两成的用户在使用电子资源时面临的问题是图书馆馆员的配合度不够⑤。Punchihewa 和 Jayasuriya 对莫勒图沃大学师生的调查发现，超过三成的用户使用电子资源遇到的困难是图书馆提供的计算机有限⑥。甄连花对吉林 5 所医学院的图书馆用户的调查表明，影响用户顺利查找电子资源排在第二位的因素是缺少必备的数据库，33.92% 的用户选择此选项⑦。朱晓燕对曲阜师范大学师生的调查结果显示，原文获取问题是用户使用电子资源时遇到的主要问题，69.7% 的用户选择此项，检索技巧是排在第二位的问题，43.1% 的用户选择此项，校外访问是排在第四位的问题，28.6% 的用户选择此项⑧。周庆红对重庆交通大学师生的调查结果显示，校外访问是影响用户使用电子资源的主要问题⑨。Thanuskodi 对印度一所大学的师

① Thanuskodi S. Use of e-resources by the students and researchers of faculty of arts, Annamalai University [J]. International Journal of Library Science, 2012, 1 (1)：1 - 7.

② Dukić D. Use and perceptions of online academic databases among Croatian University teachers and researchers [J]. Libri, 2014, 64 (2)：173 - 184.

③ 董文鸳，吴娟仙. 高校图书馆电子资源利用现状调查研究：以嘉兴学院图书馆为例 [J]. 图书馆建设，2008 (9)：30 - 33.

④ Thaheer M O M, Amudha G, Murugan N B S V. Use pattern of e-resources in Aalim Muhammed Salegh College of Engineering Library：a study [J]. Indian Journal of Information Science and Services, 2009, 3 (2)：65 - 67.

⑤ Okello-Obura C, Magara E. Electronic information access and utilization by Makerere University students in Uganda [J]. Evidence Based Library and Information Practice, 2008, 3 (3)：39 - 56.

⑥ Punchihewa C, Jayasuriya S. Use of online journals and databases：a case study based University of Moratuwa [J]. Journal of University Librarians Association of Sri Lanka, 2008, 12：124 - 149.

⑦ 甄连花. 高校图书馆数字信息资源的需求及利用调查分析 [J]. 图书馆理论与实践，2008 (6)：104 - 105.

⑧ 朱晓燕. 曲阜师范大学图书馆电子资源的利用调查与分析 [J]. 图书馆，2010 (5)：79 - 80.

⑨ 周庆红. 提高高校数字资源利用率的可行性研究 [J]. 图书馆，2010 (5)：68 - 70.

生的调查结果发现，图书馆馆员的支持不够是用户使用电子资源时排在第三位的问题①。付宁康对宁夏职业技术学院师生的调查发现，用户在使用电子资源时的主要障碍是图书馆电子资源文献不足，排在第四位的问题是电子资源组织零乱，排在第五位的是图书馆相关服务不到位②。Peiris N. 和 Peiris B. 对斯里兰卡一所大学的研究生的调查结果表明，用户使用电子资源的排在第二位的障碍是图书馆缺少电子资源，排在第四位的障碍是图书馆的宣传和指导不足③。

4.4.8 用户偏好

在电子资源利用的过程中，不同的用户在电子资源格式、解决问题渠道、学习方式、培训主题和推广方式等方面都存在不同的偏好。

（1）格式偏好。PDF 和 Word 是用户主要偏好的格式，也有部分用户偏好 HTML 格式。如 Thanuskodi 对安纳玛莱大学艺术系学生和研究人员的调查发现，64.44% 的用户喜欢使用 PDF 格式来浏览电子资源，而25.00% 的用户喜欢 HTML 格式，10.56% 的用户没有格式偏好④。Tariq 和 Zia 对卡拉奇大学理学院学生的调查表明，74.35% 的用户喜欢 PDF 格式，26.52% 的用户偏好 HTML 格式⑤。Kumar 对印度国立法律研究大学研究人员和教师的调查结果显示，超过九成五的用户偏好 PDF 格式的电子资源，超过两成的用户偏好 Word 格式，超过一成的用户偏好 HTML 格式⑥。Thaheer 等对印度一所工程学院的学生的调查发现，超过六成的用户偏好 HT-

① Thanuskodi S. Usage of electronic resources at Dr T. P. M. Library, Madurai Kamaraj University: a case study [J]. Desidoc Journal of Library & Information Technology, 2011, 31 (6): 437 –445.

② 付宁康. 读者电子文献使用调查分析: 以宁夏职业技术学院为例 [J]. 图书馆理论与实践, 2012 (10): 83 –84.

③ Peiris N D, Peiris B L. Use of electronic information resources by postgraduate students: a case study [J]. Journal of the University Librarians Association of Sri Lanka, 2013, 16 (1): 46 –69.

④ Thanuskodi S. Use of e-resources by the students and researchers of faculty of arts, Annamalai University [J]. International Journal of Library Science, 2012, 1 (1): 1 –7.

⑤ Tariq H, Zia M W. Use of electronic information resources by the students of faculty of science, University of Karachi [J]. International Journal of Digital Library Services, 2014, 4 (3): 80 –91.

⑥ Kumar S. Use Of electronic information resources by research scholars and faculty members of National University of Study and Research in Law, Ranchi: a study [J]. International Journal of Knowledge Management & Practices, 2017, 5 (1): 8 –12.

ML 格式，超过三成偏好 PDF 格式，没有用户偏好 RTF 格式①。Praveena 等对安纳玛莱大学艺术和科学专业教师的调查结果发现，超过一半的用户偏好 PDF 格式，超过三成偏好 Word 格式，一成五的用户偏好 HTML 格式②。Tyagi 对印度理工学院鲁尔基分校师生的调查发现，对于电子期刊，将近四成的用户偏好 PDF 格式，而偏好 HTML 格式的不到一成③。刘佳音对南京航空航天大学 2010 年 ScienceDirect 使用数据的分析发现，用户更偏好 PDF 格式，使用 PDF 格式的是使用 HTML 格式的 2 倍④。研究中提到的用户偏好的格式还有 RTF、PTF、PPT、PS 等。

（2）解决问题渠道偏好。用户使用电子资源遇到问题的时候，会通过多种渠道来解决问题，主要包括用户自己的渠道、图书馆提供的渠道和其他渠道。用户自己的渠道包括自己摸索、求助于同事/同学/老师。图书馆提供的渠道包括电子资源的帮助页面，图书馆馆员（包括学科馆员、咨询台工作人员、电子资源指定联系人）开展的咨询、讲座和培训等。其他渠道来自电子资源供应商、学校的论坛等。图书馆提供的渠道相比个人的渠道而言使用的人数较少。如杨毅等对清华大学师生的调查发现，在使用电子资源遇到问题时，用户首选寻求同事/同学的帮助，74.5% 的用户选择此项，排在第二位的是水木清华 BBS，34.2% 的用户选择此项，选择图书馆提供的渠道合起来的比例只有 32.2%（图书馆总咨询台 17.3%、学科馆员 8.2%、数据库指定联系人 6.7%），不到选择同事/同学帮助比例的一半⑤。涂海青对常熟理工学院教师的调查表明，利用电子资源遇到困难的解决方法，排在第一位的是向他人咨询，60.27% 的用户选择此项；选择图书馆提供的渠道合起来的比例只有 49.31%（馆员咨询 27.4%、打电

① Thaheer M O M, Amudha G, Murugan N B S V. Use pattern of e-resources in Aalim Muhammed Salegh College of Engineering Library: a study [J]. Indian Journal of Information Science and Services, 2009, 3 (2): 65 - 67.

② Praveena K, Kavitha S, Nagarajan M. Usage of e-resources among the members of faculty of arts and science at Annamalai University: a study [J]. Indian Journal of Information Science and Services, 2009, 3 (2): 74 - 76.

③ Tyagi S. Use and awareness of electronic information sources at IIT Roorkee, India: a case study [J]. Italian Journal of Library, Archives & Information Science, 2011, 2 (1).

④ 刘佳音. 高校图书馆电子资源使用与用户检索行为统计分析: 以 ScienceDirect 数据库为例 [J]. 大学图书馆学报, 2012, 30 (2): 81 - 86.

⑤ 杨毅, 邵敏, 李京花, 等. 电子资源建设与利用的读者调查: 由读者调查结果分析读者利用电子资源的方式与倾向 [J]. 大学图书馆学报, 2006, 24 (6): 39 - 48.

话问图书馆 12.33%、参加图书馆讲座 3.42%、留言询问 3.42%、电子邮件咨询 2.74%)①。董文鸳和吴娟仙对嘉兴学院师生的调查发现,利用电子资源过程中寻求帮助的首选途径是同事/同学/老师,73% 的用户选择此选项,选择图书馆提供的渠道合起来的比例为 14.4%(咨询台 11%、学科联络员 2.1%、图书馆在线咨询员 1.3%),不到选择同事/同学/老师比例的 1/5,还有 5.5% 的用户选择通过 BBS 求助②。曹文华对山东大学护理学院学生的调查结果显示,使用电子文献数据库遇到问题时,选择首先求助同学、朋友或学校专业课老师的用户的比例最高,将近七成,选择图书馆提供的渠道合起来的比例为 23.92% [《数据库帮助》(电子版)21.05%、图书馆管理员 2.87%],刚好超过选择同学、朋友或学校专业课老师的用户的 1/3③。刘煌裕和舒荣辉对我国台湾地区开南大学日间部商学院、观光运输学院、资讯学院、人文社会学院学生的调查表明,在使用电子资源遇到困难时,最高比例的用户选择的解决方式是自己想办法(59%)和请同学、朋友协助(59%),其次是向馆员求助(31%)④。丁枝秀和包平对南京大学、南京农业大学、南京信息工程大学和滨江学院 4 所不同层次大学的师生的调查发现,使用电子资源时寻求帮助的途径排在第一位的是请教同学或朋友,48.13% 的用户选择此项,选择图书馆提供的渠道合起来的比例为 48.98%(求助图书馆主页 33.33%,求助图书馆 15.65%),比选择请教同学或朋友的比例稍微高一点⑤。Sohail 和 Alvi 对阿里加尔穆斯林大学医学专业学生的调查表明,使用电子资源寻求帮助排在第一位的途径是寻求朋友的帮助,选择此项的用户的比例为 63.04%,排在第二位的途径是自学,21.73% 的用户选择此选项,选择图书馆提供的途径的比例合起来只有 10.86%(图书馆工作人员 6.52%、图书馆导引

① 涂海青. 我校数据库利用情况的调查分析 [J]. 常熟理工学院学报,2008(1):117 - 121.

② 董文鸳,吴娟仙. 高校图书馆电子资源利用现状调查研究:以嘉兴学院图书馆为例 [J]. 图书馆建设,2008(9):30 - 33.

③ 曹文华. 护理人员电子文献数据库知晓和利用现况调查研究 [D]. 济南:山东大学,2009.

④ 刘煌裕,舒荣辉. 大学图书馆电子资源之需求分析与行销策略之研究 [J]. 教育资料与图书馆学,2008,45(3):331 - 356.

⑤ 丁枝秀,包平. 不同类型高校图书馆电子资源利用情况调查与分析 [J]. 图书馆理论与实践,2009(6):24 - 25.

4. 34%），不到选择寻求朋友帮助的比例的1/5①。Ndinoshiho 对纳米比亚大学北部校区护理学本科生的调查结果显示，当使用电子资源需要帮助时，87%的用户选择同学，63. 4%的用户选择朋友，18. 7%的用户选择老师，选择图书馆馆员的比例为47. 2%②。

（3）学习方式偏好。为了使自己能够更好地使用电子资源，用户会通过多种方式来学习电子资源的使用技能。研究发现，自学、自己反复尝试、向同学/朋友学习等是用户偏好的方式。非常遗憾的是，尽管图书馆非常重视电子资源的培训，也提供了相关的服务，但是在多数研究中，寻求图书馆馆员的指导都不是用户学习如何使用电子资源时首先或者主要考虑的方式。如 Rehman 和 Ramzy 对科威特大学 3 个附属教学机构的健康专业人员的调查发现，自学是大多数用户偏好的学习电子资源使用的模式，64. 9%的用户选择该选项，图书馆馆员的培训排在第二位，36. 1%的用户选择该选项，向同事学习排在第三位，将近1/4 的用户选择该选项③。Renwick 对西印度群岛大学医学科学教师的调查表明，83%的用户倾向于自学，55%的用户倾向于向家庭成员或者朋友学习④。Okello-Obura 和 Magara 对乌干达麦克雷雷大学图书情报专业学生的调查显示，73. 7%的用户倾向于通过自学的方式学习电子资源的使用，47. 4%的用户倾向于通过同学、42. 1%的用户倾向于反复尝试、42. 1%的用户倾向于通过老师学习电子资源的使用，只有5. 3%的用户倾向于通过图书馆馆员学习电子资源的使用⑤。Sahu 和 Basa 对印度一所工程学院的学生的调查发现，44. 68%的用户偏好通过自学的方式学习电子资源的使用，排在第二位的途径是来自计算机职员的指导，35. 1%的用户选择此选项，排在第三位的是来自老师

① Sohail M, Alvi A. Use of web resources by medical science students of Aligarh Muslim University [J]. DESIDOC Journal of Library & Information Technology, 2014, 34 (2): 125 – 130.

② Ndinoshiho J M. The use of electronic information services by undergraduate nursing students at the University of Namibia's Northern Campus: a descriptive study [J]. Information Development, 2010, 26 (1): 57 – 65.

③ Rehman S U, Ramzy V. Awareness and use of electronic information resources at the Health Sciences Center of Kuwait University [J]. Library Review, 2004, 53 (3): 150 – 156.

④ Renwick S. Knowledge and use of electronic information resources by medical sciences faculty at the University of the West Indies [J]. The Journal of the Medical Library Association, 2005, 93 (1): 21 – 31.

⑤ Okello-Obura C, Magara E. Electronic information access and utilization by Makerere University students in Uganda [J]. Evidence Based Library and Information Practice, 2008, 3 (3): 39 – 56.

的指导，34.04%的用户选择此选项，只有23.4%的用户选择来自图书馆馆员的指导①。Kumar B. 和 Kumar G. 对工程学、医学和管理学专业学者的调查结果表明，用户学习电子资源的使用排在第一位的途径是反复尝试，54%的用户选择该选项，排在第二位的途径是朋友的建议，50%的用户选择该选项②。Bhatt 和 Madan 对印度工程学学者的调查显示，自学是用户学习电子资源的使用排在第一位的方式，反复尝试和同事的指导分别是排在第二位和第三位的途径③。Obasuyi 和 Usifoh 对尼日利亚5所大学的药学专业讲师的调查表明，自学是用户学习电子资源的使用排在第一位的方式，38.2%的用户选择此选项，排在第二位的途径是家庭/朋友，28%的用户选择此选项，排在第三位的途径是网页上的用户教育，19.8%的用户选择此选项，选择图书馆培训的用户的比例只有1.9%④。Peiris N. 和 Peiris B. 对斯里兰卡一所大学的研究生的调查结果表明，通过阅读手册自学是用户学习电子资源的使用排在第一位的方式，29.1%的用户选择此选项，排在第二位的途径是反复尝试，26.4%的用户选择此选项⑤。Konappa 对印度蒂鲁帕蒂4所大学的图书馆用户的调查结果发现，同事/朋友的帮助是用户学习电子资源的使用排在第一位的方式，78.46%的用户选择此选项，排在第二位的途径是自学，75.16%的用户选择此选项，图书馆馆员的指导排在最后一位，只有12.26%的用户选择此选项⑥。Bituka 对印度加尔各答西瓦吉大学化学系师生的调查结果表明，同事的指导是用户学习电子资源的使用排在第一位的方式，34.2%的用户选择此选项，反复尝试

① Sahu N K, Basa S S. Usage of electronic information resources and services among the students of Seemanta Engineering College, Jharpokhria, Orissa: a study [J]. Indian Journal of Information Science and Services, 2009, 3 (2): 17 – 22.

② Kumar B T S, Kumar G T. Perception and usage of e-resources and the internet by Indian academics [J]. The Electronic Library, 2010, 28 (1): 137 – 156.

③ Bhatt S, Madan S R. E-information usage among engineering academics in India with special reference to Rajasthan State [J]. Library Hi Tech, 2011, 29 (3): 496 – 511.

④ Obasuyi L, Usifoh S F. Emerging pattern in utilizing electronic information sources by pharmacy lecturers in five universities in Nigeria: a comparative analysis [J]. Samaru Journal of Information Studies, 2013, 12 (1 – 2): 15 – 28.

⑤ Peiris N D, Peiris B L. Use of electronic information resources by postgraduate students: a case study [J]. Journal of the University Librarians Association of Sri Lanka, 2013, 16 (1): 46 – 69.

⑥ Konappa K. Use of electronic information resources in university libraries of Tirupati (A. P): an analytical study [J]. International Journal of Library and Information Science, 2014, 6 (1): 5 – 13.

是排在第二位的方式，30.8%的用户选择此选项，图书馆馆员的帮助是排在最后的方式，只有5.8%的用户选择此选项①。Bhat 和 Ganaie 对印度园艺学和林业学专业师生的调查发现，自学是用户学习电子资源的使用排在第一位的方式，68.26%的用户选择此选项，同事/同学是排在第二位的方式，40.38%的用户选择此选项，图书馆课程是排在第三位的方式，34.61%的用户选择此选项，图书馆馆员的帮助是排在最后的方式，只有10.57%的用户选择此选项②。只有在极少数的研究中图书馆馆员的帮助排在较前的位置。如 Angadi 和 Krishnamurthy 对印度卡纳塔克邦 2 所大学的研究人员的调查表明，图书馆工作人员的支持是用户学习电子资源的使用排在第一位的途径③。Huded 和 Naikar 对印度泰伦加纳邦一所管理学院的师生的调查发现，图书馆工作人员的指导是最多用户（54.17%）更好了解电子资源的使用的途径④。

（4）培训主题偏好。用户偏好的培训主题包括特定类型电子资源的使用、综合性的电子资源的检索与利用、网络信息检索、网络信息评价等，还有用户对涉及电子资源使用的计算机和网络使用也有需求。如 Ajayi 对大学教学医院 50 位医生的调查表明，用户需求最多的培训主题是在线期刊使用，除此之外还包括光盘使用、计算机使用、因特网信息查找、因特网信息评估等⑤。周庆红对重庆交通大学师生的调查结果发现，教师与研究生最希望得到的培训主题是电子资源的检索与利用，其次是对特定学科专业资源的利用，再次是图书馆资源布局及利用⑥。姜莹莹等对南京航空

①　Bituka R. Usage of electronic resources by Chemistry Department members, Shivaji University Kolhapur [J]. International Journal of Digital Library Services, 2016, 6 (1): 94 – 103.

②　Bhat N A, Ganaie S A. E-resources: use and search strategies adopted by users of Dr Y. S. Parmar University of Horticulture and Forestry [J]. Collection Building, 2016, 35 (1): 16 – 21.

③　Angadi M, Krishnamurthy C. Electronic information resources: access and usage by research scholars of 'UPE' universities of Karnataka State [J]. Journal of Advances in Library and Information Science, 2017, 6 (3): 224 – 229.

④　Huded S M, Naikar S. Awareness, use and impact of electronic information resources by the patrons of Narsee Monjee Institute of Management Studies (NMIMS) Hyderabad: a study [J]. International Journal of Information Dissemination and Technology, 2021, 11 (2): 87 – 91.

⑤　Ajayi N A. Utilization of electronic databases for diagnostic information among medical laboratory scientists: implication on evidence-based medicine [J]. Journal of Hospital Librarianship, 2007, 7 (1): 43 – 51.

⑥　周庆红. 高校用户数字信息获取行为优化探究 [J]. 图书馆建设, 2011 (6): 15 – 18.

航天大学人文社科类研究生的调查结果表明，各类型电子资源的检索和使用方法、技巧，各学科资料查找方法，网络免费资源查找技巧，学术资源的综合利用等主题，有超过 60% 的用户都对其有较浓厚的兴趣①。苏文丽对秦皇岛市高职院校师生的调查结果表明，用户最需要的培训主题是网络信息检索方法和技巧，87.4% 的用户选择该选项，排在第二位的是电子资源使用方法，81.3% 的用户选择该选项②。Amusa 等对尼日利亚一所大学的学者的调查结果发现，需求最多的培训主题是计算机使用，62% 的用户选择此选项，排在第二位的是网络信息检索，20% 的用户选择此选项③。

（5）推广方式偏好。图书馆电子资源的宣传和推广要取得较好的效果，了解用户的偏好非常重要。印刷型的小册子、电子邮件、讲座、论坛等都有人提及。Rehman 和 Ramzy 对科威特大学 3 个附属教学机构的健康专业人员的调查发现，快报或者通告是用户最偏好的方式，68.9% 的用户选择该选项，提供情况介绍排在第二位，37.7% 的用户选择该选项，电子邮件排在第三位，32.8% 的用户选择该选项④。叶新东和郭雯靓对温州大学学生的调查结果显示，印刷小册子是用户最偏好的推广方式，35.9% 的用户选择该选项，排在第二位的是网络教程，28.5% 的用户选择该选项，排在第三位的是论坛与网志，27.5% 的用户选择该选项⑤。Renwick 对西印度群岛大学医学科学专业的教师的调查发现，63% 的用户偏好通过专题培训/自己亲自动手等方式，45% 的用户偏好一对一的演示方式，32% 的用户偏好有需要的时候能获得支持这样的方式⑥。Amusa 等对尼日利亚一

———————————

① 姜莹莹，杨家兴，吕静，等. 人文社科类研究生对图书馆电子资源利用及满意度调查与分析 [J]. 新世纪图书馆，2010（1）：34 – 37.

② 苏文丽. 4R 理论在高职院校图书馆数字资源利用危机中的应用 [J]. 图书情报工作，2010，54（19）：46 – 49.

③ Amusa O I, Salman A A, Ajani F O. Knowledge and use of electronic information resources by academics in colleges of animal production, animal health, and veterinary medicine in Nigeria [J]. International Research：Journal of Library and Information Science, 2013, 3（4）：705 – 718.

④ Rehman S U, Ramzy V. Awareness and use of electronic information resources at the Health Sciences Center of Kuwait University [J]. Library Review, 2004, 53（3）：150 – 156.

⑤ 叶新东，郭雯靓. 大学生电子资源使用情况调查分析 [J]. 现代教育技术，2007，17（6）：76 – 81.

⑥ Renwick S. Knowledge and use of electronic information resources by medical sciences faculty at the University of the West Indies [J]. The Journal of the Medical Library Association, 2005, 93（1）：21 – 31.

所大学的学者的调查结果发现，排在首位的是能够实际动手操作的讲座，31% 的用户偏好此方式，排在第二位的是电子资源使用的自助指南/印刷品，17% 的用户偏好此方式，排在第三位的是一对一的演示，16% 的用户偏好此方式①。

4.4.9　影响电子资源利用的因素

人口统计学因素、计算机能力、计算机自我效能、电子资源知晓情况等因素都有可能影响用户的电子资源使用，各研究结论不尽相同。

Majid 和 Abazova 分析了马来西亚国际伊斯兰大学学者的计算机能力、年龄（30 岁及以下、31～40 岁、41～50 岁、51 岁及以上）、性别和教育背景对其电子资源使用的影响。他们将计算机能力分为"极好""很好""良好""一般"和"不好"5 个层次，电子资源分为 OPAC、光盘、内部数据库和当地报纸的在线版，使用情况分为"使用过"和"没有使用过"。卡方检验的结果表明，用户的计算机能力、年龄这两个因素对其使用 OPAC、光盘这两种类型电子资源存在显著影响②。Wu 和 Yeh 研究了性别、学科和计算机能力对我国台湾大学本科生电子资源使用的影响。他们的研究将电子资源使用分为使用频率、对电子资源重要性的认识和电子资源熟悉程度。独立样本 t 检验的结果表明，性别对用户的电子资源使用存在显著影响，女性的使用频率、对电子资源重要性的认识和对电子资源的熟悉程度均高于男性。方差分析的结果显示，学科对用户的电子资源的使用也存在显著影响；事后分析发现，均是计算机专业本科生的电子资源使用率低于文学专业和社会学专业的本科生。相关分析的结果显示，计算机能力与电子资源的使用相关度不大③。Obasuyi 和 Usifoh 分析了影响尼日利亚南南大学药学讲师电子资源使用的因素。他们将电子资源使用的情况分为"高""平均""低"3 个层次。卡方检验的结果表明，知晓程度和

①　Amusa O I, Salman A A, Ajani F O. Knowledge and use of electronic information resources by academics in colleges of animal production, animal health, and veterinary medicine in Nigeria［J］. International Research：Journal of Library and Information Science, 2013, 3（4）：705 - 718.

②　Majid S, Abazova A F. Computer literacy and use of electronic information sources by academics：a case study of International Islamic University Malaysia［J］. Asian Libraries, 1999, 8（4）：100 - 111.

③　Wu M, Yeh S. Effects of undergraduate student computer competence on usage of library electronic collections［J］. Journal of Library and Information Studies, 2012, 10（1）：1 - 17.

电子资源的使用能力对用户的电子资源的使用存在显著影响，性别、学历对用户电子资源的使用不存在显著影响。相关分析的结果发现，计算机使用能力（分为"高""平均""低"3个层次）和网络使用能力（分为"高""平均""低"3个层次）会影响其对电子资源的使用①。Ani等调查了人口统计学因素对尼日利亚卡拉巴尔大学和伊巴丹大学的教师电子资源获取和使用的影响。他们设计了包含10个问项的四点量表来测量用户的电子资源获取和使用情况，对于问项"强烈同意"计4分、"同意"计3分、"不同意"计2分、"极不同意"计1分，10个问项得分之和即为用户电子资源获取和使用的得分。其设计假定用户得分越高，则该用户对电子资源的获取和使用就越多。调查结果显示，专业（农业、艺术、教育、社会科学、自然科学）、学历（本科、硕士研究生、博士研究生）对用户的电子资源使用没有显著影响；年龄（40岁以下、40～49岁、50～59岁、60岁及以上）、职称（教授、准教授、高级讲师、讲师、助理讲师）对用户的电子资源使用存在显著影响②。Dukić分析了性别、学历和职位等因素对克罗地亚大学教师和研究人员使用电子资源的影响。卡方检验的结果表明，性别对在线数据库的使用比例没有显著影响，学历对在线数据库的使用比例存在显著影响。拥有博士学位的用户对在线学术数据库的使用比例最高。职位分为预备永久职位人员、合同制人员、辅助人员。职位对在线数据库的使用比例存在显著影响，预备永久职位人员对在线数据库的使用比例最高③。Ankrah和Acheampong探讨了加纳阿克拉专业研究大学学生电子资源知晓对电子资源使用、计算机素养技巧对电子资源使用频率的影响。电子资源知晓、电子资源使用、计算机素养技巧都分为"是"和"否"两种情况，电子资源使用频率分为"每天使用""每天2次""每周使用""每月使用""其他"5种情况。卡方检验的结果表明，电子资源的知晓与电子资源的使用存在相关关系，计算机素养技巧与电子

① Obasuyi L, Usifoh S F. Factors influencing electronic information sources utilised by pharmacy lecturers in universities in South-South, Nigeria［J］. African Journal of Library, Archives & Information Science, 2013, 23（1）: 45 - 57.

② Ani O E A Y, Ngulube P, Onyancha B. Accessibility and utilization of electronic information resources for research by academic staff at selected Nigerian universities between 2005 and 2012［J］. International Information & Library Review, 2014, 46（1/2）: 51 - 60.

③ Dukić D. Use and perceptions of online academic databases among Croatian University teachers and researchers［J］. Libri, 2014, 64（2）: 173 - 184.

资源的使用频率也存在相关关系①。Ebijuwa 研究了性别和感知易用性对电子资源使用的影响。针对感知易用性的调查使用了包含 4 个问项的四点量表（"强烈同意""同意""不同意""极不同意"）。针对电子资源使用的调查使用了包含 11 个问项（11 种电子资源）的四点量表（"非常高频使用""高频使用""偶尔使用""不使用"）。卡方检验的结果表明，感知易用性和电子资源使用存在显著的关系。独立样本 t 检验的结果表明，性别和电子资源使用也存在显著的关系②。Arshad 和 Ameen 对巴基斯坦旁遮普省区不同学科电子资源使用的差异进行了分析。他们将学科分为科学、生命科学和药学。电子资源使用频率分为"从不""很少""偶尔""经常""非常频繁"5 种。单因子方差分析的结果表明，不同学科的学者使用电子图书和电子期刊的频率存在显著差异③。Ebijuwa 和 Mabawonku 审视了计算机自我效能对尼日利亚西南联邦大学本科生电子资源使用的影响。电子资源的使用通过使用频率体现。使用频率分为"每天使用""每星期使用""每月使用""偶尔使用"和"从不使用"，分别计作 1 分、2 分、3 分、4 分和 5 分。电子资源分为电子图书、电子期刊、光盘数据库、OPAC 和电子学位论文。本科生对各类型电子资源使用得分之和即为其电子资源使用分数。作者使用一个包括 18 个问项的量表去测量计算机自我效能，"非常同意""同意""不同意""极不同意"分别计 4 分、3 分、2 分和 1 分。18 个问项得分之和即为本科生的计算机自我效能分数。相关分析的结果发现，计算机自我效能与电子资源使用之间存在显著相关关系④。

① Ankrah E, Acheampong E K. Students' use of electronic resources in University of Professional Studies, Accra, Ghana [J]. Journal of Information Science, Systems and Technology, 2017, 1 (2): 11-26.

② Ebijuwa A S. Gender differentiation and perceived ease of usage of electronic resources by university students in selected private universities in Nigeria [J]. SRELS Journal of Information Management, 2018, 55 (3): 117-127.

③ Arshad A, Ameen K. Academic scientists' scholarly use of information resources in the digital environment: perceptions and barriers [J]. Global Knowledge, Memory and Communication, 2018, 67 (6/7): 467-483.

④ Ebijuwa A S, Mabawonku I. Computer self-efficacy as a predictor of undergraduates' use of electronic library resources in federal universities in South-west Nigeria [J]. Global Knowledge, Memory and Communication, 2019, 68 (4/5): 323-336.

4.5　研究现状述评

大多数高校图书馆用户知晓电子资源，但是知晓程度参差不齐。对各种类型的电子资源的知晓情况也存在差异。高校图书馆用户知晓电子资源的主要途径是图书馆网站和老师、同学、同事、朋友等人际渠道。图书馆非常重视的用户培训和大力推广的学科馆员制度却没有起到太大的作用。高校图书馆用户获取电子资源的主要途径是搜索引擎。高校图书馆精心设计的电子资源导航在多数情况下没有受到足够的重视，出版商的网站、图书馆网站、搜索引擎等是高校图书馆用户进入电子资源的主要入口。

高校图书馆用户使用电子资源的主要目的是学习和科研。现有研究对高校图书馆用户电子资源使用频率的划分有的精确、有的模糊，还有精确和模糊相结合的情况，得到的频率高低也有不同的结果。高校图书馆用户电子资源使用时长的研究与使用频率一样，存在划分的标准多样化和结果不同的现象。电子期刊和电子图书可能因为在高校图书馆较为普及，成为高校图书馆用户常用的电子资源类型。图书馆、办公室、家庭（宿舍）是高校图书馆用户使用电子资源的主要场所。电脑是高校图书馆用户使用电子资源的主要设备，但是已经有部分用户开始通过移动设备使用电子资源。高校图书馆用户特别是发展中国家的用户在使用电子资源时会面临电力、网速、上网设备等基础设施方面的问题；用户自身存在时间、计算机和网络、信息检索技能、电子资源知晓等方面的问题；图书馆在电子资源组织、电子资源丰富性、包括校外访问和培训等在内的对电子资源访问的支持等方面存在问题；电子资源自身也存在某些问题。

用户常用的检索途径是关键词、题名和主题。可能是受制于其信息检索技能或者追求方便快捷，高校图书馆用户的检索策略以简单检索为主，少部分用户会使用布尔逻辑检索策略，很少有用户会进行检索策略的调整。关键词、题名、摘要、作者影响力、文献被引用情况等会被高校图书馆用户用来判断检索结果的相关性或价值。大多数高校图书馆用户会将检索结果存储到可移动设备或者电脑中，也有部分用户倾向于打印出来阅读或者在屏幕上阅读。

高校图书馆用户开始适应屏幕阅读，但是正如一些研究指出的那样，屏幕阅读或打印出来阅读可能跟阅读的文献类型相关。阅读设备跟电子资源使用设备一样，电脑还是主体，但是移动阅读设备已经有了一定的渗透率。高校图书馆用户在阅读的时候以选择性阅读为主。

PDF 是高校图书馆用户最为偏好的电子资源格式。当使用电子资源遇到问题时，用户偏好于通过自己的渠道如自己摸索、请教同事/同学/老师等来解决，而不是参加图书馆提供的讲座培训或者求助于图书馆馆员。在电子资源技能的学习上，高校图书馆用户偏好于自学、自己尝试或者向同事/同学/老师等请教，而不是参加图书馆提供的讲座培训或者求助于图书馆馆员。对于培训主题，用户偏好于信息检索方法和技巧等方面的内容。推广方式用户偏好方面呈现多元化的特征，有的用户偏向印刷型小册子，有的用户偏向网络教程和专题培训等。

年龄、性别、学科、学历等人口统计学特征，计算机能力、网络使用能力、计算机自我效能、感知易用性等因素均有研究显示其对高校图书馆用户电子资源使用行为存在显著影响。但是也有研究发现，年龄、性别、学科、学历等人口统计学特征对高校图书馆用户的电子资源使用行为不存在显著影响。

现有研究存在以下问题：一是不太重视概念的界定，特别是国内的相关研究。国内出版的成果形式为期刊论文的有关高校图书馆用户电子资源使用行为的研究，只有几篇给出了针对"电子资源"的定义，给出"电子资源使用"定义的更是凤毛麟角。这样带来的后果就是，虽然都是关于高校图书馆用户电子资源使用行为的研究，但是内容差异很大，没有可比性。如电子资源使用影响因素的研究，有的研究用是否使用电子资源或者特定类型电子资源来衡量电子资源使用情况，有的研究从使用频率、重要性认知和熟悉程度等方面衡量电子资源使用情况，有的研究从高、中、低等层次衡量电子资源使用情况，有的研究使用自己编制的量表来衡量电子资源使用情况。这些研究都得出了某种因素对电子资源使用存在显著影响的结论。但实际上因为各研究使用的概念不同，所以结果不能简单地进行对比分析。二是划分标准不一致。如对于电子资源的使用频率，有的研究分为"常用""少用"和"不用"，有的研究分为"每天使用""每周2次""每周使用"和"每月使用"。如果要将这两个研究的结果进行对比，那么"每天使用"可以算作"常用"，"每周2次"能否算"常用"，不同的人可能会有不同的理解。这样也会导致不同研究的结果不具有可比性。三是对于大学图书馆用户非科研类和休闲类电子资源使用行为的研究关注度不够。目前，相关研究关注的重点是高校图书馆用户的科研需求，对大学生学习类电子资源的需求也有涉及，但是并不深入。四是对移动设备、新媒体等的涉及不多。现在移动设备和微信、微博等新媒体的使用非常普遍。中国互联网信息中心 2023 年 3 月发布的第 51 次《中国互联网络发展状况统计报告》显示：截至 2022 年 12 月，我国网民使用手机上网的比例达 99.8%；使用台式电脑上网、笔记本电脑上网、平板电脑上网的比例分别为 34.2%、32.8% 和 28.5%；即时通信用户规模达到 10.38 亿①。现在高校图书馆普遍通过即时通信工具和新媒体开展各项服务，包括电子资源的宣传和推广，这些是否与用户需求相匹配，值得深入研究。

---

　　① 中国互联网络信息中心. 第 51 次《中国互联网络发展状况统计报告》［EB/OL］.［2023 – 03 – 02］. https：//www. cnnic. net. cn/hlwfzyj/hlwxzbg/hlwtjbg/202109/P020210915523670981527. pdf.

第5章　电子资源使用习惯模型构建

在前文的基础上，本章将构建高校图书馆用户电子资源使用习惯模型，并说明研究的主要环节、工具和方法。

5.1　电子资源使用模型

在信息系统接受行为相关研究中，Davis 于 1989 年提出的技术接受模型（Technology Acceptance Model，TAM）是应用最广泛的模型之一。技术接受模型是在 Fishbein 与 Ajzen 于 1975 年提出的理性行为理论（Theory of Reasoned Action，TRA）[①] 和 Ajzen 于 1988 年提出的计划行为理论（Theory of Planned Behavior，TPB）[②] 的基础上发展而来的，被广泛地用于预测和解释各种领域用户的信息技术接受和使用行为。如图 5 - 1 所示，技术接受模型认为用户对于某一新信息技术或信息系统的采用或者接受由他对该系统的行为意向决定，行为意向又由用户的感知有用性和使用态度共同决定，使用态度由感知有用性和感知易用性共同决定，感知易用性会影响感知有用性[③]。

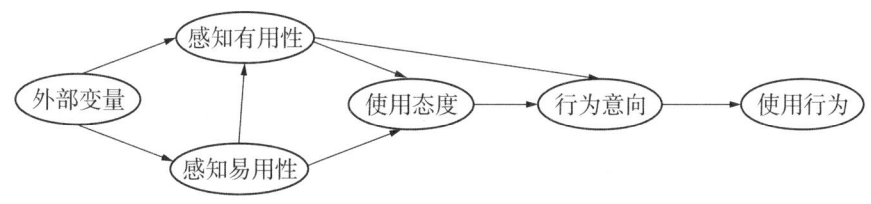

图 5 - 1　技术接受模型架构

① Fishbein M, Ajzen I. Belief, Attitude, Intention and Behavior: An Introduction to Theory and Research [M]. Reading, Massachusetts: Addison-Wesley, 1975: 13.

② Ajzen I. Attitudes, Personality, and Behavior [M]. Milton-Keynes, England: Open University Press, 1988: 118.

③ Davis F D. Perceived usefulness, perceived ease of use, and user acceptance of information technology [J]. MIS Quarterly, 1989, 13 (3): 319 –340.

感知有用性指用户对使用信息系统将会提升工作绩效的相信程度。如果潜在用户感知系统的有用程度越高，则其对系统的态度就越正面。感知易用性指用户对使用信息系统将会节省付出的相信程度。如果潜在用户感知系统越容易学习，则其对系统的态度就越正面。系统特征、用户特征、组织因素、政治因素、任务等外部变量通过影响感知有用性和感知易用性间接影响用户的使用行为①。

Venkatesh 等在 2003 年综合了理性行为理论（TRA）、计划行为理论（TPB）、技术接受模型（TAM）、动机模型（Motivational Model，MM）、技术接受模型和计划行为联合模型（Combined TAM and TPB，C-TAM-TPB）、计算机使用模型（Model of PC Utilization，MPCU）、创新扩散理论（Innovation Diffusion Theory，IDT）与社会认知理论（Social Cognitive Theory，SCT），提出整合技术接受与使用模型（United Theory of Acceptance and Use of Technology，UTAUT）（图 5 - 2）。实证研究的结果显示，整合技术接受与使用模型对使用行为的解释力高达 80%，比原来的 8 个模型解释力都要高②。

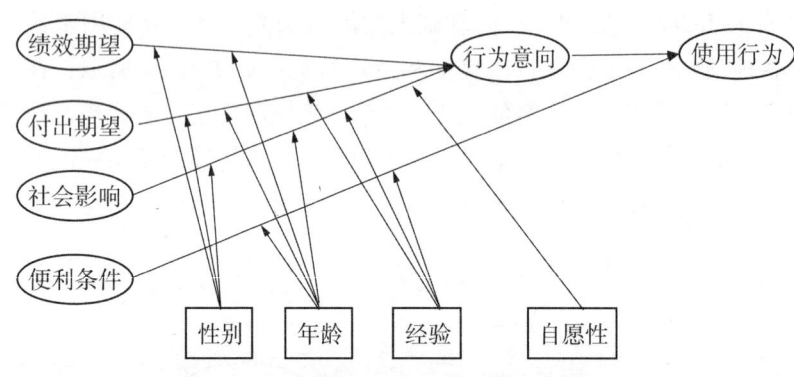

图 5 - 2　整合技术接受与使用模型架构

整合技术接受与使用模型包括绩效期望、付出期望、社会影响和便利条件 4 个影响行为意向的变量以及性别、年龄、经验与自愿性 4 个调节变量。绩效期望、付出期望和社会影响这 3 个因素会间接影响用户的使用行

① Szajna B. Empirical evaluation of the revised technology acceptance model［J］. Management science，1996，42（1）：85 - 92.

② Venkatesh V，Morris M G，Davis G B，et al. User acceptance of information technology：toward a unified view［J］. MIS Quarterly，2003：425 - 478.

为，便利条件会直接影响用户的使用行为。绩效期望指用户感觉使用信息系统可以帮助其在工作上取得成就的程度，包含感知有用性、结果预期、外部动机、工作适合度与相对优势 5 个子维度。性别与年龄这 2 个变量会调节绩效期望对行为意向的影响程度。付出期望指用户感觉使用系统的容易程度，包含系统复杂性（用户感觉信息系统使用的复杂程度）、感知易用性、操作简单性（用户感觉操作信息系统的简易程度）3 个子维度。Venkatesh 等人认为付出期望会因为性别、年龄的不同而有所差异，信息系统能否提供友好、便利的用户界面会影响其是否被用户接受与使用。性别、年龄、经验等调节变量会随着时间的推移对付出期望产生影响，女性及年长者较重视信息系统的付出期望。社会影响是个人感受到对其重要的人认为他应该使用信息系统的程度，包括主观规范（用户感知重要的他人认为该不该采取此项行为的态度）、社会因素（在某种情境下所处团体中产生的主观文化及协议）、公众印象（个人认为某种形象能够帮助维持或提升其在团体中的地位）3 个子维度。Venkatesh 等人认为性别、年龄、经验与自愿性会调节社会影响给行为意向带来的影响。便利条件是指个人感受到组织与技术相关设备对信息系统使用的支持程度，包括感知行为控制（用户对是否能够操作系统的判断）、方便性条件（环境中能提供的技术帮助）、兼容性（感知到创新与现有价值、需求和经验等的一致程度）3 个子维度。Venkatesh 等人认为便利条件会影响用户的使用行为，对行为意向的影响则不明显，而随着年龄与经验的增加，便利条件对使用行为的影响会增强[①]。

　　整合技术接受与使用模型最初用来研究组织环境下员工对新技术应用的意向和行为，只考虑了实用型动机，对于享乐型动机对新技术的接受和使用行为的影响没有涉及。Venkatesh 等于 2012 年提出了用于研究消费者情景下的技术接受与使用行为模型，即扩展版整合技术接受与使用模型（UTAUT2）。该模型保留了整合技术接受与使用模型中所有的核心变量，增加了价值价格（price value，PV）、习惯（habit）和享乐动机（hedonic motivation，HM）3 个变量来进一步解释影响行为意向和使用行为的因素；调节变量方面，保留了年龄、性别和经验，去掉了自愿性；变量的关系也

① Venkatesh V, Morris M G, Davis G B, et al. User acceptance of information technology: toward a unified view [J]. MIS Quarterly, 2003: 425–478.

有变化，绩效期望、付出期望、社会影响、便利条件、享乐动机、价值价格、习惯7个变量均通过行为意向对使用行为产生影响，便利条件和习惯这2个变量还直接对使用行为产生影响（图5-3）。Venkatesh 等的实证研究表明，和整合技术接受与使用模型相比，扩展版整合技术接受与使用模型对消费者行为意向和使用行为的解释力更高，更适合研究消费者对信息技术的采纳与接受情况①。

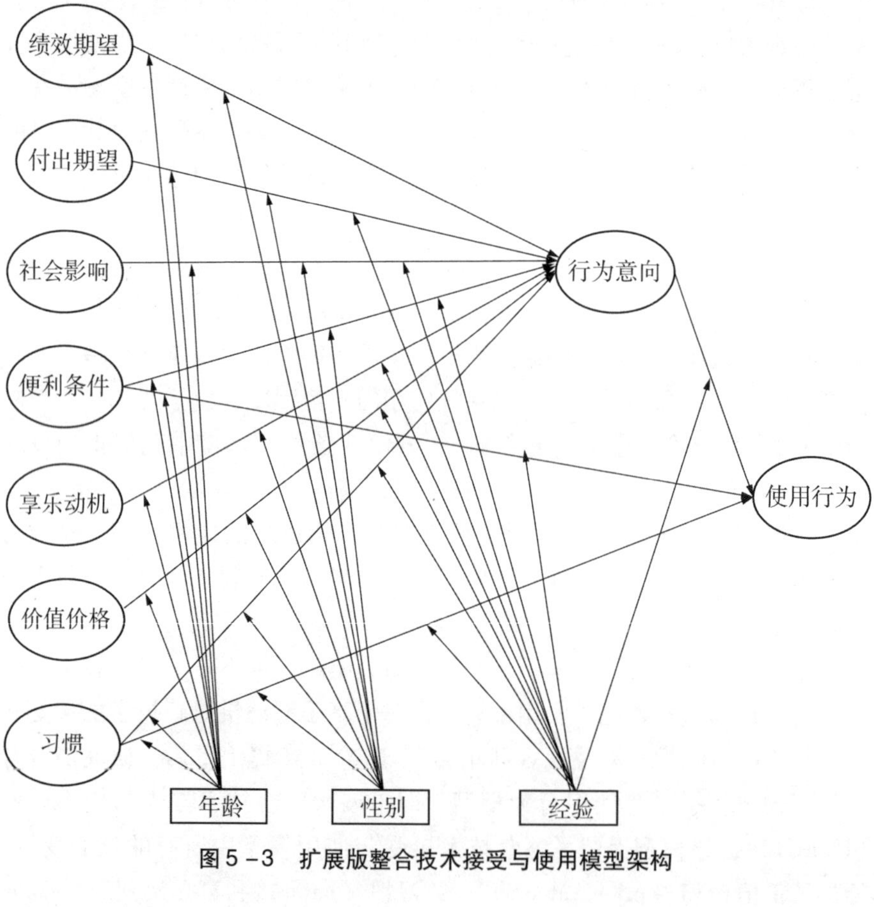

图5-3 扩展版整合技术接受与使用模型架构

电子资源的使用离不开信息技术的支持，其使用过程也涉及多种信息系统，如图书馆提供的数据库导航系统和电子资源导航系统，电子资源供

---

① Venkatesh V, Thong J Y, Xu X. Consumer acceptance and use of information technology: extending the unified theory of acceptance and use of technology [J]. MIS Quarterly, 2012, 36 (1): 157－178.

应商提供的电子期刊网站、电子图书网站和数据库平台等。了解用户的电子资源接受和使用行为，有助于图书馆和电子资源供应商找出提升电子资源利用率的相应策略，因此信息技术相关模型被引入图书馆用户电子资源使用行为研究。

Joo 和 Choi 利用技术接受模型对美国一所大学的本科生选择图书馆电子资源的影响因素进行了探讨，其模型架构见图 5 - 4。他们使用问卷收集数据，通过结构模型方程对研究模型进行拟合及检验研究假设。结果表明，模型具备足够的拟合度。有用和易用 2 个变量对图书馆电子资源的行为意向分别存在直接和间接影响①。

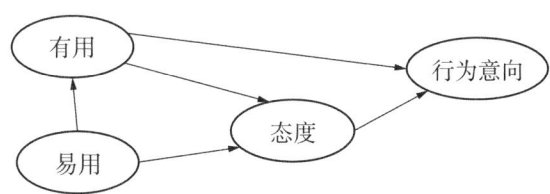

图 5 - 4　本科生电子资源选择影响因素模型架构

Yan 等利用技术接受模型中的感知有用性、感知易用性和使用行为 3 个变量对中国大学图书馆用户传统和非传统电子资源的感知进行了探讨。传统电子资源指图书馆购买的，通过 IP 地址认证或者账号和密码使用的电子资源。非传统电子资源指图书馆外的免费资源，如维基百科、社交网站等。研究发现，感知有用性和感知易用性既可以预测传统电子资源使用行为，也可以预测非传统电子资源使用行为②。

Avdic 和 Eklund 使用整合技术接受与使用模型对瑞典厄勒布鲁大学学生的图书馆电子资源使用行为进行了研究。他们认为，绩效期望是关于学生是否期望通过使用图书馆电子资源来找到相关信息和获得高分；付出期望是关于学生是否认为值得为使用图书馆电子资源而努力；社会影响是关于学生是否期望同学和老师等人欣赏自己对图书馆电子资源的使用；便利

①　Joo S, Choi N. Factors affecting undergraduates' selection of online library resources in academic tasks：usefulness，ease-of-use，resource quality，and individual differences ［J］. Library Hi Tech，2015，33（2）：272 - 291.

②　Yan Y Y C, Zha X X C, Xiao Z X C. Exploring users' perceptions of conventional and unconventional electronic resources ［J］. Serials Review，2013，39（2）：105 - 113.

条件是关于学生在使用图书馆电子资源时是否获得足够的支持和培训。对绩效期望、付出期望、社会影响和便利条件这4个变量使用五点量表进行测量。"强烈同意""同意""既不同意也不反对""不同意"和"强烈不同意"分别编码为5、4、3、2和1。绩效期望和付出期望这2个变量的问项又分为正面问项（例如"如果使用图书馆电子资源中的文章，我的成绩会更好"）和负面问项（例如"图书馆电子资源中相关的论文很少"），对于负面问项，编码的时候乘－1。他们没有对变量之间的关系进行探讨，而是计算4个变量中每一个问项的中位数，利用中位数进行分析，并且比较了年龄（19～24岁与25～55岁对比）、性别（男性与女性对比）、经验（有经验与无经验对比）、自愿性（自愿与非自愿对比）4个调节变量每一个问项的中位数。总体而言，除了个别问项外，受访大学生在4个变量上的选择较为正面。年龄、性别、经验、自愿性对受访大学生的认知影响非常小①。

Bwalya 和 Ssebbale 以乌干达恩库巴大学三年级本科生为研究对象，以整合技术接受与使用模型为基础研究了用户的电子资源使用行为。在保留整合技术接受与使用模型所有变量的基础上增加了知晓情况这一变量，将便利条件对使用行为的影响改为对行为意向的影响（图5-5）。通过多重线性回归对研究假设进行检验，结果表明，绩效期望、付出期望、社会影响、便利条件和知晓情况都会影响行为意向，行为意向也会影响使用行为。社会影响和绩效期望显著影响恩库巴大学图书馆用户电子资源的行为意向和使用行为，原因是大多数受访者知晓电子资源并了解电子资源的好处。受访者认为他们如果不使用电子资源，学术工作将受到影响。受访者还指出来自同辈、老师和图书馆的影响对电子资源的使用产生了影响。便利条件、付出期望和知晓情况对电子资源的使用影响很小。整体而言，整合技术接受与使用模型适用于解释恩库巴大学用户的电子资源使用行为，但是行为意向只能解释使用行为60%的变异量，与量表的 KMO（Kaiser-Meyer-Olkin measure of sampling adequacy）统计量处于中等水平（0.65）一致②。

① Avdic A, Eklund A. Searching reference databases: what students experience and what teachers believe that students experience [J]. Journal of Librarianship & Information Science, 2010, 42 (4): 224-235.

② Bwalya K J, Ssebbale F. Factors influencing access to and usage of e-resources at Nkumba University, Uganda [J]. Mousaion, 2017, 35 (4): 1-21.

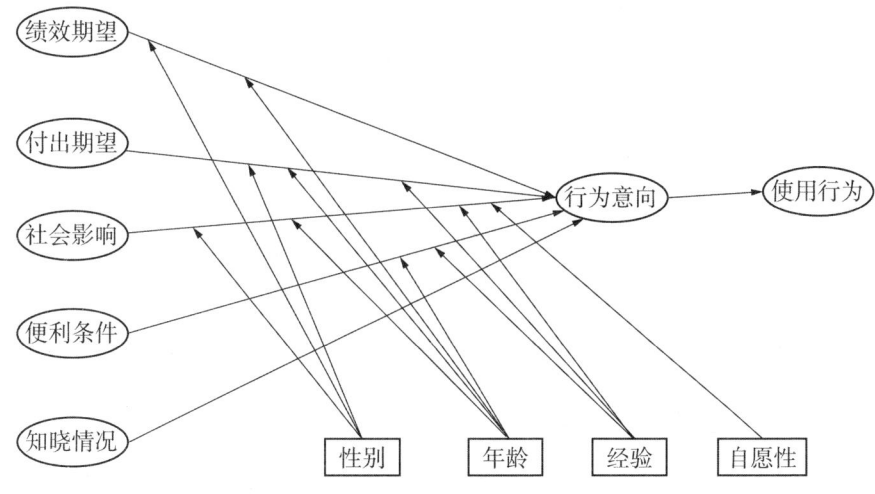

图 5-5　大学生电子资源使用模型架构

张松山也以整合技术接受与使用模型为基础构建了大学图书馆电子资源使用行为模型。在保留整合技术接受与使用模型原有的绩效期望、付出期望、社会影响、便利条件、行为意向、使用行为等变量的基础上，增加了网站服务品质这一变量，保留模型原有的性别这个调节变量，增加级别、公私立和学校类别（综合大学、科技大学、师范大学、医学大学等）3 个调节变量（图 5-6）。

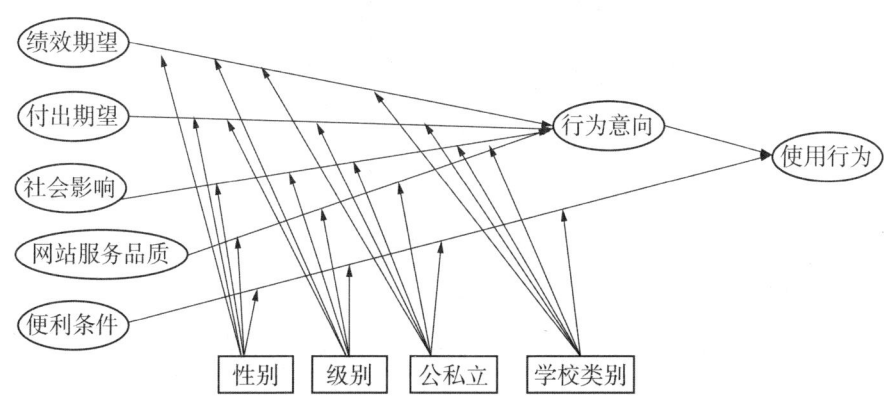

图 5-6　大学图书馆电子资源使用行为模型架构

研究结果显示，模型适配度较好，整合技术接受与使用模型可以很好地预测大学图书馆用户电子资源使用行为，模型中的变量两两相关，公私立及学校类别存在显著的调节效应，网站服务品质对行为意向具有显著正向影响，绩效期望与社会影响均正向影响行为意向，便利条件正向影响使用行为①。

　　Alajmi 以扩展版整合技术接受与使用模型为基础，探讨了海湾合作委员会国家部分州立大学教师电子资源的接受和使用行为。在扩展版整合技术接受与使用模型的基础上去掉了价值价格这一变量，增加了学科、资源语言、出版数量 3 个调节变量。在变量的关系上，增加了绩效期望对使用行为的影响。调节变量方面，提出了年龄、性别、学科、出版数量和资源语言会调节绩效期望对行为意向和使用行为的影响；年龄、性别、经验、学科、出版数量和资源语言会调节付出期望及社会影响对行为意向的影响；年龄、经验、学科、出版数量和资源语言会调节便利条件对使用行为的影响；年龄、性别、经验、学科、出版数量和资源语言会调节便利条件对行为意向的影响；年龄、性别、经验、学科、出版数量和资源语言会调节习惯和享乐动机这 2 个变量对行为意向与使用行为的影响等研究假设（图 5-7）。使用结构方程模型去检验研究假设，验证模型的适合度。研究结果表明，模型具有较好的适配度，能够很好地预测用户电子资源的接

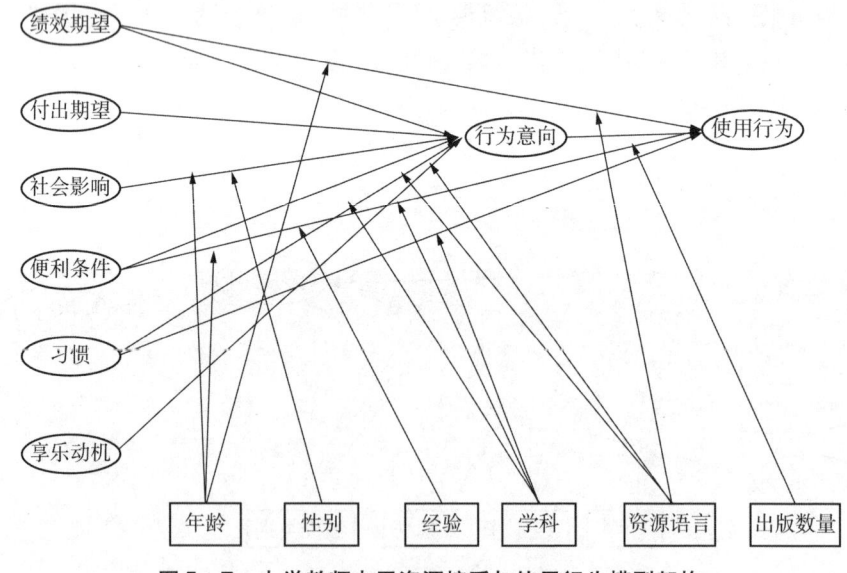

图 5-7　大学教师电子资源接受与使用行为模型架构

---

　　①　张松山. 大学图书馆电子资源使用行为模式建构之研究 [D]. 高雄：高雄师范大学，2012.

受和使用行为，模型能够解释 65.6% 的行为意向变异量和 49.2% 的使用行为变异量。付出期望对行为意向不存在显著影响，社会影响对行为意向也不存在显著影响，便利条件对使用行为也不存在显著影响①。

由上述研究可知，整合技术接受与使用模型及之后的扩展版整合技术接受与使用模型在高校图书馆用户的电子资源使用行为领域具有较好的适用性，能够解释和预测用户的电子资源使用行为。因此本研究以扩展版整合技术接受与使用模型为基础来构建高校图书馆用户电子资源使用习惯模型。因为高校图书馆用户在电子资源使用方面，一般不涉及付费问题，所以去掉价值价格这一变量；高校图书馆用户在电子资源的使用方面，不是所有的情境都由享乐动机驱动，所以也去掉了享乐动机这一变量；参考张松山的研究以及电子资源使用行为影响因素的研究，去掉了经验这一调节变量，增加了专业、身份、学历、自我效能因素作为调节变量。本研究构建的高校图书馆用户电子资源使用习惯模型架构如图 5 - 8 所示。

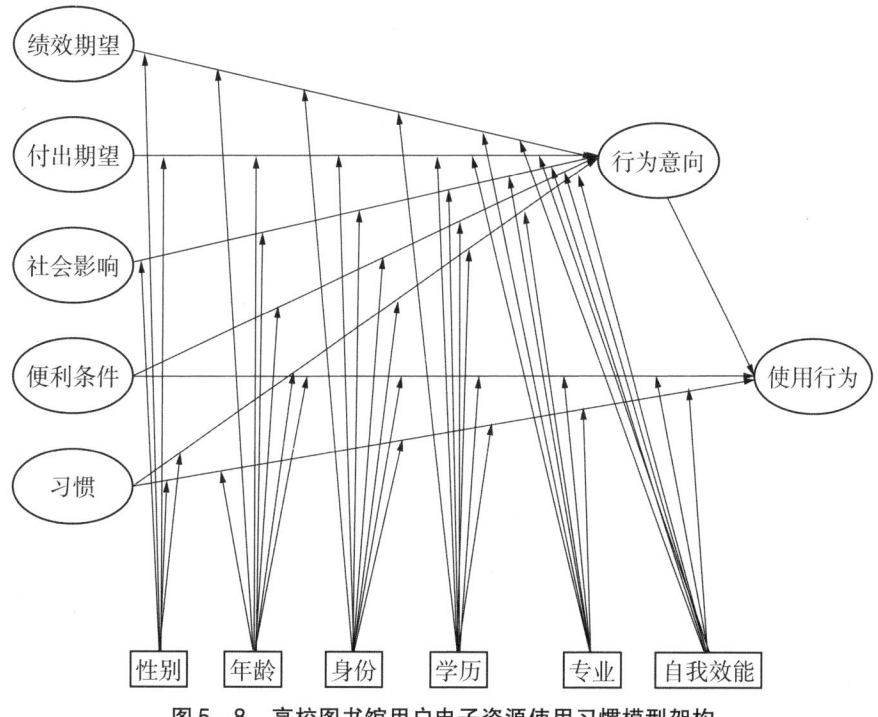

图 5 - 8　高校图书馆用户电子资源使用习惯模型架构

① Alajmi M A. The acceptance and use of electronic information resources among faculty of selected Gulf Cooperation Council States universities [J]. Information Development, 2019, 35 (3): 447 - 466.

5.2　研究假设

本小节将提出高校图书馆用户电子资源使用习惯模型架构所涉及的研究假设。

5.2.1　对行为意向的影响

Bwalya 和 Ssebbale①、张松山②以及 Alajmi③ 的研究都表明，在电子资源的使用方面，绩效期望对行为意向存在显著影响，只是影响的程度不同。在他们的研究中，绩效期望分别能够解释 2.5%、29.2% 和 18% 的行为意向变异量。尽管在张松山的研究中，性别在绩效期望对行为意向影响方面的调节效应不显著，Alajmi 的研究表明，性别、年龄在绩效期望对行为意向影响方面的调节效应不显著，专业在绩效期望对行为意向影响方面的调节效应显著，但是性别、年龄、身份、学历、专业、自我效能等背景变量在绩效期望对行为意向影响方面的调节效应值得深入探讨。据此，本书提出如下研究假设。

研究假设 H1：高校图书馆用户的绩效期望对其电子资源行为意向存在显著影响。

研究假设 H1a：性别在高校图书馆用户的绩效期望对电子资源行为意向的影响方面存在显著调节效应。

研究假设 H1b：年龄在高校图书馆用户的绩效期望对电子资源行为意向的影响方面存在显著调节效应。

研究假设 H1c：身份在高校图书馆用户的绩效期望对电子资源行为意向的影响方面存在显著调节效应。

研究假设 H1d：学历在高校图书馆用户的绩效期望对电子资源行

①　Bwalya K J, Ssebbale F. Factors influencing access to and usage of e-resources at Nkumba University, Uganda [J]. Mousaion, 2017, 35 (4): 1 – 21.

②　张松山. 大学图书馆电子资源使用行为模式建构之研究 [D]. 高雄: 高雄师范大学, 2012.

③　Alajmi M A. The acceptance and use of electronic information resources among faculty of selected Gulf Cooperation Council States universities [J]. Information Development, 2019, 35 (3): 447 – 466.

为意向的影响方面存在显著调节效应。

研究假设 H1e：专业在高校图书馆用户的绩效期望对电子资源行为意向的影响方面存在显著调节效应。

研究假设 H1f：自我效能在高校图书馆用户的绩效期望对电子资源行为意向的影响方面存在显著调节效应。

Bwalya 和 Ssebbale[①] 的研究表明，在电子资源的使用方面，付出期望对行为意向存在显著影响，付出期望能够解释行为意向 1.6% 的变异量。而张松山[②]和 Alajmi[③] 的研究结果与 Bwalya 和 Ssebbale 的研究结果存在差别，前者都发现付出期望对行为意向不存在显著影响。Bwalya 和 Ssebbale 没有对背景变量等调节效应进行研究，而张松山和 Alajmi 因为发现付出期望对行为意向不存在显著影响，所以没有对此进行研究。也就是说，在电子资源的使用方面，背景变量在付出期望对行为意向的影响中的调节作用目前尚不明确，值得深入研究。据此，本研究提出如下研究假设。

研究假设 H2：高校图书馆用户的付出期望对其电子资源行为意向存在显著影响。

研究假设 H2a：性别在高校图书馆用户的付出期望对电子资源行为意向的影响方面存在显著调节效应。

研究假设 H2b：年龄在高校图书馆用户的付出期望对电子资源行为意向的影响方面存在显著调节效应。

研究假设 H2c：身份在高校图书馆用户的付出期望对电子资源行为意向的影响方面存在显著调节效应。

研究假设 H2d：学历在高校图书馆用户的付出期望对电子资源行为意向的影响方面存在显著调节效应。

研究假设 H2e：专业在高校图书馆用户的付出期望对电子资源行

---

① Bwalya K J, Ssebbale F. Factors influencing access to and usage of e-resources at Nkumba University, Uganda [J]. Mousaion, 2017, 35 (4): 1 - 21.

② 张松山. 大学图书馆电子资源使用行为模式建构之研究 [D]. 高雄：高雄师范大学, 2012.

③ Alajmi M A. The acceptance and use of electronic information resources among faculty of selected Gulf Cooperation Council States universities [J]. Information Development, 2019, 35 (3): 447 - 466.

为意向的影响方面存在显著调节效应。

研究假设 H2f：自我效能在高校图书馆用户的付出期望对电子资源行为意向的影响方面存在显著调节效应。

张松山[①]的研究发现，在电子资源的使用方面，社会影响对行为意向存在显著正向影响，社会影响能够解释行为意向 7.7% 的变异量。但是 Bwalya 和 Ssebbale[②] 以及 Alajmi[③] 的研究都表明，社会影响对行为意向不存在显著影响。张松山的研究的检验结果表明，性别这个背景变量的调节效果不显著，Bwalya 和 Ssebbale 以及 Alajmi 的研究因为发现社会影响对行为意向不存在显著影响，所以没有检验背景变量的调节效应。据此，本研究提出以下研究假设。

研究假设 H3：高校图书馆用户的社会影响对其电子资源行为意向存在显著影响。

研究假设 H3a：性别在高校图书馆用户的社会影响对电子资源行为意向的影响方面存在显著调节效应。

研究假设 H3b：年龄在高校图书馆用户的社会影响对电子资源行为意向的影响方面存在显著调节效应。

研究假设 H3c：身份在高校图书馆用户的社会影响对电子资源行为意向的影响方面存在显著调节效应。

研究假设 H3d：学历在高校图书馆用户的社会影响对电子资源行为意向的影响方面存在显著调节效应。

研究假设 H3e：专业在高校图书馆用户的社会影响对电子资源行为意向的影响方面存在显著调节效应。

研究假设 H3f：自我效能在高校图书馆用户的社会影响对电子资源行为意向的影响方面存在显著调节效应。

---

① 张松山. 大学图书馆电子资源使用行为模式建构之研究 ［D］. 高雄：高雄师范大学，2012.

② Bwalya K J, Ssebbale F. Factors influencing access to and usage of e-resources at Nkumba University, Uganda ［J］. Mousaion, 2017, 35 （4）：1－21.

③ Alajmi M A. The acceptance and use of electronic information resources among faculty of selected Gulf Cooperation Council States universities ［J］. Information Development, 2019, 35 （3）：447－466.

Bwalya 和 Ssebbale[①] 以及 Alajmi[②] 的研究都表明，便利条件对行为意向存在显著正向影响，便利条件能够解释 17% 的行为意向变异量。Alajmi 对调节效应的检验结果发现，专业能够调节便利条件对行为意向的影响，性别的调节效应不显著。由此，本研究提出以下研究假设。

　　研究假设 H4：高校图书馆用户的便利条件对其电子资源行为意向存在显著影响。

　　研究假设 H4a：性别在高校图书馆用户的便利条件对电子资源行为意向的影响方面存在显著调节效应。

　　研究假设 H4b：年龄在高校图书馆用户的便利条件对电子资源行为意向的影响方面存在显著调节效应。

　　研究假设 H4c：身份在高校图书馆用户的便利条件对电子资源行为意向的影响方面存在显著调节效应。

　　研究假设 H4d：学历在高校图书馆用户的便利条件对电子资源行为意向的影响方面存在显著调节效应。

　　研究假设 H4e：专业在高校图书馆用户的便利条件对电子资源行为意向的影响方面存在显著调节效应。

　　研究假设 H4f：自我效能在高校图书馆用户的便利条件对电子资源行为意向的影响方面存在显著调节效应。

Ouellette 和 Wood 指出，习惯是使用行为较有力的一个预测指标[③]。Landis 等的研究结果表明，在预测力方面，习惯比行为意向能够更好地预测良好的学习行为[④]。Alajmi 的研究显示，在电子资源的使用方面，习惯对行为意向存在显著正向影响。在对背景变量调节效应的检验方面，没有

---

① Bwalya K J, Ssebbale F. Factors influencing access to and usage of e-resources at Nkumba University, Uganda [J]. Mousaion, 2017, 35 (4): 1 – 21.

② Alajmi M A. The acceptance and use of electronic information resources among faculty of selected Gulf Cooperation Council States universities [J]. Information Development, 2019, 35 (3): 447 – 466.

③ Ouellette J A, Wood W. Habit and intention in everyday life: the multiple processes by which past behavior predicts future behavior [J]. Psychological Bulletin, 1998, 124 (1): 54 – 74.

④ Landis D, Triandis H C, Adamopoulos J. Habit and behavioral intentions as predictors of social behavior [J]. The Journal of Social Psychology, 1978, 106 (2): 227 – 237.

发现哪个背景变量能够调节习惯对行为意向的影响①。因为本研究增加了部分背景变量，所以有必要对这些背景变量的调节效应进行检验。由此，本研究提出以下研究假设。

　　研究假设 H5：高校图书馆用户的习惯对其电子资源行为意向存在显著影响。

　　研究假设 H5a：性别在高校图书馆用户的习惯对电子资源行为意向的影响方面存在显著调节效应。

　　研究假设 H5b：年龄在高校图书馆用户的习惯对电子资源行为意向的影响方面存在显著调节效应。

　　研究假设 H5c：身份在高校图书馆用户的习惯对电子资源行为意向的影响方面存在显著调节效应。

　　研究假设 H5d：学历在高校图书馆用户的习惯对电子资源行为意向的影响方面存在显著调节效应。

　　研究假设 H5e：专业在高校图书馆用户的习惯对电子资源行为意向的影响方面存在显著调节效应。

　　研究假设 H5f：自我效能在高校图书馆用户的习惯对电子资源行为意向的影响方面存在显著调节效应。

5.2.2　对使用行为的影响

　　张松山的研究发现，在电子资源的使用方面中，便利条件对使用行为存在显著正向影响，便利条件能够解释使用行为 38.4% 变异量②。Alajmi的研究结果与张松山的不同，在他的研究中，便利条件对使用行为不存在显著影响③。在对背景变量调节效应的检验方面，张松山发现性别在便利条件对使用行为的影响方面的调节效应不显著，学校类别在便利条件对使

---

① Alajmi M A. The acceptance and use of electronic information resources among faculty of selected Gulf Cooperation Council States universities [J]. Information Development, 2019, 35 (3): 447 - 466.

② 张松山. 大学图书馆电子资源使用行为模式建构之研究 [D]. 高雄: 高雄师范大学, 2012.

③ Alajmi M A. The acceptance and use of electronic information resources among faculty of selected Gulf Cooperation Council States universities [J]. Information Development, 2019, 35 (3): 447 - 466.

用行为的影响方面的调节效应显著。由此，本研究提出以下研究假设。

　　研究假设 H6：高校图书馆用户的便利条件对其电子资源使用行为存在显著影响。

　　研究假设 H6a：性别在高校图书馆用户的便利条件对电子资源使用行为的影响方面存在显著调节效应。

　　研究假设 H6b：年龄在高校图书馆用户的便利条件对电子资源使用行为的影响方面存在显著调节效应。

　　研究假设 H6c：身份在高校图书馆用户的便利条件对电子资源使用行为的影响方面存在显著调节效应。

　　研究假设 H6d：学历在高校图书馆用户的便利条件对电子资源使用行为的影响方面存在显著调节效应。

　　研究假设 H6e：专业在高校图书馆用户的便利条件对电子资源使用行为的影响方面存在显著调节效应。

　　研究假设 H6f：自我效能在高校图书馆用户的便利条件对电子资源使用行为的影响方面存在显著调节效应。

Alajmi 的研究发现，在电子资源的使用方面，习惯对高校图书馆用户电子资源使用行为存在显著正向影响，习惯能够解释电子资源使用行为 54% 的变异量[①]。在对背景变量调节效应的检验方面，性别、年龄等背景变量在习惯对电子资源使用行为的影响方面存在显著调节效应。由此，本研究提出以下研究假设。

　　研究假设 H7：高校图书馆用户的习惯对其电子资源使用行为存在显著影响。

　　研究假设 H7a：性别在高校图书馆用户的习惯对电子资源使用行为的影响方面存在显著调节效应。

　　研究假设 H7b：年龄在高校图书馆用户的习惯对电子资源使用行为的影响方面存在显著调节效应。

---

　　①　Alajmi M A. The acceptance and use of electronic information resources among faculty of selected Gulf Cooperation Council States universities［J］. Information Development，2019，35（3）：447－466.

研究假设 H7c：身份在高校图书馆用户的习惯对电子资源使用行为的影响方面存在显著调节效应。

研究假设 H7d：学历在高校图书馆用户的习惯对电子资源使用行为的影响方面存在显著调节效应。

研究假设 H7e：专业在高校图书馆用户的习惯对电子资源使用行为的影响方面存在显著调节效应。

研究假设 H7f：自我效能在高校图书馆用户的习惯对电子资源使用行为的影响方面存在显著调节效应。

Bwalya 和 Ssebbale[1]、张松山[2]以及 Alajmi[3] 的研究都表明，在电子资源的使用方面，电子资源行为意向对使用行为存在显著正向影响，只是影响的程度不同。在他们的研究中，行为意向分别能够解释60%、41.5%和33%的使用行为变异量。由此，本研究提出以下研究假设。

研究假设 H8：高校图书馆用户的电子资源行为意向对其使用行为存在显著影响。

5.3 问卷设计

本研究根据相关文献结合研究目的编制研究问卷，通过问卷收集数据。问卷分为四个部分。

第一部分为个人信息与信息获取自我效能的调查，共9个问题，包括性别、身份、年龄、学历、专业、年级（面向身份为学生的受访者）、职称（面向教学科研人员和教辅人员）、自我效能和最常使用的高校图书馆名称。其中，性别、身份、学历、专业、自我效能被设为高校图书馆电子资源使用习惯模型的背景变量。

---

① Bwalya K J, Ssebbale F. Factors influencing access to and usage of e-resources at Nkumba University, Uganda [J]. Mousaion, 2017, 35 (4)：1 – 21.

② 张松山. 大学图书馆电子资源使用行为模式建构之研究 [D]. 高雄：高雄师范大学，2012.

③ Alajmi M A. The acceptance and use of electronic information resources among faculty of selected Gulf Cooperation Council States universities [J]. Information Development, 2019, 35 (3)：447 – 466.

第二部分为用户的电子资源具体使用行为，共 16 个问题。由前文可知，高校图书馆用户使用电子资源带有不同的目的，并且身份不同的用户使用目的也存在差异。所以本研究以使用目的作为情境，探讨不同情境下高校图书馆用户信息搜索的起点。Blankstein 和 Wolff-Eisenberg 于 2018 年对美国教师的调查显示，教师学术搜索的起点是特定学术数据库的占比最高，但是跟 2012 年和 2015 年相比，这一比例在持续下降[1]。那么，中国的相关情况如何呢？在其他情境下信息搜索的起点又是什么？本研究问卷信息搜索的起点选项参考二人问卷中"When you explore the scholarly literature to find new journal articles and monographs relevant to your research interests, how do you most often begin your process?"的选项，设定了"特定的数据库""图书馆网站或馆藏目录""网络搜索引擎""学术搜索""图书馆资源发现系统""询问同学/老师""咨询图书馆馆员"等选项，我们在之前与高校图书馆用户的访谈中发现，B 站（哔哩哔哩）、小红书等网站在学生中非常流行，因此面向学生的选项增加了"特定的网站"选项，此外，还增加了"其他"选项。为了让受访者更清晰地了解选项的内涵，部分选项后面加注了括号来进行说明，例如特定的数据库（如中国知网）、网络搜索引擎（如百度等）、学术搜索（如百度学术搜索、Google Scholar）、图书馆资源发现系统（如北大图书馆的未名搜索）、特定的网站［如 B 站（哔哩哔哩）、小红书等］。

　　目前，电子资源类型的划分没有统一的标准。Lee 将电子资源分为文摘索引服务和其他书目资源、数值文本数据库、电子期刊、电子图书、多媒体出版物及新闻服务六大类。其中，文摘索引服务和其他书目资源包括书目数据库、引文索引、目次数据库等；数值文本数据库包括一次文献或者研究数据的数据库和文本型数据库，如百科全书和词典；电子期刊包括出版社及集成商提供的电子期刊；电子图书是与对应的印刷型图书内容相同且同步发行的电子版图书；多媒体出版物是包括文本、图像、视频、音频和动画等多种媒体的出版物；新闻服务是报纸和新闻媒体类电子资源[2]。

---

　　① Blankstein M, Wolff-Eisenberg C. Ithaka S + R US faculty survey 2018 ［EB/OL］. ［2022 – 01 – 20］. https://doi. org/10. 18665/sr. 311199.

　　② Lee S D. Electronic Collection Development：A Practical Guide ［M］. New York：Neal-Schuman Publishers, 2002：33 – 40.

美国研究图书馆协会的电子资源计量项目将图书馆购买的电子资源分为电子期刊、电子参考资源和电子图书三大类。其中，电子期刊包括学术出版社电子期刊、专业学会电子期刊、集成商提供的中小出版社电子期刊，电子参考资源包括参考型资源和集成商全文数据库，电子图书指电子教科书或者学术类专著电子图书①。我国教育部高等学校图书情报工作指导委员会发布的《高等学校图书馆数字资源计量指南（2007年）》将电子资源划分为电子图书、电子期刊、二次文献数据库和其他数据库4种类型。其中，电子图书包括与图书类似的出版物，电子期刊包括与期刊类似的连续出版物，二次文献数据库包括题录、文摘、索引等②。郑瑜和黄秋萍按照资源效用标准将电子资源划分为素质教育平台建设类、信息基础平台建设类和信息创新平台建设类三大类型。其中，素质教育平台建设类主要指旨在提高用户基本素质的电子资源，信息基础平台建设类主要指旨在提供普及性文献信息的电子资源，信息创新平台建设类主要指旨在提供专业性信息和服务、代表最高学术水平的电子资源③。吉汉强和李丽舒建议将电子资源分为参考数据库、源数据库、电子图书、电子期刊、电子特种文献、多媒体资源、其他电子资源七大类。其中，参考数据库包括二次文献数据库和指南数据库；源数据库指能直接提供原始资料或具体数据的数据库，包括全文数据库、数值数据库、文本/数值数据库、术语数据库、图像数据库和音视频数据库等；电子图书、电子期刊分别指所有以数字形式存在的传统图书、期刊；电子特种文献指学位论文、会议文献、专利文献、科技报告、科技标准、产品样本等文献的数字化格式；多媒体资源包括视听资料、电子图谱等④。Wikoff将电子资源分为数据库、电子期刊和电子期刊集、电子图书、链接技术和电子资源管理系统四大类。其中，数据库包括文摘索引或书目数据库、全文数据库、专业和综合数据库、第一手资料数据库；链接技术包括Z39.50、OpenURL、联邦检索（元搜索）和供应

① Libraries A O R. Measures for Electronic Resources (E-Metrics) [M]. Washington, DC: Association of Research Libraries, 2002.

② 教育部高等学校图书情报工作指导委员会. 高等学校图书馆数字资源计量指南（2007年）[EB/OL]. [2022 – 03 – 12]. http://www. scal. edu. cn/tjpg/201311191006.

③ 郑瑜，黄秋萍. 基于资源效用的电子资源类分方法 [J]. 图书情报工作网刊，2010 (10)：45 – 47.

④ 吉汉强，李丽舒. 数字资源分类方法的探讨 [J]. 图书馆论坛，2011，31 (1)：101 – 103.

商提供的元搜索①。以上分类都从某种角度对电子资源进行了划分，但都存在一定的问题：有些划分出来的类型存在交叉之处，有些类目名称如果不加注释用户可能就不容易理解。国际图联发布的《电子资源馆藏建设的关键问题：图书馆指南》将电子资源分为电子期刊、电子图书、全文（集成）数据库、索引文摘数据库、参考数据库、数值和统计数据库、电子图像和电子音频/视频资源 8 种类型②。这样的划分一方面较为权威，另一方面划分出来的电子资源类型基本上通过类目名称就能理解，所以本研究的问卷采用国际图联的分类标准。为了进一步消除歧义，便于受访者准确地做出选择，我们在问卷中对每种类型都专门举例进行了说明。如电子期刊就列举了中国知网的学术期刊、Elsevier、Springer 电子期刊，电子图书列举了超星电子图书，全文（集成）数据库列举了 EBSCO，索引文摘数据库列举了 SCI、SSCI、CSSCI、全国报刊索引等。电子资源的使用频率采用了比较明确的表述，使用六点量表，询问受访者最近半年内电子资源使用的频率，分为"没有用过""1～2 次""每季度 1～2 次""每月 1～3 次""每周 1～3 次"和"每周 4 次及以上"。各类型电子资源使用量表同时也作为高校图书馆用户电子资源使用习惯模型中的电子资源使用行为量表。使用电子资源的时长和阅读电子资源的时长均以"周"为计量周期。此部分还包括使用电子资源的地点、使用电子资源的设备、使用电子资源遇到的问题、各类型电子资源检索途径、电子资源检索技术、检索结果相关性判断、检索结果价值判断、检索结果处理等问题。

第三部分是电子资源使用习惯量表。电子资源绩效期望指用户感觉使用电子资源可以帮助其在学习/工作上取得成就的程度。社会影响是个人感受到对其重要的人认为他应该使用电子资源的程度。便利条件是用户感受到学校、图书馆等通过提供计算机、网络等硬件设备及电子资源组织与帮助对其电子资源使用的支持程度。Limayem 等将习惯定义为因为学习而导致个体自动执行某项行为的倾向③。Kim 等将习惯等同于自

①　Wikoff K. Electronics Resources Management in the Academic Library：A Professional Guide [M]. Santa Barbara：Libraries Unlimited，2012：1 - 7.

②　Johnson S, Evensen O G, Gelfand J, et al. Key Issues for E-resource Collection Development：A Guide for Libraries [M]. Hague：IFLA，2012：3.

③　Limayem M, Hirt S G, Cheung C M. How habit limits the predictive power of intention：the case of information systems continuance [J]. MIS Quarterly，2007，31（4）：705 - 737.

动性①。本研究将习惯定义为用户相信自动自发使用电子资源的程度。行为意向是用户使用电子资源的倾向。Venkatesh 等认为使用行为是可以直接测量的变量，可用使用次数、频率等指标来加以衡量②。本研究通过用户使用各类型电子资源的频率来测量使用行为。除电子资源使用量表外，电子资源使用习惯部分的其他量表采用五点量表，其中 1 为"极不同意"，2 为"不同意"，3 为"一般"，4 为"同意"，5 为"非常同意"（表 5 - 1）。

表 5 - 1 电子资源使用习惯量表

变量	衡量问项	参考来源
绩效期望	1. 图书馆的电子资源对我的学习/工作很有用 2. 使用图书馆电子资源可以加快我学习/工作的进度 3. 使用图书馆电子资源可以增加我获取资料的丰富性 4. 使用图书馆电子资源可以提高我学习/工作的绩效	Venkatesh et al. （2003） Venkatesh et al. （2012） 张松山（2012） Bwalya & Ssebbale （2017） Alajmi （2019）
付出期望	1. 我认为图书馆电子资源使用说明容易理解 2. 我发现图书馆电子资源容易使用 3. 对我来说，学习如何使用图书馆电子资源是简单的 4. 对我来说，熟练地使用图书馆电子资源是简单的	Venkatesh et al. （2003） Venkatesh et al. （2012） 张松山（2012） Bwalya & Ssebbale （2017） Alajmi （2019）
社会影响	1. 对我很重要的人（如老师、长辈）认为我应该使用图书馆电子资源 2. 同学/同事认为我应该使用图书馆电子资源 3. 我使用图书馆电子资源是因为周围同学/同事的广泛使用 4. 我看重的人（如老师、长辈）希望我使用图书馆电子资源	Venkatesh et al. （2003） Venkatesh et al. （2012） 张松山（2012） Bwalya & Ssebbale （2017） Alajmi （2019）

---

① Kim S S, Malhotra N K. A longitudinal model of continued IS use: an integrative view of four mechanisms underlying postadoption phenomena [J]. Management Science, 2005, 51 (5): 741 - 755.

② Venkatesh V, Morris M G, Davis G B, et al. User acceptance of information technology: toward a unified view [J]. MIS Quarterly, 2003: 425 - 478.

续表 5 – 1

变量	衡量问项	参考来源
便利条件	1. 我拥有使用电子资源所需的条件（如上网设备、网络等） 2. 我拥有使用电子资源必要的知识 3. 图书馆电子资源的使用方式和我熟悉的网上资源使用方式是一致的	Venkatesh et al.（2003） Venkatesh et al.（2012） 张松山（2012） Bwalya & Ssebbale（2017） Alajmi（2019）

第四部分是用户电子资源使用倾向，共 8 个问题，包括获取图书馆电子资源的途径、进入图书馆电子资源/数据库导航页面的方式、图书馆电子资源导航途径、移动服务需求、了解图书馆电子资源渠道、解决电子资源使用问题途径、电子资源宣传和培训内容需求、电子资源培训方式需求等。

我们通过问卷星（www.wjx.cn）平台设计了问卷的网络版，部分题目设置为条件题目。如只有在第 2 题"您的身份"中选择学生或者教学科研人员二者之一才会出现第 5 题"您目前学习或者从事专业"；只有在第 2 题"您的身份"中选择学生才会出现第 6 题"您所在的年级"；只有在第 2 题"您的身份"中选择教学科研人员或者教辅人员二者之一才会出现第 7 题"您的职称"；只有在第 15 题"您通常是通过什么方式访问图书馆电子资源"中选择"通过图书馆电子资源/数据库导航页面"才会出现第 16 题"您是如何进入图书馆电子资源/数据库导航页面的"；只有在第 25 题"您通常是如何管理您存储的电子文献"中选择"使用文献管理软件管理"才会出现第 26 题"您使用的文献管理软件是什么"；只有在第 14 题"您经常通过什么设备访问图书馆电子资源"中选择"平板电脑如ipad""智能手机"或"电子图书阅读器/阅读机"才会出现第 30 题"您对以下各项电子资源的移动服务需求程度如何"。

5.4　问卷的发放和回收情况

本小节将描述问卷的发放和回收的情况。

5.4.1　问卷发放情况

在问卷星平台完成网络版问卷设计之后，我们通过在多个专业论坛、

QQ 群、微信群发放，以及请图书馆同行协助面向本校用户发放等方式进行问卷的发放工作。问卷发放时间为 2019 年 12 月 4 日到 12 月 28 日。

5.4.2　问卷回收情况

对于回收的问卷，首先判断问卷是否属于有效问卷。参考李晔和刘华山[①]提出的识别无效问卷的方法，本研究将出现以下情况之一的问卷判定为无效问卷：①所有的问题都选择单一选项。②填答时间过短。本问卷调查在正式实施之前，经过前测发现，认真答完问卷需要 10 分钟左右，考虑到部分受访者速度稍快，所以将标准放宽一些，将填答时间在 7 分钟（420 秒）以下的问卷判定为无效问卷。③非调查对象。本研究的调查对象是使用过电子资源的高校图书馆用户，所以若第 12 题所有类型电子资源的使用频率都选择"没有用过"，则判定为无效问卷。此外，如果第 2 题中身份选择为其他，并且具体说明的身份不属于高校图书馆用户，也判定为无效问卷。

本次调查共回收问卷 2357 份，其中有效问卷 1804 份，无效问卷 553 份。

5.5　统计分析方法

本研究采用的主要统计分析方法有以下 6 种。

（1）描述性统计。以此方法对样本的发放和回收情况、个人特征、电子资源具体使用行为、电子资源使用倾向等进行描述。

（2）独立样本 t 检验。以此方法检验不同性别的高校图书馆用户在电子资源具体使用行为和电子资源使用倾向等方面的差异情况。

（3）单因子方差分析。以此方法检验年龄、学历、身份、专业、职称等在高校图书馆用户电子资源查寻和选择行为、电子资源利用与偏好等方面的差异。进行方差分析时，首先进行样本方差同质性检验，检查样本的方差是否具有同质性，之后再进行方差整体检验。如果方差分析整体检验的 F 值达到显著性水平，则进行事后分析以找出差异的具体所在，样本方差具备同质性的使用适合方差同质用的 Scheffe 事后分析法，样本方差不

---

① 李晔，刘华山. 问卷调查过程中的常见问题与解决办法 [J]. 教育研究与实验，2006 (2)：61 - 64.

具备同质性的使用 SPSS 提供的适合方差异质用的 Tamhane's T2 事后分析法。因为 Scheffe 事后分析法是各种事后分析方法中最严格的方法，其事后比较较为保守，有时会发生整体检验的 F 值达到显著性水平，但事后比较均不显著的情形，此时改用 Tukey 检验法作为事后比较方法，以便和整体检验 F 值的显著性相呼应①。

（4）聚类分析。在对自我效能的调节效应进行检验之前，使用聚类分析方法将用户的自我效能分为高自我效能组和低自我效能组。

（5）因子分析。使用因子分析法将用户的电子资源查寻和选择行为、电子资源利用与偏好问项缩减变量，使用因子分析法得到的得分用于后续的差异分析。因子分析也可用于量表的信度检验。

（6）结构方程模型分析。通过结构方程模型分析对高校图书馆用户电子资源使用习惯量表的信度和效度进行检验，对模型进行拟合，对研究假设进行检验。

在对量表数据进行信度分析时，常用的内在信度检验有 Cronbach's α 系数、折半信度等，其中 Cronbach's α 系数使用最广泛②。但是其假设潜变量到所有指标项目的负载值都相等，这与现实情况不一致③。基于结构模型方程的组合信度允许误差之间相关且不相等，还允许潜在变量对各题项的影响不同，从而有效避免了使用 Cronbach's α 系数时要求潜变量对各题项影响相等的不符实际的假设④。Raykov 有关组合信度与 Cronbach's α 系数对信度估计的精确度对比研究表明，基于结构方程模式的组合信度确实比 Cronbach's α 系数更能精确地反映测量信度⑤。

5.6　样本基本特征

本小节将从性别、年龄、学历、身份、专业、年级、职称等方面对本

---

① 吴明隆. 问卷统计分析实务：SPSS 操作与应用 [M]. 重庆：重庆大学出版社，2010：345.

② 梅强，刘素霞. 中小企业安全生产管制研究 [M]. 北京：科学出版社，2011：166.

③ Bollen K A. Structural Equations with Latent Variables [M]. New York：Wiley, 1989：206 – 221.

④ 徐万里. 结构方程模式在信度检验中的应用 [J]. 统计与信息论坛，2008，23（7）：9 – 13.

⑤ Raykov T. Estimation of congeneric scale reliability using covariance structure analysis with nonlinear constraints [J]. British Journal of Mathematical and Statistical Psychology，2001，54（2）：315 – 323.

次调查获取的数据进行描述。

5.6.1 性别

受访者以女性为主，有 1290 位，占样本的比例为 71.6%；男性有 514 位，占样本的比例为 28.4%（表 5 – 2）。

5.6.2 年龄

受访者以年轻人为主。年龄分布上，以 21～29 岁的为主，有 1009 位，占样本的比例为 55.9%；其次是 20 岁及以下的，有 642 位，占样本的比例为 35.6%；排在第三位的是 30～39 岁的，有 108 位，占样本的比例为 6.0%；排在第四位的是 40～49 岁的，有 39 位，占样本的比例为 2.2%；50～59 岁和 60 岁及以上的都较少，分别只有 5 位和 1 位（表 5 – 2）。在组别平均数的差异比较方面，各组的样本数至少要有 20 个以上，即使要求很低也要有 15 个以上，较理想的数目为 30 个以上。如果背景数据中某些变量的组别人数少于 20，可以把部分组别合并[①]。因为 50～59 岁和 60 岁及以上的人数太少，所以在进行差异分析时，将 40～49 岁、50～59 岁和 60 岁及以上三个组别合并为 40 岁及以上。

5.6.3 学历

受访者的学历以本科为主，有 1276 位，占样本的比例为 70.7%；其次是硕士研究生，有 322 位，占样本的比例为 17.8%；再次为大专及以下，有 113 位，占样本的比例为 6.3%；最少的是博士研究生，有 93 位，占样本的比例为 5.2%（表 5 – 2）。

5.6.4 身份

受访者的身份以学生为主，有 1512 位，占样本的比例为 83.8%；其次是教学科研人员，有 127 位，占样本的比例为 7.0%；排在第三位的为行政人员，有 113 位，占样本的比例为 6.3%；排在第四位的为教辅人员，有 28 位，占样本的比例为 1.6%；最少的是其他类人员，有 24 位，占样本的比例为 1.3%（表 5 – 2）。

---

① 吴明隆. 问卷统计分析实务：SPSS 操作与应用 [M]. 重庆：重庆大学出版社，2010：60.

5.6.5　专业

受访者的专业以社会科学类专业为主，有 868 位，占样本的比例为 53.0%；其次是自然科学类专业，有 457 位，占样本的比例为 27.9%；最少的为人文科学类专业，有 314 位，占样本的比例为 19.1%（表 5-2）。

表 5-2　样本基本特征

项目		频数（位）	百分比（%）	有效百分比（%）	累积百分比（%）
性别	男	514	28.4	28.4	28.4
	女	1290	71.6	71.6	100.0
	合计	1804	100.0	100.0	
年龄	20 岁及以下	642	35.6	35.6	35.6
	21～29 岁	1009	55.9	55.9	91.5
	30～39 岁	108	6.0	6.0	97.5
	40～49 岁	39	2.2	2.2	99.7
	50～59 岁	5	0.3	0.3	99.9
	60 岁及以上	1	0.1	0.1	100.0
	合计	1804	100.0	100.0	
学历	大专及以下	113	6.3	6.3	6.3
	本科	1276	70.7	70.7	77.0
	硕士研究生	322	17.8	17.8	94.8
	博士研究生	93	5.2	5.2	100.0
	合计	1804	100.0	100.0	
身份	学生	1512	83.8	83.8	83.8
	教学科研人员	127	7.0	7.0	90.9
	行政人员	113	6.3	6.3	97.1
	教辅人员	28	1.6	1.6	98.7
	其他	24	1.3	1.3	100.0
	合计	1804	100.0	100.0	

续表 5-2

项目		频数 （位）	百分比 （%）	有效百分比 （%）	累积百分比 （%）
专业	社会科学类专业	868	53.0	53.0	53.0
	人文科学类专业	314	19.1	19.1	72.1
	自然科学类专业	457	27.9	27.9	100.0
	合计	1639	100.0	100.0	

5.6.6 年级

对于身份为学生的受访者，请他们进一步提供了年级信息，结果如表 5-3 所示，1512 位学生中，最多的是三年级的学生，有 518 位，占学生的比例为 34.3%；其次是二年级的学生，有 397 位，占学生的比例为 26.3%；再次是一年级的学生，有 303 位，占学生的比例为 20.0%；最少的是其他年级的，有 25 位，比例为 1.7%。

大专生中，二年级的最多，有 32 位，占大专生的比例为 35.6%；三年级学生的数量排在第二，有 30 位，占大专生的比例为 33.3%；一年级学生的数量排在第一位，有 18 位，占大专生的比例为 20.0%；四年级和其他年级（有些大专是初中起点五年制，所以有四年级和五年级）的较少，分别只有 6 位和 4 位。本科生中，三年级的最多，有 437 位，占本科生的比例为 38.4%；二年级的排在第二位，有 274 位，占本科生的比例为 24.1%；四年级的排在第三位，有 252 位，占本科生的比例为 22.1%；一年级的排在第四位，有 164 位，占本科生的比例为 14.4%，其他年级的也有 11 位。硕士研究生中，一年级的最多，有 107 位，占硕士生的比例为 44.8%；排在第二位的是二年级的，有 83 位，占硕士生的比例为 34.7%；排在第三位的是三年级的，有 38 位，占硕士生的比例为 15.9%，四年级和其他年级的学生都较少，分别有 3 位和 8 位。博士研究生与硕士研究生一样，均为一年级的最多，有 14 位，占博士研究生的比例为 31.1%，排在第二位的为三年级的，有 13 位，占博士研究生的比例为 28.9%；并列排在第三位的是二年级和四年级，都为 8 位，占博士研究生的比例为 17.8%；还有 2 位是其他年级的。

表5-3　年级与学历交叉分布情况

项目			学历				总计
			大专及以下	本科	硕士研究生	博士研究生	
年级	一年级	计数（位）	18	164	107	14	303
		占文化程度的百分比（%）	20.0	14.4	44.8	31.1	20.0
	二年级	计数（位）	32	274	83	8	397
		占文化程度的百分比（%）	35.6	24.1	34.7	17.8	26.3
	三年级	计数（位）	30	437	38	13	518
		占文化程度的百分比（%）	33.3	38.4	15.9	28.9	34.3
	四年级	计数（位）	6	252	3	8	269
		占文化程度的百分比（%）	6.7	22.1	1.3	17.8	17.8
	其他	计数（位）	4	11	8	2	25
		占文化程度的百分比（%）	4.4	1.0	3.3	4.4	1.7
总计		计数（位）	90	1138	239	45	1512
		占文化程度的百分比（%）	100.0	100.0	100.0	100.0	100.0

5.6.7　职称

对于身份为教学科研人员和教辅人员的受访者，则请他们进一步提供职称信息。如表5-4所示，受访者的职称以中级为主，有将近一半的受访教学科研人员和教辅人员的职称为中级；其次是副高，有29位，占受访教学科研人员和教辅人员的比例为18.7%；再次是初级职称，占受访教学科研人员和教辅人员的比例为18.1%；无职称和正高职称的都不多，分别有13位和9位。教学科研人员中，初级、中级、副高、正高和无职称

的比例分别为 15.7%、50.4%、18.9%、6.3% 和 8.7%。教辅人员中，初级、中级、副高、正高和无职称的比例分别为 28.6%、42.9%、17.9%、3.6% 和 7.1%。因为样本中无职称和正高职称的人数过少，所以在差异分析部分，将无职称和初级职称的样本合并，统一称为其他职称；正高职称和副高职称的样本合并，统一称为高级职称。

表 5－4　职称分布情况

职称	频数（位）	百分比（%）	有效百分比（%）	累积百分比（%）
初级	28	18.1	18.1	18.1
中级	76	49.0	49.0	67.1
副高	29	18.7	18.7	85.8
正高	9	5.8	5.8	91.6
无职称	13	8.4	8.4	100.0
合计	155	100.0	100.0	

第6章 用户信息搜索的起点

了解用户信息搜索的起点，有助于了解图书馆和图书馆电子资源在用户信息搜索中的地位和作用。本研究将受访者分为学生、教学科研人员（专任教师、专职科研人员等）、行政人员（机关部处、院系从事行政管理、服务等的工作人员）、教辅人员（图书馆、实验室等的工作人员）和其他5种类型。由前文可知，教师和学生电子资源使用的目的可能存在差异，本章将教学科研人员、行政人员、教辅人员和其他4种类型的人员统称为教工，分别探讨学生和教工在不同使用目的下信息搜索的起点。

Blankstein 和 Wolff-Eisenberg 在 2018 年对美国教师的调查发现，在学术搜索的起点方面，排在第一位的是"在特定的学术数据库搜索"，有三成多的受访者选择此项；排在第二位的是"在 Google Scholar 搜索"，有将近三成的受访者选择此项；排在第三位的是"访问学校图书馆的网站或在线目录"，有两成的受访者选择此项；排在第四位的是"在通用搜索引擎搜索"，有一成多的受访者选择此项；选择"询问图书馆馆员"或"询问同事"的比例都较低。从 2012 年、2015 年和 2018 年 3 次的调查结果对比来看，虽然"在特定的学术数据库搜索"一直排在第一位，但是选择此项受访者的比例逐次下降，选择"在 Google Scholar 搜索"的受访者的比例在上升（2012 年没有此选项），选择"访问学校图书馆的网站或在线目录"的受访者的比例在 2015 年的调查中较 2012 年有所下降，但是 2018 年与 2015 年持平。人文科学和医学专业的受访者更偏向于使用"在特定的学术数据库搜索"作为信息搜索的起点，社会科学和自然科学专业的受访者更偏向于使用"在 Google Scholar 搜索"作为信息搜索的起点，人文科学和社会科学专业的受访者更偏向于使用"访问学校图书馆的网站或在线目录"作为信息搜索的起点[①]。Dadzie 对阿什西大学学院师生的调查发现，85% 的受访者使用因

---

① Blankstein M，Wolff-Eisenberg C．Ithaka S + R US faculty survey 2018［EB/OL］．［2022 - 01 - 20］．https://doi. org/10. 18665/sr. 311199.

特网作为信息搜索的起点，10%的受访者将图书馆作为信息搜索的起点①。

6.1 学生信息搜索的起点

学生使用电子资源的主要目的可以分为查找研究课题所需资料、完成作业、了解学科动态或前沿、撰写毕业论文、准备考试（如英语等级考试、公务员考试等）、随便看看和休闲娱乐，等等。考虑到有些目的不是所有的受访者都持有，所以在起点选项那里增加了"不适用"的选项。我们在统计分析时，先将选择"不适用"的问卷去掉。

6.1.1 研究背景下信息搜索的起点

如表6-1所示，当以研究为目的时，学生信息搜索的起点具有以下8个特点。

表6-1 研究背景下学生信息搜索的起点

起点	查找研究课题所需资料		了解学科动态或前沿		撰写毕业论文	
	频数（位）	百分比（%）	频数（位）	百分比（%）	频数（位）	百分比（%）
特定的数据库	815	54.6	531	35.7	367	69.1
图书馆网站或馆藏目录	129	8.6	127	8.5	41	7.7
网络搜索引擎	146	9.8	224	15.0	18	3.4
学术搜索引擎	173	11.6	307	20.6	62	11.7
图书馆资源发现系统	79	5.3	70	4.7	11	2.1
询问同学/老师	38	2.5	65	4.4	20	3.8
咨询图书馆馆员	46	3.1	20	1.3	4	0.8
特定的网站	62	4.1	127	8.5	6	1.1
其他	6	0.4	18	1.2	2	0.4
合计	1494	100.0	1489	100.0	531	100.0

---

① Dadzie P S. Electronic resources: access and usage at Ashesi University College [J]. Campus-wide Information Systems, 2005, 22 (5): 290-297.

（1）特定的数据库是最多学生信息搜索的起点。当查找研究课题所需资料时，排在第一位的信息搜索的起点是特定的数据库，815 位受访学生选择此项，占有此目的的受访学生的比例超过一半（54.6%）；当了解学科动态或前沿时，排在第一位的信息搜索的起点也是特定的数据库，有531 位受访学生选择此项，占有此目的的受访学生的比例为 35.7%，但是这一比例比查找研究课题所需资料的比例低了将近 20 个百分点；当撰写毕业论文时，排在第一位的信息搜索起点还是特定的数据库，有 367 位受访学生选择此项，占有此目的的受访学生的比例为 69.1%，这一比例比查找研究课题所需资料的比例高了将近 15 个百分点。这说明学生认识到了学术数据库的价值，在需要查找学术信息时会首先考虑到学术数据库。

（2）学术搜索引擎受到学生的青睐。当查找研究课题所需资料时，排在第二位的信息搜索起点是学术搜索引擎，有 173 位受访学生选择此项，占有此目的的受访学生的比例为 11.6%；当了解学科动态或前沿时，排在第二位的信息搜索的起点是学术搜索引擎，有 307 位受访学生选择此项，占有此目的的受访学生的比例为 20.6%，这一比例比查找研究课题所需资料的比例高了将近 9 个百分点；当撰写毕业论文时，排在第二位的信息搜索的起点还是学术搜索引擎，有 62 位受访学生选择此项，占有此目的的受访学生比例为 11.7%，这一比例与查找研究课题所需资料的比例基本一致。

（3）网络搜索引擎也发挥着一定的作用。当查找研究课题所需资料时，排在第三位的信息搜索起点是网络搜索引擎，有 146 位受访学生选择此项，占有此目的的受访学生的比例为 9.8%；当了解学科动态或前沿时，排在第三位的信息搜索的起点也是网络搜索引擎，有 224 位受访学生选择此项，占有此目的的受访学生的比例为 15.0%，这一比例比查找研究课题所需资料的比例高了约 5 个百分点；当撰写毕业论文时，网络搜索引擎是排在第五位的信息搜索起点，有 18 位受访学生选择，占有此目的的受访学生的比例为 3.4%。

（4）图书馆网站或馆藏目录仍然有一定的生命力。研究背景下的三种情况，都有 8% 左右的受访学生以图书馆网站或馆藏目录为信息搜索的起点，说明图书馆网站或馆藏目录仍然具有一定的生命力。当查找研究课题所需资料时，选择以图书馆网站或馆藏目录为信息搜索的起点的受访学生有 129 位，占有此目的的受访学生的比例为 8.6%；当了解学科动态或前

沿时，选择以图书馆网站或馆藏目录为信息搜索的起点的受访学生有 127
位，占有此目的的受访学生的比例为 8.5%；当撰写毕业论文时，选择以
图书馆网站或馆藏目录为信息搜索的起点的受访学生有 41 位，占有此目
的的受访学生的比例为 7.7%。

（5）图书馆资源发现系统的受重视程度不高。整体来说，受访学生
较少以图书馆资源发现系统作为信息搜索的起点。当查找研究课题所需
资料时，只有 5.3% 的受访学生以图书馆资源发现系统作为信息搜索的
起点；当了解学科动态或前沿时，只有 4.7% 的受访学生以图书馆资源
发现系统作为信息搜索的起点；当撰写毕业论文时，只有 2.1% 的受访
学生以图书馆资源发现系统作为信息搜索的起点。

（6）人际渠道使用得不多。人际渠道不论是咨询图书馆馆员还是咨询
同学/老师，以它们为信息搜索起点的受访学生都不多。当查找研究课题
所需资料时，以咨询图书馆馆员和咨询同学/老师为信息搜索起点的受访
学生的比例分别只有 3.1% 和 2.5%；当了解学科动态或前沿时，以咨询
图书馆馆员和咨询同学/老师为信息搜索起点的受访学生的比例分别只有
1.3% 和 4.4%；当撰写毕业论文时，以咨询图书馆馆员和咨询同学/老师
为信息搜索起点的受访学生的比例分别只有 0.8% 和 3.8%。

（7）少部分学生以特定的网站作为信息搜索的起点。像 B 站、小红
书等网站，给人的印象是其与学术没有关系，但是部分学生在研究背景下
也以这些网站作为信息搜索的起点。当查找研究课题所需资料时，选择特
定网站作为信息搜索的起点的受访学生有 62 位，占有此目的的受访学生
的比例为 4.1%；当了解学科动态或前沿时，选择特定的网站作为信息搜
索起点的受访学生有 127 位，占有此目的的受访学生的比例为 8.5%，此
比例是查找研究课题所需资料的比例的 2 倍多。

（8）不同目的下信息搜索的起点存在差异。这主要表现在两个方面：
一方面，各种目的下各信息搜索起点的排序有差异；另一方面，即使排序
接近，比例分布也不一样。如查找研究课题所需资料和了解学科动态或前
沿这两种目的下信息搜索起点排在前三位的均为特定数据库、学术搜索引
擎和网络搜索引擎，但是比例分布存在差异。原因有可能是查找研究课题
所需资料时，信息需求非常明确，所以更多的学生选择特定的数据库作为
信息搜索的起点，但是了解学科动态或者前沿时，信息需求并不是特别明
确，所以更多地要用学术搜索引擎或者网络搜索引擎去查找，然后从查找

结果中筛选自己需要的资料。

6.1.2　学习背景下信息搜索的起点

由表 6-2 可知，学习背景下学生信息搜索起点有如下 6 个特点。

表 6-2　学习背景下学生信息搜索的起点

起点	完成作业		准备考试	
	频数（位）	百分比（%）	频数（位）	百分比（%）
特定的数据库	368	24.5	104	7.3
图书馆网站或馆藏目录	123	8.2	158	11.1
网络搜索引擎	505	33.6	355	25.0
学术搜索引擎	243	16.1	173	12.2
图书馆资源发现系统	71	4.7	78	5.5
询问同学/老师	93	6.2	108	7.6
咨询图书馆员	23	1.5	29	2.0
特定的网站	70	4.7	388	27.3
其他	9	0.6	29	2.0
合计	1505	100.0	1422	100.0

（1）网络搜索引擎是最重要的起点。当完成作业时，受访学生信息搜索的起点排在第一位的是网络搜索引擎，有 505 位受访学生选择此项，占有此目的的受访学生的比例为 33.6%；当准备考试时，受访学生信息搜索的起点排在第二位的是网络搜索引擎，有 355 位受访学生选择此项，占有此目的的受访学生的比例为 25.0%。

（2）特定的网站是考试类资源的重要信息来源。当准备考试时，学生信息搜索的起点排在第一位的是 B 站、小红书等特定的网站，有 388 位受访学生选择此项，占有此目的的受访学生的比例为 27.3%。其实，图书馆也购买了不少学习类的电子资源，但是可能学生对其了解不多或者习惯使用特定的网站。

（3）特定的数据库是学生解决作业问题的重要信息来源。当完成作业时，学生信息搜索的起点排在第二位的是特定的数据库，有 368 位学生选择此项，占此目的学生的比例为 24.5%。原因有可能是作业中有部分内容与研究相关，如课程论文等，这时候就需要在特定的数据库搜索所需的资料。

（4）学术搜索引擎发挥了一定的作用。当完成作业时，学生信息搜索的起点排在第三位的是学术搜索引擎，有 243 位学生选择此项，占此目的学生的比例为 16.1%；当准备考试时，学生信息搜索的起点排在第三位的也是学术搜索引擎，有 173 位学生选择此项，占此目的学生的比例为 12.2%。两种目的下学术搜索引擎的比例均超过了 10%，说明学术搜索引擎得到了部分用户的重视。

（5）少部分用户会使用图书馆网站或者馆藏目录。当完成作业时，学生信息搜索的起点排在第四位的是图书馆网站或馆藏目录，有 123 位选择此项，占此目的学生的比例为 8.2%；当准备考试时，学生信息搜索的起点排在第四位的也是图书馆网站或馆藏目录，有 158 位学生选择此项，占此目的学生的比例为 11.1%。这表明图书馆网站或者馆藏目录并没有被完全抛弃，部分学生仍然以它们作为信息搜索的起点。

（6）人际渠道中，学生倾向于询问同学/老师。当完成作业时，有 93 位学生选择以询问同学/老师作为信息搜索的起点，有 23 位以咨询图书馆馆员作为信息搜索的起点，占此目的学生的比例分别为 6.2% 和 1.5%，前者是后者的 4 倍；当准备考试时，有 108 位学生选择以询问同学/老师作为信息搜索的起点，有 29 位以咨询图书馆馆员作为信息搜索的起点，占此目的学生的比例分别为 7.6% 和 2.0%，前者是后者的 3 倍多。

从以上研究和学习相关背景下学生信息搜索起点来看，基于学生的视角，图书馆电子资源主要是学术类资源，当学生进行相关的学术类活动时会考虑使用，图书馆提供的资源发现系统影响不大。

6.1.3　生活背景下信息搜索的起点

如表 6 - 3 所示，生活背景下学生信息搜索的起点具有以下 3 个特点。

表6-3　生活背景下学生信息搜索的起点

起点	随便看看		休闲娱乐	
	频数（位）	百分比（%）	频数（位）	百分比（%）
特定的数据库	48	3.2	20	1.3
图书馆网站或馆藏目录	112	7.5	32	2.2
网络搜索引擎	350	23.5	192	12.9

续表 6－3

起点	随便看看		休闲娱乐	
	频数（位）	百分比（%）	频数（位）	百分比（%）
学术搜索引擎	90	6.0	28	1.9
图书馆资源发现系统	61	4.1	37	2.5
询问同学/老师	40	2.7	29	2.0
咨询图书馆馆员	32	2.1	24	1.6
特定的网站	730	49.0	1094	73.6
其他	26	1.7	31	2.1
合计	1489	100.0	1487	100.0

（1）特定的网站是最重要的信息搜索起点。当随便看看时，学生信息搜索起点排在第一位的是 B 站、小红书等特定的网站，有 730 位学生选择此项，占此目的学生的比例将近 50%；当休闲娱乐时，学生信息搜索起点排在第一位的也是 B 站、小红书等特定的网站，有 1094 位学生选择此项，占此目的学生的比例为 73.6%。从这两种目的的比例来看，特定的网站无疑是学生生活背景下信息搜索最重要的起点。

（2）网络搜索引擎也是部分学生的选择。当随便看看时，学生信息搜索起点排在第二位的是网络搜索引擎，有 350 位学生选择此项，占此目的学生的比例为 23.5%；当休闲娱乐时，学生信息搜索起点排在第二位的也是网络搜索引擎，有 192 位学生选择此项，占此目的学生的比例为 12.9%。

（3）起点具有高度的集中性。在随便看看的情况下，排在前两位的信息搜索起点的比例合计为 72.5%；休闲娱乐时，排在前两位的信息搜索起点的比例合计为 86.5%。在随便看看的情况下，选择特定的数据库、图书馆网站或馆藏目录、学术搜索引擎、图书馆资源发现系统、询问同学/老师、咨询图书馆馆员和其他等信息搜索起点的学生的比例都在 10% 以下，分别为 3.2%、7.5%、6.0%、4.1%、2.7%、2.1% 和 1.7%。在休闲娱乐的情况下，选择特定的数据库、图书馆网站或馆藏目录、学术搜索引擎、图书馆资源发现系统、询问同学/老师、咨询图书馆馆员和其他等信息搜索起点的学生的比例都在 5% 以下，分别为 1.3%、2.2%、1.9%、2.5%、2.0%、1.6% 和 2.1%。

6.1.4 学生信息搜索起点的影响因素

如表6-4所示，不同性别的学生在准备考试、随便看看和休闲娱乐这三种情况下信息搜索的起点存在显著差异。在准备考试时，以图书馆网站或馆藏目录作为信息搜索起点的学生的性别差异较大（女生的比例为12.0%，男生的比例为8.4%），以特定网站作为信息搜索起点的学生的性别差异也较大（女生的比例为25.0%，男生的比例为34.3%）。在随便看看时，以网络搜索引擎作为信息搜索起点的学生的性别差异较大（女生的比例为22.1%，男生的比例为27.6%），以特定网站作为信息搜索起点的学生的性别差异也较大（女生的比例为50.5%，男生的比例为44.4%）。在休闲娱乐时，以网络搜索引擎作为信息搜索起点的学生的性别差异较大（女生的比例为11.4%，男生的比例为17.5%），以特定网站作为信息搜索起点的学生的性别差异也较大（女生的比例为75.1%，男生的比例为68.9%）。

表6-4 学生信息搜索起点的影响因素统计

目的	卡方值		
	性别	学历	学科
查找研究课题所需资料	8.551	130.846**	61.462**
完成作业	8.097	98.205**	63.444**
了解学科动态或前沿	5.989	96.508**	26.346*
撰写毕业论文	6.190	44.898*	21.300
准备考试	18.711*	88.992**	44.050**
随便看看	18.951*	66.673**	31.386*
休闲娱乐	20.000*	97.703**	25.827

注：* 为 $p < 0.05$，** 为 $p < 0.01$。

不同学历的学生所有情况下信息搜索的起点均存在差异。在查找研究课题所需资料时，以特定数据库作为信息搜索起点的学生的学历差异较大（大专及以下的比例为16.3%，本科的比例为54.8%，硕士研究生的比例为66.4%，博士研究生的比例为57.8%）；以图书馆网站或馆藏目录作为信息搜索起点的学生的学历差别也较大（大专及以下的比例为11.6%，本科的比例为 8.0%，硕士研究生的比例为 11.8%，博士研究生的比例为 2.2%）；以特定网站作为信息搜索起点的学生的学历差异也较大（大专及以下的比例为 11.6%，本科的比例为 4.5%，硕士研究生的比例为 0.4%，博士研究生的比例为 0）。在了解学科动态或前沿时，以特定数据库作为信息搜索起点的学生的学历差异较大（大专及以下的比例为 14.4%，本科的比例为 35.6%，硕士研究生的比例为 41.3%，博士研究生的比例为 51.1%）；以图书馆网站或馆藏目录作为信息搜索起点的学生的学历差异也较大（大专及以下的比例为 11.1%，本科的比例为 8.3%，硕士研究生的比例为 9.8%，博士研究生的比例为 2.2%）；以咨询图书馆馆员作为信息搜索起点的学生的学历差异较大（大专及以下的比例为 7.8%，本科的比例为 1.1%，硕士研究生的比例为 0.4%，博士研究生的比例为 0）；以特定网站作为信息搜索起点的学生的学历差异较大（大专及以下的比例为 20.0%，本科的比例为 8.9%，硕士研究生的比例为 3.0%，博士研究生的比例为 4.4%）。在完成作业时，以特定数据库作为信息搜索起点的学生的学历差异较大（大专及以下的比例为 6.7%，本科的比例为 23.1%，硕士研究生的比例为 34.0%，博士研究生的比例为 44.4%）；以网络搜索引擎作为信息搜索起点的学生的学历差异也较大（大专及以下的比例为 36.7%，博士研究生的比例为 24.4%）；以学术搜索引擎作为信息搜索起点的学生的学历差异也较大（大专及以下的比例为 11.1%，博士研究生的比例为 26.7%）；以图书馆资源发现系统作为信息搜索起点的学生的学历差异也较大（大专及以下的比例为 14.4%，本科的比例为 4.7%，硕士研究生的比例为 2.1%，博士研究生的比例为 0.0%）；以询问老师/同学作为信息搜索起点的学生的学历差异也较大（大专及以下的比例为 14.4%，本科的比例为 6.4%，硕士研究生的比例为 3.4%，博士研究生的比例为 0.0%）。在撰写毕业论文时，以特定的数据库作为信息搜索起点的学生的学历差异较大（大专及以下的比例为 34.6%，本科的比例为 71.0%，硕士研究生的比例为 70.5%，博士研究生的比例为 72.5%）。在准备考试时，以网络搜索引擎作为信息搜索起点的学生的学历差异较大（大专及以下的比例为 18.4%，本科的比例为 22.8%，硕士研究生的比例为 32.1%，博士研究生的比例为 53.5%）；以特定的网站作为信息搜索起点的学生的学历差异较大（大专及以下的比例为 16.1%，本科的比例为 25.9%，硕士研究生的比例为 40.2%，博士研究生的比例为 16.3%）。在随便看看时，以网络搜索引擎作为信息搜索起点的学生的学历差异较大（大专及以下的比例为 20.2%，本科的比例为 21.9%，硕士研究生的比例为 26.9%，博士研究生的比例为 52.3%）；以特定网站作为信息搜索起点的学生的学历差异也较大（大专及以下的比例为 41.6%，本科的比例为 50.9%，硕士研究生的比例为 49.1%，博士研究生的比例为 15.9%）。在休闲娱乐时，以网络搜索引擎作为信息搜索起点的学生的学历差异较大（大专及以下的比例为 16.9%，本科的比例为 11.2%，硕士研究生的比例为 14.4%，博士研究生的比例为 40.9%）；以特定网站作为信息搜索起点的学生的学历差异较大（大专及以下的比例为 56.2%，本科的比例为 74.6%，硕士研究生的比例为 80.3.%，博士研究生的比例为 47.7%）。

不同学科的学生在"撰写毕业论文"和"休闲娱乐"之外的其他情况下信息搜索的起点均存在差异。在查找研究课题所需资料时，以特定的数据库作为信息搜索起点的学生的学科差异较大（社会科学专业的比例为 60.3%，人文科学专业的比例为 42.6%，自然科学专业的比例为 51.5%）；以学术搜索作为信息搜索起点的学生的学科差异较大（社会科学专业的比例为 8.2%，人文科学专业的比例为 14.8%，自然科学专业的比例为 15.9%）；以询问老师/同学作为信息搜索起点的学生的学科差异也较大（社会科学专业的比例为 1.7%，人文科学专业的比例为 6.0%，自然科学专业的比例为 1.7%）。在了解学科动态或前沿时，以特定的数据库作为信息搜索起点的学生的学科差异较大（社会科学专业的比例为 39.3%，人文科学专业的比例为 25.2%，自然科学专业的比例为 35.9%）。在完成作业时，以特定的数据库作为信息搜索起点的学生的学科差异较大（社会科学专业的比例为 31.9%，人文科学专业的比例为 17.0%，自然科学专业的比例为 15.2%）。在准备考试时，以特定的网站作为信息搜索起点的学生的学科差异较大（社会科学专业的比例为 29.9%，人文科学专业的比例为 18.5%，自然科学专业的比例为 28.3%）。在随便看看时，以询问老师/同学作为信息搜索起点的学生的学科差异较大（人文科学专业的比例为 5.5%，自然科学专业的比例为 1%）。

6.2　教工信息搜索的起点

与学生类似，我们将教工的背景分为工作和生活 2 个方面。工作背景包括进行学术研究、了解学科/业界动态或前沿和备课 3 种目的。生活背景包括随便看看和休闲娱乐 2 种目的。

6.2.1　工作背景下信息搜索的起点

由表 6-5 所知，工作背景下教工信息搜索的起点具备以下 6 个特点。

表 6-5　工作背景下教工信息搜索的起点

起点	进行学术研究		了解学科/业界动态或前沿		备课	
	频数（位）	百分比（%）	频数（位）	百分比（%）	频数（位）	百分比（%）
特定的数据库	101	38.5	77	28.9	21	11.8
图书馆网站或馆藏目录	17	6.5	12	4.5	31	17.4
网络搜索引擎	16	6.1	39	14.7	50	28.1
学术搜索引擎	44	16.8	77	28.9	32	18.0
图书馆资源发现系统	53	20.2	29	10.9	14	7.9
询问同事/朋友	19	7.3	16	6.0	21	11.8
咨询图书馆馆员	11	4.2	11	4.1	9	5.1
其他	1	0.4	5	1.9	0	0.0
合计	262	100.0	266	100.0	178	100.0

（1）备课目的下信息搜索的起点与其他目的下的信息搜索起点存在较大的差异。在备课时，教工信息搜索起点按照选择比例从高到低依次为网络搜索引擎、学术搜索引擎、图书馆网站或馆藏目录、特定的数据库、询问同事/朋友、图书馆资源发现系统、咨询图书馆馆员和其他。进行学术研究时，教工信息搜索的起点按照选择比例从高到低依次为特定的数据库、图书馆资源发现系统、学术搜索引擎、询问同事/朋友、图书馆网站或馆藏目录、网络搜索引擎、咨询图书馆馆员和其他。在了解学科/业界

动态或前沿时，教工信息搜索起点按照选择比例从高到低依次为特定的数据库、学术搜索引擎、网络搜索引擎、图书馆资源发现系统、询问同事/朋友、图书馆网站或馆藏目录、咨询图书馆馆员和其他。

（2）特定的数据库是主要的信息搜索起点。在进行学术研究时，特定的数据库是排在第一位的教工信息搜索起点，有 101 位教工选择，占有此目的教工的比例为 38.5%。此结果与 Blankstein 和 Wolff-Eisenberg 于 2018 年对美国教师的调查一致，其调查发现特定的数据库是排在第一位的教师信息搜索起点[①]。在了解学科/业界动态或前沿时，特定的数据库与学术搜索引擎是排在并列第一位的教工信息搜索起点，分别有 77 位教工选择，占有此目的教工的比例为 28.9%。

（3）学术搜索引擎也是重要的信息搜索起点。在进行学术研究时，学术搜索引擎是排在第三位的教工信息搜索起点，有 44 位教工选择，占有此目的教工的比例为 16.8%。此结果与 Blankstein 和 Wolff-Eisenberg 于 2018 年对美国教师的调查的结果基本一致，其调查发现学术搜索引擎是排在第二位的教师信息搜索起点，本研究增加了图书馆资源发现系统这一选项，去掉这一选项之后，学术搜索引擎同样也是排名第二的信息搜索起点[②]。在了解学科/业界动态或前沿时，学术搜索引擎与特定的数据库是排在并列第一位的教工信息搜索起点，分别有 77 位教工选择，占有此目的教工的比例为 28.9%。在备课时，学术搜索引擎是排在第二位的教工信息搜索起点，有 32 位教工选择，占有此目的教工的比例为 18.0%。

（4）教工比学生更重视图书馆资源发现系统。在进行学术研究时，图书馆资源发现系统是排在第二位的教工信息搜索起点，有 53 位教工选择，占有此目的教工的比例为 20.2%。在了解学科/业界动态或前沿时，图书馆资源发现系统是排在第四位的教工信息搜索起点，有 29 位教工选择，占有此目的教工的比例为 10.9%。而学生研究背景下以图书馆资源发现系统作为信息搜索起点的比例最高的也不到 6%。

（5）除备课外，图书馆网站或馆藏目录使用不多。在进行学术研究时，

① Blankstein M, Wolff-Eisenberg C. Ithaka S + R US faculty survey 2018 ［EB/OL］．［2022 - 01 - 20］．https：//doi. org/10. 18665/sr. 311199.

② Blankstein M, Wolff-Eisenberg C. Ithaka S + R US faculty survey 2018 ［EB/OL］．［2022 - 01 - 20］．https：//doi. org/10. 18665/sr. 311199.

图书馆网站或馆藏目录是排在第五位的信息搜索的起点，有 17 位教工选择，占有此目的教工的比例为 6.5%，与 Blankstein 和 Wolff-Eisenberg 于 2018 年的调查的结果差别很大。在该调查中，图书馆网站或馆藏目录是排在第三位的信息搜索起点，有 20% 的教师选择，原因有可能是在该调查中的图书馆网站或馆藏目录包括本研究的图书馆资源发现系统这一选项①。在了解学科/业界动态或前沿时，只有 4.5% 的教工以图书馆网站或馆藏目录为信息搜索的起点。在备课时，图书馆网站或馆藏目录是排在第三位的信息搜索的起点，有 31 位教工选择此项，占有此目的教工的比例为 17.4%。

（6）教工比学生更重视人际渠道。在进行学术研究时，以询问同事/朋友为信息检索起点的教工的比例为 7.3%；在了解学科/业界动态或前沿时，这一比例为 6.0%；在备课时，这一比例为 11.8%。而学生在研究和学习的背景下，以询问同学/老师作为信息搜索起点比例最高的也只有 7.6%。在进行学术研究时，以咨询图书馆馆员为信息检索起点的教工的比例为 4.2%；在了解学科/业界动态或前沿时，这一比例为 4.1%；在备课时，这一比例为 5.1%。而学生在研究和学习的背景下，以咨询图书馆馆员作为信息搜索起点比例最高的也只有 3.1%。

6.2.2 生活背景下信息搜索的起点

由表 6-6 可知，生活相关背景下教工信息搜索起点的特点可以总结如下。

表6-6 生活相关背景下教工信息搜索的起点

起点	随便看看		休闲娱乐	
	频数（位）	百分比（%）	频数（位）	百分比（%）
特定的数据库	9	3.7	7	2.8
图书馆网站或馆藏目录	30	12.3	19	7.7
网络搜索引擎	108	44.4	111	44.8
学术搜索引擎	34	14.0	42	16.9

① Blankstein M, Wolff-Eisenberg C. Ithaka S + R US faculty survey 2018 ［EB/OL］.［2022 - 01 - 20］. https://doi. org/10. 18665/sr. 311199.

续表6-6

起点	随便看看		休闲娱乐	
	频数（位）	百分比（%）	频数（位）	百分比（%）
图书馆资源发现系统	19	7.8	19	7.7
询问同事/朋友	25	10.3	30	12.1
咨询图书馆馆员	9	3.7	14	5.6
其他	9	3.7	6	2.4
合计	243	100.0	248	100.0

（1）网络搜索引擎是最重要的信息搜索起点。在随便看看时，教工信息搜索起点排在第一位的是网络搜索引擎，有108位教工选择，占有此目的教工的比例为44.4%。在休闲娱乐时，教工信息搜索起点排在第一位的也是网络搜索引擎，有111位教工选择，占有此目的教工的比例为44.8%。

（2）学术搜索引擎也是重要的起点。在随便看看时，教工信息搜索起点排在第二位的是学术搜索引擎，有34位教工选择，占有此目的教工的比例为14.0%。在休闲娱乐时，教工信息搜索起点排在第二位的也是学术搜索引擎，有42位教工选择，占有此目的教工的比例为16.9%。

（3）询问同事/朋友受到重视。在随便看看时，教工信息搜索起点排在第四位的是询问同事/朋友，有25位教工选择，占有此目的教工的比例为10.3%。在休闲娱乐时，教工信息搜索起点排在第三位的是询问同事/朋友，有30位教工选择，占有此目的教工的比例为12.1%。

（4）咨询图书馆馆员的比例不高。在随便看看时，只有3.7%的教工以咨询图书馆馆员为信息搜索的起点。在休闲娱乐时，也只有5.6%的教工以咨询图书馆馆员为信息搜索的起点。同样是人际渠道，咨询图书馆馆员比咨询同事/朋友的比例小很多。

6.2.3　教工信息搜索起点的影响因素

如表6-7所示，卡方分析的结果表明，性别和职称对教工信息搜索的起点没有产生显著影响。学历对教工了解学科/业界动态或前沿和进行学术研究时的信息搜索起点产生显著影响。学科对教工了解学科/业界动态或前沿时的信息搜索起点产生显著影响。

表 6-7　教工信息搜索起点的影响因素统计

目的	卡方值			
	性别	学历	学科	职称
了解学科/业界动态或前沿	11.953	63.010 **	39.788 **	40.101
进行学术研究	13.462	39.519 **	29.941	48.573
备课	3.128	20.533	16.895	25.139
休闲娱乐	13.001	29.065	27.507	35.040
随便看看	11.126	13.977	14.320	35.130

注：** 为 $p < 0.01$。

在了解不同学科/业界动态或前沿时，以特定的数据库作为信息搜索起点的教工的学历差异较大（大专及以下的比例为 0，本科的比例为 16.3%，硕士研究生的比例为 38.3%，博士研究生的比例为 54.2%）；以网络搜索引擎作为信息搜索起点的教工的学历差异也较大（大专及以下的比例为 50.0%，本科的比例为 17.9%，硕士研究生的比例为 8.6%，博士研究生的比例为 6.3%）；以询问同事/朋友作为信息搜索起点的教工的学历差异也较大（大专及以下的比例为 14.3%，本科的比例为 8.1%，硕士研究生的比例为 3.7%，博士研究生的比例为 2.1%）。在进行学术研究时，以特定的数据库作为信息搜索起点的教工的学历差异较大（大专及以下的比例为 21.4%，本科的比例为 28.3%，硕士研究生的比例为 42.5%，博士研究生的比例为 62.5%）；以学术搜索引擎作为信息搜索起点的教工的学历差异也较大（大专及以下的比例为 42.9%，本科的比例为 15.0%，硕士研究生的比例为 18.8%，博士研究生的比例为 10.4%）。

在了解不同学科/业界动态或前沿时，以特定的数据库作为信息搜索起点的教工的学科差异较大（社会科学专业的比例为 45.9%，人文科学专业的比例为 16.7%，自然科学专业的比例为 33.3%）；以学术搜索引擎作为信息搜索起点的教工的学科差异较大（社会科学专业的比例为 21.3%，人文科学专业的比例为 41.7%，自然科学专业的比例为 38.1%）；以图书馆资源发现系统作为信息搜索起点的教工的学科差异较大（社会科学专业的比例为 11.5%，人文科学专业的比例为 8.3%，自然科学专业的比例为 2.4%）。

第7章 电子资源查寻和选择行为

本章将对用户访问图书馆电子资源的方式、进入电子资源/数据库导航页面的方式、导航途径的使用、检索途径、检索方式等查寻行为,以及检索结果相关性判断、检索结果价值判断辅助标准、检索结果处理等选择行为进行探讨。

7.1 访问图书馆电子资源的方式

本书研究列出了6种访问图书馆电子资源的方式以了解用户的偏好,同时增加了"其他"选项供用户自行增加偏好的方式。

如表7-1所示,用户访问图书馆电子资源方式偏好呈现出以下5个特点。

表7-1 访问图书馆电子资源方式偏好统计

访问图书馆电子资源的方式①	响应		个案百分比(%)
	个案数(位)	百分比(%)	
通过图书馆电子资源/数据库导航页面	1299	27.6	72.0
直接在浏览器中输入具体数据库的网址	739	15.7	41.0
将常用的数据库网址保存到浏览器书签,再从书签进入	712	15.1	39.5
直接在网络搜索引擎中输入搜索的内容	859	18.2	47.6
直接在学术搜索引擎中输入搜索的内容	600	12.7	33.3
在图书馆资源发现系统中输入搜索的内容	498	10.6	27.6
其他	8	0.2	0.4
总计	4715	100.0	261.4

①使用了值1对二分组进行制表。

（1）电子资源/数据库导航页面是用户最偏好的方式。令人欣慰的是，用户最偏好访问图书馆电子资源的方式是通过图书馆电子资源/数据库导航页面，72.0%的用户选择此项。图书馆通过自建或者购买建立了电子资源/数据库导航系统来对电子资源进行组织，从调查结果来看，这个工作起到了较好的效果。本书研究获得的结果与杨毅等人对清华大学图书馆用户的调研结果一致。在他们的调研中，86.2%的用户使用图书馆电子资源的主要入口是数据库/电子期刊导航[①]。本书研究发现，学历越高的用户越偏好通过图书馆电子资源/数据库导航页面访问图书馆电子资源，大专及以下、本科、硕士研究生和博士研究生的这一比例分别为 61.9%、71.5%、75.8% 和 78.5%。

（2）用户学历越低，越偏好通过网络搜索引擎访问电子资源。用户第二偏好访问图书馆电子资源的方式是直接在百度等搜索引擎中输入要搜索的内容，有 47.6% 的用户选择此项。本书研究发现，学历越低的用户越偏好直接在网络搜索引擎中输入搜索的内容，大专及以下、本科、硕士研究生和博士研究生的这一比例分别为 61.9%、47.4%、44.7% 和 43.0%。这表明用户学历越低，对网络搜索引擎的依赖性就越强。

（3）部分用户有着明确的目标。有 41.0% 的用户偏好直接在浏览器中输入具体数据库的网址，也有 39.5% 用户偏好将常用的数据库网址保存到浏览器书签，再从书签进入。偏好这两种方式的用户都有明确的目标，他们能够记住自己常用数据库的网址或者能够通过将常用的数据库网址保存到书签来帮助记忆。学历越低的用户越偏好直接在浏览器中输入具体数据库的网址，大专及以下、本科、硕士研究生和博士研究生的这一比例分别为 59.3%、40.7%、37.9% 和 33.3%。在杨毅等的调查中，以自建书签为电子资源主要入口的用户的比例为 8.5%[②]，本研究结果这一比例将近是前者的 4 倍，原因可能是样本结构的差异。

（4）学术搜索引擎的应用并不普遍。只有 33.3% 的用户偏好在学术搜索引擎中输入搜索的内容。这表明学术搜索引擎应用还不普遍。学历越

---

① 杨毅，邵敏，李京花，等. 电子资源建设与利用的读者调查：由读者调查结果分析读者利用电子资源的方式与倾向 [J]. 大学图书馆学报，2006，24（6）：39-48.

② 杨毅，邵敏，李京花，等. 电子资源建设与利用的读者调查：由读者调查结果分析读者利用电子资源的方式与倾向 [J]. 大学图书馆学报，2006，24（6）：39-48.

高，越偏向使用学术搜索引擎。大专及以下、本科、硕士研究生和博士研究生的这一比例分别为 23.0%、32.1%、37.6% 和 47.3%。这一结果有可能与用户能够使用的学术搜索引擎有关，百度学术搜索、必应学术搜索等的功能还有较大的提升空间。

（5）图书馆资源发现系统没有受到重视。仅有 27.6% 的用户偏好在图书馆资源发现系统中输入搜索的内容。这一比例比学术搜索引擎都要低，说明图书馆资源发现系统没有得到用户的重视。资源发现系统基本上已成为高校图书馆的标配，但其实际使用效果却不尽如人意。

用户偏好访问图书馆电子资源方式的数量方面，以 2 种方式的居多，占 30.2%；其次是 3 种方式，占 27.7%；再次是 1 种方式，占 20.8%；还有 13.0% 的用户偏好通过 4 种方式访问图书馆电子资源；偏好通过 5 种和 6 种方式访问图书馆电子资源的都不多，比例分别只有 5.2% 和 3.3%。

7.2　进入电子资源/数据库导航页面的方式

对于偏好通过电子资源/数据库导航页面访问图书馆电子资源的用户，再进一步了解其进入电子资源/数据库导航页面的方式。本研究将进入电子资源/数据库导航页面的方式分为 4 种。第一种以学校网站为起点，具体为"从学校主页链接中找到图书馆网站，再从图书馆网站找到电子资源/数据库导航页面"，在表 7-2 到表 7-8 中用 A 表示；第二种以网络搜索引擎为起点，具体为"在网络搜索引擎中输入图书馆的名称，进入图书馆网站，再从图书馆网站找到电子资源/数据库导航页面"，在表 7-2 到表 7-8 中用 B 表示；第三种从浏览器输入网址出发，具体为"直接在浏览器中输入图书馆网址，之后在图书馆网站找到电子资源/数据库导航页面"，在表 7-2 到表 7-8 中用 C 表示；第四种从书签出发，具体为"将图书馆电子资源/数据库导航页面保存为书签，再从书签进入"，在表 7-2 到表 7-8 中用 D 表示。"从不使用""很少使用""有时使用""经常使用"和"最常使用"的编码分别为 1、2、3、4 和 5。

下面首先对用户进入图书馆电子资源/数据库导航页面的方式进行分析，然后探讨性别、身份、年龄、学历、专业和职称等因素对这些方式使用频率的影响。

7.2.1 进入导航页面的方式

由表 7 - 2 可知, 平均使用频率最高的是 "从学校主页链接中找到图书馆网站, 再从图书馆网站找到电子资源/数据库导航页面", 为 3.33, 介于 "有时使用" 和 "经常使用" 之间, 偏向 "有时使用", 表明有相当多的用户偏好从学校网站出发来访问图书馆电子资源/数据库导航页。有 18.4% 的用户最常使用这种方式, 27.3% 的用户经常使用这种方式, 28.9% 的用户有时使用这种方式, 也有 6.2% 的用户从不使用这种方式。

表 7 - 2 进入图书馆电子资源/数据库导航页的方式统计

途径	频数及比例					均值	排序
	从不使用	很少使用	有时使用	经常使用	最常使用		
A	80 位	249 位	376 位	355 位	239 位	3.33	1
	6.2%	19.2%	28.9%	27.3%	18.4%		
D	153 位	221 位	316 位	333 位	276 位	3.28	2
	11.8%	17.0%	24.3%	25.6%	21.2%		
B	107 位	262 位	412 位	383 位	135 位	3.14	3
	8.2%	20.2%	31.7%	29.5%	10.4%		
C	261 位	326 位	349 位	291 位	72 位	2.68	4
	20.1%	25.1%	26.9%	22.4%	5.5%		

平均使用频率排在第二位的是 "将图书馆电子资源/数据库导航页面保存为书签, 再从书签进入", 为 3.28, 只比排在第一位的 "从学校主页链接中找到图书馆网站, 再从图书馆网站找到电子资源/数据库导航页面" 稍低, 介于 "有时使用" 和 "经常使用" 之间, 偏向 "有时使用", 表明很多用户会将图书馆电子资源/数据库导航页面保存为标签。有 21.2% 的用户最常使用这种方式, 25.6% 的用户经常使用这种方式, 24.3% 的用户有时使用这种方式, 11.8% 的用户从不使用这种方式。

平均使用频率排在第三位的是 "在网络搜索引擎中输入图书馆的名称, 进入图书馆网站, 再从图书馆网站找到电子资源/数据库导航页面", 为 3.14, 介于 "有时使用" 和 "经常使用" 之间, 偏向 "有时使用", 说明有一部分用户非常依赖网络搜索引擎。有 10.4% 的用户最常使用这种方式，29.5%的用户经常使用这种方式，31.7%的用户有时使用这种方式，也有8.2%的用户从不使用这种方式。

平均使用频率排在最后的是"直接在浏览器中输入图书馆网址，之后在图书馆网站找到电子资源/数据库导航页面"，为2.68，介于"很少使用"和"有时使用"之间，偏向"有时使用"。偏好使用这种方式的用户应该对图书馆网址非常熟悉。有5.5%的用户最常使用这种方式，22.4%的用户经常使用这种方式，26.9%的用户有时使用这种方式，25.1%的用户很少使用这种方式，也有20.1%的用户从不使用这种方式。

7.2.2 影响进入导航页面方式使用频率的因素

本小节将探讨性别、身份、年龄、学历、专业和职称等因素对用户进入图书馆电子资源/数据库导航页面方式使用频率的影响。

（1）性别。如表7-3所示，性别对用户进入图书馆电子资源/数据库导航页面方式的使用频率没有产生显著影响。虽然各种方式的平均使用频率均为男性高于女性，但是不存在统计学上的显著差异。

表7-3　不同性别用户进入图书馆电子资源/数据库导航页面方式使用频率的平均值和 t 检验统计

性别	A	B	C	D
男	3.41	3.15	2.78	3.35
女	3.29	3.13	2.64	3.25
t 值	1.683	0.309	1.904	1.241

（2）身份。由表7-4可知，身份与性别一样，对用户进入图书馆电子资源/数据库导航页面方式使用频率不存在显著影响。

表7-4　不同身份用户进入图书馆电子资源/数据库导航页面方式使用频率的平均值和方差检验统计

身份	A	B	C	D
学生	3.29	3.13	2.65	3.26
教学科研人员	3.65	3.07	2.73	3.34
行政人员	3.47	3.47	3.06	3.58

续表 7-4

身份	A	B	C	D
教辅人员	3.47	3.06	3.00	3.18
其他人员	3.33	2.73	2.73	3.13
F 值	2.364	2.124	2.25	1.071

　　虽然教学科研人员、行政人员对"从学校主页链接中找到图书馆网站，再从图书馆网站找到电子资源/数据库导航页面"的使用频率高出学生很多，但是不存在统计学上的显著差异。虽然行政人员对"在搜索引擎中输入图书馆的名称，进入图书馆网站，再从图书馆网站找到电子资源/数据库导航页面"和"将图书馆电子资源/数据库导航页面保存为书签，再从书签进入"的使用频率高出其他人员很多，但是不存在统计学上的显著差异。

　　（3）年龄。由表 7-5 可知，年龄是影响用户进入图书馆电子资源/数据库导航页面方式使用频率非常重要的因素，其对 4 种方式中的 3 种都产生了显著影响。事后分析的结果表明，40 岁及以上的用户使用"从学校主页链接中找到图书馆网站，再从图书馆网站找到电子资源/数据库导航页面"这种方式的频率显著高于 20 岁及以下的用户。20 岁及以下、21～29 岁和 30～39 岁使用"在搜索引擎中输入图书馆的名称，进入图书馆网站，再从图书馆网站找到电子资源/数据库导航页面"这种方式的频率显著高于 40 岁及以上的用户。21～29 岁的用户使用"将图书馆电子资源/数据库导航页面保存为书签，再从书签进入"这种方式的频率显著高于 20 岁及以下的用户。

表 7-5　不同年龄用户进入图书馆电子资源/数据库导航页面方式使用频率的平均值和方差检验统计

年龄	A	B	C	D
20 岁及以下	3.20	3.08	2.67	3.10
21～29 岁	3.36	3.20	2.68	3.38
30～39 岁	3.54	3.13	2.70	3.51
40 岁及以上	3.96	2.35	2.77	2.96
F 值	5.327**	5.734**	0.062	5.671**

　　注：**为 $p < 0.01$。

（4）学历。如表7-6所示，与年龄一样，学历也是影响用户进入图书馆电子资源/数据库导航页面方式使用频率的重要因素，其对4种方式中的3种存在显著影响。

事后分析的结果显示，学历为博士研究生、硕士研究生和本科的用户使用"从学校主页链接中找到图书馆网站，再从图书馆网站找到电子资源/数据库导航页面"这种方式的频率显著高于学历为大专及以下的用户。学历为硕士研究生的用户使用"在搜索引擎中输入图书馆的名称，进入图书馆网站，再从图书馆网站找到电子资源/数据库导航页面"这种方式的频率显著高于学历为博士研究生的用户。学历为硕士研究生的用户使用"将图书馆电子资源/数据库导航页面保存为书签，再从书签进入"这种方式的频率显著高于学历为本科的用户。

表7-6　不同学历用户进入图书馆电子资源/数据库导航页面方式使用频率的
平均值和方差检验统计

学历	A	B	C	D
大专及以下	2.87	2.93	2.97	3.11
本科	3.33	3.15	2.69	3.2
硕士研究生	3.39	3.23	2.63	3.59
博士研究生	3.52	2.81	2.44	3.34
F 值	4.562**	3.678*	2.613	6.399**

注：＊为 $p < 0.05$，＊＊为 $p < 0.01$。

（5）专业。与性别和身份一样，专业对用户进入图书馆电子资源/数据库导航页面方式使用频率不存在显著影响（表7-7）。

表7-7　不同专业用户进入图书馆电子资源/数据库导航页面方式使用频率的
平均值和方差检验统计

专业	A	B	C	D
社会科学	3.35	3.11	2.62	3.19
人文科学	3.27	3.05	2.73	3.29
自然科学	3.27	3.20	2.67	3.39
F 值	0.764	1.392	0.773	2.376

（6）职称。如表 7-8 所示，职称对用户进入图书馆电子资源/数据库导航页面方式使用频率同样不存在显著影响。

表 7-8 不同职称用户进入图书馆电子资源/数据库导航页面方式使用频率的平均值和方差检验统计

职称	A	B	C	D
其他职称	3.28	3.44	2.68	3.52
中级职称	3.71	3.07	2.84	3.32
高级职称	3.76	2.68	2.72	3.08
F 值	1.706	2.171	0.161	0.753

7.3 导航途径的使用

随着高校图书馆电子资源的日渐丰富，为了帮助用户快速找到自己需要的电子资源，很多高校图书馆都部署了电子资源导航系统，为用户提供基于学科、数据类型及资源种类等分类标准的导航服务[1]。用户对图书馆电子资源导航系统提供的各种导航途径的使用情况如何、导航途径使用频率受到哪些因素的影响是本小节要探讨的问题。本书列出了"所有数据库列表""常用数据库列表""中文数据库列表""外文数据库列表""文献类型导航""学科导航""语种导航"和"名称首字母导航"8 种导航途径。"从不使用""很少使用""有时使用""经常使用"和"最常使用"使用频率的编码分别为 1、2、3、4 和 5。

7.3.1 各种导航途径的使用频率

如表 7-9 所示，各种类型导航途径的使用频率存在以下 4 个特点。

---

① 李丹. 电子资源导航系统优化应用实践 [J]. 图书情报工作，2015，59（10）：60-66.

表7-9　导航途径使用频率统计

途径	频数及比例					均值	排序
	从不使用	很少使用	有时使用	经常使用	最常使用		
中文数据库列表	79 位	288 位	549 位	646 位	242 位	3.38	1
	4.4%	16.0%	30.4%	35.8%	13.4%		
文献类型导航	94 位	321 位	580 位	600 位	209 位	3.28	2
	5.2%	17.8%	32.2%	33.3%	11.6%		
学科导航	113 位	305 位	584 位	584 位	218 位	3.27	3
	6.3%	16.9%	32.4%	32.4%	12.1%		
常用数据库列表	107 位	320 位	639 位	601 位	137 位	3.19	4
	5.9%	17.7%	35.4%	33.3%	7.6%		
语种导航	197 位	500 位	587 位	426 位	94 位	2.84	5
	10.9%	27.7%	32.5%	23.6%	5.2%		
所有数据库列表	162 位	510 位	667 位	378 位	87 位	2.84	5
	9.0%	28.3%	37.0%	21.0%	4.8%		
名称首字母导航	278 位	630 位	468 位	309 位	119 位	2.65	7
	15.4%	34.9%	25.9%	17.1%	6.6%		
外文数据库列表	265 位	648 位	535 位	292 位	64 位	2.58	8
	14.7%	35.9%	29.7%	16.2%	3.5%		

（1）资源列表是用户最为偏好的导航途径。本书中列出的8种导航途径中，有4种涉及资源列表：中文数据库列表、外文数据库列表、所有数据库列表及常用数据库列表。中文数据库列表这条途径排在第一位，平均使用频率为3.38，介于"有时使用"和"经常使用"之间，偏向"有时使用"。对于该种导航途径，13.4%的用户最常使用，35.8%的用户经常使用，从不使用的用户的比例只有4.4%。在对世界一流大学建设高校图书馆电子资源组织方式的调查中，只有17家提供了中文数据库列表。这说明图书馆电子资源组织方式与用户的需求存在一定的差异。常用数据库列表排在第四位，平均使用频率为3.19，介于"有时使用"和"经常使用"之间，偏向"有时使用"。对于该种导航途径，7.6%的用户最常使用，33.3%的用户经常使用，还有5.9%的用户从不使用。外文数据库列

表的平均使用频率排在最后一位，为 2.58，介于"很少使用"和"有时使用"之间，偏向"有时使用"。对于该种导航途径，只有 3.5% 的用户最常使用，从不使用的用户 14.7%。

（2）文献类型导航是用户较为偏好的途径。按图书、期刊、报纸等文献类型的电子资源导航，平均使用频率为 3.28，排在 8 种导航途径的第二位，介于"有时使用"和"经常使用"之间，偏向"有时使用"。对该种导航途径，11.6% 的用户最常使用，33.3% 的用户经常使用，从不使用的用户的比例只有 5.2%。在对世界一流大学建设高校图书馆电子资源组织方式的调查中，有 33 家提供了文献类型导航。这说明图书馆电子资源组织方式在这一点上与用户的需求比较一致。

（3）学科导航也是用户偏好的途径。按电子资源所属学科（如哲学、经济学、政治学等）的导航，平均使用频率为 3.27，排在 8 种导航途径的第三位，介于"有时使用"和"经常使用"之间，偏向"有时使用"。对该种导航途径，12.1% 的用户最常使用，32.4% 的用户经常使用，从不使用的用户的比例只有 6.3%。在对世界一流大学建设高校图书馆电子资源组织方式的调查中，有 32 家提供了学科导航。这说明图书馆电子资源组织方式在这一点上与用户的需求较为契合。

（4）用户对语种导航和名称首字母导航的使用不多。按电子资源语种（中文、英文等）的导航，平均使用频率为 2.84，介于"很少使用"和"有时使用"之间，偏向"有时使用"。按电子资源名称首字母（A、B、C 等）的导航，平均使用频率为 2.65，介于"很少使用"和"有时使用"之间，偏向"有时使用"。最常使用语种导航和名称首字母导航途径的用户的比例分别为 5.2% 和 6.6%，从不使用这两种导航途径的用户的比例分别为 10.9% 和 15.4%。在对世界一流大学建设高校图书馆电子资源组织方式的调查中，有 33 家提供了名称首字母导航。这说明图书馆电子资源组织方式在这一点上与用户的需求存在不一致。

7.3.2　影响导航途径使用频率的因素

本小节将探讨性别、身份、年龄、学历、专业和职称等因素对用户导航途径使用频率的影响。

（1）性别。性别对用户导航途径的使用频率产生了较大的影响，其对 8 种导航途径中的 5 种存在显著影响。男性对"学科导航""语种导航"

"所有数据库列表""名称首字母导航"和"外文数据库列表"的使用频率显著高于女性（表 7 - 10）。

表 7 - 10　不同性别用户导航途径使用频率的平均值和 t 检验统计

性别	中文数据库列表	文献类型导航	学科导航	常用数据库列表	语种导航	所有数据库列表	名称首字母导航	外文数据库列表
男	3.45	3.28	3.37	3.25	2.97	2.99	2.74	2.81
女	3.35	3.28	3.23	3.17	2.79	2.79	2.61	2.49
t 值	1.859	-0.15	2.464*	1.596	3.179**	3.911**	2.222*	6.097**

注：* 为 $p < 0.05$，** 为 $p < 0.01$。

（2）身份。由表 7 - 11 可知，身份是影响用户导航途径使用频率的重要因素，其对 8 种导航途径中的 7 种产生了显著影响。

表 7 - 11　不同身份用户导航途径使用频率的平均值和方差检验统计

身份	中文数据库列表	文献类型导航	学科导航	常用数据库列表	语种导航	所有数据库列表	名称首字母导航	外文数据库列表
学生	3.37	3.25	3.24	3.16	2.8	2.79	2.59	2.52
教学科研人员	3.44	3.55	3.43	3.4	3.09	3.16	2.87	2.93
行政人员	3.38	3.31	3.47	3.27	3.08	3.03	2.96	2.8
教辅人员	3.54	3.57	3.57	3.68	3.18	3.57	3.18	3.43
其他人员	3.25	3.17	3.42	3.21	2.79	2.92	2.83	2.54
F 值	0.374	2.991*	2.696*	3.708**	4.494**	8.914**	6.004**	11.075**

注：* 为 $p < 0.05$，** 为 $p < 0.01$。

事后分析的结果表明，教学科研人员、教辅人员对"所有数据库列表"和"外文数据库列表"这 2 种导航方式的使用频率显著高于学生。行政人员对"名称首字母导航"这种导航方式的使用频率显著高于学生。

事后分析没有发现是哪些身份的用户对"文献类型导航""学科导航""常用数据库列表"和"语种导航"的使用频率存在显著差异。

（3）年龄。年龄也是影响用户导航途径使用频率的重要因素，其对 8 种导航途径中的 7 种均存在显著影响（表 7 - 12）。

表 7 - 12　不同年龄用户导航途径使用频率的平均值和方差检验统计

年龄	中文数据库列表	文献类型导航	学科导航	常用数据库列表	语种导航	所有数据库列表	名称首字母导航	外文数据库列表
20 岁及以下	3.27	3.07	3.20	3.07	2.78	2.70	2.67	2.37
21～29 岁	3.44	3.39	3.28	3.22	2.86	2.89	2.61	2.65
30～39 岁	3.55	3.46	3.54	3.51	3.16	3.21	2.80	3.09
40 岁及以上	3.29	3.38	3.31	3.36	2.73	3.00	2.76	2.78
F 值	4.401**	13.380**	3.116*	7.380**	4.258**	10.373**	1.136	19.828**

注：* 为 $p < 0.05$，** 为 $p < 0.01$。

21～29 岁的用户使用"中文数据库列表"的频率显著高于 20 岁及以下的用户。21～29 岁、30～39 岁的用户使用"文献类型导航"的频率显著高于 20 岁及以下的用户。30～39 岁的用户使用"学科导航"的频率显著高于 20 岁及以下的用户。30～39 岁的用户使用"常用数据库列表""所有数据库列表"和"外文数据库列表"这 3 种导航方式的频率显著高于 21～29 岁和 20 岁及以下的用户。21～29 岁的用户使用"常用数据库列表""所有数据库列表"和"外文数据库列表"这 3 种导航方式的频率显著高于 20 岁及以下的用户。30～39 岁的用户使用"语种导航"的频率显著高于 20 岁及以下的用户。

（4）学历。如表 7 - 13 所示，学历也是影响用户导航途径使用频率的重要因素，其对所列的 8 种导航途径都存在显著影响。

表 7 - 13　不同学历用户导航途径使用频率的平均值和方差检验统计

学历	中文数据库列表	文献类型导航	学科导航	常用数据库列表	语种导航	所有数据库列表	名称首字母导航	外文数据库列表
大专及以下	3.13	3.04	2.89	3.24	2.86	2.79	2.95	2.45
本科	3.35	3.26	3.29	3.14	2.82	2.8	2.65	2.43
硕士研究生	3.52	3.39	3.30	3.30	2.85	3.02	2.56	3.00
博士研究生	3.53	3.53	3.29	3.45	3.15	2.96	2.56	3.28
F 值	5.119**	5.169**	4.997**	4.680**	2.789*	4.841**	3.508*	44.029**

注：* 为 $p < 0.05$，** 为 $p < 0.01$。

学历为硕士研究生的用户使用"中文数据库列表"的频率显著高于学历为大专及以下的用户。学历为博士研究生、硕士研究生的用户使用"文献类型导航""学科导航"的频率显著高于学历为大专及以下的用户。学历为博士研究生的用户使用"常用数据库列表""语种导航"的频率显著高于学历为本科的用户。学历为硕士研究生的用户使用"所有数据库列表"的频率显著高于学历为本科的用户。学历为大专及以下的用户使用"语种导航"的频率显著高于学历为硕士研究生的用户。学历为博士研究生、硕士研究生的用户使用"外文数据库列表"的频率显著高于学历为本科、大专及以下的用户。

（5）专业。由表 7 - 14 可知，专业对用户导航途径使用频率存在较大的影响，其对 8 种导航途径中的 5 种产生了显著影响。

表 7 - 14　不同专业用户导航途径使用频率的平均值和方差检验统计

专业	中文数据库列表	文献类型导航	学科导航	常用数据库列表	语种导航	所有数据库列表	名称首字母导航	外文数据库列表
社会科学	3.45	3.36	3.32	3.19	2.75	2.82	2.57	2.43

续表 7 - 14

专业	中文数据库列表	文献类型导航	学科导航	常用数据库列表	语种导航	所有数据库列表	名称首字母导航	外文数据库列表
人文科学	3.28	3.13	3.16	3.11	2.96	2.73	2.72	2.58
自然科学	3.31	3.22	3.19	3.19	2.88	2.88	2.62	2.77
F 值	4.129*	6.574**	3.475*	0.822	5.441**	2.183	2.202	16.288**

注：* 为 $p < 0.05$，** 为 $p < 0.01$。

社会科学专业的用户使用"文献类型导航"的频率显著高于人文科学专业的用户。人文科学专业的用户使用"语种导航"的频率显著高于社会科学专业的用户。自然科学专业的用户使用"外文数据库列表"的频率显著高于社会科学、人文科学专业的用户。

（6）职称。由表 7 - 15 可知，职称对用户导航途径的使用频率不存在显著影响。

表 7 - 15　不同职称用户导航途径使用频率的平均值和方差检验统计

职称	中文数据库列表	文献类型导航	学科导航	常用数据库列表	语种导航	所有数据库列表	名称首字母导航	外文数据库列表
其他职称	3.39	3.41	3.41	3.27	3.05	3.10	2.95	2.83
中级职称	3.59	3.67	3.34	3.51	3.14	3.37	3.00	3.04
高级职称	3.26	3.47	3.71	3.53	3.11	3.11	2.92	3.18
F 值	1.360	0.815	1.445	0.900	0.100	1.216	0.326	1.084

注：* 为 $p < 0.05$，** 为 $p < 0.01$。

7.4 检索途径

本小节将分析用户使用各种检索途径的排序情况和数量。

7.4.1 各种检索途径的使用排序

我们在调查中给出了常见的 9 种检索途径，每种电子资源用户最多选择 3 种检索途径。对于各种检索途径，按照以下标准赋分：先按照排名进行计分，排名第一的计 9 分，排名最后的计 1 分；然后按照使用该检索途径的用户的比例进行计分，用户比例 50% 及以上的得 5 分，40%～50%（含 40%）得 4 分，30%～40%（含 30%）得 3 分，20%～30%（含 20%）得 2 分，10%～20%（含 10%）得 1 分；二者相加得出各种检索途径的加权得分。如关键词在电子期刊这一电子资源类型上的得分为 14 分（排在该途径的第一名得 9 分，用户比例为 53.6% 得 5 分），在参考数据库、索引文摘数据库、电子音频/视频资源、数值和统计数据库、全文（集成）数据库、电子图像等电子资源类型上的得分均为 13 分（排在该途径的第一名得 9 分，用户比例为 40%～50% 得 4 分），在电子图书这一电子资源类型的得分为 11 分（排在该途径的第二名得 8 分，用户比例为 30%～40% 得 3 分）。

经过计算，关键词加权得分为 103 分、题名为 85 分、主题为 84 分、作者为 64 分、系统默认途径为 48 分、全文为 38 分、出版社/出版者/学位授予单位（在表 7－16 中简写为"出版者"）为 25 分、分类为 16 分、其他为 8 分。

如表 7－16 所示，各种电子资源检索途径在使用上具有如下 6 个特征。

表 7－16 各种检索途径的使用情况

电子资源类型	频数及比例								
	系统默认途径	题名	作者	关键词	主题	全文	出版者	分类	其他
电子期刊	252 位	705 位	397 位	844 位	654 位	137 位	142 位	69 位	8 位
	16.0%	44.8%	25.2%	53.6%	41.5%	8.7%	9.0%	4.4%	0.5%

续表 7 – 16

电子资源类型	频数及比例								
	系统默认途径	题名	作者	关键词	主题	全文	出版者	分类	其他
电子图书	157 位	711 位	520 位	544 位	409 位	138 位	116 位	45 位	6 位
	11.2%	50.7%	37.1%	38.8%	29.2%	9.8%	8.3%	3.2%	0.4%
参考数据库	234 位	438 位	309 位	615 位	424 位	159 位	116 位	54 位	15 位
	17.6%	33.0%	23.3%	46.3%	31.9%	12.0%	8.7%	4.1%	1.1%
索引文摘数据库	241 位	441 位	275 位	652 位	463 位	147 位	120 位	70 位	11 位
	18.0%	33.0%	20.6%	48.8%	34.6%	11.0%	9.0%	5.2%	0.8%
电子音频/视频资源	194 位	415 位	324 位	576 位	425 位	154 位	85 位	54 位	11 位
	15.8%	33.7%	26.3%	46.8%	34.6%	12.5%	6.9%	4.4%	0.9%
数值和统计数据库	203 位	277 位	170 位	525 位	376 位	148 位	109 位	59 位	6 位
	18.4%	25.1%	15.4%	47.5%	34.0%	13.4%	9.9%	5.3%	0.5%
全文（集成）数据库	157 位	348 位	219 位	489 位	384 位	176 位	99 位	59 位	9 位
	14.7%	32.6%	20.5%	45.8%	36.0%	16.5%	9.3%	5.5%	0.8%
电子图像	157 位	303 位	228 位	454 位	348 位	135 位	80 位	50 位	7 位
	15.4%	29.6%	22.3%	44.4%	34.1%	13.2%	7.8%	4.9%	0.7%

（1）不同类型电子资源的检索途径存在差异。各类型电子资源检索途径的用户的比例各有不同。如电子期刊的检索途径排在第一位的是关键词，电子图书排在第一位的是题名。也就是说，用户在面对不同类型的电子资源时，可能会使用不同的检索方式。

（2）关键词是用户最常使用的检索途径。关键词的加权得分排在所列出的 9 种检索途径的第一位。这与周小燕[1]、Angello[2]的研究结果一致，在他们的研究中关键词均为用户使用最多的检索途径。除了电子图书外，选择关键词这条检索途径的用户的比例在其他类型电子资源中都是排名第一位。

① 周小燕. 基于数字资源的大学生文献获取行为分析 [D]. 南昌：南昌大学，2016.

② Angello C. The awareness and use of electronic information sources among livestock researchers in Tanzania [J]. Journal of Information Literacy，2010，4（2）：6–22.

使用过电子期刊的用户中，超过一半（53.6%）的人会使用关键词这一检索途径；使用过索引文摘数据库、数值和统计数据库的用户中，将近一半的人会使用关键词这一检索途径，比例分别为48.8%和47.5%；使用过参考数据库、电子音频/视频资源和全文（集成）数据库的用户中，分别有46.3%、46.8%和45.8%会使用关键词这一检索途径；使用过电子图像的用户中，44.4%的人会使用关键词这一检索途径。而使用过电子图书的用户中，38.8%的人会使用关键词这一检索途径，排在所有检索途径的第二位。

（3）题名和主题也是用户常用的检索途径。题名的加权得分排在所列出的9种检索途径的第二位。使用过电子图书的用户中，有超过一半（50.7%）的人会使用题名这一检索途径，排在所有检索途径的第一位。使用过电子期刊的用户中，44.8%的人会使用题名这一检索途径。选择题名作为检索途径的用户的比例在参考数据库、索引文摘数据库、电子音频/视频资源、数值和统计数据库、全文（集成）数据库和电子图像等类型电子资源中均排在第三位。使用过参考数据库、索引文摘数据库、电子音频/视频资源和全文（集成）数据库的用户中，均有超过三成的人会使用题名这一检索途径，比例分别为33.0%、33.0%、33.7%和32.6%。使用过电子图像的用户中，29.6%的人会使用题名这一检索途径。使用过数值和统计数据库的用户中，25.1%的人会使用题名这一检索途径。

主题的加权得分排在所列出的9种检索途径的第三位。选择主题作为检索途径的用户的比例在索引文摘数据库、电子音频/视频资源、数值和统计数据库、全文（集成）数据库、电子图像等类型电子资源中均排在第二位。使用过全文（集成）数据库、索引文摘数据库、电子音频/视频资源、数值和统计数据库以及电子图像的用户中，分别有36.0%、34.6%、34.6%、34.0%和34.1%的人会使用主题这一检索途径。选择主题作为检索途径的用户的比例在电子期刊中排在第三位，比例为41.5%。选择主题作为检索途径的用户的比例在电子图书中排在第四位，比例为29.2%。

（4）作者是重要的检索途径。作者的加权得分排在所列出的9种检索途径的第四位。选择作者作为检索途径的用户的比例在所有类型电子资源中均排在第四位。其在电子资源检索途径中占有重要的地位。使用过电子图书的用户中，37.1%的人会使用作者这一检索途径。使用过电子期刊、电子音频/视频资源的用户中，使用作者这一检索途径，比例分别为25.2%和26.3%。使用过参考数据库、索引文摘数据库、全文（集成）

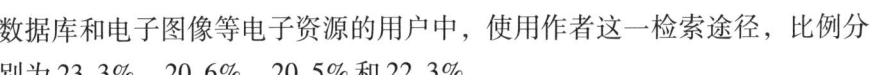

数据库和电子图像等电子资源的用户中，使用作者这一检索途径，比例分别为 23.3%、20.6%、20.5% 和 22.3%。

（5）部分用户会使用系统默认途径。系统默认途径的加权得分排在所列出的 9 种检索途径的第五位。选择系统默认途径的用户的比例，在所有类型电子资源中都超过了 10%，最高的为数值和统计数据库，比例为 18.4%；排在第二位的为索引文摘数据库，比例为 18.0%；排在第三位的为参考数据库，比例为 17.6%；最低的为电子图书，比例也有 11.2%。

（6）分类这一途径没有受到用户重视。令人遗憾的是，分类这一途径的加权得分只有 16 分，排在所列出的 9 种检索途径的倒数第二位。选择分类这一途径的用户的比例，在所有类型电子资源中都没有超过 6%，最高的是全文（集成）数据库，比例为 5.5%；排在第二位的是数值和统计数据库，比例为 5.3%；排在第三位的是索引文摘数据库，比例为 5.2%；排在最后一位的为电子图书，比例为 3.2%。实际上分类对于提高检全率和检准率都有帮助，但是从调查的结果来看，使用这条途径的用户不多，原因可能是用户对分类这一途径不太了解，甚至完全不了解。

7.4.2　各种检索途径的使用数量

检索途径的使用数量如表 7-17 所示。除了电子期刊外，其他类型电子资源均为选择 1 种检索途径的用户的比例最高，其次是 3 种，选择 2 种的最少。电子期刊这一类型的电子资源选择 3 种检索途径的用户的比例最高，为 41.8%。电子图书这一类型的电子资源，选择 3 种检索途径的用户的比例排在第二位，为 33.2%。索引文摘数据库这一类型的电子资源，选择 3 种检索途径的用户的比例排在第三位，为 30.2%。原因可能是这几种类型的电子资源用户使用得较多。

表 7-17　各类型电子资源检索途径种数

电子资源类型	频数及比例		
	1 种检索途径	2 种检索途径	3 种检索途径
电子期刊	601 位	315 位	659 位
	38.2%	20.0%	41.8%
电子图书	624 位	312 位	466 位
	44.5%	22.3%	33.2%

续表 7 – 17

电子资源类型	频数及比例		
	1 种检索途径	2 种检索途径	3 种检索途径
参考数据库	661 位	298 位	369 位
	49.8%	22.4%	27.8%
索引文摘数据库	658 位	275 位	404 位
	49.2%	20.6%	30.2%
电子音频/视频资源	589 位	274 位	367 位
	47.9%	22.3%	29.8%
数值和统计数据库	595 位	252 位	258 位
	53.8%	22.8%	23.3%
全文（集成）数据库	514 位	233 位	320 位
	48.2%	21.8%	30.0%
电子图像	542 位	220 位	260 位
	53.0%	21.5%	25.4%

7.5 检索方式

此部分将对简单检索、高级检索及专业检索等检索方式的使用情况及影响因素进行探讨。"从不使用""很少使用""有时使用""经常使用"和"最常使用"使用频率的编码分别为 1、2、3、4 和 5。

7.5.1 各种检索方式的使用频率

与 Bhat 和 Ganaie[①]、Tariq 和 Zia[②] 等的研究结果一致，本研究发现简单检索是用户最常使用的检索方式，平均使用频率为 3.92，介于"有时使用"与"经常使用"之间，偏向"经常使用"。30.9% 的用户最常使用，40.4% 的用户经常使用，19.5% 的用户有时使用，只有 1.4% 的用户

---

① Bhat N A, Ganaie S A. E-resources: use and search strategies adopted by users of Dr Y. S. Parmar University of Horticulture and Forestry [J]. Collection Building, 2016, 35 (1): 16–21.

② Tariq H, Zia M W. Use of electronic information resources by the students of faculty of science, University of Karachi [J]. International Journal of Digital Library Services, 2014, 4 (3): 80–91.

从不使用（表 7 – 18）。

表 7 – 18　电子资源检索方式的使用频率

检索方式	频数及比例					均值	排序
	从不使用	很少使用	有时使用	经常使用	最常使用		
简单检索	25 位	142 位	351 位	728 位	558 位	3.92	1
	1.4%	7.9%	19.5%	40.4%	30.9%		
高级检索	40 位	258 位	641 位	564 位	301 位	3.46	2
	2.2%	14.3%	35.5%	31.3%	16.7%		
专业检索	289 位	624 位	496 位	316 位	79 位	2.60	3
	16.0%	34.6%	27.5%	17.5%	4.4%		

使用高级检索的用户也较多，高级检索的平均使用频率排在第二位，为 3.46，介于"有时使用"与"经常使用"之间，偏向"有时使用"。最常使用的用户占 16.7%，经常使用的用户占 31.3%，有时使用的用户占 35.5%，只有 2.2% 的用户从不使用。

专业检索的使用并不普遍，平均使用频率为 2.60，介于"很少使用"与"有时使用"之间，偏向"很少使用"。34.6% 的用户很少使用，27.5% 的用户有时使用，17.5% 的用户经常使用，从不使用的用户的比例高达 16.0%，最常使用的用户的比例只有 4.4%。

7.5.2　影响检索方式使用频率的因素

（1）性别。如表 7 – 19 所示，性别是影响用户电子资源检索方式使用频率的重要因素，其对用户的高级检索和专业检索的使用频率均产生了显著影响。无论是高级检索还是专业检索，男性用户的使用频率均显著高于女性用户。

表 7 – 19　不同性别用户电子资源检索方式使用频率的平均值和 t 检验统计

性别	简单检索	高级检索	专业检索
男	3.92	3.64	3.23
女	3.91	3.39	2.82
t 值	0.816	4.776**	4.422**

注：** 为 $p < 0.01$。

（2）身份。由表7-20可知，身份也是影响用户电子资源检索方式使用频率的重要因素，与性别一样，其对用户的高级检索和专业检索的使用频率均产生了显著影响。

表7-20　不同身份用户电子资源检索方式使用频率的平均值和方差检验统计

身份	简单检索	高级检索	专业检索
学生	3.93	3.42	2.50
教学科研人员	3.82	3.88	3.07
行政人员	3.84	3.49	3.19
教辅人员	3.57	3.61	3.11
其他人员	4.08	3.25	2.71
F 值	1.679	6.707**	19.754**

注：** 为 $p < 0.01$。

事后分析的结果表明，教学科研人员使用高级检索的频率显著高于学生，教学科研人员、行政人员使用专业检索的频率均显著高于学生。原因有可能是教学科研人员和行政人员与学生比较而言，对高级检索功能和专业检索功能更为了解。

（3）年龄。与性别和身份一样，年龄也是影响用户电子资源检索方式使用频率的重要因素，其对用户的高级检索和专业检索的使用频率均产生了显著影响（表7-21）。

表7-21　不同年龄用户电子资源检索方式使用频率的平均值和方差检验统计

年龄	简单检索	高级检索	专业检索
20岁及以下	3.89	3.28	2.40
21～29岁	3.94	3.53	2.65
30～39岁	3.90	3.74	3.16
40岁及以上	3.80	3.62	2.87
F 值	0.624	12.067**	18.926**

注：** 为 $p < 0.01$。

事后分析的结果显示，21～29岁、30～39岁的用户使用高级检索的频率均显著高于20岁及以下的用户。21～29岁、30～39岁和40岁及以上的用户使用专业检索的频率均高于 20 岁及以下的用户，30～39 岁的用户使用专业检索的频率高于 21～29 岁的用户。原因有可能是年龄越大的用户，对高级检索和专业检索这样复杂检索的功能越熟悉。

（4）学历。与性别、身份和年龄一样，学历也是影响用户电子资源检索方式使用频率的重要因素，其对用户的高级检索和专业检索的使用频率均产生了显著影响（表 7 - 22）。

表 7 - 22　不同学历用户电子资源检索方式使用频率的平均值和方差检验统计

学历	简单检索	高级检索	专业检索
大专及以下	3.76	3.14	2.50
本科	3.90	3.37	2.56
硕士研究生	4.01	3.77	2.75
博士研究生	3.97	3.94	2.71
F 值	2.069	25.540**	3.160*

注：* 为 $p < 0.05$，** 为 $p < 0.01$。

事后分析的结果表明，学历为博士研究生、硕士研究生的用户对高级检索的使用频率均高于学历为大专及以下、本科的用户。原因有可能是学历越高的用户，对高级检索的功能越熟悉。事后分析没有找出具体是哪些学历的用户对专业检索的使用频率存在显著差异。

（5）专业。专业虽然也是影响用户电子资源检索方式使用频率的重要因素，但是与性别、身份、年龄、学历等因素不一样的是，专业对用户简单检索和专业检索的使用频率均产生了显著的影响（表 7 - 23）。

表 7 - 23　不同专业用户电子资源检索方式使用频率的平均值和方差检验统计

专业	简单检索	高级检索	专业检索
社会科学	3.99	3.47	2.46
人文科学	3.84	3.38	2.57
自然科学	3.86	3.50	2.69
F 值	4.400*	1.411	6.901**

注：* 为 $p < 0.05$，** 为 $p < 0.01$。

事后分析没有找出具体是哪些专业的用户对简单检索的使用频率存在显著差异。事后分析的结果表明，自然科学类专业用户使用专业检索的频率显著高于社会科学类专业用户。

（6）职称。与其他因素相比，职称对用户电子资源检索方式使用频率的影响较小，只对用户高级检索的使用频率产生了显著的影响（表 7 – 24）。

表 7 – 24　不同职称用户电子资源检索方式使用频率的平均值和方差检验统计

职称	简单检索	高级检索	专业检索
其他职称	3.61	3.49	2.95
中级职称	3.91	4.03	3.22
高级职称	3.68	3.82	2.92
F 值	1.482	4.824*	1.525

注：* 为 $p < 0.05$。

事后分析的结果发现，中级职称用户使用高级检索的频率显著高于其他职称的用户。

7.6　检索结果相关性判断

本小节将对用户使用什么样的标准进行检索结果相关性判断及影响用户使用检索结果相关性判断标准的因素进行探讨。本研究列出了题名、关键词、摘要、目录和全文 5 项标准。"从不使用""很少使用""有时使用""经常使用"和"最常使用"的编码分别为 1、2、3、4 和 5。

7.6.1　判断标准的使用频率

由表 7 – 25 可知，用户检索结果相关性判断标准的使用呈现以下 4 个特点。

表 7 – 25　检索相关性判断标准的使用频率统计

标准	频数及比例					均值	排序
	从不使用	很少使用	有时使用	经常使用	最常使用		
关键词	15 位	118 位	320 位	780 位	571 位	3.92	1
	0.8%	6.5%	17.7%	43.2%	31.7%		
题名	19 位	143 位	427 位	819 位	396 位	3.46	2
	1.1%	7.9%	23.7%	45.4%	22.0%		

续表 7-25

标准	频数及比例					均值	排序
	从不使用	很少使用	有时使用	经常使用	最常使用		
摘要	120 位	391 位	592 位	529 位	172 位	3.13	3
	6.7%	21.7%	32.8%	29.3%	9.5%		
全文	202 位	510 位	610 位	388 位	94 位	2.81	4
	11.2%	28.3%	33.8%	21.5%	5.2%		
目录	227 位	513 位	574 位	415 位	75 位	2.78	5
	12.6%	28.4%	31.8%	23.0%	4.2%		

（1）关键词是用户使用最多的标准。也就是用户通过检索结果的关键词与其输入检索词之间的匹配度来判断检索结果相关性。与检索途径类似，用户用来判断检索结果相关性的标准排在第一位的也是关键词，其平均使用频率为 3.92，介于"有时使用"与"经常使用"之间，偏向"经常使用"。最常使用关键词作为检索结果相关性判断标准的用户的比例占31.7%，经常使用关键词作为检索结果相关性判断标准的用户的比例占43.2%，从不使用关键词作为检索结果相关性判断标准的用户的比例不到 1%。

（2）题名是用户使用第二多的标准。也就是用户通过检索结果的题名与其输入检索词之间的匹配度来判断检索结果相关性。与检索途径同样类似的是，用户用来判断检索结果相关性的标准排在第二位也是题名，其平均使用频率为 3.46，介于"有时使用"与"经常使用"之间，偏向"有时使用"。最常使用题名作为检索结果相关性判断标准的用户的比例为22.0%，经常使用题名作为检索结果相关性判断标准的用户的比例为45.4%，从不使用题名作为检索结果相关性判断标准的用户的比例只有 1.1%。

（3）摘要是用户使用第三多的标准。也就是用户通过检索结果的摘要与其输入检索词之间的匹配度来判断检索结果相关性。摘要是用户用来判断检索结果相关性排在第三位的标准，平均使用频率为 3.13，介于"有时使用"与"经常使用"之间，偏向"有时使用"。最常使用摘要作为检索结果相关性判断标准的用户的比例为 9.5%，经常使用摘要作为检索结果相关性判断标准的用户的比例为29.3%，从不使用摘要作为检索结果相关性判断标准的用户的比例为 6.7%。

关键词、题名和摘要分别作为用户判断检索结果相关性排在第一位、第二位和第三位的标准，这个结果与周小燕[1]的研究结果一致。

（4）全文和目录用户使用得不多。以全文与目录作为检索结果相关性判断标准的平均使用频率都在 3 以下，分别是 2.81 和 2.78，介于"很少使用"和"有时使用"之间，偏向"有时使用"。最常使用全文作为检索结果相关性判断标准的用户的比例只有 5.2%，最常使用目录作为检索结果相关性判断标准的用户的比例也只有 4.2%。从不使用全文作为检索结果相关性判断标准的用户的比例有 11.2%，从不使用目录作为检索结果相关性判断标准的用户的比例有 12.6%。

7.6.2 影响判断标准使用频率的因素

（1）性别。如表 7 - 26 所示，独立样本 t 检验的结果表明，性别对用户检索结果相关性判断标准使用频率的影响不大，只对以题名和摘要作为检索结果相关性判断标准的使用频率产生了显著的影响。

表 7 - 26　不同性别用户检索结果相关性判断标准使用频率的平均值和 t 检验统计

性别	关键词	题名	摘要	全文	目录
男	3.99	3.87	3.33	2.88	2.80
女	3.98	3.76	3.06	2.79	2.77
t 值	0.317	2.331 *	4.869 **	1.593	0.663

注： * 为 $p < 0.05$， ** 为 $p < 0.01$。

男性使用题名和摘要作为检索结果相关性判断标准的频率均显著高于女性。

（2）身份。由表 7 - 27 可知，身份是影响用户检索结果相关性判断标准使用频率的重要因素。身份只对用户以关键词作为检索结果相关性判断标准的使用频率不产生显著影响。

---

① 周小燕. 基于数字资源的大学生文献获取行为分析 [D]. 南昌：南昌大学，2016.

表 7 - 27　不同身份用户检索结果相关性判断标准使用频率的平均值和方差检验统计

身份	关键词	题名	摘要	全文	目录
学生	3.98	3.78	3.10	2.77	2.73
教学科研人员	4.05	4.07	3.30	3.01	2.89
行政人员	3.99	3.68	3.21	3.10	3.19
教辅人员	3.86	3.68	3.79	3.32	3.29
其他人员	3.79	4.04	3.33	2.75	2.79
F 值	0.557	4.12**	4.16**	5.538**	7.231**

注：** 为 $p < 0.01$。

事后分析的结果表明，教学科研人员以题名为检索结果相关性判断标准的使用频率显著高于学生和行政人员，教辅人员以摘要作为检索结果相关性判断标准的使用频率显著高于学生，行政人员以全文作为检索结果相关性判断标准的使用频率显著高于学生，行政人员以目录作为检索结果相关性判断标准的使用频率显著高于学生。

（3）年龄。年龄对用户检索结果相关性判断标准使用频率存在一定影响，不同年龄的用户在以关键词、摘要和全文作为检索结果相关性判断标准的使用频率上存在显著差异（表 7 - 28）。

表 7 - 28　不同年龄用户检索结果相关性判断标准使用频率的平均值和方差检验统计

年龄	关键词	题名	摘要	全文	目录
20 岁及以下	3.89	3.73	2.96	2.69	2.73
21 ～ 29 岁	4.04	3.81	3.22	2.86	2.79
30 ～ 39 岁	4.03	3.96	3.41	3.05	2.93
40 岁及以上	3.87	3.78	3.11	3.00	2.96
F 值	4.097**	2.405	10.588**	5.845**	1.643

注：** 为 $p < 0.01$。

事后分析的结果表明，21 ～ 29 岁的用户使用关键词作为检索结果相关性判断标准的频率显著高于 20 岁及以下的用户。21 ～ 29 岁、30 ～ 39 岁的用户使用摘要、全文作为检索结果相关性判断标准的频率显著高于 20 岁及以下的用户。

(4) 学历。如表 7-29 所示，学历是影响用户检索结果相关性判断标准使用频率的重要因素。在给出的 5 个判断标准的使用频率中，学历对其中关键词、题名、摘要和目录 4 个均存在显著影响。

表 7-29　不同学历用户检索结果相关性判断标准使用频率的平均值和方差检验统计

学历	关键词	题名	摘要	全文	目录
大专及以下	3.73	3.61	3.10	2.80	3.12
本科	3.97	3.72	3.07	2.80	2.80
硕士研究生	4.18	4.01	3.33	2.84	2.63
博士研究生	3.82	4.25	3.44	2.86	2.61
F 值	9.459**	18.303**	7.861**	0.163	7.056**

注：** 为 $p < 0.01$。

事后分析的结果表明，学历为硕士研究生的用户使用关键词作为检索结果相关性判断标准的频率显著高于学历为大专及以下、本科和博士研究生的用户，学历为硕士研究生、博士研究生的用户使用题名作为检索结果相关性判断标准的频率显著高于学历为大专及以下、本科的用户，学历为硕士研究生、博士研究生的用户使用摘要作为检索结果相关性判断标准的频率显著高于学历为本科的用户，学历为硕士研究生、博士研究生的用户使用目录作为检索结果相关性判断标准的频率显著低于学历为大专及以下的用户。

(5) 专业。专业对用户检索结果相关性判断标准使用频率的影响不大，其只对以关键词、摘要、目录作为检索结果相关性判断标准的使用频率存在显著影响（表 7-30）。

表 7-30　不同专业用户检索结果相关性判断标准使用频率的平均值和方差检验统计

专业	关键词	题名	摘要	全文	目录
社会科学	4.04	3.81	3.08	2.78	2.66
人文科学	3.89	3.71	3.05	2.8	2.89
自然科学	3.96	3.84	3.23	2.78	2.78
F 值	3.481*	2.091	3.535*	0.058	5.819**

注：* 为 $p < 0.05$，** 为 $p < 0.01$。

事后分析的结果显示，社会科学专业用户使用关键词作为检索结果相关性判断标准的频率显著高于人文科学专业用户，人文科学专业用户使用目录作为检索结果相关性判断标准的频率显著高于社会科学专业的用户。事后分析没有发现具体是哪些专业的用户使用摘要作为检索结果相关性判断标准的频率存在显著差异。

（6）职称。如表7-31所示，职称对用户检索结果相关性判断标准的使用频率不存在显著影响。

表7-31　不同职称用户检索结果相关性判断标准使用频率的平均值和方差检验统计

职称	关键词	题名	摘要	全文	目录
其他职称	3.93	3.8	3.37	2.98	2.85
中级职称	4.16	4.08	3.51	3.16	3.11
高级职称	3.82	4.05	3.16	2.97	2.79
F 值	2.165	1.508	1.428	0.581	1.397

7.7　检索结果价值判断辅助标准

用户除了对检索结果的相关性采用一定的标准进行评估外，有时候也会通过一些辅助标准进行判断。本研究选择了被引次数、下载次数、浏览次数/播放次数、期刊/出版社、作者/研究团队和作者/研究团队所在的机构6项辅助标准，调查用户对这些辅助标准的使用情况及其影响因素。"从不使用""很少使用""有时使用""经常使用"和"最常使用"等使用频率的编码分别为1、2、3、4和5。

7.7.1　辅助标准的使用频率

由表7-32可知，用户检索结果价值判断辅助标准使用情况呈现以下6个特征。

表7-32　检索结果价值判断辅助标准使用频率统计

标准	频数及比例					均值	排序
	从不使用	很少使用	有时使用	经常使用	最常使用		
被引次数	31 位	192 位	440 位	666 位	475 位	3.75	1
	1.7%	10.6%	24.4%	36.9%	26.3%		
下载次数	28 位	207 位	525 位	756 位	288 位	3.59	2
	1.6%	11.5%	29.1%	41.9%	16.0%		
浏览次数/播放次数	63 位	294 位	608 位	652 位	187 位	3.34	3
	3.5%	16.3%	33.7%	36.1%	10.4%		
期刊/出版社	91 位	346 位	523 位	626 位	218 位	3.30	4
	5.0%	19.2%	29.0%	34.7%	12.1%		
作者/研究团队	77 位	357 位	629 位	560 位	181 位	3.23	5
	4.3%	19.8%	34.9%	31.0%	10.0%		
作者/研究团队所在的机构	129 位	418 位	571 位	556 位	130 位	3.08	6
	7.2%	23.2%	31.7%	30.8%	7.2%		

（1）所有的标准都得到了较多的使用。列出的6项标准的平均使用频率都超过3，有2项标准的平均使用频率超过3.5。与此相对照的是，检索结果相关性判断标准中，只有3项的平均使用频率超过3，平均使用频率超过3.5的只有1项。由此可知，本研究列出的6项辅助标准都得到了较多的使用。

（2）被引次数最受用户重视。被引次数的平均使用频率为3.75，介于"有时使用"和"经常使用"之间，偏向"经常使用"。这应该是与学术评价的导向有关。一般认为，被引用次数特别是被他人引用的次数越多，文章/图书的质量也就越高。所以被引次数成为用户判断检索结果质量最重要的辅助标准。26.3%的用户最常使用，36.9%的用户经常使用，从不使用的用户的比例只有1.7%。

（3）下载次数也受到用户的青睐。下载次数的平均使用频率排在第二位，为3.59，介于"有时使用"和"经常使用"之间，偏向"经常使用"。下载是使用行为之一，下载次数与质量存在一定程度的正相关关系，所以这也是用户用来判断检索结果质量高低的辅助因素之一。16.0%的用户最常使用，41.9%的用户经常使用，从不使用的用户的比例只有 1.6%。

（4）浏览次数/播放次数也得到了用户的重视。浏览次数/播放次数的平均使用频率排在第三位，为 3.34，介于"有时使用"和"经常使用"之间，偏向"有时使用"。与下载一样，浏览/播放也是使用行为之一，浏览次数/播放次数的高低与质量的高低存在一定程度的正相关关系，所以其也成为用户用来判断检索结果质量高低的辅助因素之一。10.4%的用户最常使用，36.1%的用户经常使用，从不使用的用户的比例只有 3.5%。

（5）用户对"以刊评文"有一定的认同。"以刊评文"是指把核心期刊作为论文评价的标准，以是否发表于核心期刊来判断论文质量的高低[①]。因为人们倾向于认为在高质量期刊发表的论文及在优质出版社出版的图书也相应具备较好的质量。期刊/出版社平均使用频率排在第四，为 3.30，介于"有时使用"和"经常使用"之间，偏向"有时使用"，这说明用户对"以刊评文"有一定的认同。对于该辅助标准，12.1%的用户最常使用，34.7%的用户经常使用，从不使用的用户的比例只有 5.0%。

（6）用户重视作者/研究团队超过其所在机构。在检索结果价值判断的辅助标准上，用户对作者/研究团队的重视程度超过其所在机构。作者/研究团队的平均使用频率为 3.23，而作者/研究团队所在机构的平均使用频率为 3.08；二者均介于"有时使用"和"经常使用"之间，偏向"有时使用"。最常使用的用户的比例，作者/研究团队为 10.0%，其所在机构为 7.2%；经常使用的用户的比例差不多，分别为 31.0%和 30.8%；从不使用的用户的比例分别为 4.3%和 7.2%。

7.7.2　影响辅助标准使用频率的因素

本小节将探索性别、身份、年龄、学历、专业、职称等因素对用户检索结果价值判断辅助标准使用频率的影响。

（1）性别。如表 7 - 33 所示，性别是影响用户检索结果价值判断辅助标准使用频率的因素之一，其对被引次数、期刊/出版社、作者/研究团队这 3 项辅助标准的使用频率存在显著影响。在这 3 项辅助标准使用频率上，均为男性显著高于女性。

---

①　曹骏，宋丽萍."以刊评文"的利弊分析与建议［J］. 陕西青年管理干部学院学报，2004（4）：40 - 41.

表7-33　不同性别用户检索结果价值判断辅助标准使用频率的平均值和 t 检验统计

性别	被引次数	下载次数	浏览次数/播放次数	期刊/出版社	作者/研究团队	作者/研究团队所在的机构
男	3.88	3.61	3.36	3.43	3.35	3.15
女	3.70	3.59	3.33	3.24	3.18	3.05
t 值	3.486**	0.522	0.654	3.378**	3.225**	1.740

注：** 为 $p < 0.01$。

（2）身份。由表7-34可知，身份是影响用户检索结果价值判断辅助标准使用频率的重要因素。其对除下载次数之外的5个辅助标准的使用频率均存在显著影响。

表7-34　不同身份用户检索结果价值判断辅助标准使用频率的平均值和方差检验统计

身份	被引次数	下载次数	浏览次数/播放次数	期刊/出版社	作者/研究团队	作者/研究团队所在的机构
学生	3.78	3.61	3.32	3.25	3.16	3.02
教学科研人员	3.82	3.45	3.24	3.69	3.70	3.38
行政人员	3.38	3.43	3.60	3.37	3.47	3.32
教辅人员	3.82	3.82	3.29	3.86	3.71	3.86
其他人员	3.58	3.63	3.71	3.04	3.17	3.04
F 值	4.428**	2.135	3.396**	7.417**	12.007**	9.181**

注：** 为 $p < 0.01$。

事后分析的结果表明，学生、教学科研人员使用被引次数作为检索结果价值判断辅助标准的频率显著高于行政人员，教学科研人员使用期刊/出版社作为检索结果价值判断辅助标准的频率显著高于学生，教学科研人员、行政人员使用作者/研究团队作为检索结果价值判断辅助标准的频率显著高于学生，教学科研人员、教辅人员使用作者/研究团队所在的机构作为检索结果价值判断辅助标准的频率显著高于学生。事后分析没有找出是哪些身份的用户使用浏览次数/播放次数作为检索结果价值判断辅助标准的频率存在显著差异。

（3）年龄。年龄也是影响用户检索结果价值判断辅助标准使用频率的重要因素，其对除下载次数、浏览次数/播放次数之外的其他4个价值判断辅助标准的使用频率存在显著影响（表 7 - 35）。

表 7 - 35　不同年龄用户检索结果价值判断辅助标准使用频率的平均值和方差检验统计

年龄	被引次数	下载次数	浏览次数/播放次数	期刊/出版社	作者/研究团队	作者/研究团队所在的机构
20 岁及以下	3.60	3.53	3.37	3.04	3.09	2.95
21 ～ 29 岁	3.84	3.64	3.34	3.40	3.25	3.11
30 ～ 39 岁	3.83	3.52	3.22	3.73	3.71	3.44
40 岁及以上	3.73	3.44	3.02	3.67	3.49	3.29
F 值	7.744 **	2.439	2.248	24.133 **	13.735 **	8.836 **

注：** 为 $p < 0.01$。

事后分析的结果表明，21 ～ 29 岁的用户使用被引次数作为检索结果价值判断辅助标准的频率显著高于 20 岁及以下的用户，21 ～ 29 岁、30 ～ 39 岁和 40 岁及以上的用户使用期刊/出版社作为检索结果价值判断辅助标准的频率显著高于 20 岁及以下的用户，21 ～ 29 岁的用户使用作者/研究团队、作者/研究团队所在的机构作为检索结果价值判断辅助标准的频率显著高于 20 岁及以下的用户，30 ～ 39 岁的用户使用作者/研究团队、作者/研究团队所在的机构作为检索结果价值判断辅助标准的频率显著高于 20 岁及以下、21 ～ 29 岁的用户。

（4）学历。如表 7 - 36 所示，学历是影响用户检索结果价值判断辅助标准使用频率的重要因素，其对 6 项辅助标准的使用频率均存在显著影响。

表 7 - 36　不同学历用户检索结果价值判断辅助标准使用频率的平均值和方差检验统计

学历	被引次数	下载次数	浏览次数/播放次数	期刊/出版社	作者/研究团队	作者/研究团队所在的机构
大专及以下	3.17	3.35	3.61	3.00	3.07	3.04
本科	3.69	3.60	3.39	3.15	3.15	3.01
硕士研究生	4.09	3.66	3.20	3.77	3.44	3.26
博士研究生	4.20	3.49	2.72	4.02	3.76	3.40
F 值	33.957 **	3.367 *	18.802 **	49.879 **	17.118 **	7.798 **

注：* 为 $p < 0.05$，** 为 $p < 0.01$。

事后分析的结果表明，学历为博士研究生的用户使用被引次数作为检索结果价值判断辅助标准的频率显著高于学历为硕士研究生、本科和大专及以下的用户，学历为硕士研究生的用户使用被引次数作为检索结果价值判断辅助标准的频率显著高于学历为本科和大专及以下的用户，学历为本科的用户使用被引次数作为检索结果价值判断辅助标准的频率显著高于学历为大专及以下的用户。学历为硕士研究生的用户使用下载次数作为检索结果价值判断辅助标准的频率显著高于学历为大专及以下的用户。学历为大专及以下、本科的用户使用浏览次数/播放次数作为检索结果价值判断辅助标准的频率显著高于学历为博士研究生、硕士研究生的用户，学历为硕士研究生的用户使用浏览次数/播放次数作为检索结果价值判断辅助标准的频率显著高于学历为博士研究生的用户。学历为博士研究生、硕士研究生的用户使用期刊/出版社、作者/研究团队作为检索结果价值判断辅助标准的频率显著高于学历为大专及以下、本科的用户。学历为博士研究生、硕士研究生的用户使用作者/研究团队所在的机构作为检索结果价值判断辅助标准的频率显著高于学历为本科的用户。出现这样的结果的原因可能是学历越高的用户，对学术研究评价的标准越熟悉，相应地也提高了相关标准的使用频率。

　　（5）专业。由表 7 - 37 可知，专业对用户检索结果价值判断辅助标准使用频率产生了一定的影响，其对被引次数、下载次数、期刊/出版社 3 项辅助标准的使用频率存在显著影响。

表 7 - 37　不同专业用户检索结果价值判断辅助标准使用频率的平均值和方差检验统计

专业	被引次数	下载次数	浏览次数/播放次数	期刊/出版社	作者/研究团队	作者/研究团队所在的机构
社会科学	3.89	3.69	3.30	3.35	3.16	3.00
人文科学	3.54	3.46	3.29	3.17	3.28	3.11
自然科学	3.74	3.53	3.34	3.24	3.25	3.10
F 值	14.695**	8.437**	0.316	3.929*	2.191	2.060

注：* 为 $p < 0.05$，** 为 $p < 0.01$。

　　事后分析的结果表明，社会科学专业用户使用被引次数、下载次数作为检索结果价值判断辅助标准的频率显著高于人文科学专业、自然科学专业的用户，自然科学专业用户使用被引次数作为检索结果价值判断辅助标准的频率显著高于人文科学专业的用户。社会科学专业用户使用期刊/出版社作为检索结果价值判断辅助标准的频率显著高于人文科学专业的用户。

（6）职称。如表 7 – 38 所示，职称对用户检索结果价值判断辅助标准使用频率的影响非常小，只对浏览次数/播放次数这项标准的使用频率产生了显著影响。

表 7 – 38　不同职称用户检索结果价值判断辅助标准使用频率的平均值和方差检验统计

职称	被引次数	下载次数	浏览次数/播放次数	期刊/出版社	作者/研究团队	作者/研究团队所在的机构
其他职称	3.90	3.73	3.49	3.46	3.41	3.37
中级职称	3.72	3.47	3.36	3.78	3.87	3.50
高级职称	3.92	3.37	2.76	3.87	3.68	3.50
F 值	0.726	1.734	5.619**	2.396	2.772	0.349

注：** 为 $p < 0.01$。

事后分析的结果表明，其他职称、中级职称的用户使用浏览次数/播放次数作为检索结果价值判断辅助标准的频率显著高于高级职称的用户。

7.8　检索结果处理

本小节将对用户进行检索得到结果后通过什么方式处理检索结果以及电子文献的管理等进行探讨。"从不使用""很少使用""有时使用""经常使用"和"最常使用"使用频率的编码分别为 1、2、3、4 和 5。

7.8.1　检索结果处理方式使用情况

部分用户倾向于检索之后直接下载全文，然后再阅读，根据下载之后存储的位置可以分为下载到本地设备（在表 7 – 39 到表 7 – 45 中用 C 表示）和存储到网络空间（在表 7 – 39 到表 7 – 45 中用 D 表示）两种类型；部分用户倾向于通过文献管理软件下载题录之后再通过文献管理软件下载全文（在

表7-39 到表7-45 中用 G 表示）；部分用户倾向于先阅读摘要，根据摘要进一步对检索结果相关性进行判断，之后的行为也可以分为两种，一种是直接下载到本地设备（在表7-39 到表7-45 中用 A 表示），一种是导入题录到文献管理软件，再下载全文（在表7-39 到表7-45 中用 F 表示）；部分用户倾向于先阅读全文，根据全文进一步对检索结果相关性进行判断，之后再下载全文（在表7-39 到表7-45 中用 B 表示）；部分用户倾向于在线阅读而不是下载（在表7-39 到表7-45 中用 E 表示）；部分用户偏好纸质阅读，倾向于打印之后阅读（在表7-39 到表7-45 中用 H 表示）。

表7-39 检索结果处理方式使用频率统计

处理方式	频数及比例					均值	排序
	从不使用	很少使用	有时使用	经常使用	最常使用		
A	25 位	150 位	389 位	748 位	492 位	3.85	1
	1.4%	8.3%	21.6%	41.5%	27.3%		
B	55 位	228 位	496 位	710 位	315 位	3.56	2
	3.0%	12.6%	27.5%	39.4%	17.5%		
C	81 位	263 位	509 位	607 位	344 位	3.48	3
	4.5%	14.6%	28.2%	33.6%	19.1%		
D	199 位	399 位	557 位	519 位	130 位	2.99	4
	11.0%	22.1%	30.9%	28.8%	7.2%		
E	139 位	540 位	695 位	357 位	73 位	2.83	5
	7.7%	29.9%	38.5%	19.8%	4.0%		
F	302 位	432 位	536 位	409 位	125 位	2.79	6
	16.7%	23.9%	29.7%	22.7%	6.9%		
G	343 位	472 位	521 位	365 位	103 位	2.67	7
	19.0%	26.2%	28.9%	20.2%	5.7%		
H	307 位	598 位	531 位	308 位	60 位	2.57	8
	17.0%	33.1%	29.4%	17.1%	3.3%		

由表7-39 可知，受访者在检索结果处理方式使用频率上呈现以下3个特点。

（1）用户倾向于在下载之前先对检索结果的相关性进行进一步判断。平均使用频率最高的方式是"先阅读摘要，再将需要的资料下载到本地设备"，为 3.85，在"有时使用"和"经常使用"之间，偏向"经常使用"。27.3%的用户最常使用该方式，41.5%的用户经常使用该方式，只有 1.4%的用户从不使用该方式。平均使用频率排在第二位的是"选择需要的资料先在线阅读全文，根据情况再决定是否下载到本地设备"的方式，为 3.56，在"有时使用"和"经常使用"之间，偏向"经常使用"。17.5%的用户最常使用该方式，39.4%的用户经常使用该方式，只有 3.0%的用户从不使用该方式。这说明用户在下载之前倾向于通过阅读摘要或者在线阅读全文来判断检索结果的相关性。

（2）用户倾向于直接下载而不是使用文献管理软件下载。直接下载的选项中，"选择需要的资料直接下载全文到本地设备"的平均使用频率排在第三位，为 3.48。该方式有 19.1%的用户最常使用，33.6%的用户经常使用，只有 4.5%的用户从不使用。"选择需要的资料存储到网络空间"的平均使用频率排在第四位，为 2.99。这种方式有 7.2%的用户最常使用，28.8%的用户经常使用，11.0%的用户从不使用。

而使用文献管理软件之后再下载的选项中，"先阅读摘要，选择需要资料的题录导入文献管理软件，再下载全文"的平均使用频率排在第六位，为 2.79。该方式有 6.9%的用户最常使用，22.7%的用户经常使用，16.7%的用户从不使用。"直接选择需要的资料导入文献管理软件，再通过文献管理软件的批量下载功能下载全文"的平均使用频率排在第七位，为 2.67。该方式有 5.7%的用户最常使用，20.2%的用户经常使用，19.0%的用户从不使用。

从下载全文的方式来看，倾向于直接下载全文的用户明显多于使用文献管理软件下载的用户，原因可能是用户偏好更直接的方式。

（3）用户倾向于在线阅读而不是打印出来阅读。"仅在线阅读需要的资料"的平均使用频率排在第五位，为 2.83。"将需要的资料打印出来阅读"的平均使用频率排在最后一位，为 2.57。"仅在线阅读需要的资料"这种方式，4.0%的用户最常使用，19.8%的用户经常使用，7.7%的用户从不使用。"将需要的资料打印出来阅读"这种方式，3.3%的用户最常使用，17.1%的用户经常使用，17.0%的用户从不使用。二者对比的结果表明，更多的用户偏好在线阅读而不是纸质阅读。

7.8.2 影响检索结果处理方式使用频率的因素

本小节将对性别、身份、年龄、学历、专业和职称等因素对用户检索结果处理方式使用频率的影响进行探讨。

（1）性别。如表7-40所示，性别是影响用户检索结果处理方式使用频率的重要因素，其对6种检索结果处理方式的使用频率存在显著影响。

表7-40   不同性别用户检索结果处理方式使用频率的平均值和 t 检验统计

性别	A	B	C	D	E	F	G	H
男	3.94	3.47	3.52	2.87	2.82	2.96	2.81	2.71
女	3.81	3.59	3.47	3.04	2.83	2.72	2.62	2.51
t 值	2.519*	-2.235*	0.893	-3.000**	-0.283	3.821**	3.074**	3.567**

注：* 为 $p < 0.05$，** 为 $p < 0.01$。

男性对"先阅读摘要，再将需要的资料下载到本地设备""先阅读摘要，选择需要资料的题录导入文献管理软件，再下载全文""直接选择需要的资料导入文献管理软件，再通过文献管理软件的批量下载功能下载全文"和"将需要的资料打印出来阅读"这4种检索结果处理方式的使用频率显著高于女性。女性对"选择需要的资料存储到网络空间"和"选择需要的资料先在线阅读全文，根据情况再决定是否下载到本地设备"这2种检索结果处理方式的使用频率显著高于男性。

（2）身份。由表7-41可知，身份对用户检索结果处理方式使用频率存在一定的影响，其对4种检索结果处理方式的使用频率存在显著影响。

表7-41   不同身份用户检索结果处理方式使用频率的平均值和方差检验统计

身份	A	B	C	D	E	F	G	H
学生	3.85	3.57	3.46	2.98	2.83	2.72	2.59	2.48
教学科研人员	3.94	3.38	3.66	2.76	2.8	3.10	3.06	2.99
行政人员	3.76	3.61	3.57	3.17	2.8	3.34	3.25	3.02
教辅人员	3.79	3.39	3.61	3.39	3.11	3.14	3.07	3.04
其他人员	4.08	3.50	3.58	3.25	2.71	2.83	2.83	2.96
F 值	0.894	1.329	1.368	3.307*	0.737	10.760**	13.608**	15.315**

注：* 为 $p < 0.05$，** 为 $p < 0.01$。

事后分析的结果显示，教学科研人员、行政人员对"先阅读摘要，选择需要资料的题录导入文献管理软件，再下载全文""直接选择需要的资料导入文献管理软件，再通过文献管理软件的批量下载功能下载全文"和"将需要的资料打印出来阅读"这 3 种检索结果处理方式的使用频率显著高于学生，说明教学科研人员、行政人员与学生相比较，更偏好使用文献管理软件，更偏好纸质阅读。事后分析没有找出是哪些身份的用户对"选择需要的资料存储到网络空间"的使用频率存在显著差异。

（3）年龄。年龄是影响用户检索结果处理方式使用频率非常重要的因素，其对除"选择需要的资料存储到网络空间"之外的其他 7 种检索结果处理方式的使用频率均产生了显著影响（表 7 - 42）。

表 7 - 42　不同年龄用户检索结果处理方式使用频率的平均值和方差检验统计

年龄	A	B	C	D	E	F	G	H
20 岁及以下	3.65	3.58	3.34	3.05	2.92	2.69	2.60	2.44
21～29 岁	3.97	3.57	3.54	2.96	2.78	2.81	2.67	2.59
30～39 岁	4.00	3.47	3.69	3.00	2.76	3.20	3.13	2.94
40 岁及以上	3.64	3.11	3.71	2.71	2.76	2.87	2.89	2.96
F 值	16.229**	3.318*	6.366**	1.855	3.236*	6.253**	7.134**	10.016**

注：* 为 $p < 0.05$，** 为 $p < 0.01$。

事后分析的结果表明，30～39 岁、21～29 岁的用户对"先阅读摘要，再将需要的资料下载到本地设备""选择需要的资料直接下载全文到本地设备"这 2 种检索结果处理方式的使用频率显著高于 20 岁及以下的用户。20 岁及以下、21～29 岁的用户对"选择需要的资料先在线阅读全文，根据情况再决定是否下载到本地"的使用频率显著高于 40 岁及以上的用户，20 岁及以下的用户对"仅在线阅读需要的资料"的使用频率显著高于 21～29 岁的用户。结合这 3 种检索结果处理方式的使用频率，我们可以看出 20 岁及以下的用户更偏好在线阅读。30～39 岁的用户对"先阅读摘要，选择需要资料的题录导入文献管理软件，再下载全文"和"直接选择需要的资料导入文献管理软件，再通过文献管理软件的批量下载功能下载全文"这 2 种检索结果处理方式的使用频率显著高于 20 岁及以下、21～29 岁的用户，说明 30～39 岁的用户更偏好使用文献管理软件。21～

29 岁、30 ～ 39 岁和 40 岁及以上的用户对"将需要的资料打印出来阅读"的使用频率显著高于 20 岁及以下的用户，说明 20 岁及以下的用户更偏好电子阅读而不是纸质阅读。

（4）学历。如表 7 – 43 所示，学历是影响用户检索结果处理方式使用频率的重要因素，其对 6 种检索结果处理方式的使用频率存在显著影响。

表 7 – 43　不同学历用户检索结果处理方式使用频率的平均值和方差检验统计

学历	A	B	C	D	E	F	G	H
大专及以下	3.30	3.57	3.24	3.44	3.22	2.91	3.01	2.65
本科	3.80	3.60	3.50	3.06	2.87	2.76	2.67	2.50
硕士研究生	4.15	3.49	3.51	2.72	2.61	2.81	2.58	2.69
博士研究生	4.12	3.14	3.51	2.40	2.41	2.94	2.61	2.94
F 值	27.293**	6.547**	2.014	23.905**	18.913**	1.137	3.978**	7.223**

注：＊＊为 $p < 0.01$。

事后分析的结果表明，学历为博士研究生、硕士研究生的用户对"先阅读摘要，再将需要的资料下载到本地设备"的使用频率显著高于学历为大专及以下、本科的用户，学历为本科的用户对"先阅读摘要，再将需要的资料下载到本地设备"的使用频率显著高于学历为大专及以下的用户。学历为大专及以下、本科、硕士研究生的用户对"选择需要的资料先在线阅读全文，根据情况再决定是否下载到本地设备"的使用频率显著高于学历为博士研究生的用户。学历为大专及以下的用户对"选择需要的资料存储到网络空间"的使用频率显著高于学历为本科、硕士研究生和博士研究生的用户，学历为本科的用户对"选择需要的资料存储到网络空间""仅在线阅读需要的资料"这 2 种检索结果处理方式的使用频率显著高于学历为硕士研究生和博士研究生的用户。学历为大专及以下的用户对"直接选择需要的资料导入文献管理软件，再通过文献管理软件的批量下载功能下载全文"的使用频率显著高于学历为本科、硕士研究生的用户。学历为硕士研究生、博士研究生的用户对"将需要的资料打印出来阅读"的使用频率显著高于学历为本科的用户。

（5）专业。专业对用户的检索结果处理方式使用频率产生了较为重要的影响，其对 5 种检索结果处理方式的使用频率产生了显著影响

（表 7 - 44）。

表 7 - 44　不同专业用户检索结果处理方式使用频率的平均值和方差检验统计

专业	A	B	C	D	E	F	G	H
社会科学	3.89	3.57	3.53	2.92	2.79	2.64	2.55	2.45
人文科学	3.66	3.62	3.44	3.09	2.97	2.80	2.78	2.55
自然科学	3.91	3.48	3.39	2.98	2.79	2.92	2.67	2.63
F 值	7.965 **	2.032	2.393	2.794	4.230 *	9.474 **	5.013 **	4.833 **

注：* 为 $p < 0.05$，** 为 $p < 0.01$。

事后分析结果表明，社会科学专业、自然科学专业的用户对"先阅读摘要，再将需要的资料下载到本地设备"的使用频率显著高于人文科学专业的用户。人文科学专业的用户对"仅在线阅读需要的资料"的使用频率显著高于社会科学专业、自然科学专业的用户。自然科学专业的用户对"先阅读摘要，选择需要资料的题录导入文献管理软件，再下载全文"的使用频率显著高于社会科学专业的用户。人文科学专业的用户对"直接选择需要的资料导入文献管理软件，再通过文献管理软件的批量下载功能下载全文"的使用频率显著高于社会科学专业的用户。自然科学专业的用户对"将需要的资料打印出来阅读"的使用频率显著高于社会科学专业的用户。

（6）职称。如表 7 - 45 所示，职称对用户检索结果处理方式使用频率的影响不大，其仅对"仅在线阅读需要的资料"这种检索结果处理方式的使用频率存在显著影响。

表 7 - 45　不同职称用户检索结果处理方式使用频率的平均值和方差检验统计

职称	A	B	C	D	E	F	G	H
其他职称	4.10	3.63	3.46	3.02	3.17	3.02	2.85	3.20
中级职称	3.91	3.38	3.74	2.91	2.84	3.26	3.17	2.99
高级职称	3.71	3.11	3.68	2.66	2.53	2.89	3.05	2.82
F 值	1.63	2.48	1.042	1.218	4.348 *	1.32	0.928	1.52

注：* 为 $p < 0.05$。

事后分析的结果表明，其他职称的用户对"仅在线阅读需要的资料"的使用频率显著高于高级职称的用户。

7.8.3 电子文献存储方式

由表 7 - 46 可知，对于下载的电子文献，最多的用户倾向于存储到硬盘，72.1% 的用户会使用该方式存储下载的电子文献；排在第二位的是存储到移动存储设备，68.3% 的用户会使用该方式存储下载的电子文献；排在第三位的是存储到云服务，53.9% 的用户会使用该方式存储下载的电子文献；倾向于使用光盘、闪存卡存储下载的电子资源的用户非常少，比例分别只有 5.0% 和 4.9%。

就性别而言，男性比女性更倾向于使用硬盘存储下载的电子文献，男性的比例高达 83.5%，女性为 67.5%；女性比男性更倾向于选择通过存储到云服务这种方式存储下载的电子文献，女性的比例为 57.7%，男性的比例为 44.4%。

就身份而言，行政人员比学生更倾向于使用移动存储设备存储下载的电子文献，行政人员的比例为 83.2%，学生的比例为 66.8%。行政人员比教学科研人员更倾向于使用云服务存储下载的电子文献，行政人员的比例为 71.7%，教学科研人员的比例为 45.7%。

表 7 - 46 电子文献存储方式统计

存储方式①	响应		个案百分比（%）
	个案数（位）	百分比（%）	
存储到硬盘	1300	35.3	72.1
存储到移动存储设备（如移动硬盘、U 盘等）	1233	33.5	68.3
存储到云服务（如百度网盘）	972	26.4	53.9
存储到光盘	90	2.4	5.0
存储到闪存卡	88	2.4	4.9
总计	4216	100.0	233.7

①使用了值 1 对二分组进行制表。

就年龄而言，40 岁及以上用户比 20 岁及以下用户更倾向于使用硬盘存储下载的电子文献，40 岁及以上用户使用该方式的比例为 80.0%，20 岁及以下用户的比例为 64.2%；20 岁及以下用户比 40 岁及以上用户更倾向于使用云服务存储下载的电子文献，20 岁及以下用户使用该方式的比例为 61.2%，40 岁及以上用户的比例为 42.2%。

就学历而言，学历为博士研究生的用户比学历为大专及以下的用户更倾向于使用硬盘存储下载的电子文献，学历为博士研究生的用户使用该方式的比例为 92.5%，学历为大专及以下的用户的比例为 54.0%；学历为大专及以下的用户比学历为博士研究生的用户更倾向于使用云服务存储下载的电子文献，学历为大专及以下的用户使用该方式的比例为 77.0%，学历为博士研究生的用户的比例为 31.5%。

就专业而言，社会科学专业的用户比人文科学专业的用户更倾向于使用硬盘存储下载的电子文献，社会科学专业用户使用该方式的比例为 76.8%，人文科学专业用户的比例为 62.7%；人文科学专业的用户比社会科学专业的用户更倾向于使用云服务存储下载的电子文献，人文科学专业用户的比例为 63.7%，社会科学专业用户的比例为 47.8%。

7.8.4　累计存储电子文献的数量

绝大多数受访用户累计存储电子文献的数量都在 500 篇以下，54.8% 的用户在 100 篇以内，34.3% 的用户在 100～499 篇，二者合计比例将近 90%。还有 6.2% 的用户累计存储电子文献的数量为 500～999 篇，2.1% 的用户累计存储电子文献的数量为 1000～1499 篇，2.7% 的用户累计存储电子文献的数量在 1500 篇以上。

就性别而言，男性累计存储的电子文献数量显著高于女性。

就身份而言，教学科研人员累计存储的电子文献数量显著高于学生、行政人员和身份为其他的人员，行政人员累计存储的电子文献数量显著高于学生，教辅人员累计存储的电子文献数量显著高于学生和行政人员。出现这样的结果的原因可能是教学科研人员相对于学生、行政人员而言承担了更多的科研任务，为了更好地完成科研任务而需要广泛地阅读文献，因此累积存储的电子文献较多。教辅人员因为有职称评聘的压力，所以也要投入一部分精力进行科研，其累积存储的电子文献数量显著高于学生和行政人员也较为正常。

就学历而言，学历为博士研究生的用户累积存储电子文献的数量显著高于学历为大专及以下、本科和硕士研究生的用户，学历为硕士研究生的用户累积存储电子文献的数量显著高于学历为大专及以下和本科的用户。

原因可能是学历越高的用户，科研方面的需求就越高，因此累计存储的电子文献也就越多。

就年龄而言，40岁及以上、30～39岁的用户累计存储电子文献的数量显著高于20岁及以下的用户，21～29岁的用户累计存储电子文献的数量显著高于20岁及以下的用户。

7.8.5　电子文献管理方式

整体而言，受访用户的电子文献管理还处于粗放的状态，72.8%的用户会根据内容设定专门的文件夹存放，只有27.5%用户使用文献管理软件管理，还有24.9%的用户没有进行管理（表7-47）。

就性别而言，男性比女性更倾向于使用文献管理软件来管理电子文献。男性使用文献管理软件管理电子文献的比例为40.5%，女性的比例为22.4%。

表7-47　电子文献管理方式统计

管理方式①	响应		个案
	个案数（位）	百分比（%）	百分比（%）
使用文献管理软件管理	497	21.8	27.5
根据内容设定专门的文件夹存放	1314	57.5	72.8
没有管理，存放在系统默认的文件夹中	450	19.7	24.9
其他	23	1.0	1.3
总计	2284	100.0	126.6

①使用了值1对二分组进行制表。

就身份而言，教学科研人员比学生更倾向于使用文献管理软件来管理电子文献。教学科研人员使用文献管理软件管理电子文献的比例为56.7%，学生的比例为24.2%。

就年龄而言，30～39岁的用户比20岁及以下的用户更倾向于使用文献管理软件来管理电子文献。30～39岁的用户使用文献管理软件管理电子文献的比例为50.9%，20岁及以下用户的比例为18.5%。40岁及以上的用户比20岁及以下的用户更倾向于通过设定专门的文件夹存放的方式来管理电子文献。40 岁及以上的用户通过设定专门的文件夹存放的方式来管理电子文献的比例为 91.1%，20 岁及以下的用户的比例为 28.5%。20 岁及以下的用户比 40 岁及以上的用户更倾向于对电子文献不进行管理，20 岁及以下用户的比例为 31.8%，40 岁及以上用户的比例为 6.7%。

　　对电子文献管理方式和累计存储电子文献数量进行交叉分析，如图 7 - 1 所示，随着累计存储电子文献数量的上升，没有进行管理用户的比例呈现下降的趋势，使用文献管理软件管理用户的比例呈现上升的趋势，当累计存储电子文献数量在 1500 篇及以上时，没有进行管理用户的比例下降为 4.1%，使用文献管理软件管理用户的比例上升到 57.1%。这说明随着累计存储文献量的增长，用户倾向于采用某种方式进行管理，文献管理软件就是其中的一种方式。文献管理软件的使用跟用户累计存储文献的数量之间有一定的关联。

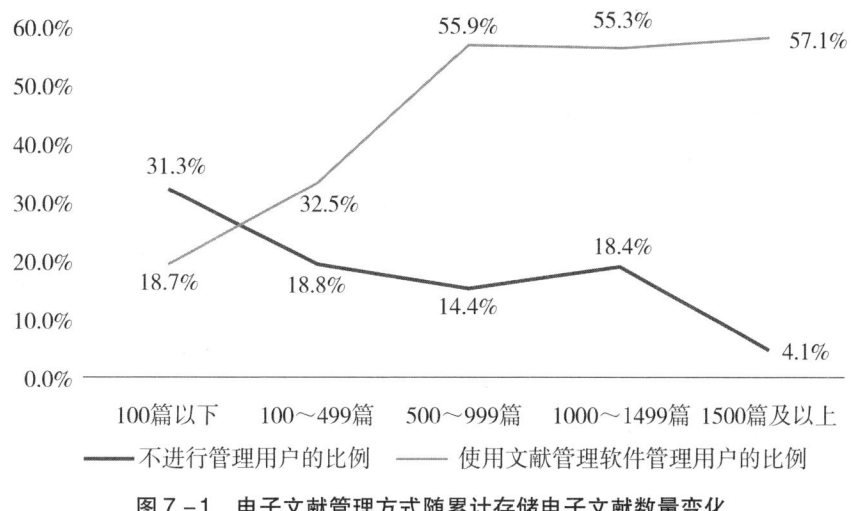

图 7 - 1　电子文献管理方式随累计存储电子文献数量变化

7.8.6　文献管理软件的使用

　　对选择使用文献管理软件管理下载电子文献的用户，进一步了解其对各种文献管理软件的使用情况。如表 7 - 48 所示，国外的文献管理软件中，使用 Endnote 的用户的比例最高，占 50.7%，Mendeley 和 Zotero 也分别有 23.9% 和 22.1% 的用户使用。国内的文献管理软件中，使用

NoteExpress 的用户的比例最高，占 43.5%，但是 CNKI 最近几年才推出的文献管理软件 CNKI E-Study 发展势头非常迅猛，已有 31.4% 的用户使用。

表 7 - 48　文献管理软件使用统计

存储方式①	响应		个案
	个案数（位）	百分比（%）	百分比（%）
Endnote	252	29.3	50.7
Mendeley	119	13.8	23.9
Zotero	110	12.8	22.1
NoteExpress	216	25.1	43.5
CNKI E-Study	156	18.1	31.4
其他	8	0.9	1.6
总计	861	100.0	173.2

①使用了值 1 对二分组进行制表。

第8章　电子资源利用与偏好

本章将从电子资源利用的频率与时长、电子资源利用的场所、电子资源利用的设备、了解图书馆电子资源的途径、移动服务需求、电子资源宣传和培训内容需求、电子资源宣传和培训方式需求、利用电子资源时遇到的问题、解决电子资源利用问题的渠道等方面来具体分析用户的电子资源利用、需求与偏好。

8.1　电子资源利用的频率与时长

利用频率与时长是用户利用行为特征的重要组成部分。本研究采用"自我报告"的形式通过问卷收集用户电子资源利用的频率与时长。

8.1.1　电子资源利用的频率

本研究将"没有用过""1～2次""每季度1～2次""每月1～3次""每周1～3次"和"每周4次及以上"频率的编码分别设为1、2、3、4、5、6（表8－1）。

由表8－1可知，各类型电子资源利用频率呈现如下5个特点。

（1）用户主要利用的是电子期刊和电子图书。电子期刊的平均利用频率为3.56，介于"每季度1～2次"和"每月1～3次"之间，偏向"每月1～3次"，排在所列8种电子资源的第一位。此排名与涂文波[①]、

---

　　① 涂文波. 大学图书馆数字资源需求与服务的读者调查及分析［J］. 大学图书馆学报，2008，26（5）：82－89.

Madhusudhan①、Zafar②、董 文 鸳 和 吴 娟 仙③、Chandran④、Giddaiah 和 Sarasvathy⑤ 等的研究结果一致。在他们的研究中，电子期刊也是用户利用最多的电子资源。

电子图书的平均使用频率为2.94，介于"1～2次"和"每季度1～2次"之间，偏向"每季度1～2次"，排在所列出的8种类型电子资源的第二位。此排名与蒋知义⑥、Ahmed⑦ 等的研究结果一致。他们的研究都表明，电子图书是用户利用第二多的电子资源。

电子期刊是用户利用最多的电子资源类型，电子图书是用户利用第二多的电子资源类型，这个结果与唐琼⑧、Prabakaran⑨、Santhi 和 Gopalakrishnan⑩ 等的研究结果一致。

（2）多数类型电子资源利用得不多。电子期刊是调查中唯一一种平均利用频率超过3的电子资源。电子图书、参考数据库、索引文摘数据库、电子音频/视频资源的平均利用频率分别排在第二位到第五位，介于"1～2次"和"每季度1～2次"之间，偏向"每季度1～2次"。数值和统计数据库、全文（集成）数据库和电子图像的平均利用频率介于"1～2次"和"每季度1～2次"之间，偏向"1～2次"。

---

① Madhusudhan M. Use of electronic resources by research scholars of Kurukshetra University ［J］. Electronic Library，2010，28（4）：492 – 506.

② Zafar A. Students' perception of electronic resources in MBBS Nursing Aga Khan University ［J］. Pakistan Library & Information Science Journal，2013，44（1）：31 – 37.

③ 董文鸳，吴娟仙. 高校图书馆电子资源利用现状调查研究：以嘉兴学院图书馆为例［J］. 图书馆建设，2008（9）：30 – 33.

④ Chandran V. Use and user perception of electronic information resources：a case study of Siva Institute of Frontier Technology，India ［J］. Chinese Librarianship，2013（36）：85 – 98.

⑤ Giddaiah D，Sarasvathy P. Electronic resources usage by researchers in the disciplines of biological sciences at the University of Mysore：a study ［J］. Professional Journal of Library and Information Technology，2013，3（2）：54 – 63.

⑥ 蒋知义. 高校图书馆数字资源用户满意度测评研究 ［D］. 湘潭：湘潭大学，2008.

⑦ Zabed Ahmed S M. Use of electronic resources by the faculty members in diverse public universities in Bangladesh ［J］. The Electronic Library，2013，31（3）：290 – 312.

⑧ 唐琼. 高校图书馆电子资源使用评价研究 ［D］. 广州：中山大学，2006.

⑨ Prabakaran M. Awareness and utilization of e-resources by faculty members with special reference to an engineering colleges，Virudhunagar District，Tamilnadu：a case study ［J］. Social Science Electronic Publishing，2016，6（3）：55 – 60.

⑩ Santhi K M，Gopalakrishnan S. Use of electronic resources in VIT University：an empirical study ［J］. International Journal of Research in Library Science，2016，2（2）：44 – 54.

表 8-1　各类型电子资源利用频率

电子资源类型	频数及比例						均值	排序
	没有用过	1～2次	每季度1～2次	每月1～3次	每周1～3次	每周4次及以上		
电子期刊	220 位 12.2%	333 位 18.5%	261 位 14.5%	428 位 23.7%	322 位 17.8%	240 位 13.3%	3.56	1
电子图书	389 位 21.6%	435 位 24.1%	300 位 16.6%	364 位 20.2%	215 位 11.9%	101 位 5.6%	2.94	2
参考数据库	451 位 25.0%	385 位 21.3%	272 位 15.1%	354 位 19.6%	211 位 11.7%	131 位 7.3%	2.93	3
索引文摘数据库	434 位 24.1%	422 位 23.4%	292 位 16.2%	338 位 18.7%	192 位 10.6%	126 位 7.0%	2.89	4
电子音频/视频资源	555 位 30.8%	381 位 21.1%	262 位 14.5%	285 位 15.8%	221 位 12.3%	100 位 5.5%	2.74	5
数值和统计数据库	684 位 37.9%	365 位 20.2%	288 位 16.0%	265 位 14.7%	136 位 7.5%	66 位 3.7%	2.45	6
全文（集成）数据库	719 位 39.9%	354 位 19.6%	260 位 14.4%	256 位 14.2%	164 位 9.1%	51 位 2.8%	2.42	7
电子图像	764 位 42.4%	345 位 19.1%	253 位 14.0%	258 位 14.3%	140 位 7.8%	44 位 2.4%	2.33	8

（3）高频用户少。本研究将每周利用 4 次及以上的用户定义为高频用户。只有电子期刊的高频用户比例超过 10%，为 13.3%。4 种电子资源的高频用户的比例在 5%～10%，分别是参考数据库 7.3%、索引文摘数据库 7.0%、电子图书 5.6%、电子音频/视频资源 5.5%。3 种电子资源的高频用户的比例在 5% 以下，分别是数值和统计数据库 3.7%、全文（集成）数据库 2.8%、电子图像 2.4%。

（4）各类型电子资源都存在较多未利用过的用户。有 1 种类型的电子资源未利用过的用户的比例超过 40%，即电子图像，为 42.4%。有 3 种类型的电子资源未利用过的用户的比例介于 30%～40%，分别是电子音频/视频资源 30.8%、数值和统计数据库 37.9% 和全文（集成）数据库 39.9%。有 3 种类型电子资源未利用过的用户的比例介于 20%～30%，分别是电子图书 21.6%、参考数据库 25.0% 和索引文摘数据库 24.1%。只有 1 种类型电子资源未利用过的用户的比例在 20% 以下，即电子期刊，为 12.2%。

（5）用户利用的电子资源类型较为局限。从受访者利用过的电子资源类型之和来看，4% 的受访者没有利用过的电子资源高达 7 种，7.2% 的受访者没有利用过的电子资源高达 6 种，9.6% 的受访者没有利用过的电子资源高达 5 种，12.4% 的受访者没有利用过的电子资源高达 4 种，11.0% 的受访者没有利用过的电子资源有 3 种，10.8% 的受访者没有利用过的电子资源有 2 种，54.9% 的受访者没有利用过的电子资源在 2 种及以上。

8.1.2　电子资源利用的时长

本研究将电子资源利用时长分为检索时长和阅读时长两个方面。

（1）检索时长。26.9% 的用户平均每周花在检索电子资源上的时间是 1 小时以内，45.5% 的用户平均每周花在检索电子资源上的时间是 1 小时到 3 小时以内，此两项累计的比例为 72.4%，表明将近 3/4 的用户每周花费在检索电子资源上的时间为 3 小时以内。超过 15% 的用户每周花费 5 小时到 7 小时以内的时间检索电子资源，每周花费 7 小时到 9 小时以内的时间和 9 小时以上的时间检索电子资源的用户的比例分别只有 5.7% 和 4.9%。用户检索时长的平均值为 2.16，也就是偏向 1 小时到 3 小时以内。

（2）阅读时长。18.1% 的用户平均每周花费在阅读电子文献资料的时间在 1 小时以内，32.6% 的用户平均每周花费在阅读电子文献资料的时间在 1 小时到 3 小时以内，这两项的比例合计超过五成，也就是超过一半的用户平均每周花费 3 小时以内的时间阅读电子文献。19.4% 的用户平均每周花费在阅读电子文献资料的时间在 3 小时到 5 小时以内，也有 12.0% 的用户平均每周花费在阅读电子文献资料的时间在 5 小时到 7 小时以内，每周花费 7 小时到 9 小时以内的时间和 9 小时以上的时间阅读电子文献资料的用户的比例分别只有 5.6% 和 12.3%。用户阅读时长的平均值为 2.91，偏向 3 小时到 5 小时以内。

Elsevier 于 2019 年发布的报告《科研的信任》（"Trust in research"）显示，平均而言，研究人员每周用来搜索研究文献的时间超过 4 个小时，而阅读这些文献的时间则超过 5 个小时[1]，比本研究的平均检索时长和阅读时长都高。原因有可能是本研究面向的对象是高校图书馆用户，而 Elsevier 的研究面向的是研究人员。

8.1.3　影响电子资源利用频率和利用时长的因素

本小节将对性别、身份、年龄、学历、专业和职称等因素对各类型电子资源利用频率和利用时长的影响进行分析。

（1）性别。性别是影响各类型电子资源利用频率和利用时长的重要因素，其对除电子音频/视频资源外的其他 7 种电子资源的利用频率、检索时长和阅读时长均存在显著影响（表 8 - 2 和表 8 - 3）。

表 8 - 2　不同性别用户各类型电子资源利用频率的平均值和 t 检验统计

性别	电子期刊	电子图书	参考数据库	索引文摘数据库	电子音频/视频资源	数值和统计数据库	全文（集成）数据库	电子图像
男	3.96	3.09	3.23	3.25	2.83	2.78	2.69	2.50
女	3.41	2.88	2.82	2.75	2.71	2.31	2.31	2.27
t 值	6.828**	2.664**	5.040**	6.262**	1.485	5.865**	4.881**	2.999**

注：** 为 $p < 0.01$。

独立样本 t 检验的结果表明，男性利用电子期刊、电子图书、参考数据库、索引文摘数据库、数值和统计数据库、全文（集成）数据库和电子

① ELSEVIER. Trust in research ［EB/OL］. （2019 - 11 - 28）　［2020 - 06 - 20］. https://www.elsevier.com/connect/trust-in-research.

图像的平均频率均高于女性。

表8-3 不同性别用户电子资源利用时长的平均值和 t 检验统计

性别	检索时长	阅读时长
男	2.38	3.35
女	2.07	2.74
t 值	5.228**	7.156**

注：** 为 $p < 0.01$。

独立样本 t 检验的结果表明，男性平均每周花费在检索电子资源和阅读电子文献上的时间都显著长于女性。

（2）身份。由表8-4和表8-5可知，身份也是影响各类型电子资源利用频率和利用时长的重要因素，其对所有类型电子资源的利用频率、检索时长和阅读时长都存在显著影响。

表8-4 不同身份用户电子资源利用频率的平均值和方差检验统计

身份	电子期刊	电子图书	参考数据库	索引文摘数据库	电子音频/视频资源	数值和统计数据库	全文（集成）数据库	电子图像
学生	3.52	2.86	2.88	2.87	2.64	2.33	2.31	2.25
教学科研人员	4.40	3.35	3.57	3.36	2.94	3.16	3.08	2.71
行政人员	3.23	3.25	2.83	2.70	3.63	2.97	2.83	2.97
教辅人员	3.82	3.46	3.39	3.21	3.32	3.50	3.39	2.79
其他人员	3.50	3.21	2.67	2.79	3.04	2.58	2.54	2.33
F 值	10.937**	5.515**	6.474**	3.777**	12.183**	17.626**	13.966**	9.839**

注：** 为 $p < 0.01$。

事后分析的结果显示，教学科研人员与学生、行政人员电子期刊的利用频率存在显著差异，教学科研人员的利用频率高于学生和行政人员。教学科研人员与学生电子图书的利用频率存在显著差异，教学科研人员的利用频率高于学生。教学科研人员与学生、行政人员与学生参考数据库的利用频率均存在显著差异，教学科研人员、行政人员的利用频率均高于学生。教学科研人员与学生、行政人员索引文摘数据库的利用频率存在显著差异，教学科研人员的利用频率高于学生和行政人员。教学科研人员、行政人员和教辅人员与学生数值和统计数据库、全文（集成）数据库的利用频率均存在显著差异，教学科研人员、行政人员和教辅人员对这 2 种电子资源的利用频率均高于学生。教学科研人员、行政人员与学生电子图像的利用频率存在显著差异，教学科研人员、行政人员的利用频率高于学生。教学科研人员对电子期刊、电子图书、参考数据库、索引文摘数据库、数值和统计数据库、全文（集成）数据库的利用频率高，原因有可能是这些资源更多偏向学术，教学科研人员承担着教学和科研任务。行政人员、教辅人员也承担了科研任务或者工作和自身发展有需要，所以对这些学术类资源的利用频率高于学生。行政人员与学生、教学科研人员电子音频/视频资源的利用频率存在显著差异，行政人员的利用频率高于学生和教学科研人员。原因有可能是电子音频/视频资源的学术色彩少一些，行政人员在工作中对此类资源的需求相对较高。

表 8-5　不同身份用户电子资源利用时长的平均值和方差检验统计

身份	检索时长	阅读时长
学生	2.10	2.85
教学科研人员	2.72	3.66
行政人员	2.21	2.91
教辅人员	2.75	3.07
其他人员	2.04	2.83
F 值	13.399**	7.975**

注：** 为 $p < 0.01$。

教学科研人员的平均检索时长和阅读时长显著长于学生和行政人员，教辅人员的平均检索时长显著长于学生。原因有可能是教学科研人员承担的科研任务要比学生和行政人员多，为了完成任务或者实现自己的事业追求，相对来说，要花更多的时间去检索电子资源和阅读电子文献。教辅人员有比较长的检索时长也有可能与工作角色有关，如教辅人员中的图书馆工作人员，为了完成工作任务，需要检索和整理电子资源。

（3）年龄。年龄同样是影响用户各类型电子资源利用频率和利用时长的重要因素。与性别一样，不同年龄的用户除电子音频/视频资源之外的其他 7 种电子资源的利用频率均存在显著差异。不同年龄用户的电子资源检索时长和电子文献阅读时长均存在显著差异（表 8-6 和表 8-7）。

表 8-6　不同年龄用户电子资源利用频率的平均值和方差检验统计

年龄	电子期刊	电子图书	参考数据库	索引文摘数据库	电子音频/视频资源	数值和统计数据库	全文（集成）数据库	电子图像
20 岁及以下	3.07	2.81	2.62	2.52	2.66	2.21	2.15	2.31
21～29 岁	3.77	2.97	3.06	3.08	2.76	2.48	2.47	2.30
30～39 岁	4.27	3.21	3.59	3.38	3.03	3.28	3.28	2.74
40 岁及以上	4.20	3.18	3.07	2.91	3.00	3.04	2.96	2.49
F 值	38.111**	3.273*	17.139**	21.810**	2.222	19.963**	21.906**	3.263*

注：* 为 $p < 0.05$，** 为 $p < 0.01$。

事后分析的结果表明，21～29 岁、30～39 岁和 40 岁及以上的用户与 20 岁及以下用户、30～39 岁用户与 21～29 岁用户电子期刊的利用频率存在显著差异，21～29 岁、30～39 岁和 40 岁及以上的用户比 20 岁及以下用户的利用频率高，30～39 岁用户比 21～29 岁用户的利用频率高。事后分析没有找出哪些年龄段的用户电子图书的利用频率存在显著差异。30～39 岁用户与 20 岁及以下、21～29 岁用户参考数据库的利用频率存在显著差异，21～29 岁用户与 20 岁及以下用户参考数据库的利用频率存在显著差异，30～39 岁用户的利用频率高于 20 岁及以下、21～29 岁用户，21～29 岁用户的利用频率高于 20 岁及以下用户。30～39 岁、21～29 岁用户与 20 岁及以下用户索引文摘数据库的利用频率存在显著差异，30～39 岁、21～29 岁用户的利用频率高于 20 岁及以下用户。40 岁及以上、30～39 岁、21～29 岁用户与 20 岁及以下用户数值与统计数据库的利用频率存在显著差异，30～39 岁用户与 21～29 岁用户数值与统计数据库的利用频率存在显著差异，30～39 岁、21～29 岁用户的利用频率高于 20 岁及以下用户，30～39 岁用户的利用频率高于 21～29 岁的用户。40 岁及以上、30～39 岁、21～29 岁用户与 20 岁及以下用户全文（集成）数据库的利用频率存在显著差异，30～39 岁用户与 21～29 岁用户全文（集成）数据库的利用频率存在显著差异，40 岁及以上、30～39 岁、21～29 岁用户的利用频率高于 20 岁及以下用户，30～39 岁用户的利用频率高于 21～29 岁用户。30～39 岁用户与 21～29 岁、20 岁及以下用户电子图像的利用频率存在显著差异，30～39 岁用户的利用频率高于 21～29 岁、20 岁及以下用户。呈现这样的结果，原因有可能是样本中 30～39 岁和 40 岁及以上的用户以教工为主，20 岁及以下用户都是学生，教工由于自身的角色对学术类电子资源的利用较多。

表 8 - 7　不同年龄用户电子资源利用时长的平均值和方差检验统计

年龄	检索时长	阅读时长
20 岁及以下	1. 95	2. 51
21～29 岁	2. 20	3. 05
30～39 岁	2. 84	3. 82
40 岁及以上	2. 67	3. 38
F 值	29. 632**	31. 452*

注：* 为 $p < 0.05$，** 为 $p < 0.01$。

事后分析的结果显示，40 岁及以上、30～39 岁的用户的检索时长显著长于 20 岁及以下、21～29 岁的用户，21～29 岁的用户的检索时长显著长于 20 岁及以下用户。40 岁及以上、30～39 岁、21～29 岁的用户的阅读时长显著长于 20 岁及以下用户，30～39 岁的用户的阅读时长显著长于 21～29 岁的用户。分析其原因，应该是与样本中不同年龄段用户的身份分布有关。

（4）学历。由表 8 - 8 和表 8 - 9 可知，与性别、身份、年龄一样，学历也是影响用户各类型电子资源利用频率和利用时长的重要因素。学历对除电子图书之外的 7 种电子资源的利用频率均存在显著影响，对电子资源的检索时长和阅读时长也都存在显著影响。

表8-8 不同学历用户电子资源利用频率的平均值和方差检验统计

学历	电子期刊	电子图书	参考数据库	索引文摘数据库	电子音频/视频资源	数值和统计数据库	全文（集成）数据库	电子图像
大专及以下	2.89	3.26	2.74	2.70	3.49	2.73	2.60	3.01
本科	3.27	2.91	2.74	2.66	2.76	2.30	2.26	2.31
硕士研究生	4.43	2.89	3.50	3.50	2.53	2.70	2.75	2.20
博士研究生	5.35	3.10	3.82	4.30	2.33	3.25	3.23	3.01
F 值	110.188**	2.311	31.245**	56.782**	12.449**	18.187**	20.778**	9.314**

注：** 为 $p < 0.01$。

事后分析的结果表明，学历为博士研究生的用户与学历为硕士研究生、本科、大专及以下的用户的电子期刊和索引文摘数据库的利用频率存在显著差异，学历为硕士研究生的用户与学历为本科、大专及以下的用户的电子期刊和索引文摘数据库的利用频率存在显著差异，学历为博士研究生的用户的利用频率显著高于学历为硕士研究生、本科、大专及以下的用户，学历为硕士研究生的用户利用频率显著高于学历为本科、大专及以下的用户。学历为硕士研究生、博士研究生的用户与学历为本科、大专及以下的用户参考数据库的利用频率存在显著差异，学历为硕士研究生、博士研究生的用户利用频率显著高于学历为本科、大专及以下的用户。学历为博士研究生的用户与学历为本科、硕士研究生的用户数值和统计数据库的利用频率存在显著差异，学历为硕士研究生、大专及以下的用户与学历为本科的用户数值和统计数据库的利用频率存在显著差异，学历为博士研究生的用户的利用频率显著高于学历为本科、硕士研究生的用户，学历为硕士研究生、大专及以下的用户的利用频率显著高于学历为本科的用户。学历为博士研究生的用户与学历为大专及以下、本科的用户全文（集成）数据库的利用频率存在显著差异，学历为硕士研究生的用户与学历为本科的用户全文（集成）数据库的利用频率存在显著差异，学历为博士研究生的用户的利用频率高于学历为大专及以下、本科的用户，学历为硕士研究生的用户的利用频率显著高于学历为本科的用户。分析其原因，学历为硕士研究生和博士研究生的用户可能更多地承担或参与科研任务，所以在跟学术类相关的电子资源的利用频率上要显著高于本科生和硕士研究生。

学历为大专及以下的用户与学历为本科、硕士研究生、博士研究生的用户电子音频/视频资源、电子图像的利用频率存在显著差异，学历为大专及以下的用户的利用频率均显著高于学历为本科、硕士研究生、博士研究生的用户。出现这样的结果的原因有可能是这两种类型的电子资源更多地被视作与学术关系不大。

表 8-9　不同学历用户电子资源利用时长的平均值和方差检验统计

学历	检索时长	阅读时长
大专及以下	2.12	2.79
本科	1.97	2.59
硕士研究生	2.55	3.61
博士研究生	3.43	4.99
F 值	85.821 **	108.749 **

注：** 为 $p < 0.01$。

学历为博士研究生、硕士研究生的用户的检索时长、阅读时长显著长于学历为本科、大专及以下的用户，学历为博士研究生的用户的检索时长显著长于学历为硕士研究生的用户。产生这种现象的原因很有可能是研究生特别是博士研究生是科研的重要力量，而科研中电子资源的查找与电子文献的阅读必不可少。

（5）专业。如表 8-10 和表 8-11 所示，与性别、身份、年龄、学历等因素相比，专业只对部分类型电子资源的利用频率存在显著影响，不同专业用户电子期刊、参考数据库、索引文摘数据库以及数值和统计数据库的利用频率存在显著差异。专业对电子资源利用时长中的阅读时长存在显著影响。

表 8 - 10　不同专业用户电子资源利用频率的平均值和方差检验统计

专业	电子期刊	电子图书	参考数据库	索引文摘数据库	电子音频/视频资源	数值和统计数据库	全文（集成）数据库	电子图像
社会科学	3.79	2.85	2.98	2.98	2.61	2.51	2.30	2.21
人文科学	3.18	2.88	2.71	2.56	2.75	2.23	2.39	2.41
自然科学	3.48	3.00	3.02	2.99	2.71	2.28	2.48	2.32
F 值	18.331 **	1.438	3.872 *	9.229 **	1.177	6.037 **	2.245	2.341

注：* 为 $p < 0.05$，** 为 $p < 0.01$。

事后分析的结果表明，社会科学专业的用户与人文科学、自然科学专业的用户电子期刊的利用频率存在显著差异，自然科学专业与人文科学专业用户电子期刊的利用频率存在显著差异，社会科学专业用户的利用频率高于人文科学专业、自然科学专业用户，自然科学专业用户的利用频率高于人文科学专业的用户。人文科学专业用户与社会科学专业、自然科学专业用户参考数据库、索引文摘数据库的利用频率存在显著差异，人文科学专业用户的利用频率低于社会科学专业、自然科学专业的用户。社会科学专业用户与人文科学专业、自然科学专业的用户数值和统计数据库的利用频率存在显著差异，社会科学专业用户的利用频率高于人文科学专业、自然科学专业的用户。

表 8 - 11　不同专业用户电子资源利用时长的平均值和方差检验统计

专业	检索时长	阅读时长
社会科学	2.18	2.93
人文科学	2.08	2.67
自然科学	2.14	3.05
F 值	1.138	5.429 **

注：** 为 $p < 0.01$。

不同专业用户的阅读时长存在显著差异。自然科学专业和社会科学专业的用户电子文献阅读时长显著长于人文科学专业用户。原因有可能是人文科学专业用户偏好使用纸质资源，对大多数类型电子资源的利用频率比自然科学专业和社会科学专业用户低。

（6）职称。由表8-12和表8-13可知，职称对各类型电子资源利用频率的影响不大。不同职称用户只在电子期刊的利用频率上存在显著差异。职称对用户电子资源的检索时长和电子文献的阅读时长均存在显著影响。

表8-12　不同职称用户电子资源利用频率的平均值和方差检验统计

职称	电子期刊	电子图书	参考数据库	索引文摘数据库	电子音频/视频资源	数值和统计数据库	全文（集成）数据库	电子图像
其他职称	4.00	3.24	3.54	3.39	3.15	3.15	3.00	2.80
中级职称	4.25	3.33	3.57	3.22	3.01	3.22	3.03	2.80
高级职称	4.71	3.58	3.50	3.50	2.87	3.29	3.50	2.47
F 值	3.125^{*}	0.566	0.022	0.433	0.308	0.083	1.403	0.641

注：$*$ 为 $p < 0.05$。

事后分析没有找出具体是哪些职称用户的电子期刊利用频率存在显著差异。

表8-13　不同职称用户电子资源利用时长的平均值和方差检验统计

职称	检索时长	阅读时长
其他职称	2.15	2.98
中级职称	2.82	3.72
高级职称	3.18	3.84
F 值	7.195^{**}	3.488^{*}

注：$*$ 为 $p < 0.05$，$**$ 为 $p < 0.01$。

事后分析的结果显示，高级职称和中级职称的用户的检索时长显著长于其他职称的用户。原因有可能是高级职称和中级职称的用户更多地承担着科研任务。事后分析没有找到是哪些职称的用户的阅读时长存在显著差异。

8.2　电子资源利用的场所

电子资源利用的场所对于电子资源服务具有重要的意义，因为不同场所下电子资源服务的需求存在一定的差异。对于高校而言，目前电子资源提供商主要采用 IP 地址进行用户身份认证。图书馆将需要访问电子资源的 IP 段提供给电子资源供应商，电子资源供应商开通服务。如果用户要在校外访问电子资源，图书馆就要解决好身份认证的问题。

8.2.1　场所的类型

如表 8 – 14 所示，图书馆仍然是用户利用电子资源的重要场所，78.8% 的用户会在图书馆利用电子资源，排在列举出的 6 种场所的第一位，这个结果与 Thanuskodi[1]、Natarajan[2]、董文鸳和吴娟仙[3]、Punchi-hewa 和 Jayasuriya[4]、Konappa[5]、Bituka[6] 等的研究结果一致。

表 8 –14 电子资源利用场所统计

利用场所[1]	响应		个案百分比（％）
	个案数（位）	百分比（％）	
办公室/课室	881	20.9	48.8
校内的宿舍/家里	1404	33.3	77.8
图书馆	1421	33.7	78.8
实验室	244	5.8	13.5
校外	254	6.0	14.1
其他	12	0.3	0.7
总计	4216	100.0	233.7

①使用了值 1 对二分组进行制表。

①　Thanuskodi S. Use of e-resources by the students and researchers of faculty of arts, Annamalai University ［J］. International Journal of Library Science, 2012, 1 (1): 1 – 7.

②　Natarajan M. Use and impact of electronic resources by information science students at Jimma University, Jimma, Ethiopia ［J］. Collection Building, 2017, 36 (4): 163 –171.

③　董文鸳，吴娟仙. 高校图书馆电子资源利用现状调查研究：以嘉兴学院图书馆为例 ［J］. 图书馆建设, 2008 (9): 30 –33.

④　Punchihewa C, Jayasuriya S. Use of online journals and databases: a case study based University of Moratuwa ［J］. Journal of University Librarians Association of Sri Lanka, 2008, 12: 124 – 149.

⑤　Konappa K. Use of electronic information resources in university libraries of Tirupati (A. P): an analytical study ［J］. International Journal of Library and Information Science, 2014, 6 (1): 5 – 13.

⑥　Bituka R. Usage of electronic resources by Chemistry Department members, Shivaji University Kolhapur ［J］. International Journal of Digital Library Services, 2016, 6 (1): 94 –103.

校内的宿舍/家里排在第二位，77.8%的用户会在此场所利用电子资源。办公室/课室排在第三位，48.8%的用户会在此场所利用电子资源。校外排在第四位，14.1%的用户会在这个场所利用电子资源。

就不同身份的用户而言，学生最常在宿舍利用电子资源，81.5%的学生选择此项；图书馆是学生利用电子资源第二常在的场所，81.0%的学生选择此项；课室是学生利用电子资源第三常在的场所，43.6%的学生选择此项。学生利用电子资源的场所分布与其活动场所分布有关，宿舍、图书馆和课室是学生主要的活动场所。分别有 13.0% 和 11.9%的学生会在实验室与校外利用电子资源。

教学科研人员最常在办公室利用电子资源，79.5%的教学科研人员选择此项；校内的宿舍/家里是教学科研人员利用电子资源第二常在的场所，60.6%的教学科研人员选择此项；图书馆是教学科研人员利用电子资源第三常在的场所，55.9%的教学科研人员选择此项；校外是教学科研人员利用电子资源第四常在的场所，26.1% 的教学科研人员选择此项；还有 18.1%的教学科研人员会在实验室利用电子资源。

8.2.2　场所的数量

83.4%的用户会在多个场所利用电子资源，只有 16.6%的用户只在 1 个场所利用电子资源。在多个场所利用电子资源的用户中，有 806 位用户会在 2 个场所利用电子资源，占用户总数的比例为 44.7%；有 522 位用户在 3 个场所利用电子资源，占用户总数的比例为 28.9%，这个结果比 Deng[①] 研究获得的比例低近 5 个百分点；有 144 位用户在 4 个场所利用电子资源，占用户总数的比例为 8.0%；在 5 个及以上场所利用电子资源的用户较少。

8.3　电子资源利用的设备

电子资源的利用必须借助电脑、平板电脑、手机等硬件设备才能完成。不同的设备对电子资源供应商和图书馆的服务要求也不同。

---

① Deng H. Emerging patterns and trends in utilizing electronic resources in a higher education environment：an empirical analysis ［J］. New Library World, 2010, 111 (3/4)：87 – 103.

8.3.1　设备的类型

由表 8 – 15 可知，电脑是用户利用电子资源最常用的设备，88.1% 的用户会通过电脑利用电子资源。移动设备也得到了广泛的应用，只有22.8% 的用户没有通过移动设备利用电子资源，也有 11.9% 的用户只通过移动设备利用电子资源。智能手机是用户利用电子资源第二常用的设备，67.2% 的用户会通过智能手机利用电子资源；平板电脑是用户利用电子资源第三常用的设备，25.3% 的用户会通过平板电脑利用电子资源；也有13.9% 的用户通过电子图书阅读器/阅读机利用电子资源。

表 8 – 15　电子资源利用设备统计

电子资源使用设备①	响应		个案百分比（%）
	个案数（位）	百分比（%）	
电脑	1589	45.1	88.1
平板电脑	457	13.0	25.3
智能手机	1213	34.4	67.2
电子图书阅读器/阅读机	251	7.1	13.9
其他	14	0.4	0.8
总计	3524	100.0	195.3

①使用了值 1 对二分组进行制表。

就年龄而言，年龄越低的用户通过智能手机利用电子资源的比例越高。20 岁及以下、21 ～ 29 岁、30 ～ 39 岁和 40 岁及以上用户通过智能手机利用电子资源的比例分别为 75.4% 、64.7% 、53.7% 和 40.0% 。

就学历而言，学历越低的用户通过智能手机利用电子资源的比例越高。大专及以下、本科、硕士研究生和博士研究生用户通过智能手机利用电子资源的比例分别为 87.6% 、71.7% 、49.7% 和 41.9% 。

8.3.2　设备的数量

就利用设备的数量而言，通过多种设备利用电子资源占据主流地位。29.2% 的用户通过 1 种设备利用电子资源，50.4% 的用户会通过 2 种设备利用电子资源，超过 15% 的用户通过 3 种设备利用电子资源，通过 4 种及以上设备利用电子资源的用户的比例为 3.9%。

8.4　了解图书馆电子资源的途径

知晓用户了解图书馆电子资源的途径，有助于图书馆根据用户偏好做好电子资源的宣传和推广工作，提高图书馆电子资源的利用率。本研究将"从不使用""很少使用""有时使用""经常使用"和"最常使用"频率分别编码为 1、2、3、4 和 5。

8.4.1　各种途径的使用频率

由表 8-16 可知，用户了解电子资源途径的使用频率具有以下 4 个特点。

表 8-16　了解图书馆电子资源途径的使用频率统计

途径	频数及比例					均值	排序
	从不使用	很少使用	有时使用	经常使用	最常使用		
图书馆网站	17 位	166 位	447 位	786 位	388 位	3.75	1
	0.9%	9.2%	24.8%	43.6%	21.5%		
老师或同学推荐	49 位	212 位	533 位	722 位	288 位	3.55	2
	2.7%	11.8%	29.5%	40.0%	16.0%		
图书馆微信公众号	135 位	309 位	543 位	606 位	211 位	3.25	3
	7.5%	17.1%	30.1%	33.6%	11.7%		
信息素养课程	325 位	531 位	545 位	320 位	83 位	2.61	4
	18.0%	29.4%	30.2%	17.7%	4.6%		
图书馆讲座	311 位	549 位	567 位	311 位	66 位	2.60	5
	17.2%	30.4%	31.4%	17.2%	3.7%		
图书馆馆员推荐	458 位	553 位	456 位	290 位	47 位	2.40	6
	25.4%	30.7%	25.3%	16.1%	2.6%		
图书馆微博	489 位	535 位	429 位	281 位	70 位	2.39	7
	27.1%	29.7%	23.8%	15.6%	3.9%		

（1）图书馆网站依然是用户最常使用的途径。本研究列出的 7 条途径中，排在第一位的是图书馆网站，平均使用频率为 3.75，介于"有时使用"和"经常使用"之间，偏向"经常使用"。对此途径，21.5% 的用户最常使用，43.6% 的用户经常使用，很少使用的用户的比例不到 10%，从不使用的用户的比例不到 1%。这说明即使是在移动互联网时代，图书馆网站仍然具有重要的价值。

（2）人际渠道是非常重要的途径。老师或者同学推荐是用户了解图书馆电子资源 7 条途径中排在第二位的途径，平均使用频率为 3.55，介于"有时使用"和"经常使用"之间，偏向"经常使用"。对此途径，16.0% 的用户最常使用，40% 的用户经常使用，很少使用的用户的比例为 11.8%，从不使用的用户的比例为 2.7%。这表明用户非常重视人际渠道。

（3）新媒体平台中用户偏好微信。以微信、微博、微视频和客户端为代表的新媒体平台，在各种宣传中扮演着越来越重要的角色。本研究探讨了用户对了解图书馆电子资源的微信和微博这两种新媒体平台的使用状况。从调查结果可知，图书馆微信公众号是用户了解图书馆电子资源 7 条途径中排在第三位的途径，平均使用频率为 3.25，介于"有时使用"和"经常使用"之间，偏向"有时使用"。对此途径，11.7% 的用户最常使用，33.6% 的用户经常使用，很少使用的用户的比例为 17.1%，从不使用的用户的比例为 7.5%。从用户的年龄段来看，20 岁及以下、21～29 岁、30～39 岁和 40 岁及以上用户最常使用的比例分别为 12.8%、11.8%、8.3% 和 2.2%，表明年龄越低，使用图书馆微信公众号了解图书馆电子资源的比例越高。同样是新媒体平台，微博的使用情况就差很远。微博是用户了解图书馆电子资源 7 条途径中排在最后一位的途径，平均使用频率为 2.39，介于"很少使用"和"有时使用"之间，偏向"很少使用"。对该途径，只有 3.9% 的用户最常使用，经常使用的用户的比例为 15.6%，从不使用的用户的比例为 27.1%。

（4）图书馆的传统途径利用情况不太理想。信息素养课程、图书馆讲座和图书馆馆员推荐等图书馆传统的宣传和推广途径，分别排在用户了解电子资源途径的第四到第六位。信息素养课程的平均使用频率为 2.61，介于"很少使用"和"有时使用"之间，偏向"有时使用"。对于此途径，只有 4.6% 的用户最常使用，17.7% 的用户经常使用，29.4% 的用户很少使用，18.0% 的用户从不使用。图书馆讲座的平均使用频率为 2.60，介于"很少使用"和"有时使用"之间，偏向"有时使用"。对于此途径，只有 3.7% 的用户最常使用，17.2% 的用户经常使用，30.4% 的用户很少使用，17.2% 的用户从不使用。图书馆馆员推荐的平均使用频率为 2.40，介于"很少使用"和"有时使用"之间，偏向"很少使用"。对于此途径，只有 2.6% 的用户最常使用，16.1% 的用户经常使用，30.7% 的用户很少使用，25.4% 的用户从不使用。

8.4.2 影响各种途径使用频率的因素

本小节将探讨性别、身份、年龄、学历、专业、职称等因素对用户了解图书馆电子资源途径的使用频率的影响。

（1）性别。性别对用户了解图书馆电子资源途径的使用频率没有多大影响，其只对图书馆网站和图书馆讲座这 2 条途径的使用频率存在显著影响（表 8-17）。

表 8-17 不同性别用户了解图书馆电子资源途径的使用频率的平均值和 t 检验统计

性别	图书馆网站	老师或同学推荐	图书馆微信公众号	信息素养课程	图书馆讲座	图书馆馆员推荐	图书馆微博
男	3.82	3.49	3.25	2.67	2.71	2.48	2.46
女	3.73	3.57	3.25	2.59	2.55	2.37	2.37
t 值	2.027*	-1.473	0.145	1.413	2.749**	1.896	1.638

注：* 为 $p < 0.05$，** 为 $p < 0.01$。

事后分析的结果表明，男性使用图书馆网站和图书馆讲座这两条途径的频率显著高于女性。

（2）身份。如表 8-18 所示，身份是影响用户了解图书馆电子资源途径的使用频率的重要因素，其对 7 条途径中的 5 条途径的使用频率存在显著影响。

表 8-18 不同身份用户了解图书馆电子资源途径的使用频率的平均值和方差分析统计

身份	图书馆网站	老师或同学推荐	图书馆微信公众号	信息素养课程	图书馆讲座	图书馆馆员推荐	图书馆微博
学生	3.75	3.59	3.27	2.58	2.53	2.32	2.31
教学科研人员	3.83	3.29	3.00	2.72	2.83	2.71	2.61

续表 8 - 18

身份	图书馆网站	老师或同学推荐	图书馆微信公众号	信息素养课程	图书馆讲座	图书馆馆员推荐	图书馆微博
行政人员	3.81	3.51	3.22	2.85	3.02	2.90	3.04
教辅人员	3.89	3.18	3.21	3.32	3.50	3.32	3.07
其他人员	3.58	2.92	3.25	2.58	2.54	2.29	2.58
F 值	0.677	6.389**	1.823	4.948**	12.581**	15.690**	15.001**

注：** 为 $p < 0.01$。

事后分析的结果表明，学生对老师或同学推荐这条途径的平均使用频率显著高于教学科研人员和其他人员，说明学生更偏好使用人际渠道。教辅人员对信息素养课程这条途径的平均使用频率显著高于学生。教辅人员对图书馆讲座这条途径的平均使用频率显著高于学生和其他人员。教辅人员更偏好于信息素养课程和图书馆讲座这 2 条途径，有可能是教辅人员对这 2 条途径较为了解。教学科研人员、行政人员、教辅人员对图书馆馆员推荐这条途径的平均使用频率显著高于学生，原因有可能是教学科研人员、行政人员和教辅人员对图书馆更为了解。教辅人员对图书馆馆员推荐这条途径的平均使用频率显著高于其他人员。行政人员、教辅人员对图书馆微博这条途径的平均使用频率显著高于学生。

（3）年龄。由表 8 - 19 可知，与身份一样，年龄也是影响用户了解图书馆电子资源途径的使用频率的重要因素，其对 7 条途径中的 5 条途径的使用频率存在显著影响。

表 8 - 19 　不同年龄用户了解图书馆电子资源途径的使用频率的平均值和方差分析统计

年龄	图书馆网站	老师或同学推荐	图书馆微信公众号	信息素养课程	图书馆讲座	图书馆馆员推荐	图书馆微博
20 岁及以下	3.59	3.58	3.33	2.64	2.51	2.38	2.32
21～29 岁	3.84	3.58	3.22	2.57	2.61	2.35	2.39
30～39 岁	3.95	3.24	3.09	2.84	2.93	2.84	2.85
40 岁及以上	3.78	3.11	3.04	2.64	2.76	2.67	2.49
F 值	11.308**	7.132**	2.601	2.129	5.225**	7.403**	6.727**

注：** 为 $p < 0.01$。

事后分析的结果表明，年龄为 21 ～ 29 岁和 30 ～ 39 岁的用户使用图书馆网站这条途径的平均频率显著高于 20 岁及以下的用户。原因有可能是 20 岁及以下的用户大多为大学低年级学生，对图书馆的了解程度相对要比 21 ～ 29 岁和 30 ～ 39 岁的用户低。年龄为 30 ～ 39 岁和 40 岁及以上的用户使用老师或同学推荐这条途径的平均频率显著高于年龄为 20 岁及以下及 21 ～ 29 岁的用户。原因有可能是年龄越大的用户，对人际渠道的信任度就越高。年龄为 30 ～ 39 岁的用户使用图书馆讲座、图书馆馆员推荐和图书馆微博这 3 条途径的平均频率显著高于年龄为 20 岁及以下和 21 ～ 29 岁的用户。原因有可能是 30 ～ 39 岁的用户对图书馆的熟悉程度要比年龄为 20 岁及以下和 21 ～ 29 岁的用户高，并且其有可能在微信崛起之前使用过微博，所以也会考虑使用图书馆微博这一途径。

　　（4）学历。如表 8 - 20 所示，学历也是影响用户了解电子资源途径的使用频率的重要因素，其对所列的 7 条途径的使用频率都存在显著影响。

表 8 - 20　不同学历用户了解图书馆电子资源途径的使用频率的平均值和方差分析统计

学历	图书馆网站	老师或同学推荐	图书馆微信公众号	信息素养课程	图书馆讲座	图书馆馆员推荐	图书馆微博
大专及以下	3.49	3.52	3.52	2.94	2.89	2.88	3.19
本科	3.69	3.57	3.30	2.63	2.55	2.39	2.35
硕士研究生	3.99	3.58	3.10	2.53	2.71	2.32	2.38
博士研究生	4.15	3.17	2.75	2.31	2.52	2.26	2.15
F 值	18.135**	4.909**	11.771**	6.315**	5.237**	8.196**	20.609**

注：** 为 $p < 0.01$。

　　事后分析的结果表明，学历为硕士研究生和博士研究生的用户使用图书馆网站这条途径的平均频率显著高于学历为大专和以下及本科的用户。学历为本科、硕士研究生的用户使用老师或同学推荐这条途径的平均频率显著高于学历为博士研究生的用户。用户的学历越高，使用图书馆网站了解电子资源的平均频率也越高，这一点与 Head 和 Eisenberg 的研究结果一致。在他们的研究中，97.6% 的研究生及以上学历用户使用过图书馆网站，95.8% 的本科学历用户使用过图书馆网站，84.6% 的大专学历用户使用过图书馆网站，74.1% 的高中/中专用户学历使用过图书馆网站，

63.5% 的初中及以下学历用户使用过图书馆网站[①]。学历为大专及以下、本科的用户使用图书馆微信公众号这条途径的平均频率显著高于学历为硕士研究生、博士研究生的用户。原因有可能是,相对而言,学历为大专及以下、本科的用户比学历为硕士研究生、博士研究生的用户年龄小,对微信的黏度更高。学历为大专及以下的用户使用信息素养课程这条途径的平均频率显著高于学历为本科、硕士研究生和博士研究生的用户。原因有可能是大专及以下学历的用户相对来说对自己的信息素养信心低一点,愿意通过信息素养课程来提升。学历为大专及以下的用户使用图书馆讲座这条途径的平均频率显著高于学历为本科的用户。学历为大专及以下的用户使用图书馆馆员推荐、图书馆微博这 2 条途径的平均频率显著高于学历为本科和硕士研究生的用户。

(5)专业。专业对用户了解图书馆电子资源途径的使用频率有一定的影响。不同专业用户使用图书馆网站和信息素养课程 2 种途径的平均频率存在显著差异(表 8 – 21)。

表 8 – 21　不同专业用户了解图书馆电子资源途径的使用频率的平均值和方差分析统计

专业	图书馆网站	老师或同学推荐	图书馆微信公众号	信息素养课程	图书馆讲座	图书馆馆员推荐	图书馆微博
社会科学	3.83	3.61	3.28	2.49	2.54	2.33	2.32
人文科学	3.59	3.54	3.26	2.71	2.68	2.47	2.45
自然科学	3.72	3.50	3.19	2.69	2.50	2.31	2.29
F 值	7.699**	1.852	0.910	7.729**	2.738	2.408	2.039

注: ** 为 $p < 0.01$。

事后分析的结果表明,社会科学专业的用户使用图书馆网站这条途径的频率显著高于人文科学专业的用户。人文科学、自然科学专业的用户使用信息素养课程这条途径的频率显著高于社会科学专业的用户。

(6)职称。如表 8 – 22 所示,职称对用户了解图书馆电子资源途径的使用频率影响不大。不同职称的用户使用老师或同学推荐这条途径的频率

①　Head A, Eisenberg M. Balancing act: how college students manage technology while in the library during crunch time [EB/OL]. (2013 – 06 – 19) [2020 – 06 – 28]. https://papers.ssrn.com/sol3/papers.cfm?abstract_id=2281482.

存在显著差异。

表 8-22　不同职称用户了解图书馆电子资源途径的使用频率的平均值和方差分析统计

职称	图书馆网站	老师或同学推荐	图书馆微信公众号	信息素养课程	图书馆讲座	图书馆馆员推荐	图书馆微博
其他职称	3.68	3.56	3.17	2.98	2.93	2.85	2.71
中级职称	3.93	3.25	3.05	2.72	3.04	2.88	2.84
高级职称	3.82	3.00	2.87	2.89	2.79	2.66	2.37
F 值	1.233	3.445*	0.773	0.74	0.695	0.57	2.414

注：* 为 $p < 0.05$。

事后分析的结果表明，其他职称的用户使用老师或同学推荐这条途径的频率显著高于高级职称的用户。可能是高级职称的用户对自己的研究领域或者问题较为熟悉，不太需要老师或者同学推荐。

8.5　移动服务需求

根据中国互联网络信息中心发布的第 51 次《中国互联网络发展状况统计报告》，截至 2022 年 12 月，我国手机网民规模达 10.65 亿，较 2021 年 12 月增长 3636 万，网民使用手机上网的比例为 99.8%[1]。本研究发现，有 77.3% 的用户会通过移动设备使用电子资源，也有 11.9% 的用户只通过移动设备使用电子资源。图书馆和数据库商也在积极响应用户的移动服务需求，主要形式包括移动网站和移动 APP[2]。本研究将移动 APP 再细分为电子资源供应商提供的 APP（如中国知网提供的全球学术快报）、图书馆联合供应商提供的综合性电子资源 APP（如超星学习通）和图书馆联合供应商提供的电子资源阅读平台（如超星电子图书、京东电子图书等）3 种类型，这样电子资源移动服务共有 4 种形式。本小节将探讨用户对这 4 种形式电子资源移动服务的需求及影响用户需求的因素。"极不需要""不需要""一般""需

① 中国互联网络信息中心. 第 51 次《中国互联网络发展状况统计报告》[EB/OL]. [2023-03-02]. https://www.cnnic.net.cn/hlwfzyj/hlwxzbg/hlwtjbg/202109/P020210915523670981527.pdf.

② 张苏闽, 鄢小燕, 谢黎. 国外数据库出版商移动服务方案分析及启示 [J]. 图书情报工作, 2012, 56 (11): 65-70.

要"和"非常需要"等需求程度的编码分别是1、2、3、4和5。

8.5.1 移动服务需求的表现

由表8-23可知，用户对各种形式的移动服务需求表现如下。

表8-23 电子资源移动服务需求

移动服务形式	频数及比例					均值	排序
	极不需要	不需要	一般	需要	非常需要		
电子资源供应商提供的移动版网页	10 位	44 位	255 位	656 位	429 位	4.04	1
	0.7%	3.2%	18.3%	47.1%	30.8%		
电子资源供应商提供的 APP	12 位	64 位	344 位	611 位	363 位	3.90	2
	0.9%	4.6%	24.7%	43.8%	26.0%		
图书馆联合供应商提供的综合性电子资源 APP	15 位	82 位	399 位	625 位	273 位	3.76	3
	1.1%	5.9%	28.6%	44.8%	19.6%		
图书馆联合供应商提供的电子资源阅读平台	10 位	85 位	400 位	635 位	264 位	3.76	3
	0.7%	6.1%	28.7%	45.6%	18.9%		

（1）用户对移动服务存在强烈需求。4 种形式的电子资源移动服务中，平均需求程度最高的为 4.04，介于"需要"和"非常需要"之间，偏向"需要"；平均需求程度最低的为 3.76，介于"一般"和"需要"之间，偏向"需要"。

（2）用户对移动版网页的需求程度高于 APP。用户对于"电子资源供应商提供的移动版网页"平均需求程度排在 4 种形式的第一位，30.8%的用户非常需要，47.1% 的用户需要，表示极不需要的用户的比例不到 1%。与此相对照的是，对于相关的 APP，无论是电子资源供应商提供的 APP 还是图书馆联合供应商提供的综合性电子资源 APP，用户对它们的需

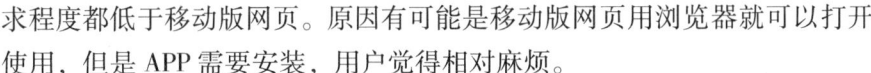

求程度都低于移动版网页。原因有可能是移动版网页用浏览器就可以打开使用，但是 APP 需要安装，用户觉得相对麻烦。

（3）用户对资源类 APP 的需求程度高于服务类 APP。用户对"电子资源供应商提供的 APP"这种资源类 APP 的需求程度排在第二位，26.0% 的用户对此形式非常需要，43.8% 的用户对此形式需要，表示极不需要的用户的比例不到 1%。用户对"图书馆联合供应商提供的综合性电子资源 APP"这种具有服务功能的 APP 的需求程度排在第三位，对此形式，19.6% 的用户非常需要，44.8% 的用户需要，极不需要的用户的比例只有 1.1%。原因有可能是用户使用电子资源 APP 的主要目的是获取内容。

（4）移动阅读服务大有可为。用户对"图书馆联合供应商提供的电子资源阅读平台"存在强烈需求。对于该形式，18.9% 的用户非常需要，45.6% 的用户需要，极不需要的用户的比例只有 0.7%。

8.5.2 影响移动服务需求的因素

本小节将探讨性别、身份、年龄、学历、专业和职称等因素对用户移动服务需求的影响。

（1）性别。如表 8 – 24 所示，性别对用户各种形式的电子资源移动服务需求均不存在显著影响。男性与女性对"电子资源供应商提供的移动版网页"和"电子资源供应商提供的 APP"的平均需求程度基本一致。男性对"图书馆联合供应商提供的综合性电子资源 APP"的平均需求程度稍高于女性，女性对"图书馆联合供应商提供的电子资源阅读平台"的平均需求程度高于男性，但是都不存在显著差异。

表 8 – 24　不同性别用户电子资源移动服务需求的平均值和 t 检验统计

性别	电子资源供应商提供的移动版网页	电子资源供应商提供的 APP	图书馆联合供应商提供的综合性电子资源 APP	图书馆联合供应商提供的电子资源阅读平台
男	4.05	3.89	3.79	3.69
女	4.04	3.90	3.75	3.79
t 值	0.355	– 0.054	0.873	– 1.92

（2）身份。身份对电子资源移动服务需求的影响很小，只对"电子资源供应商提供的移动版网页"的需求产生了显著影响（表8-25）。但是事后分析没有找出是哪些身份的用户对"电子资源供应商提供的移动版网页"存在显著差异。

表8-25　不同身份用户电子资源移动服务需求的平均值和方差分析统计

身份	电子资源供应商提供的移动版网页	电子资源供应商提供的APP	图书馆联合供应商提供的综合性电子资源APP	图书馆联合供应商提供的电子资源阅读平台
学生	4.07	3.91	3.76	3.75
教学科研人员	3.86	3.84	3.74	3.85
行政人员	3.88	3.88	3.76	3.79
教辅人员	3.75	3.63	3.83	3.79
其他人员	3.90	3.52	3.62	3.57
F 值	3.153*	1.753	0.196	0.535

注：*p 为 <0.05。

（3）年龄。由表8-26可知，年龄对用户电子资源移动服务需求影响不大，其只对"电子资源供应商提供的移动版网页"的需求存在显著影响。

表8-26　不同年龄用户电子资源移动服务需求的平均值和方差检验统计

年龄	电子资源供应商提供的移动版网页	电子资源供应商提供的APP	图书馆联合供应商提供的综合性电子资源APP	图书馆联合供应商提供的电子资源阅读平台
20岁及以下	3.97	3.83	3.7	3.7
21～29岁	4.11	3.94	3.79	3.78
30～39岁	3.89	4	3.86	3.91
40岁及以上	3.89	3.7	3.67	3.93
F 值	4.330**	2.378	1.556	1.948

注：** 为 $p<0.01$。

事后分析的结果表明，21～29 岁用户对"电子资源供应商提供的移动版网页"的需求程度显著高于 20 岁及以下用户。

（4）学历。如表 8-27 所示，学历对用户电子资源移动服务需求存在一定的影响。不同学历用户对"电子资源供应商提供的移动版网页"和"电子资源供应商提供的 APP"的需求存在显著差异。

表 8-27　不同学历用户电子资源移动服务需求的平均值和方差检验统计

学历	电子资源供应商提供的移动版网页	电子资源供应商提供的 APP	图书馆联合供应商提供的综合性电子资源 APP	图书馆联合供应商提供的电子资源阅读平台
大专及以下	3.74	3.68	3.72	3.69
本科	4.04	3.91	3.75	3.74
硕士研究生	4.23	3.98	3.86	3.89
博士研究生	3.98	3.72	3.74	3.74
F 值	8.308**	3.684*	1.058	1.855

注：* 为 $p < 0.05$，** 为 $p < 0.01$。

事后分析的结果表明，学历为硕士研究生的用户对"电子资源供应商提供的移动版网页"的需求程度显著高于学历为本科、大专及以下的用户，学历为本科的用户对"电子资源供应商提供的移动版网页"的需求程度显著高于学历为大专及以下的用户。学历为硕士研究生的用户对"电子资源供应商提供的 APP"的需求程度显著高于学历为大专及以下的用户。

（5）专业。专业对用户电子资源移动服务需求影响不大，其只对"电子资源供应商提供的移动版网页"的需求存在显著影响（表 8-28）。

表 8-28　不同专业用户电子资源移动服务需求的平均值和方差检验统计

专业	电子资源供应商提供的移动版网页	电子资源供应商提供的 APP	图书馆联合供应商提供的综合性电子资源 APP	图书馆联合供应商提供的电子资源阅读平台
社会科学	4.16	3.93	3.78	3.73
人文科学	3.94	3.89	3.68	3.78
自然科学	3.96	3.88	3.80	3.80
F 值	9.504**	0.467	1.611	0.829

注：** 为 $p < 0.01$。

事后分析的结果表明，社会科学类专业的用户对"电子资源供应商提供的移动版网页"的需求程度显著高于人文科学类、自然科学类专业的用户。

（6）职称。如表8－29所示，职称对用户电子资源移动服务需求不产生显著影响。

表8－29　不同职称用户电子资源移动服务需求的平均值和方差检验统计

职称	电子资源供应商提供的移动版网页	电子资源供应商提供的 APP	图书馆联合供应商提供的综合性电子资源 APP	图书馆联合供应商提供的电子资源阅读平台
其他职称	3.79	3.86	3.54	3.86
中级职称	3.77	3.77	3.79	3.77
高级职称	4.04	3.75	3.96	3.96
F 值	1.130	0.122	1.872	0.529

8.6　电子资源宣传和培训内容需求

为了使用户了解图书馆电子资源、提高电子资源的利用率，图书馆会提供电子资源方面的培训。了解用户对培训内容的需求，有助于图书馆按照用户需求组织培训的内容，加强培训的针对性。"极不需要""不需要""一般""需要"和"非常需要"的编码分别是1、2、3、4和5。

8.6.1　宣传和培训内容需求的表现

由表8－30可知，用户电子资源宣传和培训内容需求表现如下。

表8－30　电子资源宣传和培训内容需求统计

排序	宣传和培训内容需求	均值	标准差	极不需要（%）	不需要（%）	一般（%）	需要（%）	非常需要（%）
1	特定电子资源的利用	4.03	0.823	0.3	4.1	18.3	46.7	30.6
2	原文传递服务流程	3.99	0.849	0.4	4.0	22.1	43.2	30.3
3	电子资源检索方法与技巧	3.97	0.808	0.3	4.3	19.3	49.9	26.2

续表 8－30

排序	宣传和培训内容需求	均值	标准差	极不需要（%）	不需要（%）	一般（%）	需要（%）	非常需要（%）
4	特定学科或专业电子资源的利用	3.94	0.816	0.2	4.8	21.0	49.2	24.9
5	特定类型电子资源的利用	3.93	0.794	0.5	3.2	22.8	50.1	23.3
6	最新或者特色电子资源	3.90	0.788	0.2	3.8	23.9	50.1	22.0
7	文献管理工具使用	3.89	0.814	0.3	4.6	23.7	48.6	22.9
8	图书馆电子资源综合介绍	3.77	0.757	0.5	0.5	0.5	0.5	0.5

（1）用户对各种宣传和培训内容均有强烈的需求。参考相关研究，本研究以平均需求程度 3.5 以上表示用户存在共识①。本研究列出的 8 项培训内容，平均需求程度最高的为 4.03，最低的也有 3.77，表明用户对培训内容都存在强烈的需求。

（2）用户需求的顺序是从具体到一般。用户对“特定类型电子资源的利用”的需求程度排在所列 8 种培训内容第一位，平均需求程度为 4.03，介于“需要”和“非常需要”之间，偏向“需要”。对于该培训内容，30.6% 的用户非常需要，46.7% 的用户需要，只有 4.1% 的用户不需要，表示极不需要的用户的比例更是低至 0.3%。

用户对“特定学科或专业电子资源的利用”的需求程度排在所列 8 种培训内容的第四位，平均需求程度为 3.94，介于“一般”和“需要”之间，偏向“需要”。对于该培训内容，24.9% 的用户非常需要，49.2% 的用户需要，表示不需要的用户的比例为 4.8%，表示极不需要用户的比例低至 0.2%。

用户对“特定类型电子资源的利用”的需求程度排在所列 8 种培训内容的第五位，平均需求程度为 3.93，介于“一般”和“需要”之间，偏向“需要”。对于该培训内容，23.3% 的用户非常需要，50.1% 的用户需

① 柯君仪，王梅玲．台湾图书资讯学硕士生就业与能力需求之研究［J］．大学图书馆，2007，11（1）：97－116.

要，只有 3.2% 的用户表示不需要，表示极不需要的用户的比例低至 0.5%。

用户对"最新或者特色电子资源"的需求程度排在所列 8 种培训内容的第六位，平均需求程度为 3.90，介于"一般"和"需要"之间，偏向"需要"。对于该培训内容，22.0% 的用户非常需要，50.1% 的用户需要，只有 3.8% 的用户表示不需要，表示极不需要的用户的比例低至 0.2%。

用户对"图书馆电子资源综合介绍"的需求程度排在所列 8 种培训内容的最后一位，平均需求程度为 3.77，介于"一般"和"需要"之间，偏向"需要"。对于该培训内容，13.9% 的用户非常需要，54.2% 的用户需要，只有 4.3% 的用户表示不需要，表示极不需要的用户的比例低至 0.5%。

从特定电子资源→特定学科或专业电子资源→特定类型电子资源→最新或者特色电子资源→图书馆电子资源，内容从具体走向一般，用户的需求程度也在逐渐降低，说明用户的需求顺序是从具体到一般。

（3）用户非常重视原文的获取。用户对"原文传递服务流程"的需求程度排在所列 8 种培训内容的第二位，平均需求程度为 3.99，介于"一般"和"需要"之间，偏向"需要"。这表明用户非常重视原文的获取，希望能够通过培训知晓在不能直接下载全文的时候，如何通过图书馆文献传递的渠道获取全文。对于该培训内容，30.3% 的用户非常需要，43.2% 的用户需要，表示不需要的用户的比例为 4.0%，表示极不需要的用户的比例低至 0.4%。

（4）用户也非常看重自身能力的提升。用户对"电子资源检索方法与技巧"的需求程度排在所列 8 种培训内容的第三位，平均需求程度为 3.97，介于"一般"和"需要"之间，偏向"需要"。用户对"文献管理工具使用"的需求程度排在所列 8 种培训内容的倒数第二位，平均需求程度为 3.89，介于"一般"和"需要"之间，偏向"需要"。这表明用户非常重视自身能力的提升，希望能够通过培训提高自己的信息检索技能和文献管理水平。

对于"电子资源检索方法与技巧"这一培训内容，26.2% 的用户非常需要，49.9% 的用户需要，表示不需要的用户的比例为 4.3%，表示极不需要的用户的比例低至 0.3%。

对于"文献管理工具使用"这一培训内容，22.9% 的用户非常需要，

48.6% 的用户需要，表示不需要的用户的比例为 4.6%，表示极不需要的用户的比例低至 0.3%。

8.6.2　影响宣传和培训内容需求的因素

本小节将分析性别、身份、年龄、学历、专业和职称对用户宣传和培训内容需求的影响。

（1）性别。如表 8-31 所示，性别对用户电子资源宣传和培训内容需求的影响非常小，其只对"电子资源检索方法与技巧"产生了显著影响。男性对"电子资源检索方法与技巧"这项内容的需求程度显著低于女性。

表 8-31　不同性别用户电子资源宣传和培训内容需求的平均值和 t 检验统计

宣传和培训内容需求	性别		
	男	女	t 值
特定电子资源的利用	4.00	4.04	-0.984
原文传递服务流程	3.94	4.01	-1.696
电子资源检索方法与技巧	3.91	4.00	-2.089*
特定学科或专业电子资源的利用	3.92	3.94	-0.499
特定类型电子资源的利用	3.87	3.95	-1.763
最新或者特色电子资源	3.87	3.91	-0.879
文献管理工具使用	3.84	3.91	-1.566
图书馆电子资源综合介绍	3.73	3.78	-1.273

注：* 为 $p < 0.05$，** 为 $p < 0.01$。

（2）身份。如表 8-32 所示，身份对用户电子资源宣传和培训内容需求存在一定的影响，其对 8 项宣传和培训内容需求中的 5 项存在显著影响。

表 8-32　不同身份用户电子资源宣传和培训内容需求的平均值和方差检验统计

宣传和培训内容需求	身份					
	学生	教学科研人员	行政人员	教辅人员	其他人员	F 值
特定电子资源的利用	4.06	3.88	3.86	3.96	3.71	3.887**
原文传递服务流程	4.03	3.83	3.76	3.61	3.96	5.325**

续表 8 - 32

宣传和培训内容需求	身份					
	学生	教学科研人员	行政人员	教辅人员	其他人员	F 值
电子资源检索方法与技巧	4.00	3.80	3.88	3.64	3.83	3.822**
特定学科或专业电子资源的利用	3.96	3.88	3.84	3.68	3.83	1.538
特定类型电子资源的利用	3.97	3.69	3.7	3.71	3.83	6.748**
最新或者特色电子资源	3.90	3.87	3.86	3.71	4.00	0.603
文献管理工具使用	3.95	3.66	3.52	3.64	3.75	11.100**
图书馆电子资源综合介绍	3.78	3.63	3.73	3.64	3.67	1.603

注：* 为 $p < 0.05$，** 为 $p < 0.01$。

事后分析的结果表明，教学科研人员、行政人员和其他人员对"特定电子资源的利用"的培训需求程度显著高于学生。教学科研人员、行政人员和教辅人员对"原文传递服务流程"和"文献管理工具使用"这 2 项内容的需求程度显著高于学生。教学科研人员和教辅人员对"电子资源检索方法与技巧"的需求程度显著高于学生。教学科研人员和行政人员对"特定类型电子资源的利用"的需求程度显著高于学生。以上培训内容，对于学生来说可能比较陌生，其需求程度低于其他身份的用户也很正常。学生对"图书馆电子资源综合介绍"的需求程度高于教学科研人员，同样说明学生对电子资源的了解较少，想了解的内容排在首位的是电子资源综合介绍。

（3）年龄。由表 8 - 33 可知，年龄对用户电子资源宣传和培训内容需求存在较大的影响，其对 8 项宣传和培训内容中的 7 项存在显著影响。

表 8 - 33　不同年龄用户电子资源宣传和培训内容需求的平均值和方差检验统计

宣传和培训内容需求	年龄				
	20 岁及以下	21～29 岁	30～39 岁	40 岁及以上	F 值
特定电子资源的利用	3.97	4.09	3.96	3.82	3.783*
原文传递服务流程	3.92	4.05	3.93	3.64	6.054**

续表 8 - 33

宣传和培训内容需求	年龄				F 值
	20 岁及以下	21～29 岁	30～39 岁	40 岁及以上	
电子资源检索方法与技巧	3.93	4.03	3.85	3.64	5.658**
特定学科或专业电子资源的利用	3.87	3.99	3.94	3.71	3.838**
特定类型电子资源的利用	3.89	3.98	3.77	3.6	6.118**
最新或者特色电子资源	3.85	3.93	3.9	3.78	1.778
文献管理工具使用	3.85	3.94	3.85	3.6	3.728*
图书馆电子资源综合介绍	3.71	3.82	3.66	3.6	4.079**

注：* 为 $p < 0.05$，** 为 $p < 0.01$。

事后分析的结果表明，年龄为 21～29 岁的用户对"特定电子资源的利用"和"原文传递服务流程"这 2 项内容的需求程度显著高于 20 岁及以下和 40 岁及以上的用户。年龄为 20 岁及以下的用户对"原文传递服务流程"的需求程度高于 40 岁及以上的用户。年龄为 21～29 岁的用户对"电子资源检索方法与技巧"和"特定类型电子资源的利用"这 2 项内容的需求程度显著高于其他 3 个年龄段的用户。年龄为 20 岁及以下的用户对"电子资源检索方法与技巧"和"特定类型电子资源的利用"这 2 项内容的需求程度显著高于 40 岁及以上的用户。年龄为 21～29 岁的用户对"特定学科或专业电子资源的利用"的需求程度显著高于年龄为 20 岁及以下和 40 岁及以上的用户。年龄为 21～29 岁的用户对"最新或者特色电子资源"的需求程度显著高于年龄为 20 岁及以下的用户。年龄为 20 岁及以下和 21～29 岁的用户对"文献管理工具使用"的需求程度显著高于年龄为 40 岁及以上的用户。年龄为 21～29 岁的用户对"图书馆电子资源综合介绍"的需求程度显著高于年龄为 20 岁及以下和 30～39 岁的用户。

（4）学历。如表 8 - 34 所示，学历也是影响用户电子资源培训内容需求的重要因素，其对所列的 8 种培训内容都产生了显著影响。

表8-34　不同学历用户电子资源宣传和培训内容需求的平均值和方差检验统计

宣传和培训内容需求	学历				
	大专及以下	本科	硕士研究生	博士研究生	F 值
特定电子资源的利用	3.63	4.05	4.15	3.88	12.794**
原文传递服务流程	3.81	3.98	4.07	4.04	2.865*
电子资源检索方法与技巧	3.74	3.97	4.11	3.87	6.494**
特定学科或专业电子资源的利用	3.63	3.94	4.04	3.95	7.194**
特定类型电子资源的利用	3.58	3.93	4.05	3.85	9.916**
最新或者特色电子资源	3.76	3.87	4.03	3.96	5.580**
文献管理工具使用	3.68	3.88	4.02	3.92	6.362**
图书馆电子资源综合介绍	3.62	3.78	3.81	3.58	3.852**

注：* 为 $p<0.05$，** 为 $p<0.01$。

　　事后分析的结果发现，学历为大专及以下的用户对"特定电子资源的利用""电子资源检索方法与技巧""特定学科或专业电子资源的利用"和"特定类型电子资源的利用"4 项内容的需求显著低于学历为本科和硕士研究生的用户。出现这样结果的原因有可能是学历为大专及以下的用户对电子资源的了解程度不够，他们不仅需要学习某学科或专业电子资源的利用，而且还要学习特定电子资源、特定类型的电子资源的利用以及电子资源检索的方法与技巧。学历为博士研究生的用户对"特定电子资源的利用"显著低于学历为硕士研究生的用户，可能是学历为博士研究生的用户对某些需要使用的电子资源较硕士研究生熟悉，因此不需要专门培训。学历为硕士研究生的用户对"原文传递服务流程"的需求显著高于学历为大专及以下的用户，可能是学历为大专及以下的用户不太了解原文传递服务，在这方面没有产生较强的需求。学历为硕士研究生的用户对"最新或者特色电子资源""文献管理工具使用"的需求显著高于学历为大专及以下和本科的用户，可能是学历为硕士研究生的用户较学历为大专及以下和本科的用户更多地承担科研任务，有着较多的文献需要管理。事后分析没有发现是哪些学历的用户对"图书馆电子资源综合介绍"的需求存在显著差异。

（5）专业。由表 8 - 35 可知，专业对用户电子资源宣传和培训内容需求的影响非常小。其只对 8 种宣传和培训内容中的 1 种产生了显著影响。

表 8 - 35　不同专业用户电子资源宣传和培训内容需求的平均值和方差检验统计

宣传和培训内容需求	专业			
	社会科学	人文科学	自然科学	F 值
特定电子资源的利用	4.09	3.92	4.07	4.959 **
原文传递服务流程	4.03	3.94	4.03	1.301
电子资源检索方法与技巧	4.02	3.94	3.96	1.236
特定学科或专业电子资源的利用	3.97	3.89	3.95	1.388
特定类型电子资源的利用	3.98	3.9	3.91	2.101
最新或者特色电子资源	3.94	3.85	3.87	1.811
文献管理工具使用	3.93	3.87	3.94	0.814
图书馆电子资源综合介绍	3.79	3.76	3.74	0.895

注：** 为 $p < 0.01$。

事后分析的结果表明，社会科学类、自然科学类专业的用户对"特定电子资源的利用"的需求程度显著高于人文科学类专业的用户。

（6）职称。如表 8 - 36 所示，职称对用户电子资源宣传和培训内容需求不存在显著影响。

表 8 - 36　不同职称用户电子资源培训内容需求的平均值和方差检验统计

宣传和培训内容需求	职称			
	其他职称	中级职称	高级职称	F 值
特定电子资源的利用	3.98	3.87	3.87	0.286
原文传递服务流程	3.68	3.86	3.79	0.516
电子资源检索方法与技巧	3.85	3.74	3.74	0.315
特定学科或专业电子资源的利用	3.90	3.86	3.76	0.309
特定类型电子资源的利用	3.66	3.74	3.66	0.174
最新或者特色电子资源	3.93	3.82	3.82	0.283
文献管理工具使用	3.71	3.63	3.66	0.105

续表 8-36

宣传和培训内容需求	职称			
	其他职称	中级职称	高级职称	F 值
图书馆电子资源综合介绍	3.66	3.64	3.58	0.128

8.7 电子资源宣传和培训方式需求

图书馆电子资源的培训需要借助一定的方式才能抵达用户，图书馆只有知晓用户对这些方式的需求情况如何、影响这些需求的因素有哪些，才能更有针对性地开展电子资源宣传和培训。前文探讨了用户了解图书馆电子资源的 7 种渠道，即图书馆网站、老师或同学推荐、图书馆微信公众号、信息素养课程、图书馆讲座、图书馆馆员推荐和图书馆微博。图书馆电子资源宣传和培训方式与用户了解电子资源的渠道既有联系又有区别。本研究将图书馆电子资源宣传和培训方式分为使用指南小册子、宣传单张、专题推送、信息素养课程、网络教程、专题讲座/培训等，其中使用指南小册子又分为电子版和纸质版，宣传单张也分为电子版和纸质版，专题推送分为微信和电子邮件两种方式，信息素养课程分为在线信息素养课程（慕课）、图书馆提供的信息素养课程和嵌入式信息素养课程 3 种，合起来共 11 种宣传和培训方式。"极不需要""不需要""一般""需要"和"非常需要"的编码分别是 1、2、3、4 和 5。

8.7.1 各种宣传和培训方式需求

由表 8-37 可知，用户的电子资源宣传和培训方式具备以下 4 个特点。

表 8-37 电子资源宣传和培训方式需求统计

排序	宣传和培训方式需求	均值	标准差	极不需要（%）	不需要（%）	一般（%）	需要（%）	非常需要（%）
1	微信专题推送	3.89	0.835	0.9	4.6	21.6	50.4	22.4
2	电子版使用指南小册子	3.83	0.866	1.2	6.5	21.0	50.9	20.3
3	网络教程	3.77	0.828	0.6	5.9	26.8	49.0	17.7

续表 8－37

排序	宣传和培训方式需求	均值	标准差	极不需要（%）	不需要（%）	一般（%）	需要（%）	非常需要（%）
4	在线信息素养课程（如慕课等）	3.65	0.872	1.5	7.7	29.7	46.7	14.4
5	图书馆提供的信息素养课程	3.53	0.872	1.6	9.7	33.9	43.6	11.2
6	电子版宣传单张	3.51	0.900	1.7	10.8	34.6	40.9	12.0
7	嵌入式信息素养课程	3.50	0.873	1.8	9.7	36.9	41.0	11.0
8	纸质版使用指南小册子	3.47	0.966	2.8	12.4	32.7	38.8	13.2
9	专题讲座/培训	3.42	0.899	2.1	11.3	39.3	36.8	10.5
10	纸质版宣传单张	3.31	0.991	4.4	14.5	36.9	33.6	10.5
11	电子邮件专题推送	3.25	1.002	4.7	16.7	37.2	31.5	9.9

（1）用户偏好电子形式。本研究以平均需求程度在 3.5 以上表示用户存在共识。本研究中存在共识的 7 种图书馆电子资源宣传和培训方式中，除了图书馆提供的信息素养课程和嵌入式信息素养课程外，其他 5 种方式明确是电子形式。使用指南小册子，用户对电子版的平均需求程度为 3.83，对纸质版的平均需求程度为 3.47；宣传单张，用户对电子版的平均需求程度为 3.51，对纸质版的平均需求程度为 3.31。以上 2 种电子资源宣传和推广方式，用户均为对电子版的需求程度高于纸质版，说明在图书馆电子资源的宣传和推广方式上，用户偏好电子形式。

（2）用户偏好微信。微信专题推送的平均需求程度为 3.89，介于"一般"和"需要"之间，偏向"需要"，排在所列的 11 种宣传和培训方式的第一位。对于该方式，22.4% 的用户非常需要，50.4% 的用户需要，表示不需要的用户的比例为 4.6%，只有 0.9% 的用户表示极不需要。

电子邮件专题推送的平均需求程度为 3.25，介于"一般"和"需要"之间，偏向"一般"，排在所列的 11 种宣传和培训方式的最后一位。对于该方式，9.9% 的用户非常需要，31.5% 的用户需要，表示不需要的用户的比例为 16.7%，表示极不需要的用户的比例为 4.7%。

（3）用户偏好慕课形式的在线信息素养课程。用户对慕课等在线信息素养课程的平均需求程度为3.65，介于"一般"和"需要"之间，偏向"需要"。而用户对图书馆提供的信息素养课程的平均需求程度为3.53，介于"一般"和"需要"之间，偏向"需要"。用户对慕课等在线信息素养课程的平均需求程度高于图书馆提供的信息素养课程。用户对嵌入式信息素养课程的平均需求程度为3.50，介于"一般"和"需要"之间。这说明用户对嵌入式信息素养课程这种方式存在需求。

在线信息素养课程，14.4%的用户非常需要，46.7%的用户需要，表示不需要的用户的比例为7.7%，表示极不需要的用户的比例为1.5%。

图书馆提供的信息素养课程，11.2%的用户非常需要，43.6%的用户需要，表示不需要的用户的比例为9.7%，表示极不需要的用户的比例为1.6%。

嵌入式信息素养课程，11.0%的用户非常需要，41.0%的用户需要，表示不需要的用户的比例为9.3%，表示极不需要的用户的比例为1.8%。

（4）用户倾向于主动获取的方式。用户对网络教程这样主动获取方式的平均需求程度为3.77，排在所列出的11种方式的第三位，介于"一般"和"需要"之间，偏向"需要"。17.7%的用户非常需要，49.0%的用户需要，表示不需要的用户的比例为5.9%，表示极不需要的用户的比例为0.6%。

8.7.2　影响宣传和推广方式的因素

在对电子资源宣传和培训方式需求的影响因素进行分析之前，我们先对电子资源培训方式需求进行因子分析，然后使用因子分析得到的因子得分进行差异分析。第一次因子分析的KMO值为0.861，Bartlett的球形度检验p值为0.000，提取的公因子方差介于$0.333 \sim 0.608$，解释的总方差为52.162%。去掉公因子方差低于0.4的"微信专题推送"和"电子邮件专题推送"之后进行第二次因子分析，此次的KMO值为0.830，Bartlett的球形度检验p值为0.000，提取的公因子方差介于$0.413 \sim 0.673$，累计能够解释的总方差为58.232%。此次分析得到两个因子：因子1包括"图书馆提供的信息素养课程""专题讲座/培训""嵌入式信息素养课程""在线信息素养课程（如慕课等）"和"网络教程"问项，将其命名为课程培训；因子2包括"纸质版使用指南小册子""纸质版宣传单张""电子版使用指南小册子"和"电子版宣传单张"问项，将其命名为宣传材料（表8-38）。

表 8 - 38　电子资源宣传和培训方式需求因子分析旋转成分矩阵

宣传和培训方式需求	成分	
	1	2
图书馆提供的信息素养课程	0.806	0.155
专题讲座/培训	0.776	0.093
嵌入式信息素养课程	0.764	0.170
在线信息素养课程（如慕课等）	0.732	0.188
网络教程	0.574	0.289
纸质版使用指南小册子	0.160	0.798
纸质版宣传单张	0.130	0.796
电子版使用指南小册子	0.184	0.702
电子版宣传单张	0.206	0.693

（1）性别。由表 8 - 39 可知，性别只对宣传材料的需求存在显著影响。男性对宣传材料的需求程度显著低于女性。

表 8 - 39　不同性别用户电子资源宣传和培训方式需求的平均值和 t 检验统计

性别	课程培训	宣传材料
男	- 0.012251	- 0.120195
女	0.0048814	0.0478916
t 值	- 0.328	- 3.231**

注：** 为 $p < 0.01$。

（2）身份。如表 8 - 40 所示，身份也只对宣传材料的需求存在显著影响。事后分析的结果表明，教学科研人员对宣传材料的需求程度显著低于学生、行政人员和其他人员。

表 8 - 40　不同身份用户电子资源宣传和培训方式需求的平均值和方差检验统计

身份	课程培训	宣传材料
学生	- 0.0109743	0.0313352
教学科研人员	- 0.0102759	- 0.3887197
行政人员	0.1514596	0.0069079

续表 8 – 40

身份	课程培训	宣传材料
教辅人员	– 0. 0329053	– 0. 1360742
其他人员	0. 0710268	0. 2090872
F 值	0. 734	5. 619 **

注：** 为 $p < 0.01$。

（3）年龄。年龄是影响用户电子资源宣传和培训方式需求的重要因素，其对课程培训和宣传材料的需求都存在显著影响（表 8 – 41）。

表 8 – 41　不同年龄用户电子资源宣传和培训方式需求的平均值和方差检验统计

年龄	课程培训	宣传材料
20 岁及以下	– 0. 08231	0. 0369096
21 ～ 29 岁	0. 0260323	0. 0146149
30 ～ 39 岁	0. 2897689	– 0. 1652511
40 岁及以上	– 0. 1048575	– 0. 4576726
F 值	4. 897 **	4. 515 **

注：** 为 $p < 0.01$。

事后分析的结果发现，年龄为 30 ～ 39 岁的用户对于课程培训的需求程度显著高于其他三个年龄段的用户，年龄为 21 ～ 29 岁的用户对于课程培训的需求程度显著高于年龄为 20 岁及以下的用户，40 岁及以上的用户对于宣传材料的需求程度显著低于年龄为 20 岁及以下和 21 ～ 29 岁的用户。

（4）学历。学历是影响用户电子资源宣传和培训方式需求的重要因素，其对课程培训和宣传材料的需求都存在显著影响（表 8 – 42）。

表 8 – 42　不同学历用户电子资源宣传和培训方式需求的平均值和方差检验统计

学历	课程培训	宣传材料
大专及以下	– 0. 15476	0. 041555
本科	– 0. 0272532	0. 0221766
硕士研究生	0. 165472	– 0. 0168096

续表 8 - 42

学历	课程培训	宣传材料
博士研究生	- 0.0109573	- 0.2965638
F 值	4.183**	3.041**

注：** 为 $p < 0.01$。

事后分析的结果发现，学历为硕士研究生的用户对于课程培训的需求程度显著高于学历为大专及以下和本科的用户。学历为博士研究生的用户对宣传材料的需求程度显著低于其他三种学历的用户。

（5）专业。由表 8 - 43 可知，专业对用户电子资源宣传和培训方式需求不存在显著影响。

表 8 - 43　不同专业用户电子资源宣传和培训方式需求的平均值和方差检验统计

专业	课程培训	宣传材料
社会科学	- 0.0182014	0.0115293
人文科学	- 0.0193251	0.0418044
自然科学	0.0086842	- 0.0549728
F 值	0.119	1.005

（6）职称。如表 8 - 44 所示，职称对用户电子资源宣传和培训方式需求不存在显著影响。

表 8 - 44　不同职称用户电子资源宣传和培训方式需求的平均值和方差检验统计

职称	课程培训	宣传材料
其他职称	- 0.2068344	- 0.2865773
中级职称	0.1247192	- 0.3502439
高级职称	- 0.0848641	- 0.3897178
F 值	1.335	0.124

8.8 利用电子资源时遇到的问题

用户在利用电子资源的过程中有可能会遇到各种各样的问题。总结用户利用电子资源时可能遇到的问题及影响遇到这些问题的因素，有助于图书馆及电子资源供应商有的放矢地改进服务。"没有""很少""有时""经常"和"总是"频率的编码分别为1、2、3、4和5。

8.8.1 问题的特征

如表 8-45 所示，用户利用电子资源时遇到的问题的频率具有以下 4 个特点。

表 8-45　利用电子资源时遇到的问题的频率统计

排序	遇到的问题	平均值	标准差	没有（%）	很少（%）	有时（%）	经常（%）	总是（%）
1	校外访问存在问题（如访问不稳定）	3.37	1.067	4.5	16.5	31.0	32.9	15.0
2	不知道该使用哪个数据库	3.08	0.976	6.1	19.6	41.1	27.1	6.2
3	不知道图书馆有哪些电子资源	3.07	0.901	4.6	18.7	46.1	25.9	4.7
3	访问不稳定，经常访问不了或速度太慢	3.07	1.024	6.3	22.8	36.4	26.9	7.6
5	资源内容更新速度慢	3.05	0.913	4.1	21.8	43.7	25.3	5.0
6	无法获得全文	2.99	0.966	6.1	23.2	41.7	23.4	5.5
7	资源收录内容、范围不完整	2.97	0.909	4.8	25.0	42.8	23.6	3.8
8	图书馆电子资源太少，找不到自己需要的资料	2.87	0.903	5.4	28.4	43.5	19.2	3.5
9	部分电子资源质量不高	2.85	0.893	6.2	26.9	45.0	19.2	2.7

续表 8 - 45

排序	遇到的问题	平均值	标准差	没有（%）	很少（%）	有时（%）	经常（%）	总是（%）
10	不知道电子资源/数据库检索方法	2.68	0.98	11.9	30.6	37.4	17.6	2.5
11	图书馆电子资源导航分类不清晰，用户体验差	2.62	0.957	10.6	37.0	34.4	15.3	2.7

（1）用户没有频繁地遇到问题。本研究列举的 11 种用户在利用电子资源时可能遇到的问题，平均遇到频率在 3.00 与 3.50 之间的有 5 种，最高的为 3.37，这 5 种介于"有时"和"经常"之间，偏向"有时"。剩下 6 种的平均遇到频率在 2.50 到 3.00 之间，介于"很少"和"有时"之间，偏向"有时"。也就是说，用户遇到的所有问题的频率都偏向"有时"，表明用户在利用电子资源过程中没有频繁地遇到问题。

（2）图书馆服务方面的问题较多。"校外访问存在问题"是排在第一位的问题，平均遇到频率为 3.37，有 15% 的用户总是遇到该问题，32.9% 的用户经常遇到该问题，有时遇到该问题的用户的比例为 31.0%，没有遇到该问题的用户的比例为 4.5%。校外访问存在问题成为用户遇到的最主要的问题这个结果与周庆红[1]的研究结果一致。

Dukić[2]、董文鸳和吴娟仙[3]、朱晓燕[4]等的调查都发现全文获取问题是用户在电子资源利用时遇到的重要问题，本研究也发现了类似的情况。"无法获得全文"是排在第六位的问题，平均遇到频率为 2.99。总是遇到该问题的用户的比例为 5.5%，经常遇到该问题的用户的比例为 23.4%，有时遇到该问题的用户的比例为 41.7%，也有 6.1% 的用户没有遇到过该问题。

① 周庆红. 提高高校数字资源利用率的可行性研究［J］. 图书馆，2010（5）：68 - 70.

② Dukić D. Use and perceptions of online academic databases among Croatian University teachers and researchers［J］. Libri，2014，64（2）：173 - 184.

③ 董文鸳，吴娟仙. 高校图书馆电子资源利用现状调查研究：以嘉兴学院图书馆为例［J］. 图书馆建设，2008（9）：30 - 33.

④ 朱晓燕. 曲阜师范大学图书馆电子资源的利用调查与分析［J］. 图书馆，2010（5）：79 - 80.

Thanuskodi[①]、付宁康[②]的研究都提到了电子资源不足是其研究对象利用电子资源时遇到的重要问题。本研究的结果与此类似，只是程度没有那么严重。"图书馆电子资源太少，找不到自己需要的资料"是排在第八位的问题，平均遇到频率为 2.87。总是遇到该问题的用户的比例为 3.5%，经常遇到该问题的用户的比例为 19.2%，43.5% 的用户有时遇到该问题，也有 5.4% 的用户没有遇到过该问题。

Thaheer 等[③]认为电子资源没有组织好是用户利用电子资源时面临的问题。本研究也发现有用户提到该问题，但是总体来说，这方面的问题并不严重。"图书馆电子资源导航分类不清晰，用户体验差"是排在最后一位的问题，平均遇到频率为 2.62。总是遇到该问题的用户的比例为 2.7%，经常遇到该问题的用户的比例为 15.3%，34.4% 的用户有时遇到该问题，也有 10.6% 的用户没有遇到过该问题。

（3）部分用户对电子资源的知晓不够，信息检索技能不足。从用户遇到的问题来看，有些用户对电子资源缺乏了解，主要表现在两个方面：一方面是不知道图书馆有哪些电子资源的存在；另一方面是对图书馆电子资源了解程度不深，所以在需要时不知道该利用哪种电子资源。Punchihewa 和 Jayasuriya[④]、曹文华[⑤]、丁枝秀和包平[⑥]都提到过用户利用电子资源时遇到的问题是不了解电子资源。本研究中这样的问题依然存在。

"不知道该使用哪个数据库"是排在第二位的问题，平均遇到频率为 3.08。总是遇到该问题的用户的比例为 6.2%，经常遇到该问题的用户的比例为 27.1%，41.1% 的用户有时遇到该问题，也有 6.1% 的用户没有遇

① Thanuskodi S. Use of e-resources by the students and researchers of faculty of arts, Annamalai University [J]. International Journal of Library Science, 2012, 1 (1): 1 –7.

② 付宁康. 读者电子文献使用调查分析：以宁夏职业技术学院为例 [J]. 图书馆理论与实践, 2012 (10): 83 –84.

③ Thaheer M O M, Amudha G, Murugan N B S V. Use pattern of e-resources in Aalim Muhammed Salegh College of engineering library: a study [J]. Indian Journal of Information Science and Services, 2009, 3 (2): 65 –67.

④ Punchihewa C, Jayasuriya S. Use of online journals and databases: a case study based University of Moratuwa [J]. Journal of University Librarians Association of Sri Lanka, 2008, 12: 124 –149.

⑤ 曹文华. 护理人员电子文献数据库知晓和利用现况调查研究 [D]. 济南：山东大学, 2009.

⑥ 丁枝秀，包平. 不同类型高校图书馆电子资源利用情况调查与分析 [J]. 图书馆理论与实践, 2009 (6): 24 –25.

到过该问题。

"不知道图书馆有哪些电子资源"是排在第三位的问题，平均遇到频率为 3.07。总是遇到该问题的用户的比例为 4.7%，经常遇到该问题的用户的比例为 25.9%，46.1% 的用户有时遇到该问题，也有 4.6% 的用户没有遇到过该问题。

董文鸳和吴娟仙[1]、Isibika 和 Kavishe[2] 及 Okello-Obura 和 Magara[3] 都提到过用户利用电子资源时会面临检索技能的问题。本研究中"不知道电子资源/数据库检索方法"是排在倒数第二位的问题，平均遇到频率为 2.68。总是遇到该问题的用户的比例为 2.5%，经常遇到该问题的用户的比例为 17.6%，37.4% 的用户有时遇到该问题，也有 11.9% 的用户没有遇到过该问题。另外，从用户的电子资源使用自我效能与"不知道电子资源/数据库检索方法"的相关性分析结果来看，二者呈现显著负相关关系，也就是用户的电子资源使用自我效能越高，不知道电子资源/数据库检索方法的可能性越低。本研究用户的电子资源使用自我效能平均值为 3.74，中位数为 3.67，说明用户对自身使用电子资源的情况较有信心，所以遇到"不知道电子资源/数据库检索方法"问题的频率较低。

（4）电子资源自身也可能存在一些问题。电子资源自身的质量（包括内容及更新等方面）和电子资源提供商的服务也是用户可能会遇到的问题。

"访问不稳定，经常访问不了或速度太慢"是排在并列第三位的问题，平均遇到频率为 3.07。总是遇到该问题的用户的比例为 7.6%，经常遇到该问题的用户的比例为 26.9%，36.4% 的用户有时遇到该问题，也有 6.3% 的用户没有遇到过该问题。但是遇到此问题有两种可能性：一种是因电子资源提供商的问题导致电子资源服务不稳定；另外一种可能是用户本身的网络环境问题，比如带宽不够导致访问速度太慢。

"资源收录内容、范围不完整"是排在第七位的问题，平均遇到频率为 2.97。总是遇到该问题的用户的比例为 3.8%，经常遇到该问题的用户

① 董文鸳，吴娟仙. 高校图书馆电子资源利用现状调查研究：以嘉兴学院图书馆为例 [J]. 图书馆建设，2008（9）：30 - 33.

② Isibika I S, Kavishe G F. Utilisation of subscribed electronic resources by library users in Mzumbe University library, Tanzania [J]. Library Review, 2018, 67 (1/2)：109 - 125.

③ Okello-Obura C, Magara E. Electronic information access and utilization by Makerere University students in Uganda [J]. Evidence Based Library and Information Practice, 2008, 3 (3)：39 - 56.

的比例为23.6%，42.8%的用户有时遇到该问题，也有4.8%的用户没有遇到过该问题。

"部分电子资源质量不高"是排在第九位的问题，平均遇到频率为2.85。总是遇到该问题的用户的比例为2.7%，经常遇到该问题的用户的比例为19.2%，45.0%的用户有时遇到该问题，也有6.2%的用户没有遇到过该问题。

8.8.2　影响电子资源利用时遇到问题的频率的因素

在对电子资源利用时遇到问题的频率的影响因素进行分析之前，我们先对遇到的问题进行因子分析，然后使用因子分析得到的因子得分进行差异分析。Gorsuch认为，进行因子分析，样本数至少为题项数的5倍，样本总数不得少于100个[①]。本研究的题项数是11，样本总数为1804，完全满足因子分析对样本数的要求。此外，量表是否适合进行因子分析，可以从KMO值的大小来判别：KMO值 > 0.90 极适合进行因子分析，0.80 < KMO值 ≤ 0.90 适合做因子分析，0.70 < KMO值 ≤ 0.80 尚可进行因子分析，0.60 < KMO值 ≤ 0.70 勉强可以进行因子分析，0.50 < KMO ≤ 0.60 不适合进行因子分析，KMO ≤ 0.50 非常不适合进行因子分析[②]。

本研究第一次因子分析的KMO值为0.897，Bartlett的球形度检验p值为0.000，提取的公因子方差介于0.439 ~ 0.718，解释的总方差为56.112%。第一次因子分析得到两个因子：因子1包括"资源收录内容、范围不完整""资源内容更新速度慢""访问不稳定，经常访问不了或速度太慢""无法获得全文""校外访问存在问题""图书馆电子资源太少，找不到自己需要的资料"和"部分电子资源质量不高"；因子2包括"不知道电子资源/数据库检索方法""不知道该使用哪个数据库""不知道图书馆有哪些电子资源"和"图书馆电子资源导航分类不清晰，用户体验差"。根据问项含义，去掉"图书馆电子资源导航分类不清晰，用户体验差"进行第二次因子分析，此次的KMO值为0.883，Bartlett的球形度检验p值为0.000，提取的公因子方差介于0.4440 ~ 0.697，累计能够解释

---

① Gorsuch R L. Factor Analysis [M]. 2nd ed. New Jersey：Lawrence Erlbaum Associates，1983.

② 吴明隆. SPSS统计应用学习实务：问卷分析与应用统计 [M]. 台北：加桦国际，2007：3 – 10.

的总方差为 56.372%。第二次因子分析得到两个因子：因子 1 与之前一样，将其命名为图书馆服务和电子资源问题；因子 2 比之前少了"图书馆电子资源导航分类不清晰，用户体验差"，将其命名为自身问题（表 8 - 46）。

表 8 - 46　电子资源利用时遇到的问题因子分析旋转成分矩阵

遇到的问题	成分	
	1	2
资源收录内容、范围不完整	0.803	0.146
资源内容更新速度慢	0.767	0.184
访问不稳定，经常访问不了或速度太慢	0.744	0.143
无法获得全文	0.672	0.235
校外访问存在问题	0.659	0.074
图书馆电子资源太少，找不到自己需要的资料	0.589	0.397
部分电子资源质量不高	0.585	0.317
不知道电子资源/数据库检索方法	0.174	0.817
不知道该使用哪个数据库	0.209	0.775
不知道图书馆有哪些电子资源	0.155	0.717

（1）性别。如表 8 - 47 所示，性别是影响图书馆电子资源利用时遇到问题的频率的重要因素。男性遇到图书馆服务和电子资源问题的平均频率显著高于女性。男性遇到自身问题的平均频率显著低于女性。男性的电子资源使用自我效能平均值为 3.87，女性的平均值为 3.69，男性比女性更加自信，所以认为自身问题更少。

表 8 - 47　不同性别用户电子资源利用时遇到问题的频率的平均值和 t 检验统计

性别	图书馆服务和电子资源问题	自身问题
男	0.0892052	− 0.0934903
女	− 0.0355438	0.0372512
t 值	2.395 *	− 2.510 *

注：* 为 $p < 0.05$。

（2）身份。身份只对部分图书馆电子资源利用问题存在显著影响。不同身份的用户只在遇到图书馆服务和电子资源问题的频率上存在显著差异。

表8-48 不同身份用户电子资源利用时遇到问题的频率的平均值和方差检验统计

身份	图书馆服务和电子资源问题	自身问题
学生	-0.0249773	0.0109044
教学科研人员	0.3101073	-0.1134182
行政人员	-0.0153198	0.0572306
教辅人员	-0.0032900	-0.3290311
其他人员	0.0085561	0.0276013
F 值	3.313*	1.309

注：*为 $p < 0.05$。

事后分析的结果表明，教学科研人员遇到图书馆服务和电子资源问题的平均频率显著高于学生。教学科研人员的电子资源使用自我效能平均值为3.97，学生的电子资源使用效能平均值只有3.70，二者存在显著差异，有可能是教学科研人员的电子资源自我效能高于学生，所以教学科研人员将遇到的问题更多地归结为图书馆服务和电子资源自身的问题。

（3）年龄。年龄是影响用户电子资源利用问题的重要因素，其对图书馆服务和电子资源问题及自身问题均存在显著影响（表8-49）。

表8-49 不同年龄用户电子资源利用时遇到问题的频率的平均值和方差检验统计

年龄	图书馆服务和电子资源问题	自身问题
20岁及以下	-0.2212967	0.0446403
21~29岁	0.1032738	0.0092178
30~39岁	0.2488904	-0.2370811
40岁及以上	0.2442016	-0.2745570
F 值	17.669**	3.625*

注：*为 $p < 0.05$，**为 $p < 0.01$。

事后分析的结果表明，21~29岁、30~39岁和40岁及以上用户遇到图书馆服务和电子资源问题的平均频率显著高于20岁及以下用户。我们将用户使用各类型电子资源的频率之和相加得到用户使用电子资源的频率，21~29岁、30~39岁和40岁及以上用户使用电子资源的平均频率分别为 22. 89、26. 78 和 24. 48，20 岁及以下用户为 20. 35。可能是因为这些用户电子资源使用频率的差异造成其遇到图书馆服务和电子资源问题平均频率的差异。事后分析没有找出是哪些年龄的用户遇到自身问题的平均频率存在显著差异。

（4）学历。如表 8 – 50 所示，学历也是影响用户电子资源利用问题的重要因素，其对图书馆服务和电子资源问题及自身问题均产生了显著影响。

表 8 – 50　不同学历用户电子资源利用时遇到问题的频率的平均值和方差检验统计

学历	图书馆服务和电子资源问题	自身问题
大专及以下	– 0. 1774628	0. 0960589
本科	– 0. 0443809	0. 0543865
硕士研究生	0. 1206906	– 0. 1063840
博士研究生	0. 4066769	– 0. 4945821
F 值	8. 828 **	10. 569 **

注：** 为 $p < 0.01$。

事后分析的结果表明，学历为博士研究生的用户遇到图书馆服务和电子资源问题的频率显著高于学历为大专及以下和本科的用户。学历为博士研究生的用户使用电子资源的平均频率为 27. 61，远高于学历为大专及以下的用户的 23. 42 和学历为本科的用户的 21. 21。可能是因为这些用户电子资源平均使用频率的差异造成其遇到图书馆服务和电子资源问题平均频率的差异。学历为大专及以下、本科、硕士研究生的用户遇到自身问题的频率显著高于学历为博士研究生的用户。学历为大专及以下、本科、硕士研究生的用户的电子资源使用自我效能分别为 3. 68、3. 70 和 3. 82，学历为博士研究生的用户为 4. 03。有可能是因为不同学历用户的电子资源使用自我效能的差异造成其遇到自身问题平均频率的差异。

（5）专业。如表 8 – 51 所示，专业没有对用户的电子资源利用问题产生显著影响。不同专业用户无论是遇到图书馆服务和电子资源问题还是自身问题的频率都不存在显著差异。

表 8 - 51　不同专业用户电子资源利用时遇到问题的频率的平均值和方差检验统计

专业	图书馆服务和电子资源问题	自身问题
社会科学	0.0024806	- 0.0089705
人文科学	- 0.0528525	0.1000554
自然科学	0.0316029	- 0.0517090
F 值	0.669	2.221

（6）职称。由表 8 - 52 可知，职称同样没有对用户的电子资源利用问题产生显著影响。不同职称用户无论是遇到图书馆服务和电子资源问题还是自身问题的频率都不存在显著差异。

表 8 - 52　不同职称用户电子资源使用时遇到问题的频率的平均值和方差检验统计

职称	图书馆服务和电子资源问题	自身问题
其他职称	0.0215518	0.0617295
中级职称	- 0.1026529	0.1007585
高级职称	0.1820527	- 0.2681199
F 值	1.040	1.850

8.9　解决电子资源利用问题的渠道

用户如何解决利用图书馆电子资源时遇到的各种各样的问题？本小节将探讨用户解决电子资源使用问题的渠道及影响因素。

根据对世界一流大学建设高校图书馆网站的调查、文献调查和用户访谈等得到的结果，本研究列出了 9 种解决问题的途径：向同学或者同事咨询、向电子资源页面提供的指定联系人（图书馆工作人员）咨询、向电子资源提供商咨询、向学科馆员或者学科联络员或者认识的馆员咨询、在学校的微信群或者 QQ 群咨询、在图书馆"常见问题解答"中寻找答案、在电子资源的帮助页面寻找答案、参加图书馆讲座或培训和自己摸索。1、2、3、4、5 分别表示"极不可能""不可能""一般""可能""非常可能"。

8.9.1　解决问题的渠道

从表 8-53 可知，在使用解决利用电子资源遇到问题的渠道的频率上，存在以下 5 个特点。

表 8-53　解决问题渠道使用频率统计

排序	渠道	均值	标准差	极不可能（%）	不可能（%）	一般（%）	可能（%）	非常可能（%）
1	自己摸索	4.08	0.861	0.3	3.7	20.9	38.5	36.6
2	向同学或者同事咨询	3.80	0.826	0.7	4.8	27.7	47.6	19.3
3	在电子资源的帮助页面寻找答案	3.75	0.854	1.2	6.2	26.0	49.3	17.2
4	在图书馆"常见问题解答"中寻找答案	3.73	0.901	1.8	6.7	26.3	46.6	18.6
5	在学校的微信群或者 QQ 群咨询	3.38	1.024	5.2	13.8	30.7	38.9	11.4
6	向电子资源页面提供的指定联系人（图书馆工作人员）咨询	3.35	1.021	4.0	16.4	32.6	34.6	12.4
7	向学科馆员或者学科联络员或者认识的馆员咨询	3.14	1.076	8.5	18.1	32.5	32.7	8.3
8	参加图书馆讲座或培训	2.97	1.021	8.7	21.8	39.4	24.3	5.8
9	向电子资源提供商咨询	2.61	1.067	16.1	32.4	28.9	19.5	3.2

（1）用户倾向于自行解决问题。本研究列出了 9 种解决电子资源使用问题的渠道，排在第一位的是"自己摸索"，平均可能性为 4.08，介于"可能"与"非常可能"之间，偏向"可能"。对于这种渠道，36.6% 的

用户表示非常可能使用，38.5%的用户表示可能使用，3.7%的用户表示不可能使用，表示极不可能使用的用户的比例只有0.3%。

排在第三位的是"在电子资源的帮助页面寻找答案"，平均可能性为3.75，介于"一般"与"可能"之间，偏向"可能"。对于这种渠道，17.2%的用户表示非常可能使用，49.3%的用户表示可能使用，6.2%的用户表示不可能使用，表示极不可能使用的用户的比例只有1.2%。

排在第四位的是"在图书馆'常见问题解答'中寻找答案"，平均可能性为3.73，介于"一般"与"可能"之间，偏向"可能"。对于这种渠道，18.6%的用户表示非常可能使用，46.6%的用户表示可能使用，6.7%的用户表示不可能使用，表示极不可能使用的用户的比例只有1.8%。

（2）用户非常重视人际渠道。向同学或者同事咨询这种渠道，排在所列出的9种渠道的第二位，平均可能性为3.80，介于"一般"与"可能"之间，偏向"可能"。对于这种渠道，19.3%的用户表示非常可能使用，47.6%的用户表示可能使用，4.8%的用户表示不可能使用，表示极不可能使用的用户的比例只有0.7%。此条途径的使用可能性合起来为94.5%。杨毅等[1]、涂海青[2]、董文鸳和吴娟仙[3]、曹文华[4]、丁枝秀和包平[5]及Sohail和Alvi[6]的研究表明，同事/同学/朋友等人际渠道是用户在使用电子资源遇到问题时寻求帮助的第一渠道，选择的比例分别为74.5%、60.27%、73%、将近七成、48.13%和63.04%。该渠道在本研究中虽然不是排位第一，但是用户比例要高于上述研究。

（3）用户对实时咨询服务有一定的需求。使用"在学校的微信群或

① 杨毅，邵敏，李京花，等. 电子资源建设与利用的读者调查：由读者调查结果分析读者利用电子资源的方式与倾向 [J]. 大学图书馆学报，2006, 24（6）：39 - 48.

② 涂海青. 我校数据库利用情况的调查分析 [J]. 常熟理工学院学报，2008（1）：117 - 121.

③ 董文鸳，吴娟仙. 高校图书馆电子资源利用现状调查研究：以嘉兴学院图书馆为例 [J]. 图书馆建设，2008（9）：30 - 33.

④ 曹文华. 护理人员电子文献数据库知晓和利用现况调查研究 [D]. 济南：山东大学，2009.

⑤ 丁枝秀，包平. 不同类型高校图书馆电子资源利用情况调查与分析 [J]. 图书馆理论与实践，2009（6）：24 - 25.

⑥ Sohail M, Alvi A. Use of web resources by medical science students of Aligarh Muslim University [J]. DESIDOC Journal of Library & Information Technology, 2014, 34（2）：125 - 130.

者 QQ 群咨询"的平均可能性为 3.38，介于"一般"与"可能"之间，偏向"一般"。对于这种渠道，11.4% 的用户非常可能使用，38.9% 的用户可能使用，13.8% 的用户不可能使用，极不可能使用的用户的比例为5.2%。这说明用户对由微信群或者 QQ 群等通信工具提供的实时咨询服务存在一定的需求。

（4）图书馆馆员和图书馆讲座或培训使用不多。不论是数据库页面的指定联系人还是学科馆员、学科联络人或者是用户认识的馆员，用户在使用电子资源遇到问题时，都没有较强的向其咨询的倾向。这与杨毅等[1]、涂海青[2]与董文鸳和吴娟仙[3]等人的研究结果一致，他们发现，向图书馆馆员咨询这样的渠道用户都用得不多。

使用"向电子资源页面提供的指定联系人（图书馆工作人员）咨询"的平均可能性为 3.35，介于"一般"与"可能"之间，偏向"一般"。对于这种渠道，12.4% 的用户非常可能使用，34.6% 的用户可能使用，16.4% 的用户不可能使用，极不可能使用的用户的比例为4%。

使用"向学科馆员或者学科联络员或者认识的馆员咨询"的平均可能性为 3.14，介于"一般"与"可能"之间，偏向"一般"。对于这种渠道，只有 8.3% 的用户非常可能使用，32.7% 的用户可能使用，18.1% 的用户不可能使用，极不可能使用的用户的比例为8.5%。

使用"参加图书馆讲座或培训"的平均可能性为 2.97，介于"不可能"与"一般"之间，偏向"一般"。对于这种渠道，只有 5.8% 的用户非常可能使用，24.3% 的用户可能使用，21.8% 的用户不可能使用，8.7% 的用户极不可能使用。

（5）用户不太可能直接与电子资源供应商联系。使用"向电子资源提供商咨询"的平均可能性为 2.61，介于"不可能"与"一般"之间，偏向"一般"。对于这种渠道，只有 3.2% 的用户非常可能使用，19.5%的用户可能使用，32.4% 的用户不可能使用，16.1% 的用户极不可能使

①　杨毅，邵敏，李京花，等. 电子资源建设与利用的读者调查：由读者调查结果分析读者利用电子资源的方式与倾向 [J]. 大学图书馆学报，2006，24（6）：39 - 48.

②　涂海青. 我校数据库利用情况的调查分析 [J]. 常熟理工学院学报，2008（1）：117 - 121.

③　董文鸳，吴娟仙. 高校图书馆电子资源利用现状调查研究：以嘉兴学院图书馆为例 [J]. 图书馆建设，2008（9）：30 - 33.

用。这表明用户不偏好直接联系电子资源供应商。

8.9.2 影响解决问题渠道使用频率的因素

本小节将探讨性别、身份、年龄、学历、专业和职称等因素对用户使用解决电子资源利用问题渠道的频率的影响。

（1）性别。如表8-54所示，性别对用户解决电子资源利用问题渠道的频率的影响较小，只对9种渠道中的3种产生了显著影响。男性用户使用"在电子资源的帮助页面寻找答案"和"在图书馆'常见问题解答'中寻找答案"这2种渠道的可能性显著低于女性。但是男性使用"向学科馆员或者学科联络员或者认识的馆员咨询"这种渠道的可能性显著高于女性。

表8-54　不同性别用户解决电子资源利用问题渠道的使用频率的平均值和 t 检验统计

渠道	性别		
	男	女	t 值
自己摸索	4.06	4.08	-0.365
向同学或者同事咨询	3.78	3.81	-0.577
在电子资源的帮助页面寻找答案	3.61	3.81	-4.273**
在图书馆"常见问题解答"中寻找答案	3.61	3.78	-3.558**
在学校的微信群或者QQ群咨询	3.32	3.40	-1.348
向电子资源页面提供的指定联系人咨询	3.34	3.35	-0.244
向学科馆员或者学科联络员或者认识的馆员咨询	3.24	3.10	2.333*
参加图书馆讲座或培训	3.01	2.95	1.100
向电子资源提供商咨询	2.66	2.60	1.118

注：* 为 $p < 0.05$，** 为 $p < 0.01$。

（2）身份。如表8-55所示，身份是影响用户解决电子资源利用问题渠道的使用频率的重要因素，其对9条渠道中的7条存在显著影响。

表 8-55　不同身份用户解决电子资源利用问题渠道的使用频率的平均值
和方差检验统计

渠道	身份					
	学生	教学科研人员	行政人员	教辅人员	其他人员	F 值
自己摸索	4.12	3.94	3.76	3.79	3.83	6.975**
向同学或者同事咨询	3.82	3.68	3.73	3.71	3.63	1.435
在电子资源的帮助页面寻找答案	3.78	3.56	3.70	3.50	3.83	2.681*
在图书馆"常见问题解答"中寻找答案	3.76	3.57	3.64	3.39	3.92	2.849*
在学校的微信群或者 QQ 群咨询	3.38	3.33	3.38	3.14	3.46	0.481
向电子资源页面提供的指定联系人咨询	3.31	3.57	3.64	3.46	3.29	4.420**
向学科馆员或者学科联络员或者认识的馆员咨询	3.08	3.43	3.46	3.61	3.29	7.318**
参加图书馆讲座或培训	2.91	3.09	3.46	3.36	2.88	9.325**
向电子资源提供商咨询	2.55	2.78	3.16	3.04	2.79	11.102**

注：* 为 $p<0.05$，** 为 $p<0.01$。

事后分析的结果表明，学生使用"自己摸索"这种渠道的可能性显著高于行政人员，表明学生更倾向于自己摸索。行政人员使用"向电子资源页面提供的指定联系人咨询"这种渠道的可能性显著高于学生。教学科研人员和行政人员使用"向学科馆员或者学科联络员或者认识的馆员咨询"这种渠道的可能性显著高于学生。行政人员使用"参加图书馆讲座或培训""向电子资源提供商咨询"这 2 种渠道的可能性显著高于学生。事后分析没有找出是哪些身份的人员使用"在电子资源的帮助页面寻找答案"和"在图书馆'常见问题解答'中寻找答案"这 2 条渠道的可能性存在显著差异。

（3）年龄。由表 8-56 可知，与身份一样，年龄对用户解决电子资源利用问题的渠道的使用频率也存在较大影响，其对 9 条渠道中的 7 条存在显著影响。

表 8-56　不同年龄用户解决电子资源利用问题渠道的使用频率的平均值
和方差检验统计

渠道	年龄				
	20 岁及以下	21～29 岁	30～39 岁	40 岁及以上	F 值
自己摸索	4.04	4.12	3.94	3.87	3.210*
向同学或者同事咨询	3.72	3.86	3.72	3.82	4.049**
在电子资源的帮助页面寻找答案	3.79	3.75	3.68	3.42	2.916*
在图书馆"常见问题解答"中寻找答案	3.78	3.74	3.54	3.38	4.626**
在学校的微信群或者 QQ 群咨询	3.44	3.34	3.41	3.18	1.786
向电子资源页面提供的指定联系人咨询	3.32	3.34	3.56	3.58	2.459
向学科馆员或者学科联络员或者认识的馆员咨询	3.14	3.08	3.54	3.47	7.297**
参加图书馆讲座或培训	2.9	2.97	3.35	2.96	5.959**
向电子资源提供商咨询	2.54	2.61	3.02	2.71	6.368**

注: * 为 $p < 0.05$, ** 为 $p < 0.01$。

　　事后分析的结果表明，年龄为 21～29 岁的用户使用"自己摸索"这条渠道的可能性显著高于年龄为 20 岁及以下、30～39 岁和 40 岁及以上的用户。年龄为 21～29 岁的用户使用"向同学或者同事咨询"这条渠道的可能性显著高于 20 岁及以下的用户。年龄为 20 岁及以下和 21～29 岁的用户使用"在电子资源的帮助页面寻找答案"这条渠道的可能性显著高于 40 岁及以上的用户。年龄为 20 岁及以下和 21～29 岁的用户使用"在图书馆常见问题解答中寻找答案"这条渠道的可能性显著高于年龄为30～39 岁和 40 岁及以上的用户。年龄为 30～39 岁的用户使用"向电子资源页面提供的指定联系人咨询"这条渠道的可能性显著高于年龄为 20岁及以下和 21～29 岁的用户。年龄为 30～39 岁的用户使用"向学科馆员或者学科联络员或者认识的馆员咨询""参加图书馆讲座或培训"和

"向电子资源提供商咨询"这 3 条渠道的可能性显著高于年龄为 20 岁及以下和 21～29 岁的用户。

（4）学历。如表 8－57 所示，与年龄一样，学历也是影响用户解决电子资源使用问题渠道的使用频率的重要因素，其对所列的 9 条解决问题渠道中的 7 条都存在显著影响。

表 8－57　不同学历用户解决电子资源使用问题渠道的使用频率的平均值和方差检验统计

渠道	学历				
	大专及以下	本科	硕士研究生	博士研究生	F 值
自己摸索	3.86	4.05	4.20	4.26	6.528**
向同学或者同事咨询	3.64	3.79	3.96	3.65	6.758**
在电子资源的帮助页面寻找答案	3.75	3.79	3.67	3.57	3.143*
在图书馆"常见问题解答"中寻找答案	3.81	3.77	3.64	3.52	3.966**
在学校的微信群或者 QQ 群咨询	3.62	3.41	3.21	3.15	7.035**
向电子资源页面提供的指定联系人咨询	3.43	3.34	3.39	3.28	0.580
向学科馆员或者学科联络员或者认识的馆员咨询	3.29	3.13	3.14	3.11	0.800
参加图书馆讲座或培训	3.12	2.93	3.11	2.82	4.218**
向电子资源提供商咨询	2.94	2.61	2.58	2.43	4.534**

注：* 为 $p < 0.05$，** 为 $p < 0.01$。

事后分析的结果表明，学历为硕士研究生的用户使用"自己摸索"这条渠道的可能性显著高于学历为大专及以下和本科的用户，学历为博士研究生的用户使用"自己摸索"这条渠道的频率显著高于学历为大专及以下的用户。学历为硕士研究生的用户使用"向同学或者同事咨询"这条渠道的可能性显著高于学历为大专及以下、本科和博士研究生的用户。学历为本科的用户使用"在电子资源的帮助页面寻找答案"的可能性显著高于学历为硕士研究生和博士研究生的用户。学历为大专及以下的用户使用"在图书馆'常见问题解答'中寻找答案"这条渠道的可能性显著高于学历为博士研究生的用户，学历为本科的用户使用"在图书馆'常见问题解答'中寻找答案"这条渠道的可能性显著高于学历为硕士研究生和博士研究生的用户。学历为硕士研究生的用户使用"参加图书馆讲座或培训"这条渠道的可能性显著高于学历为本科的用户。学历为大专及以下的用户使用"向电子资源提供商咨询"这条渠道的可能性显著高于学历为本科、硕士研究生和博士研究生的用户。

（5）专业。由表 8 - 58 可知，专业对用户解决图书馆电子资源使用问题渠道有一定的影响。不同专业的用户"向同学或同事咨询"和"在电子资源的帮助页面寻找答案"2 种渠道的频率存在显著差异。

表 8 - 58　不同专业用户解决电子资源使用问题渠道的使用频率的平均值和方差检验统计

渠道	专业			
	社会科学	人文科学	自然科学	F 值
自己摸索	4.13	4.01	4.12	2.541
向同学或者同事咨询	3.87	3.73	3.75	5.259 **
在电子资源的帮助页面寻找答案	3.79	3.82	3.67	3.803 *
在图书馆"常见问题解答"中寻找答案	3.76	3.74	3.72	0.349
在学校的微信群或者 QQ 群咨询	3.37	3.39	3.40	0.122
向电子资源页面提供的指定联系人咨询	3.33	3.37	3.30	0.444
向学科馆员或者学科联络员或者认识的馆员咨询	3.07	3.17	3.15	1.500
参加图书馆讲座或培训	2.90	3.03	2.92	1.915
向电子资源提供商咨询	2.54	2.63	2.58	0.883

注：* 为 $p < 0.05$，** 为 $p < 0.01$。

事后分析的结果表明，社会科学类专业的用户使用"向同学或者同事咨询"这条渠道的频率显著高于人文科学类、自然科学类专业的用户。

（6）职称。如表 8-59 所示，职称对用户解决图书馆电子资源使用问题渠道的影响不大。不同职称的用户使用"在图书馆'常见问题解答'中寻找答案"的频率存在显著差异。

表 8-59　不同职称用户解决电子资源使用问题渠道的使用频率的平均值和方差检验统计

渠道	职称			
	其他职称	中级职称	高级职称	F 值
自己摸索	4.00	3.89	3.84	0.369
向同学或者同事咨询	3.85	3.63	3.61	1.212
在电子资源的帮助页面寻找答案	3.63	3.59	3.37	1.437
在图书馆"常见问题解答"中寻找答案	3.80	3.58	3.18	5.262**
在学校的微信群或者 QQ 群咨询	3.37	3.33	3.16	0.506
向电子资源页面提供的指定联系人咨询	3.63	3.54	3.47	0.309
向学科馆员或者学科联络员或者认识的馆员咨询	3.27	3.62	3.34	2.132
参加图书馆讲座或培训	3.12	3.25	2.95	1.056
向电子资源提供商咨询	2.76	2.92	2.71	0.567

注：** 为 $p < 0.01$。

事后分析结果表明，其他职称的用户使用"向同学或者同事咨询"这条途径的频率显著高于高级职称的用户。其他职称的用户使用"在图书馆'常见问题解答'中寻找答案"这种渠道的频率显著高于高级职称的用户。

第9章　电子资源使用习惯模型检验

本章首先对绩效期望、付出期望、社会影响、便利条件、习惯、行为意向和使用行为等量表进行描述性统计，再对这些量表的信度和效度进行检验，最后通过结构模型方程分析对研究假设进行检验。

9.1　各量表描述性统计

本小节将对电子资源使用习惯模型涉及的绩效期望、付出期望、社会影响、便利条件、习惯、行为意向和使用行为等量表的各问项的平均值和标准差进行统计分析。"极不同意""不同意""一般""同意"和"非常同意"认同程度的编码分别是1、2、3、4和5。

（1）绩效期望。由表9-1可知，用户对绩效期望量表中所有的问项都具有较强的认同程度，平均认同程度都在4.00或以上。也就是说，用户强烈地感觉到使用电子资源可以帮助其在学习/工作上取得成就。

表9-1　绩效期望量表问项及频率统计

代码	问项	平均值	标准差	极不同意（%）	不同意（%）	一般（%）	同意（%）	非常同意(%)
PE1	图书馆的电子资源对我的学习/工作很有用	4.12	0.758	0.3	2.1	15.6	49.8	32.2
PE2	使用图书馆电子资源可以加快我学习/工作的进度	4.05	0.764	0.3	2.7	16.6	52.2	28.2
PE3	使用图书馆电子资源可以增加我获取资料的丰富性	4.16	0.740	0.2	2.4	12.4	51.3	33.7

续表9-1

代码	问项	平均值	标准差	极不同意（%）	不同意（%）	一般（%）	同意（%）	非常同意(%)
PE4	使用图书馆电子资源可以提高我学习/工作的绩效	4.00	0.778	0.1	3.2	19.8	50.1	26.8

平均认同程度最高的是"使用图书馆电子资源可以增加我获取资料的丰富性"，达到4.16，介于"同意"和"非常同意"之间，偏向"同意"。对此问项，33.7%的用户表示非常同意，51.3%的用户表示同意，表示不同意的用户的比例只有2.4%，表示极不同意的用户的比例更是低至0.2%。

平均认同程度排在第二位的是"图书馆的电子资源对我的学习/工作很有用"，达到4.12，介于"同意"和"非常同意"之间，偏向"同意"。对此问项，32.2%的用户表示非常同意，49.8%的用户表示同意，表示不同意的用户的比例只有2.1%，表示极不同意的用户的比例更是低至0.3%。

平均认同程度排在第三位的是"使用图书馆电子资源可以加快我学习/工作的进度"，达到4.05，介于"同意"和"非常同意"之间，偏向"同意"。对此问项，28.2%的用户表示非常同意，52.2%的用户表示同意，表示不同意的用户的比例只有2.7%，表示极不同意的用户的比例更是低至0.3%。

平均认同程度排在最后一位的是"使用图书馆电子资源可以提高我学习/工作的绩效"，达到4.00，介于"同意"和"非常同意"之间，偏向"同意"。对此问项，26.8%的用户表示非常同意，50.1%的用户表示同意，表示不同意的用户的比例只有3.2%，表示极不同意的用户的比例更是低至0.1%。

（2）付出期望。如表9-2所示，用户对付出期望也具有较高的认同程度，平均认同程度都在3.60以上。这说明用户比较认同为使用图书馆电子资源而付出努力。

表9-2 付出期望量表问项及频率统计

代码	问项	平均值	标准差	极不同意（%）	不同意（%）	一般（%）	同意（%）	非常同意(%)
EE1	我认为图书馆电子资源使用说明容易理解	3.64	0.782	0.7	5.1	36.0	46.3	11.9
EE2	我发现图书馆电子资源容易使用	3.68	0.772	0.3	5.4	33.0	48.9	12.4
EE3	对我来说，学习如何使用图书馆电子资源是简单的	3.73	0.799	0.3	6.0	29.0	49.6	15.1
EE4	对我来说，熟练地使用图书馆电子资源是简单的	3.61	0.822	0.4	7.8	34.9	44.1	12.7

平均认同程度最高的是"对我来说，学习如何使用图书馆电子资源是简单的"，为3.73，介于"一般"和"同意"之间，偏向"同意"。对此问项，15.1%的用户表示非常同意，49.6%的用户表示同意，表示不同意的用户的比例有6.0%，表示极不同意的用户的比例低至0.3%。

平均认同程度排在第二位的是"我发现图书馆电子资源容易使用"，为3.68，介于"一般"和"同意"之间，偏向"同意"。对此问项，12.4%的用户表示非常同意，48.9%的用户表示同意，表示不同意的用户的比例有5.4%，表示极不同意的用户的比例低至0.3%。

平均认同程度排在第三位的是"我认为图书馆电子资源使用说明容易理解"，为3.64，介于"一般"和"同意"之间，偏向"同意"。对此问项，11.9%的用户表示非常同意，46.3%的用户表示同意，表示不同意的用户的比例为5.1%，表示极不同意的用户的比例低至0.7%。

平均认同程度排在最后一位的是"对我来说，熟练地使用图书馆电子资源是简单的"，为3.61，介于"一般"和"同意"之间，偏向"同意"。对此问项，12.7%的用户表示非常同意，44.1%的用户表示同意，表示不同意的用户的比例有7.8%，表示极不同意的用户的比例低至0.4%。

（3）社会影响。如表9－3所示，用户对社会影响量表中的多数问项具有较高认同程度。用户已经较强感受到了对其重要的人认为他应该使用电子资源。

表9－3 社会影响量表问项及频率统计

代码	问项	平均值	标准差	极不同意（%）	不同意（%）	一般（%）	同意（%）	非常同意（%）
SI1	对我很重要的人（如老师、长辈）认为我应该使用图书馆电子资源	3.95	0.838	0.4	4.6	21.7	46.5	26.8
SI2	同学/同事认为我应该使用图书馆电子资源	3.78	0.814	0.6	4.5	29.5	47.0	18.3
SI3	我使用图书馆电子资源是因为周围同学/同事的广泛使用	3.35	0.984	2.7	16.9	34.5	33.9	11.9
SI4	我看重的人（如老师、长辈）希望我使用图书馆电子资源	3.83	0.864	0.8	5.8	24.7	46.5	22.2

平均认同程度最高的是"对我很重要的人（如老师、长辈）认为我应该使用图书馆电子资源"，为3.95，介于"一般"和"同意"之间，偏向"同意"。对此问项，26.8%的用户表示非常同意，46.5%的用户表示同意，表示不同意的用户的比例有4.6%，表示极不同意的用户的比例低至0.4%。

平均认同程度排在第二位的是"我看重的人（如老师、长辈）希望我使用图书馆电子资源"，为3.83，介于"一般"和"同意"之间，偏向"同意"。对此问项，22.2%的用户表示非常同意，46.5%的用户表示同意，表示不同意的用户的比例有5.8%，表示极不同意的用户的比例低至0.8%。

平均认同程度排在第三位的是"同学/同事认为我应该使用图书馆电

子资源"，为3.78，介于"一般"和"同意"之间，偏向"同意"。对此问项，18.3%的用户表示非常同意，47.0%的用户表示同意，表示不同意的用户的比例有4.5%，表示极不同意的用户的比例为0.6%。

平均认同程度排在最后一位的是"我使用图书馆电子资源是因为周围同学/同事的广泛使用"，为3.35，介于"一般"和"同意"之间，偏向"一般"。对此问项，11.9%的用户表示非常同意，33.9%的用户表示同意，表示不同意的用户的比例为16.9%，表示极不同意的用户的比例为2.7%。

（4）便利条件。由表9-4可知，用户对便利条件具有非常高的认同度。用户对硬件条件的信心最强，对自己的知识也有自信，对图书馆电子资源的使用信心稍低。

表9-4　便利条件量表问项及频率统计

代码	问项	平均值	标准差	极不同意（%）	不同意（%）	一般（%）	同意（%）	非常同意（%）
FC1	我拥有使用电子资源所需的条件（如上网设备、网络等）	4.24	0.735	0.1	1.8	12.1	46.3	39.7
FC2	我拥有使用电子资源必要的知识	3.91	0.784	0.2	3.5	24.1	49.7	22.6
FC3	图书馆电子资源的使用方式和我熟悉的网上资源使用方式是一致的	3.75	0.801	0.1	6.5	27.3	50.2	16.0

平均认同程度最高的是"我拥有使用电子资源所需的条件（如上网设备、网络等）"，为4.24，介于"同意"和"非常同意"之间，偏向"同意"。对此问项，39.7%的用户表示非常同意，46.3%的用户表示同意，表示不同意的用户的比例有1.8%，表示极不同意的用户的比例低至0.1%。

平均认同程度排在第二位的是"我拥有使用电子资源必要的知识"，为3.91，介于"一般"和"同意"之间，偏向"同意"。对此问项，

22.6%的用户表示非常同意，49.7%的用户表示同意，表示不同意的用户的比例为3.5%，表示极不同意的用户的比例低至0.2%。

平均认同程度排在最后一位的是"图书馆电子资源的使用方式和我熟悉的网上资源使用方式是一致的"，为3.75，介于"一般"和"同意"之间，偏向"同意"。对此问项，16.0%的用户表示非常同意，50.2%的用户表示同意，表示不同意的用户的比例有6.5%，表示极不同意的用户的比例低至0.1%。

（5）习惯。用户相信自己会在一定程度上自觉使用电子资源，但是程度不深（表9–5）。

表9–5 习惯量表问项和频率统计

代码	问项	平均值	标准差	极不同意（%）	不同意（%）	一般（%）	同意（%）	非常同意(%)
BB1	使用图书馆电子资源已经成为我的习惯	3.62	0.898	1.1	8.9	32.7	40.9	16.4
BB2	我沉迷于使用图书馆电子资源	2.94	0.871	4.0	24.7	48.3	18.8	4.1
BB3	使用图书馆电子资源对我来说是很自然的事情	3.68	0.801	0.6	6.2	31.2	48.9	13.2

平均认同程度最高的是"使用图书馆电子资源对我来说是很自然的事情"，为3.68，介于"一般"和"同意"之间，偏向"同意"。对此问项，13.2%的用户表示非常同意，48.9%的用户表示同意，表示不同意的用户的比例有6.2%，表示极不同意的用户的比例为0.6%。

平均认同程度排在第二位的是"使用图书馆电子资源已经成为我的习惯"，为3.62，介于"一般"和"同意"之间，偏向"同意"。对此问项，16.4%的用户表示非常同意，40.9%的用户表示同意，表示不同意的用户的比例为8.9%，表示极不同意的用户的比例为1.1%。

平均认同程度排在最后一位的是"我沉迷于使用图书馆电子资源"，为2.94，介于"不同意"和"一般"之间，偏向"一般"。对此问项，只有4.1%的用户表示非常同意，18.8%的用户表示同意，24.7%的用户表示不同意，表示极不同意的用户的比例为 4%。

（6）行为意向。如表 9 - 6 所示，用户具有较强的使用倾向，平均认同程度最低都有 3.75。

表 9 - 6　行为意向量表问项及频率统计

代码	问项	平均值	标准差	极不同意（%）	不同意（%）	一般（%）	同意（%）	非常同意（%）
BI1	我将始终在学习/工作中尝试使用图书馆电子资源	3.75	0.811	0.4	6.5	26.6	50.7	15.8
BI2	我会继续使用图书馆电子资源	4.08	0.706	0.3	1.7	14.5	57.0	26.6
BI3	我使用图书馆电子资源的次数将会增加	3.95	0.748	0.3	2.3	21.7	53.5	22.1
BI4	我愿意推荐其他人来使用图书馆电子资源	4.05	0.744	0.4	1.8	17.1	53.4	27.3

平均认同程度最高的是"我会继续使用图书馆电子资源"，为 4.08，介于"同意"和"非常同意"之间，偏向"同意"。对此问项，26.6% 的用户表示非常同意，57.0% 的用户表示同意，表示不同意的用户的比例有 1.7%，表示极不同意的用户的比例为 0.3%。

平均认同程度排在第二位的是"我愿意推荐其他人来使用图书馆电子资源"，为 4.05，介于"同意"和"非常同意"之间，偏向"同意"。对此问项，27.3% 的用户表示非常同意，53.4% 的用户表示同意，表示不同意的用户的比例有 1.8%，表示极不同意的用户的比例为 0.4%。

平均认同程度排在第三位的是"我使用图书馆电子资源的次数将会增加"，为 3.95，介于"一般"和"同意"之间，偏向"同意"。对此问项，22.1% 的用户表示非常同意，53.5% 的用户表示同意，表示不同意的用户的比例有 2.3%，表示极不同意的用户的比例为 0.3%。

平均认同程度排在最后一位的是"我将始终在学习/工作中尝试使用图书馆电子资源"，为 3.75，介于"一般"和"同意"之间，偏向"同意"。对此问项，15.8% 的用户表示非常同意，50.7% 的用户表示同意，表示不同意的用户的比例为 6.5% ，表示极不同意的用户的比例为 0.4% 。

（7）使用行为。如前所述，本研究采用用户使用各类型电子资源的频率来测量用户的电子资源使用行为。其描述性统计结果见表 9 - 7。其相关情况已经在前文详细论述，此处不再展开。

表 9 - 7　使用行为量表问项统计

代码	问项	平均值	标准差
UB1	电子期刊使用频率	3.56	1.582
UB2	电子图书使用频率	2.94	1.511
UB3	全文（集成）数据库使用频率	2.42	1.486
UB4	索引文摘数据库使用频率	2.89	1.558
UB5	参考数据库使用频率	2.93	1.59
UB6	数值和统计数据库使用频率	2.45	1.48
UB7	电子图像使用频率	2.33	1.454
UB8	电子音频/视频资源使用频率	2.74	1.589

9.2　各量表信度和效度检验

在进行结构方程模型分析之前，我们先检验量表的信度和效度。信度是测量结果是否反映了被测量对象稳定的、一贯性的真实特征[1]。只有信度被接受时，量表的数据分析才是可靠的。效度也就是测量的准确性，是指测量工具所能测得其所预测量的特征或者功能的程度。效度一般可以分为内容效度与建构效度两种[2]。

9.2.1　各量表信度检验

验证性因子分析是结构方程模型分析的一部分。Fornell 和 Larcker 指出，研究人员在执行结构模型方程分析之前，应先分析测量模型，因为测量模型可以正确地反映研究的构面或因素，可以提供关于模型设定、评估

---

① 张润芝. 人员素质测评 [M]. 呼和浩特：内蒙古大学出版社，2014：62.
② 唐朝永. 组织冲突对科研团队人才集聚效应影响机理及冲突调控研究 [M]. 北京：知识产权出版社，2017：120.

及对结果的信心水平方面的信息①。本研究根据 Kline 提出的两阶段模型修订模型进行测量模型变量缩减。第一阶段如果发现测量模型适配度是可接受的,再进行完整的结构方程模型分析;如果发现测量模型适配度不佳,再根据数学模型及相关文献进行修正②。

本研究在验证性因子分析时使用组合信度、个别项目信度对量表进行信度分析,使用平均变异抽取量对量表的聚合效度进行分析。Hair 等认为组合信度 0.7 是可以接受的门槛③。黄芳铭指出,个别项目信度大于 0.5 时就表明该指标题项可以接受,否则需要修订或删除④。同时,本研究使用平均变异抽取量是为了计算潜变量的测量变量的变异解释能力,平均变异抽取量越高,则表示量表的聚合效度越高。理想的平均变异抽取量须大于 0.5。Fornell 和 Larcker 认为,0.36~0.5 是可以接受的门槛⑤。

本研究根据 Bogozzi 和 Yi⑥ 的建议,将模型适配度指标分为绝对适配指标、增值适配指标和简约适配指标三类,见表 9-8。

① Fornell C, Larcker D F. Evaluating structural equation models with unobservable variables and measurement error [J]. Journal of Marketing Research, 1981, 18 (1): 39-50.

② Kline R B. Principles and Practice of Structural Equation Modeling [M]. 3rd ed. New York: Guilford Press, 2010.

③ Hair J F, Black W C, Babin B J, et al. Multivariate Data Analysis [M]. 7th ed. Upper Saddle River: Prentice Hall, 2009.

④ 黄芳铭. 结构方程模型: 理论与应用 [M]. 5 版. 台北: 五南图书出版有限公司, 2007.

⑤ Fornell C, Larcker D F. Structural equation models with unobservable variables and measurement error: algebra and statistics [J]. Journal of Marketing Research, 1981, 18 (3): 382-388.

⑥ Bagozzi R P, Yi Y. On the evaluation of structural equation models [J]. Journal of the academy of marketing science, 1988, 16 (1): 74-94.

表 9 - 8　模型适配度指标

适配指标		建议要求	参考来源
绝对适配指标	χ^2/df	<5	Schumacker, Lomax (2010)①
	GFI	>0.8	Seyal, Rahman & Rahim (2002)②
	AGFI	>0.8	Segars & Grover (1993)③
	RMSEA	<0.08	Hu & Bentler (1999)④
增值适配指标	NFI	>0.9	Hair et al. (1998)⑤
	CFI	>0.9	Bentler (1990)⑥
	IFI	>0.9	Bentler & Bonett (1980)⑦
简约适配指标	PNFI	>0.5	Mulaik et al. (1989)⑧
	PCFI	>0.5	Mulaik et al. (1989)

(1) 绩效期望量表。由表 9 - 9 可知,绩效期望量表包括 4 个问项,其组合信度为 0.87,超过 0.7 的标准;平均变异抽取量为 0.63,高于 0.5 的标准;个别项目信度分别为 0.82、0.82、0.78 和 0.76,均高于 0.5 的标准。模型适配度指标 GFI 为 0.987,AGFI 为 0.936,均大于 0.9,RMSEA 为 0.110,超过 0.08 的要求,3 个指标中有 2 个符合要求,在可接受的范围之内,所以在后续分析中保留这 4 个问项。

---

① Schumacker R E, Lomax R G. A Beginner's Guide to Structural Equation Modeling [M]. 3rd ed. Mahwah, NJ: Routledge, 2010.

② Seyal A H, Rahman M N A, Rahim M M. Determinants of academic use of the Internet: a structural equation model [J]. Behaviour & Information Technology, 2002, 21 (1): 71 - 86.

③ Segars A H, Grover V. Re-examining perceived ease of use and usefulness: a confirmatory factor analysis [J]. MIS Quarterly, 1993, 17 (4): 517 - 525.

④ Hu L T, Bentler P M. Cutoff criteria for fit indexes in covariance structure analysis: conventional criteria versus new alternatives [J]. Structural Equation Modeling: A Multidisciplinary Journal, 1999, 6 (1): 1 - 55.

⑤ Hair J F, Tatham R L, Anderson R E, et al. Multivariate Data Analysis [M]. 5th ed. Upper Saddle River: Prentice Hall, 1998.

⑥ Bentler P M. Comparative fit indexes in structural models [J]. Psychological Bulletin, 1990, 107 (2): 238 - 246.

⑦ Bentler P M, Bonett D G. Significance tests and goodness of fit in the analysis of covariance structures [J]. Psychological Bulletin, 1980, 88 (3): 588 - 606.

⑧ Mulaik S A, James L R, Van Alstine J, et al. Evaluation of goodness-of-fit indices for structural equation models [J]. Psychological Bulletin, 1989, 105 (3): 430 - 445.

表9-9　绩效期望量表验证性因子分析结果

平均变异抽取量	组合信度	问项	个别项目信度
0.63	0.87	PE1	0.82
		PE2	0.82
		PE3	0.78
		PE4	0.76

（2）付出期望量表。由表9-10可知，付出期望量表的组合信度为0.84，超过0.7的标准；平均变异抽取量为0.56，高于0.5的标准；个别项目信度分别为0.73、0.72、0.77和0.77，均高于0.5的标准。模型适配度指标 *GFI* 为0.970，*AGFI* 为0.852，均大于0.8，*RMSEA* 为0.171，超过0.08的要求，3个指标中有2个符合要求，在可接受的范围之内，所以在后续分析中保留这4个问项。

表9-10　付出期望量表验证性因子分析结果

平均变异抽取量	组合信度	问项	个别项目信度
0.56	0.84	EE1	0.73
		EE2	0.72
		EE3	0.77
		EE4	0.77

（3）社会影响量表。如表9-11所示，社会影响量表的组合信度为0.78，超过0.7的标准；平均变异抽取量为0.49，低于0.5的标准；个别项目信度分别为0.78、0.77、0.47和0.72，SI3低于0.5的标准。模型适配度指标 *GFI* 为0.967，*AGFI* 为0.836，均大于0.8，*RMSEA* 为0.180，超过0.08的要求，3个指标中有2个符合要求，在可接受的范围之内，去掉SI3再进行分析。

表9-11　社会影响量表第一次验证性因子分析结果

平均变异抽取量	组合信度	问项	个别项目信度
0.49	0.78	SI1	0.78
		SI2	0.77
		SI3	0.47
		SI4	0.72

由表9-12可知，第二次验证性因子分析时社会影响量表的组合信度为0.79，超过0.7的标准；平均变异抽取量为0.56，高于0.5的标准；个别项目信度分别为0.81、0.71和0.71，均高于0.5的标准。所以在后续的结构方程模型分析时保留SI1、SI2和SI4这3个问项。

表9-12 社会影响量表第二次验证性因子分析结果

平均变异抽取量	组合信度	问项	个别项目信度
0.56	0.79	SI1	0.81
		SI2	0.71
		SI4	0.71

（4）便利条件量表。如表9-13所示，便利条件量表的组合信度为0.71，超过0.7的标准；平均变异抽取量为0.46，低于0.5的标准但是高于0.36，属于可以接受的范围；个别项目信度分别为0.59、0.86和0.54，高于0.5的标准。所以在后续的分析中保留这3个问项。

表9-13 便利条件量表验证性因子分析结果

平均变异抽取量	组合信度	问项	个别项目信度
0.46	0.71	FC1	0.59
		FC2	0.86
		FC3	0.54

（5）习惯量表。由表9-14可知，习惯量表的组合信度为0.76，超过0.7的标准；平均变异抽取量为0.52，高于0.5的标准；个别项目信度分别为0.81、0.55和0.78，高于0.5的标准。所以在后续的分析中保留这3个问项。

表9-14 习惯量表验证性因子分析结果

平均变异抽取量	组合信度	问项	个别项目信度
0.52	0.76	BB1	0.81
		BB2	0.55
		BB3	0.78

（6）行为意向量表。如表9－15所示，行为意向量表的组合信度为0.82，超过0.7的标准；平均变异抽取量为0.53，高于0.5的标准；个别项目信度分别为0.63、0.81、0.73和0.74，高于0.5的标准。模型适配度指标 *GFI* 为0.997，*AGFI* 为0.986，均大于0.8，*RMSEA* 为0.007，达到不超过0.08的要求。所以在后续的分析中保留这4个问项。

表9－15　行为意向量表验证性因子分析结果

平均变异抽取量	组合信度	问项	个别项目信度
0.53	0.82	BI1	0.63
		BI2	0.81
		BI3	0.73
		BI4	0.74

（7）使用行为量表。由表9－16可知，使用行为量表的组合信度为0.88，超过0.7的标准；平均变异抽取量为0.48，低于0.5的标准；个别项目信度分别为0.47、0.60、0.77、0.72、0.67、0.75、0.82和0.70，UB1低于0.5的标准。模型适配度指标 *GFI* 为0.914，*AGFI* 为0.845，均大于0.8，*RMSEA* 为0.129，超过0.08的要求，3个指标中有2个符合要求，在可接受的范围之内。去掉UB1这个问项再进行一次探索性因子分析，所得结果见表9－17。

表9－16　使用行为量表第一次验证性因子分析结果

平均变异抽取量	组合信度	问项	个别项目信度
0.48	0.88	UB1	0.47
		UB2	0.60
		UB3	0.77
		UB4	0.72
		UB5	0.67
		UB6	0.75
		UB7	0.82
		UB8	0.70

表 9 - 17　使用行为量表第二次验证性因子分析结果

平均变异抽取量	组合信度	问项	个别项目信度
0.51	0.88	UB2	0.59
		UB3	0.77
		UB4	0.67
		UB5	0.66
		UB6	0.75
		UB7	0.82
		UB8	0.72

　　第二次验证性因子分析时使用行为量表的组合信度为 0.88，超过 0.7 的标准；平均变异抽取量为 0.51，高于 0.5 的标准；个别项目信度分别为 0.59、0.77、0.67、0.66、0.75、0.82 和 0.72，均高于 0.5 的标准。模型适配度指标 GFI 为 0.921，$AGFI$ 为 0.841，均大于 0.8，$RMSEA$ 为 0.139，超过 0.08 的要求，3 个指标中有 2 个符合要求，在可接受的范围之内。所以在后续的分析中去掉 UB1 这个问项。

9.2.2　各量表效度检验

　　内容效度是指量表内容的适当性。建构效度是指量表能够测量理论上某个概念或者特征的程度[1]。本研究 7 个构面的问项都是依据相关文献设计的，故具有一定程度的内容效度。Kerlinger 和 Lee 提出了两种测量建构效度的方法。一是采用个别项目分数和总分的相关系数作为验证量表的建构效度指标。若每一项个别项目与总分的相关系数显著，则代表该量表具有良好的建构效度；若个别项目与总分的相关系数不显著，则应将个别项目去除。二是采用因子分析法。因子负载值越大（通常为 0.5 以上），表示收敛效度越高；每一个项目只能在其所属的构面中出现一个 0.5 以上的因子负载值，符合这个条件的项目越多，则量表的区别效度越高[2]。本研

　　① 闫莹. 基于合作竞争的网络组织演化及实证研究［M］. 北京：科学技术文献出版社，2017：102.

　　② Kerlinger F N, Lee H B. Foundations of Behavioral Research［M］. 4th ed. Fort Worth, TX：Harcourt College Publishers, 1990：421 - 424.

究在信度检验的基础上，使用因子分析法进行建构效度的检验。

如表 9 – 18 所示，绩效期望量表的 KMO 值为 0. 820，说明适合做因子分析，4 个问项的负载值都高于 0. 5，最高的达到 0. 74，并且每个问项只在其所属的构面出现一个 0. 5 以上的因子负载值。这表明绩效期望量表有着良好的建构效度。付出期望量表的 KMO 值为 0. 770，说明尚可做因子分析，4 个问项的负载值都高于 0. 5，最高的达到 0. 66，并且每个问项只在其所属的构面出现一个 0. 5 以上的因子负载值。这表明付出期望量表有着良好的建构效度。社会影响量表的 KMO 值为 0. 700，说明尚可做因子分析，3 个问项的负载值都高于 0. 5，最高的达到 0. 74，并且每个问项只在其所属的构面出现一个 0. 5 以上的因子负载值。这表明社会影响量表有着良好的建构效度。便利条件量表的 KMO 值为 0. 634，说明勉强可以进行因子分析，3 个问项的负载值都高于 0. 5，最高的达到 0. 73，并且每个问项只在其所属的构面出现一个 0. 5 以上的因子负载值。这表明便利条件量表有着良好的建构效度。习惯量表的 KMO 值为 0. 658，说明勉强可以进行因子分析，3 个问项的负载值都高于 0. 5，最高的达到 0. 74，并且每个问项只在其所属的构面出现一个 0. 5 以上的因子负载值。这表明习惯量表有着良好的建构效度。行为意向量表的 KMO 值为 0. 797，说明尚可做因子分析，4 个问项的负载值都高于 0. 5，最高的达到 0. 72，并且每个问项只在其所属的构面出现一个 0. 5 以上的因子负载值。这表明行为意向量表有着良好的建构效度。使用行为量表的 KMO 值为 0. 834，说明适合做因子分析，7 个问项的负载值都高于 0. 5，最高的达到 0. 78，并且每个问项只在其所属的构面出现一个 0. 5 以上的因子负载值。这表明使用行为量表有着良好的建构效度。

表 9 – 18　量表的建构效度检验值

量表	KMO 值	Bartlett 球形检验值	累计解释变异量百分比（%）	问项	负载值
绩效期望	0. 820	3446. 251	71. 73	PE1	0. 74
				PE2	0. 74
				PE3	0. 70
				PE4	0. 69

续表 9 - 18

量表	KMO 值	Bartlett 球形检验值	累计解释变异量百分比（%）	问项	负载值
付出期望	0.770	2505.679	64.69	EE1	0.64
				EE2	0.63
				EE3	0.66
				EE4	0.66
社会影响	0.700	1555.809	69.97	SI1	0.74
				SI2	0.68
				SI4	0.68
便利条件	0.634	1013.191	62.42	SI1	0.60
				SI2	0.73
				SI3	0.55
习惯	0.658	1415.6	67.10	BB1	0.74
				BB2	0.55
				BB3	0.73
行为意向	0.797	2431.276	64.60	BI1	0.55
				BI2	0.72
				BI3	0.66
				BI4	0.66
使用行为	0.834	4988.188	67.73	UB2	0.51
				UB3	0.66
				UB4	0.75
				UB5	0.65
				UB6	0.64
				UB7	0.76
				UB8	0.78

9.3　电子资源使用习惯模型验证

如表 9 - 19 所示，绝对适配指标方面，4 个指标有 3 个指标适配，

1 个指标接近；增值适配指标方面，3 个指标都不适配；简约适配指标方面，2 个指标都接近。这表明模型具有一定的适配度。模型能够在一定程度上解释用户的电子资源使用习惯。

表 9 – 19　模型适配情况统计

指标		理想要求标准	本研究结果	适配情况
绝对适配指标	χ^2/df	< 5	6.702	接近
	GFI	> 0.8	0.905	适配
	AGFI	> 0.8	0.888	适配
	RMSEA	< 0.08	0.056	适配
增值适配指标	NFI	> 0.9	0.447	不适配
	CFI	> 0.9	0.482	不适配
	IFI	> 0.9	0.487	不适配
简约适配指标	PNFI	> 0.5	0.406	接近
	PCFI	> 0.5	0.438	接近

由表 9 – 20 可知，本研究对潜变量之间关系的假设大部分都得到了支持。

表 9 – 20　潜变量关系统计

假设	路径	路径系数	临界比率	P 值	检验结果
H1	行为意向←绩效期望	0.365	6.874	***	成立
H2	行为意向←付出期望	0.098	2.183	0.029	成立
H3	行为意向←社会影响	0.220	5.467	***	成立
H4	行为意向←便利条件	0.321	4.243	***	成立
H5	行为意向←习惯	0.617	7.633	***	成立
H6	使用行为←便利条件	0.005	0.122	0.903	不成立
H7	使用行为←习惯	0.247	4.152	***	成立
H8	使用行为←行为意向	– 0.122	– 2.127	0.033	成立

注：*** 为显著度低于 0.001 的水平。

本研究假设高校图书馆用户的绩效期望对其电子资源行为意向存在显著影响。结果显示，绩效期望对行为意向存在显著正向影响。用户的绩效期望越高，其行为意向就越强。这个结果与 Bwalya 和 Ssebbale[1]、张松山[2] 及 Alajmi[3] 等的研究结果一致。本研究中绩效期望能够解释 36.5% 的行为意向的变异，这个结果要比上述研究的高。

本研究假设高校图书馆用户的付出期望对其电子资源行为意向存在显著影响。结果表明，付出期望对行为意向存在显著正向影响。这个结果与 Bwalya 和 Ssebbale 的研究结果一致。用户的付出期望越高，其行为意向就越强，不过付出期望对行为意向的影响力较弱，仅能解释 9.8% 的行为意向变异，这个结果比 Bwalya 和 Ssebbale 研究得到的结果还要低。

本研究假设高校图书馆用户的社会影响对其电子资源行为意向存在显著影响。结果显示，社会影响对行为意向存在显著正向影响。用户受到的社会影响越大，其行为意向就越强。此结果与张松山的研究结果一致。本研究中社会影响能够解释 22% 的行为意向的变异，这个结果要比张松山研究得到的结果高得多，其研究中社会影响仅能解释行为意向 7.7% 的变异。

本研究假设高校图书馆用户的便利条件对其电子资源行为意向存在显著影响。结果表明，便利条件对行为意向存在显著正向影响。用户拥有的便利条件越多，其行为意向就越强。此结果与 Bwalya 和 Ssebbale 及 Alajmi 的研究结果一致。本研究中便利条件能够解释 32.1% 的行为意向的变异，比 Bwalya 和 Ssebbale 以及 Alajmi 研究得到的结果 17% 要高很多。

本研究假设高校图书馆用户的习惯对其电子资源行为意向存在显著影响。结果发现，习惯对行为意向存在显著正向影响。用户的习惯越强烈，其行为意向就越高。此结果验证了 Alajmi 的研究。本研究中习惯能够解释 61.7% 的行为意向的变异。

本研究假设高校图书馆用户的便利条件对其电子资源使用行为存在显著影响。结果表明，便利条件对使用行为存在影响，但是效果不显著，假设不能成立。此结果与 Alajmi 的研究结果一致。

本研究假设高校图书馆用户的习惯对其电子资源使用行为存在显著影

---

① Bwalya K J, Ssebbale F. Factors influencing access to and usage of e-resources at Nkumba University, Uganda [J]. Mousaion, 2017, 35 (4): 1-21.

② 张松山. 大学图书馆电子资源使用行为模式建构之研究 [D]. 高雄：高雄师范大学, 2012.

③ Alajmi M A. The acceptance and use of electronic information resources among faculty of selected Gulf Cooperation Council States universities [J]. Information Development, 2019, 35 (3): 447-466.

响。结果显示，习惯对使用行为存在显著正向影响。这个结果与 Alajmi 的研究结果一致。用户的习惯越强烈，其实际使用就越频繁。习惯能够解释 24.7% 的使用行为的变异，这个数值不到 Alajmi 研究得到的结果的数值的一半。

本研究假设高校图书馆用户的电子资源行为意向对其使用行为存在显著影响。结果发现，行为意向对使用行为存在显著负向影响。这个结果与 Bwalya 和 Ssebbale、张松山及 Alajmi 的研究结果都不一样。用户的行为意向越高，其实际使用的频率就越低。出现这样结果的原因有可能是本研究电子资源使用行为量表采用了用户使用各类型电子资源的频率而不像其他 6 个潜变量那样使用描述性语句的量表。

9.4 多群组结构模型方程分析

本小节将对性别、年龄、身份、学历、专业、电子资源使用自我效能等的调节效应进行检验。在进行检验之前，首先对模型的适配度进行分析。

（1）性别。表 9 - 21 是对不同性别模型适配情况的统计。由此表可知，绝对适配指标中，男性完全符合，女性有 1 个指标接近，3 个指标符合。增长适配指标中，男性和女性都不符合。简约适配指标中，男性有 1 个指标接近，另外 1 个指标不符合，女性是 2 个指标都接近。总体而言，男性和女性的模型均具有一定的适配度。

表 9 - 21 不同性别模型适配情况统计

指标		理想要求标准	男性	女性
绝对适配指标	χ^2/df	<5	2.685	5.173
	GFI	>0.8	0.872	0.902
	AGFI	>0.8	0.848	0.884
	RMSEA	<0.08	0.057	0.057
增值适配指标	NFI	>0.9	0.360	0.448
	CFI	>0.9	0.455	0.495
	IFI	>0.9	0.473	0.502
简约适配指标	PNFI	>0.5	0.326	0.405
	PCFI	>0.5	0.411	0.448

由表 9 - 22 可知，男性用户的绩效期望对其电子资源行为意向的影响程度要显著高于女性。这表明性别在高校图书馆用户的绩效期望对电子资源行为意向的影响方面存在显著调节效应。研究假设 H1a 得到证实。这一点与张松山和 Alajmi 的研究结果都不一样。他们的研究中，性别在绩效期望对行为意向影响方面的调节效应并不显著。男性用户的付出期望对其电子资源行为意向存在显著正向影响，女性用户的付出期望对其电子资源行为意向不存在显著影响。这表明性别在高校图书馆用户的付出期望对电子资源行为意向方面也存在显著调节效应。研究假设 H2a 也得到了证实。研究假设 H3a、H4a、H5a、H6a 和 H7a 都没有得到本研究数据的支持，也就是说性别在高校图书馆用户的社会影响对电子资源行为意向的影响、便利条件对电子资源行为意向的影响、习惯对电子资源行为意向的影响、便利条件对电子资源使用行为的影响、习惯对电子资源使用行为的影响方面均不存在显著调节效应。

表 9 - 22　性别的调节效应检验

假设	路径	男性		女性		z 值
		路径系数	P 值	路径系数	P 值	
H1a	行为意向←绩效期望	0.562	0.000	0.305	0.000	- 1.844*
H2a	行为意向←付出期望	0.221	0.019	0.040	0.386	- 1.725*
H3a	行为意向←社会影响	0.107	0.064	0.167	0.000	0.902
H4a	行为意向←便利条件	1.199	0.006	0.564	0.001	- 1.345
H5a	行为意向←习惯	1.105	0.000	0.616	0.000	- 1.560
H6a	使用行为←便利条件	- 0.623	0.267	0.226	0.411	1.359
H7a	使用行为←习惯	0.683	0.130	0.688	0.000	0.010

注：* 为 $p < 0.10$。

　　（2）年龄。样本中 20 岁及以下的用户有 642 位，21 ～ 29 岁的样本有 1009 位，30 ～ 39 岁的样本有 108 位，40 岁及以上的样本有 45 位。30 ～ 39 岁的样本和 40 岁及以上的样本数量都偏低，因此将这两个年龄段的用户与 21 ～ 29 岁的合并，统称为 20 岁以上。

　　表 9 - 23 是对不同年龄模型适配情况的统计。由此表可知，绝对适配指标中，20 岁及以下与 20 岁以上均符合。增值适配指标中，20 岁及以下

和 20 岁以上都不符合。简约适配指标中，20 岁及以下有 1 个指标接近，另外 1 个指标不符合，20 岁以上是 2 个指标都接近。总体而言，20 岁及以下和 20 岁以上的模型均具有一定的适配度。

表 9 - 23　不同年龄模型适配情况统计

指标		理想要求标准	20 岁及以下	20 岁以上
绝对适配指标	χ^2/df	< 5	2.905	4.634
	GFI	> 0.8	0.889	0.903
	AGFI	> 0.8	0.869	0.884
	RMSEA	< 0.08	0.055	0.056
增值适配指标	NFI	> 0.9	0.399	0.452
	CFI	> 0.9	0.489	0.506
	IFI	> 0.9	0.503	0.513
简约适配指标	PNFI	> 0.5	0.361	0.409
	PCFI	> 0.5	0.443	0.458

如表 9 - 24 所示，20 岁及以下用户与 20 岁以上用户习惯对行为意向的影响程度存在显著差异。也就是说，年龄在高校图书馆用户的习惯对电子资源行为意向的影响方面存在显著调节效应。研究假设 H5b 得到了证实。研究假设 H1b、H2b、H3b、H4b、H6b 和 H7b 都没有得到本研究数据的支持，也就是说，这些研究假设不能成立。

表 9 - 24　年龄的调节效应检验

假设	路径	20 岁及以下		20 岁以上		z 值
		路径系数	P 值	路径系数	P 值	
H1b	行为意向←绩效期望	0.332	0.000	0.394	0.000	0.584
H2b	行为意向←付出期望	0.063	0.204	0.063	0.199	- 0.001
H3b	行为意向←社会影响	0.143	0.004	0.129	0.000	- 0.231
H4b	行为意向←便利条件	0.577	0.026	0.842	0.001	0.720
H5b	行为意向←习惯	0.424	0.000	0.805	0.000	2.368 **
H6b	使用行为←便利条件	- 0.082	0.839	- 0.030	0.933	0.095
H7b	使用行为←习惯	0.693	0.001	0.868	0.000	0.533

注：** 为 $p < 0.05$。

（3）身份。因为教辅人员、行政人员的数量较少，并且其他人员中主要是教工，所以在检验身份的调节效应时，将教辅人员、行政人员和其他人员与教学科研人员合并，统称为教工。

从表 9 - 25 可知，绝对适配指标中，学生有 3 个指标符合，1 个指标接近，教工均符合。增值适配指标中，学生和教工用户组都不符合。简约适配指标中，学生有 1 个指标符合，1 个指标接近，教工 2 个指标都不符合。总体而言，学生和教工的模型均具有一定的适配度。

表 9 - 25　不同身份模型适配情况统计

指标		理想要求标准	学生	教工
绝对适配指标	χ^2/df	<5	5.591	2.063
	GFI	>0.8	0.910	0.827
	AGFI	>0.8	0.893	0.794
	RMSEA	<0.08	0.055	0.060
增值适配指标	NFI	>0.9	0.472	0.279
	CFI	>0.9	0.516	0.395
	IFI	>0.9	0.506	0.429
简约适配指标	PNFI	>0.5	0.521	0.253
	PCFI	>0.5	0.467	0.358

如表 9 - 26 所示，身份的调节效应检验方面，学生和教工的绩效期望对其电子资源行为意向的影响存在显著差异。学生的绩效期望显著影响了其电子资源行为意向，教工的绩效期望对其电子资源行为意向不存在显著影响。这表明身份在高校图书馆用户的绩效期望对电子资源行为意向的影响方面存在显著调节效应。研究假设 H1c 得到了证实。学生和教工的付出期望对其电子资源行为意向的影响也存在显著差异。学生和教工的付出期望都对其电子资源行为意向没有显著影响，但是学生的付出期望对行为意向的影响是正向的，教工的付出期望对行为意向的影响是负向的。这表明身份在高校图书馆用户的付出期望对电子资源行为意向的影响方面存在显著调节效应。研究假设 H2c 得到了证实。学生和教工的社会影响对其电子资源行为意向的影响存在显著差异。学生的社会影响显著影响了其电子资源行为意向，教工的社会影响对其电子资源行

为意向不存在显著影响。这表明身份在高校图书馆用户的社会影响对电子资源行为意向的影响方面存在显著调节效应。研究假设 H3c 得到了证实。学生和教工的习惯对其电子资源行为意向的影响存在显著差异。学生的习惯显著影响了其电子资源行为意向，教工的习惯对其电子资源行为意向不存在显著影响。这表明身份在高校图书馆用户的习惯对电子资源行为意向的影响方面存在显著调节效应。研究假设 H5c 得到了证实。研究假设 H4c、H6c 和 H7c 没有得到本研究数据的支持。也就是说，身份在高校图书馆用户的便利条件对电子资源行为意向的影响方面不存在显著调节效应；身份在高校图书馆用户的便利条件对电子资源使用行为的影响方面不存在显著调节效应；身份在高校图书馆用户的习惯对电子资源使用行为的影响方面不存在显著调节效应。

表9-26　身份的调节效应检验

假设	路径	学生		教工		z 值
		路径系数	P 值	路径系数	P 值	
H1c	行为意向←绩效期望	0.327	0.000	0.040	0.378	-4.047***
H2c	行为意向←付出期望	0.076	0.062	-0.033	0.356	-2.009**
H3c	行为意向←社会影响	0.160	0.000	0.017	0.399	-3.636***
H4c	行为意向←便利条件	0.513	0.000	0.231	0.661	-0.520
H5c	行为意向←习惯	0.550	0.000	0.066	0.406	-4.217***
H6c	使用行为←便利条件	0.046	0.835	-2.955	0.651	-0.459
H7c	使用行为←习惯	0.771	0.000	2.056	0.015	1.485

注：***为 $p<0.01$，**为 $p<0.05$。

（4）学历。因为学历为大专及以下、硕士研究生和博士研究生的用户不多，所以在检验学历的调节效应时，将学历为大专及以下和本科的用户合并为一组，称为本科及以下用户组，将硕士研究生和博士研究生的用户合并为一组，称为研究生用户组。

从表9-27可知，绝对适配指标中，本科及以下用户组有 3 个指标符合，1 个指标接近；研究生用户组均符合。增值适配指标中，本科及以下用户组和研究生用户组都不符合。简约适配指标中，本科及以下用户组 2 个指标都接近，研究生用户组有 1 个指标接近，另外 1 个指标不

符合。总体而言，本科及以下用户组和研究生用户组的模型均具有一定
的适配度。

表 9 - 27　不同学历模型适配情况统计

指标		理想要求标准	本科及以下	研究生
绝对适配指标	χ^2/df	<5	5.043	2.432
	GFI	>0.8	0.911	0.856
	AGFI	>0.8	0.895	0.830
	RMSEA	<0.08	0.054	0.059
增值适配指标	NFI	>0.9	0.458	0.373
	CFI	>0.9	0.507	0.484
	IFI	>0.9	0.514	0.503
简约适配指标	PNFI	>0.5	0.415	0.334
	PCFI	>0.5	0.459	0.438

　　由表 9 - 28 可知，学历的调节效应检验方面，本科及以下和研究生用
户的绩效期望对其电子资源行为意向的影响存在显著差异。本科及以下用
户的绩效期望显著影响了其电子资源行为意向，研究生用户的绩效期望对
其电子资源行为意向不存在显著影响。这表明学历在高校图书馆用户的绩
效期望对电子资源行为意向的影响方面存在显著调节效应。研究假设 H1d
得到了证实。本科及以下用户和研究生用户的付出期望对其电子资源行为
意向的影响也存在显著差异。本科及以下用户和研究生用户的付出期望都
对其电子资源行为意向没有显著影响，但是本科及以下用户的付出期望对
行为意向的影响是正向的，研究生用户的付出期望对行为意向的影响是负
向的。这表明学历在高校图书馆用户的付出期望对电子资源行为意向方面
的影响存在显著调节效应。研究假设 H2d 得到了证实。本科及以下用户和
研究生用户的社会影响对其电子资源行为意向的影响存在显著差异。本科
及以下用户的社会影响显著影响了其电子资源行为意向，研究生用户的社
会影响对其电子资源行为意向不存在显著影响。这表明学历在高校图书馆
用户的社会影响对电子资源行为意向的影响方面存在显著调节效应。研究
假设 H3d 得到了证实。本科及以下和研究生用户的便利条件对其电子资源
行为意向的影响存在显著差异。本科及以下用户的便利条件显著影响了其

电子资源行为意向，研究生用户的便利条件对其电子资源行为意向不存在显著影响。这表明学历在高校图书馆用户的便利条件对电子资源行为意向的影响方面存在显著调节效应。研究假设 H4d 也得到了证实。本科及以下和研究生用户的习惯对其电子资源行为意向的影响存在显著差异。本科及以下用户的习惯显著影响了其电子资源行为意向，研究生用户的习惯对其电子资源行为意向也存在显著影响，但是二者的影响程度存在显著差异。这表明学历在高校图书馆用户的习惯对电子资源行为意向的影响方面存在显著调节效应。研究假设 H5d 得到了证实。研究假设 H6d 没有得到本研究数据的支持。也就是说，学历在高校图书馆用户的便利条件对电子资源使用行为的影响方面不存在显著调节效应。研究假设 H7d 也没有得到本研究数据的支持，表明学历在高校图书馆用户的习惯对电子资源使用行为的影响方面不存在显著调节效应。

表 9-28 学历的调节效应检验

假设	路径	本科及以下样本		研究生样本		z 值
		路径系数	P 值	路径系数	P 值	
H1d	行为意向←绩效期望	0.378	0.000	0.084	0.150	3.448***
H2d	行为意向←付出期望	0.074	0.123	-0.040	0.314	1.831*
H3d	行为意向←社会影响	0.156	0.000	0.065	0.087	1.776*
H4d	行为意向←便利条件	0.901	0.000	-0.275	0.103	3.801***
H5d	行为意向←习惯	0.614	0.000	0.271	0.012	2.446**
H6d	使用行为←便利条件	0.159	0.616	-0.735	0.232	1.291
H7d	使用行为←习惯	0.918	0.000	0.588	0.090	0.841

注：***为 $p<0.01$，**为 $p<0.05$，*为 $p<0.10$。

（5）专业。如表 9-29 所示，绝对适配指标中，社会科学、人文科学和自然科学专业用户组均为 4 个指标都符合。增值适配指标中，社会科学、人文科学和自然科学专业用户组均为 3 个指标都不符合。简约适配指标中，社会科学专业用户组 2 个指标都为接近，人文科学和自然科学专业用户组均为 1 个指标接近，1 个指标不符合。总体而言，社会科学、人文科学和自然科学专业用户组的模型都具备一定的适配性。

表9-29 不同专业模型适配情况统计

指标		理想要求标准	社会科学	人文科学	自然科学
绝对适配指标	χ^2/df	<5	3.577	1.971	2.504
	GFI	>0.8	0.899	0.846	0.866
	AGFI	>0.8	0.880	0.817	0.841
	RMSEA	<0.08	0.055	0.056	0.057
增值适配指标	NFI	>0.9	0.453	0.312	0.377
	CFI	>0.9	0.526	0.449	0.484
	IFI	>0.9	0.535	0.480	0.502
简约适配指标	PNFI	>0.5	0.410	0.283	0.341
	PCFI	>0.5	0.476	0.406	0.438

由表9-30可知，社会科学、人文科学和自然科学专业用户的绩效期望对其行为意向都存在显著正向影响，但是影响的程度不同。这表明专业在高校图书馆用户的绩效期望对行为意向的影响方面存在显著调节效应。研究假设H1e得到了支持。社会科学、人文科学和自然科学专业用户的习惯对其行为意向都存在显著正向影响，但是影响的程度不同。这表明专业在高校图书馆用户的习惯对行为意向的影响方面存在显著调节效应。研究假设H5e得到支持。研究假设H2e、H3e、H4e、H6e和H7e都没有得到本研究数据的支持。

表9-30 专业的调节效应检验

假设	路径	社会科学		人文科学		自然科学		z值
		路径系数	P值	路径系数	P值	路径系数	P值	
H1e	行为意向←绩效期望	0.231	0.000	0.700	0.000	0.291	0.002	2.213**
H2e	行为意向←付出期望	0.035	0.449	-0.023	0.793	0.125	0.117	-0.588
H3e	行为意向←社会影响	0.123	0.012	0.088	0.093	0.181	0.002	-0.486
H4e	行为意向←便利条件	0.347	0.021	1.457	0.181	0.578	0.021	1.010
H5e	行为意向←习惯	0.343	0.000	0.697	0.000	0.836	0.000	1.901*
H6e	使用行为←便利条件	0.159	0.616	2.262	0.208	-0.313	0.465	1.337

续表 9 - 30

假设	路径	社会科学		人文科学		自然科学		z 值
		路径系数	P 值	路径系数	P 值	路径系数	P 值	
H7e	使用行为←习惯	0.800	0.000	0.999	0.009	0.674	0.133	- 0.260

注：** 为 $p < 0.05$，* 为 $p < 0.10$。

（6）电子资源使用自我效能。本研究参考了查先进等[1]的信息获取自我效能，设计了电子资源使用自我效能，包括"我有能力获取有用信息""我自信我能够获取有用信息"和"即使周围没有人告诉我如何去做，我也自信能够获取有用信息"3 个问项。先计算此 3 个问项得分的平均值，然后使用 K - 均值聚类分析将用户电子资源使用自我效能分为高自我效能和低自我效能 2 组。高自我效能的用户有 1225 位，平均值为 4.08；低自我效能的用户有 579 位，平均值为 3.03。

表 9 - 31 列出了高自我效能用户组和低自我效能用户组的模型适配情况。绝对适配指标中，高自我效能组和低自我效能组都符合。增值适配指标中，高自我效能组和低自我效能组都不符合。简约适配指标中，高自我效能组 2 个指标都为接近，低自我效能组为 1 个指标接近，1 个指标不符合。整体而言，高自我效能用户组和低自我效能用户组的模型都具备一定的适配性。

表 9 - 31　不同自我效能模型适配情况统计

指标		理想要求标准	高自我效能	低自我效能
绝对适配指标	χ^2/df	<5	4.798	2.795
	GFI	>0.8	0.904	0.882
	AGFI	>0.8	0.886	0.860
	RMSEA	<0.08	0.056	0.056

---

[1]　查先进，李力，严亚兰，等. 数字图书馆环境下信息有用性和信息获取影响因素研究：信息获取自我效能的调节效果 [J]. 情报学报，2017，36（7）：669 - 681.

续表 9 - 32

指标		理想要求标准	高自我效能	低自我效能
增值适配指标	*NFI*	>0.9	0.456	0.378
	CFI	>0.9	0.508	0.471
	IFI	>0.9	0.514	0.487
简约适配指标	*PNFI*	>0.5	0.413	0.342
	PCFI	>0.5	0.459	0.426

自我效能的调节效应检验方面，如表 9 - 32 所示，没有发现在任何一条路径上自我效能存在调节效应。研究假设 H1f、H2f、H3f、H4f、H5f 和 H6f 均没有得到本研究数据的支持。

表 9 - 32　自我效能的调节效应检验

假设	路径	学生		教工		z 值
		路径系数	P 值	路径系数	P 值	
H1f	行为意向←绩效期望	0.316	0.000	0.321	0.000	0.044
H2f	行为意向←付出期望	0.030	0.653	0.046	0.248	0.206
H3f	行为意向←社会影响	0.168	0.012	0.128	0.000	-0.541
H4f	行为意向←便利条件	0.396	0.068	0.821	0.000	1.294
H5f	行为意向←习惯	0.541	0.000	0.521	0.000	-0.117
H6f	使用行为←便利条件	0.231	0.558	0.071	0.835	-0.306

总之，性别在高校图书馆用户的绩效期望和付出期望对电子资源行为意向的影响方面存在显著调节效应。年龄在高校图书馆用户的习惯对电子资源行为意向的影响方面存在显著调节效应。身份在高校图书馆用户的绩效期望、付出期望、社会影响和习惯对电子资源行为意向的影响方面存在显著调节效应。学历在高校图书馆用户的绩效期望、付出期望、社会影响、便利条件、习惯对电子资源行为意向的影响方面存在显著调节效应。专业在高校图书馆用户的绩效期望和习惯对电子资源行为意向的影响方面存在显著调节效应。

经过检验之后，本研究的图书馆用户电子资源使用习惯模型见图 9 - 1 所示。因为便利条件到使用行为的路径不成立，所以去掉了该条路径，并且去掉了不存在调节效应的自我效能变量。

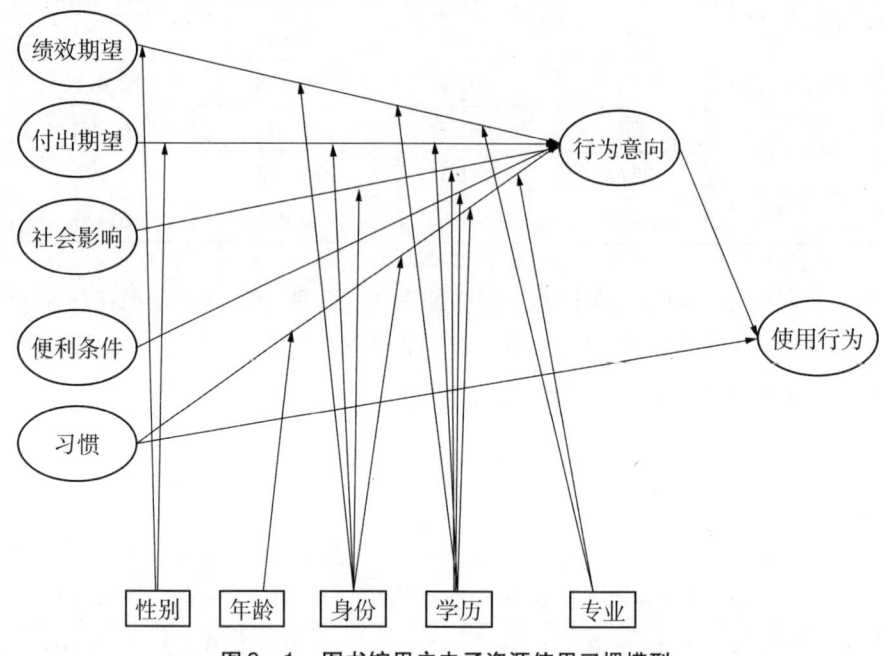

图 9 - 1　图书馆用户电子资源使用习惯模型

第10章 电子资源使用行为案例研究：以电子图书为例

电子图书在人们的阅读生活中占据着越来越重要的地位。2022 年 4 月公布的第十八次全国国民阅读调查结果发现，2022 年我国成年国民人均电子书阅读量为 3.30 本，8.7% 的成年国民年均阅读 10 本及以上电子书[①]。为了满足用户的电子图书需求，图书馆也投入了大量资金购买电子图书。2020 年突如其来的疫情使得大多数高校图书馆被迫转变了服务方式，从线下服务转为线上服务，电子图书的价值进一步凸显。所以本研究选择电子图书作为个案研究的对象。因为高校图书馆提供的电子图书以学术类的为主，所以本研究所指的电子图书为学术类电子图书。

本研究通过问卷收集数据来对电子图书使用行为进行研究。在问卷网（www. wenjuan. com）上发布问卷，随后通过专业网站、QQ 群、微信群、微博和电子邮件等途径邀请使用过电子图书的用户进行填写。调查时间是 2016 年 1 月 10 日到 3 月 10 日。

10.1 电子图书需求

如表 10-1 所示，样本中男性有 143 位，女性有 127 位，男性的比例为 53.0%，女性的比例为 47.0%。本研究样本的学历较高，52.2% 的受访者的学历为硕士研究生，33.7% 的为本科，13.3% 的为博士研究生，还有 0.7% 的为大专。本研究样本以 20～29 岁的年轻人为主，占样本的比例为 68.1%；其次是 30～39 岁的人群，比例为 21.9%；再次是 40～49 岁的人群，比例为 5.9%；其他年龄段的用户都较少。研究样本以社会科学类专业的用户为主，比例为 68.1%；其次是自然科学类专业的用户，比例为 21.9%；人文科学类专业的用户只有 10.0%。

---

① 中国新闻出版研究院全国国民阅读调查课题组，魏玉山，徐升国. 第十八次全国国民阅读调查主要发现 [J]. 出版发行研究，2021（4）：19-24.

表 10 - 1 样本基本特征

项目		频数（位）	百分比（%）	有效百分比（%）	累积百分比（%）
性别	男	143	53.0	53.0	53.0
	女	127	47.0	47.0	100.0
	合计	270	100.0	100.0	
年龄	20 岁以下	8	3.0	3.0	3.0
	20～29 岁	184	68.1	68.1	71.1
	30～39 岁	59	21.9	21.9	93.0
	40～49 岁	16	5.9	5.9	98.9
	50～59 岁	3	1.1	1.1	100.0
	合计	270	100.0	100.0	
学历	大专	2	0.7	0.7	0.7
	本科	91	33.7	33.7	34.4
	硕士研究生	141	52.2	52.2	86.7
	博士研究生	36	13.3	13.3	100.0
	合计	270	100.0	100.0	
身份	本科生	77	28.5	28.5	28.5
	研究生	113	41.9	41.9	70.4
	教师	25	9.3	9.3	79.6
	科研人员	16	5.9	5.9	85.6
	其他	14	5.2	5.2	90.7
	行政教辅人员	25	9.3	9.3	100.0
	合计	270	100.0	100.0	
专业	人文科学类专业	27	10.0	10.0	10.0
	社会科学类专业	184	68.1	68.1	78.1
	自然科学类专业	59	21.9	21.9	100.0
	合计	270	100.0	100.0	

10.1.1　电子图书搜索起点

"从不""很少""有时""经常""几乎每次"使用频率的编码分别为 1、2、3、4、5。如表 10 - 2 所示，电子图书搜索起点方面呈现如下 4 个特点。

表 10 - 2　电子图书搜索起点及频率统计

电子图书搜索起点	平均值	标准差	从不（%）	很少（%）	有时（%）	经常（%）	几乎每次（%）
图书馆网站	3.60	0.931	3.3	7.8	28.1	47.4	13.3
搜索引擎（如 google、百度等）	3.46	0.992	3.0	13.7	32.2	37.0	14.1
图书馆资源发现系统	3.23	1.033	4.8	20.4	31.9	33.3	9.6
电子图书数据库网站（如超星、读秀、Springer Linker 等）	2.90	1.093	9.6	29.3	28.9	25.6	6.7

（1）图书馆网站是用户最偏好的起点。图书馆网站的平均值为 3.60，介于"有时"和"经常"之间，偏向"经常"。这个结果令人欣慰，说明用户非常重视图书馆网站的资源入口功能。13.3% 的用户几乎每次都以图书馆网站作为查找电子图书的起点；47.4% 的用户经常以图书馆网站作为查找电子图书的起点；7.8% 的用户很少以图书馆网站作为查找电子图书的起点；只有 3.3% 的用户从不以图书馆网站作为查找电子图书的起点。

（2）用户习惯使用搜索引擎。排在第二位的起点是搜索引擎，平均值为 3.46，介于"有时"和"经常"之间，偏向"有时"。14.1% 的用户几乎每次都以搜索引擎作为查找电子图书的起点，37.0% 的用户经常以搜索引擎作为查找电子图书的起点，13.7% 的用户有时以搜索引擎作为查找电子图书的起点。

（3）图书馆资源发现系统利用不多。图书馆资源发现系统排在第三位，平均值为 3.23，介于"有时"和"经常"之间，偏向"有时"。9.6% 的用户几乎每次都以图书馆资源发现系统作为查找电子图书的起点，33.3% 的用户经常以图书馆资源发现系统作为查找电子图书的起点，

20.4%的用户很少以图书馆资源发现系统作为查找电子图书的起点，还有4.8%的用户从不以图书馆资源发现系统作为查找电子图书的起点。

（4）电子图书数据库网站很少利用。结果让人有点意外的是电子图书数据库网站排在最后一位，平均值为2.90，介于"很少"和"有时"之间，偏向"有时"。原因很有可能是用户对电子图书数据库网址的熟悉程度不高。6.7%的用户几乎每次都以电子图书数据库网站作为查找电子图书的起点，25.6%的用户经常以电子图书数据库网站作为查找电子图书的起点，29.3%的用户很少以电子图书数据库网站作为查找电子图书的起点，9.6%的用户从不以电子图书数据库网站作为查找电子图书的起点。

10.1.2　各类型电子图书需求

本研究将电子图书分为专著、参考工具书、教材和年鉴4种类型。"极不需要""不需要""一般""需要""非常需要"需求程度的编码分别为1、2、3、4、5。各类型电子图书需求情况如表10-3所示。

表10-3　各类型电子图书需求及频率统计

电子图书类型	平均值	标准差	极不需要(%)	不需要(%)	一般(%)	需要(%)	非常需要(%)
专著	3.97	0.958	1.1	7.0	19.6	38.5	33.7
参考工具书（字典、词典、百科全书等）	3.79	1.026	2.6	9.3	21.9	39.3	27.0
教材	3.37	1.011	4.4	13.7	34.4	35.2	12.2
年鉴	3.26	1.141	7.4	16.7	23.0	38.5	14.4

（1）用户需求程度最高的是专著，平均需求程度高达3.97，介于"一般"和"需要"之间，偏向"需要"。对于专著，33.7%的用户非常需要，38.5%的用户需要，7.0%的用户不需要，还有1.1%的用户极不需要。

（2）用户需求程度排在第二位的是包括字典、词典、百科全书等在内的参考工具书，平均需求程度为3.79，介于"一般"和"需要"之间，偏向"需要"。对于参考工具书，27.0%的用户非常需要，39.3%的用户需要，9.3%的用户不需要，还有2.6%的用户极不需要。

（3）教材的平均需求程度排在第三位，为 3.37，介于"一般"和"需要"之间，偏向"一般"。对于教材，12.2% 的用户非常需要，35.2% 的用户需要，13.7% 的用户不需要，4.4% 的用户极不需要。

（4）年鉴的平均需求程度排在最后一位，为 3.26，介于"一般"和"需要"之间，偏向"一般"。对于年鉴，14.4% 的用户非常需要，38.5% 的用户需要，16.7% 的用户不需要，7.4% 的用户极不需要。

10.1.3　使用过的电子图书

本研究列出了超星数字图书、Apabi 电子图书、CADAL 百万册电子书、读秀和 Springer 电子图书 5 种电子图书，此外，还有其他电子图书的选项，让用户增加自己使用过的电子图书。

超星数字图书馆排在首位，80.7% 的用户使用过；其次是读秀，41.1% 的用户使用过；再次是 Springer 电子图书，35.6% 的用户使用过；Apabi 电子图书也有 15.9% 的用户使用过；CADAL 百万册电子书只有 5.9% 的用户使用过。用户提到的其他电子图书，包括 Netlibary、eBrary 等。

表 10 – 4　使用过电子图书统计

使用过的电子图书①	响应		个案百分比（%）
	个案数（位）	百分比（%）	
超星数字图书馆	218	43.0	80.7
读秀	111	21.9	41.1
Apabi 电子图书	43	8.5	15.9
CADAL 百万册电子书	16	3.2	5.9
Springer 电子图书	96	18.9	35.6
其他电子图书	23	4.5	8.5
总计	507	100.0	187.8

①使用了值 1 对二分组进行制表。

10.1.4　电子图书阅读行为

本研究列出了 5 种使用电子图书的方式。"从不""很少""有时""经常""几乎每次"使用频率的编码分别为 1、2、3、4 和 5。由表 10 – 5

可知，用户电子图书使用方式具备以下 3 个特征。

表 10 - 5　电子图书使用方式及频率统计

使用方式	平均值	标准差	从不（%）	很少（%）	有时（%）	经常（%）	几乎每次（%）
在电子设备上在线阅读	4.18	0.844	1.9	1.5	12.6	45.2	38.9
将其下载存档之后阅读	4.18	0.844	1.9	1.5	12.6	45.2	38.9
在电子版本上进行注释和笔记	3.92	0.909	1.5	4.8	22.2	43.3	28.1
打印出需要的页面	3.85	0.792	1.5	3.7	20.0	58.1	16.7
复制和粘贴需要的部分	2.77	0.835	4.8	32.6	45.2	15.6	1.9

（1）线上阅读和线下阅读并重。在线阅读的方式"在电子设备上在线阅读"的平均频率为 4.18，介于"经常"和"几乎每次"之间，偏向"经常"。38.9% 的用户几乎每次都会通过这样的方式使用电子图书，45.2% 的用户经常通过这样的方式使用电子图书，只有 1.5% 的用户很少通过这样的方式使用电子图书，1.9% 的用户从不通过这样的方式使用电子图书。

线下阅读的方式"将其下载存档之后阅读"的平均频率也为 4.18，介于"经常"和"几乎每次"之间，偏向"经常"。38.9% 的用户几乎每次都会通过这样的方式使用电子图书，45.2% 的用户经常通过这样的方式使用电子图书，只有 1.5% 的用户很少通过这样的方式使用电子图书，1.9% 的用户从不通过这样的方式使用电子图书。

（2）数字阅读和纸质阅读并重。"在电子设备上在线阅读"和"将其下载存档之后阅读"这样 2 种数字阅读方式用户都非常重视。对于"打印出需要的页面"这样的纸质阅读方式用户也非常看重，平均使用频率为 3.85。16.7% 的用户几乎每次都通过这样的方式使用电子图书，58.1% 的用户经常通过这样的方式使用电子图书，3.7% 的用户很少通过这样的方式使用电子图书，还有 1.5% 的用户从不通过这样的方式使用电子图书。

（3）用户追求与纸质阅读同样的感觉。用户不仅仅停留在阅读上，而且还会在电子版本上进行注释和笔记。28.1%的用户几乎每次通过这样的方式使用电子图书，43.3%的用户经常通过这样的方式使用电子图书，4.8%的用户很少通过这样的方式使用电子图书，1.5%的用户从不通过这样的方式使用电子图书。

10.1.5　电子图书阅读方式

本研究列举了 3 种电子图书阅读方式：浏览目次、从头到尾整本阅读，以及跳读，仅阅读特定的章节/段落。"从不""很少""有时""经常""几乎每次"使用频率的编码分别为 1、2、3、4 和 5。从表 10 - 6 来看，用户电子图书阅读方式具有以下 3 个特征。

表 10 - 6　电子图书阅读方式及频率统计

阅读方式	平均值	标准差	从不（%）	很少（%）	有时（%）	经常（%）	几乎每次（%）
浏览目次	3.92	0.909	1.5	4.8	22.2	43.3	28.1
跳读，仅阅读特定的章节/段落	3.85	0.792	1.5	3.7	20.0	58.1	16.7
从头到尾整本阅读	2.77	0.835	4.8	32.6	45.2	15.6	1.9

（1）用户最倾向于"浏览目次"这种方式。这种方式的平均使用频率为 3.92，介于"有时"和"经常"之间，偏向"经常"。对于这种方式，28.1%的用户几乎每次都使用，43.3%的用户经常使用，4.8%的用户很少使用，还有 1.5%的用户从不使用。

（2）用户也偏好"跳读，仅阅读特定的章节/段落"这种方式，其平均使用频率为 3.85，介于"有时"和"经常"之间，偏向"经常"。对于这种方式，16.7%的用户几乎每次都使用，58.1%的用户经常使用，3.7%的用户很少使用，还有 1.5%的用户从不使用。

（3）偏好"从头到尾整本阅读"这种方式的用户不多，其平均使用频率为 2.77，介于"很少"和"有时"之间，偏向"有时"。对于这种方式，只有 1.9%的用户几乎每次都使用，15.6%的用户经常使用，32.6%的用户很少使用，4.8%的用户从不使用。

10.1.6 电子图书使用时长

本研究采用平均每次阅读的时长来衡量用户电子图书的使用时长。由表 10 - 7 可知，每次阅读 31 ~ 45 分钟的用户的比例最高，达到 30.0%。其次是每次阅读 60 分钟以上，比例为 27.0%。再次为每次阅读 15 ~ 30 分钟，比例为 23.7%。有 14.8% 的用户每次阅读时长在 46 ~ 60 分钟。还有 4.4% 的用户平均每次阅读的时长在 15 分钟以内。阅读时长短的用户较少，可能原因是本研究的电子图书范围限定为学术类电子图书。对于学术类电子图书，与休闲类电子图书的阅读可能不一样，阅读时间过短的话，很有可能无法完成阅读的目标。

表 10 - 7　平均每次阅读电子图书的时长统计

阅读时长	频数（位）	百分比（%）
15 分钟以内	12	4.4
15 ~ 30 分钟	64	23.7
31 ~ 45 分钟	81	30.0
46 ~ 60 分钟	40	14.8
60 分钟以上	73	27.0

10.1.7 电子图书使用场所

用户会在多个场所使用电子图书。由表 10 - 8 可知，图书馆是排在第一位的场所，有 65.2% 的用户会在图书馆使用电子图书。排在第二位的场所是宿舍，有 44.8% 的用户会在宿舍使用电子图书。排在第三位的场所是家中，有 44.4% 的用户会在家中使用电子图书。排在第四位的场所是办公室，有 40.7% 的用户会在办公室使用电子图书。排在第五位的场所是课室，有 32.6% 的用户会在课室使用电子图书。也有 16.3% 的用户会在等待交通工具的场所或交通工具上使用电子图书。

表 10 - 8　电子图书使用场所统计

电子图书使用场所①	响应		个案百分比（%）
	个案数（位）	百分比（%）	
宿舍	121	18.3	44.8
图书馆	176	26.7	65.2
课室	88	13.3	32.6
家中	120	18.2	44.4
办公室	110	16.7	40.7
等待交通工具的场所或交通工具上	44	6.7	16.3
其他	1	0.2	0.4
总计	660	100.0	244.4

①使用了值1对二分组进行制表。

36.7% 的用户会在 2 个场所使用电子图书，28.5% 的用户会在 3 个场所使用电子图书，20% 的用户会在 1 个场所使用电子图书，10.4% 的用户会在 4 个场所使用电子图书。会在 5 个场所和 6 个场所使用电子图书的用户的比例分别只有 2.6% 和 1.9%。

10.1.8　电子图书使用设备

本研究列出了电脑、平板电脑、智能手机、电子图书阅读器（如 Kindle）和其他设备等常见的使用电子图书的设备。"从不使用""极少使用""有时使用""经常使用""几乎每天使用"使用频率的编码分别为 1、2、3、4 和 5。由表 10 - 9 所知，用户电子图书使用设备具有 4 个特征。

表 10 - 9　电子图书使用设备及频率统计

使用设备	平均值	标准差	从不使用（%）	极少使用（%）	有时使用（%）	经常使用（%）	几乎每天使用（%）
电脑	4.23	0.775	0.4	2.2	12.2	44.4	40.7
智能手机	2.90	1.093	10.7	26.3	31.1	25.6	6.3
平板电脑	2.88	1.132	12.2	27.0	28.5	25.2	7.0
电子图书阅读器	2.62	1.281	27.0	20.4	23.0	23.0	6.7
其他设备	1.87	0.857	40.7	34.1	22.2	3.0	0.0

（1）电脑是用户使用电子图书最主要的设备，平均使用频率为4.23，介于"经常使用"和"几乎每天使用"之间，偏向"经常使用"。40.7%的用户几乎每天通过电脑使用电子图书，44.4%的用户经常通过电脑使用电子图书，2.2%的用户极少通过电脑使用电子图书，从不通过电脑使用电子图书的用户的比例低至0.4%。

（2）智能手机是用户用来使用电子图书排在第二位的智能设备，平均使用频率为2.90，介于"极少使用"和"有时使用"之间，偏向"有时使用"。6.3%的用户几乎每天通过智能手机使用电子图书，25.6%的用户经常通过智能手机使用电子图书，有26.3%的用户极少通过智能手机使用电子图书，有10.7%的用户从不通过智能手机使用电子图书。

（3）平板电脑是用户用来使用电子图书排在第三位的智能设备，平均使用频率为2.88，介于"极少使用"和"有时使用"之间，偏向"有时使用"。7%的用户几乎每天通过平板电脑使用电子图书，25.2%的用户经常通过平板电脑使用电子图书，有27.0%的用户极少通过平板电脑使用电子图书，有12.2%的用户从不通过平板电脑使用电子图书。

（4）电子图书阅读器不是用户使用电子图书的主要设备，平均使用频率为2.62，介于"极少使用"和"有时使用"之间，偏向"有时使用"。6.7%的用户几乎每天通过电子图书阅读器使用电子图书，23.0%的用户经常通过电子图书阅读器使用电子图书，也有20.4%的用户极少通过电子图书阅读器使用电子图书，27.0%的用户从不通过电子图书阅读器使用电子图书。

10.1.9　电子图书功能需求

本研究列出了9种电子图书功能来了解用户的需求。由表10-10可知，用户需求最多的功能是文本和图片的复制，84.8%的用户有此需求。用户需求第二多的功能是整本下载，82.2%的用户有此需求，说明用户希望电子图书供应商提供此项功能。用户需求第三多的功能是字体的放大和缩小，65.9%的用户有此需求。用户需求第四多的功能是章节/页面显示，63.0%的用户有此需求。用户需求第五多的功能是全文检索，58.1%的用户有此需求。目次显示、打印、推荐相关图书和个人书架等功能分别有47.0%、42.2%、42.2%和32.6%的用户有此需求。

表 10 -10　电子图书功能需求统计

电子图书功能需求①	响应		个案百分比（%）
	个案数（位）	百分比（%）	
字体的放大和缩小	178	12.6	65.9
文本和图片的复制	229	16.3	84.8
章节/页面显示	170	12.1	63.0
目次显示	127	9.0	47.0
全文检索	157	11.2	58.1
整本下载	222	15.8	82.2
打印	114	8.1	42.2
个人书架	88	6.3	32.6
推荐相关图书	114	8.1	42.2
其他	9	0.6	3.3
总计	1408	100.0	521.5

①使用了值1对二分组进行制表。

10.2　电子图书持续使用行为

Bhattacherjee 指出，信息系统的接受只是信息系统获得成功的第一步，相对于接受而言，信息系统能够获得最终成功更多的是依靠用户的持续使用①。电子图书跟其他信息系统一样，其最终获得成功也是需要依靠用户的持续使用。电子图书用户持续使用行为研究有助于我们理解电子图书持续使用的形成机制和影响因素，有助于我们采取针对性措施来改善电子图书的利用状况。

用户信息系统接受和使用行为不仅与特定的技术或者系统相关，而且与背景和组织文化相关②。所以在其他信息系统持续使用中适用的模型在

①　Bhattacherjee A. Understanding information systems continuance：an expectation-confirmation model［J］. MIS Quarterly，2001，25（3）：351 –370.

②　Nilsson S，Johansson B，Jönsson A. A holistic approach to design and evaluation of mixed reality systems［J］. The Engineering of Mixed Reality Systems，2010：33 –55.

电子图书持续使用的背景中是否仍然适用也需要深入探讨，这也是本研究的理论意义之所在。

10.2.1 相关研究述评

本小节将从电子图书使用行为、信息系统持续使用行为和习惯对持续使用行为的影响等方面总结相关研究成果。

（1）电子图书使用行为。目前，电子图书使用行为的研究主要集中在电子图书的接受行为方面。如任会兰以技术接受模型为基础，增加了可获得性和屏幕设计 2 个影响因素，对上海交通大学在校学生的电子图书接受和使用行为进行了研究。她发现感知有用性和屏幕设计是对电子图书接受和使用行为最重要的影响因素，其次才是感知易用性，可获得性对电子图书使用意愿的直接影响作用不明显，但是对感知有用性有重要影响[1]。Letchumanan 和 Tarmizi 使用技术接受模型，探讨了马来西亚博特拉大学工程系本科生使用电子书作为学习材料的意向。结果显示，感知易用性与感知有用性正相关。感知有用性对态度和使用意向存在显著正向影响。同时，态度对使用意向不存在显著影响。另外，性别对感知易用性和感知有用性都不存在显著影响[2]。郝永丽对天津高校学生群体电子图书采纳行为的研究结果表明，高校在校学生对电子图书的感知有用性、感知易用性、感知娱乐性和感知学习性对其采纳电子图书的意愿和行为具有显著的正向影响，感知成本对其采纳意向和行为具有显著的负向影响[3]。Al-Suqri 针对阿曼卡布斯大学教师对电子图书的接受情况的研究结果表明，感知易用性与用户的使用行为显著相关，感知有用性与用户的使用行为不相关[4]。Aharony 以技术接受模型和认知评价理论作为基础去预测可能影响图书情报专业人员和学生采用电子图书意向的因素。结果发现，感知易用性、感

① 任会兰. 高校学生的电子图书使用行为研究 ［D］. 上海：上海交通大学，2011.

② Letchumanan M, Tarmizi R. Assessing the intention to use e-book among engineering undergraduates in Universiti Putra Malaysia, Malaysia ［J］. Library Hi Tech, 2011, 29（3）：512 – 528.

③ 郝永丽. 高校学生群体电子图书采纳行为研究 ［D］. 天津：天津大学，2013.

④ Al-Suqri M N. Perceived usefulness, perceived ease-of-use and faculty acceptance of electronic books：an empirical investigation of Sultan Qaboos University, Oman ［J］. Library Review, 2014, 63（4/5）：276 – 294.

知有用性和个人创新性对电子图书使用意向存在显著正向影响①。

（2）信息系统持续使用行为。有些研究者认为用户信息技术接受后的使用行为是对初始接受行为的重复和扩展，因此基于对计划行为理论、技术接受模型和整合性技术接受模型等接受理论的扩展与改进来对信息系统持续使用行为进行研究。如 Bock 等研究了电子知识库用户持续使用意愿的影响因素②。Lin 和 Wang 验证了感知有用性、系统满意度显著正向影响用户持续使用意向、信息质量、技术任务匹配影响期望确认度③。

也有研究者注意到信息系统初步接受和持续使用之间的差异而构建了新的研究模型。Bhattacherjee 将广泛应用于消费者行为领域中的期望确认理论引入信息系统持续使用研究中，与技术接受模型结合，构建了包括感知有用性、系统满意度、期望确认度、持续使用意向 4 个变量在内的模型，以网络银行为背景进行实证研究，结果发现感知有用性、系统满意度、期望确认度是影响用户持续使用意向的重要因素，这三者能够解释用户持续使用意向 42% 的变异④。Chiu 等以期望确认理论为基础，研究了电子学习环境下感知有用性、感知绩效、感知质量、感知价值对满意度和持续使用意愿的影响⑤。Stone 和 Baker-Eveleth 也以期望确认理论为基础构建了电子教科书的持续使用意愿模型，实证研究证明了满意度和感知有用性对持续使用意向存在直接正向影响⑥。

（3）习惯对持续使用行为的影响。信息系统领域的学者参考心理学领域的研究，将习惯这一概念引入信息系统持续使用行为的研究中，认为用

①　Aharony N. The effect of personal and situational factors on LIS students' and professionals' intentions to use e-books ［J］. Library & Information Science Research，2014，36（2）：106－113.

②　Bock G, Mahmood M, Sharma S, et al. The impact of information overload and contribution overload on continued usage of electronic knowledge repositories ［J］. Journal of Organizational Computing and Electronic Commerce，2010，20（3）：257－278.

③　Lin W, Wang C. Antecedences to continued intentions of adopting e-learning system in blended learning instruction：a contingency framework based on models of information system success and task-technology fit ［J］. Computers & Education，2012，58（1）：88－99.

④　Bhattacherjee A. Understanding information systems continuance：an expectation-confirmation model ［J］. MIS Quarterly，2001，25（3）：351－370.

⑤　Chiu C, Hsu M, Sun S, et al. Usability, quality, value and e-learning continuance decisions ［J］. Computers & Education，2005，45（4）：399－416.

⑥　Stone R W, Baker-Eveleth L. Students' expectation, confirmation, and continuance intention to use electronic textbooks ［J］. Computers in Human Behavior，2013，29（3）：984－990.

户在信息系统接受之后，通过频繁地使用会产生持续使用的习惯性行为，并且随着时间的推移，会自发地使用。

国内外信息系统用户持续使用研究主要沿着 2 条思路：一是对技术接受等理论的扩展与改进，二是基于期望确认模型构建新的理论①。在期望确认模型提出之后，大量有关信息系统持续使用的研究都以该模型作为理论基础，如 Hayashi 等对大学生电子学习持续使用意愿的研究②，刘鲁川等对移动搜索用户持续使用意愿的研究③、刘虹等对视频网站用户持续使用意愿的研究④，都证明了期望确认模型的有效性和适用性。

本研究将视角从电子图书的接受行为转到持续使用行为。期望确认模型虽然在其他信息系统的持续使用研究中得到了验证，但是其在电子图书持续使用环境中是否适用还需要进行深入探讨。本研究将以期望确认模型为理论基础，并且根据电子图书的特点，选择合适的影响因素对模型进行修正，希望能够更准确地反映实际情况。

10.2.2　研究模型和研究假设

本研究在期望确认模型的基础上，引入了感知易用性和使用习惯 2 个影响因素。这 2 个因素也曾多次被应用到信息系统持续使用研究中⑤。

（1）研究模型。本研究提出的概念模型见图 10 - 1。

---

① 皇甫青红. 国内外信息系统持续使用研究综述：基于电子服务及相关领域文献的调研 [J]. 情报杂志, 2013, 32 (10)：111 - 116.

② Hayashi A, Chen C, Ryan T, et al. The role of social presence and moderating role of computer self efficacy in predicting the continuance usage of e-learning systems [J]. Journal of Information Systems Education, 2004, 15 (2)：139 - 154.

③ 刘鲁川, 孙凯, 王菲, 等. 移动搜索用户持续使用行为实证研究 [J]. 中国图书馆学报, 2011 (6)：50 - 57.

④ 刘虹, 裴雷, 孙建军. 基于期望确认模型的视频网站用户持续使用的实证分析 [J]. 图书情报知识, 2014 (3)：94 - 103.

⑤ 陈瑶, 邵培基. 信息系统持续使用的实证研究综述 [J]. 管理学家（学术版）, 2010 (4)：59 - 69.

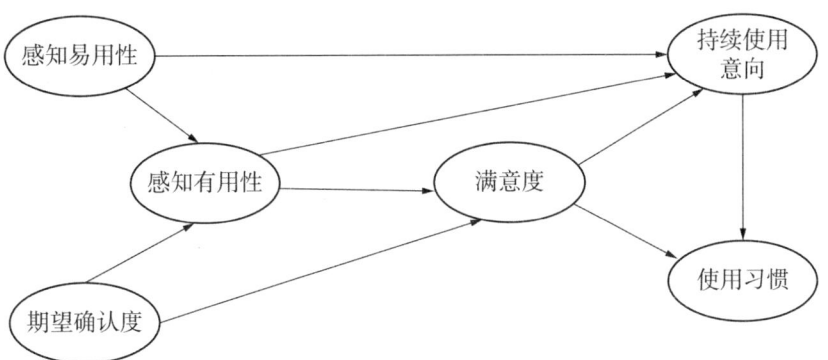

图 10 – 1 电子图书持续使用概念模型

（2）研究假设。期望确认模型是本研究的理论基础，Bhattacherjee 在网上银行用户的持续使用方面证明了此模型的可行性，模型中的 5 个研究假设也在该研究中得到支持。此外，期望确认模型中的 5 个研究假设还在 Hayashi 等对大学生电子学习持续使用意向的研究①中被验证过。因此，本研究首先提出期望确认模型所包含的 5 个研究假设：

研究假设 H1：感知有用性会显著正向影响电子图书用户的持续使用意向。

研究假设 H2：感知有用性会显著正向影响电子图书用户的满意度。

研究假设 H3：期望确认度会显著正向影响电子图书用户的感知有用性。

研究假设 H4：期望确认度会显著正向影响电子图书用户的满意度。

研究假设 H5：满意度会显著正向影响电子图书用户的持续使用意向。

Davis 等提出的技术接受模型证实了感知易用性会正向影响其感知有

---

① Hayashi A, Chen C, Ryan T, et al. The role of social presence and moderating role of computer self efficacy in predicting the continuance usage of e-learning systems [J]. Journal of Information Systems Education, 2004, 15 (2): 139 – 154.

用性①。Chan 和 Lu 对网上银行用户持续使用意向的研究②、杨根福对数字化学习用户持续使用行为的研究③都表明，感知易用性会显著正向影响用户的感知有用性。因此，本研究提出如下研究假设：

研究假设 H6：感知易用性会显著正向影响电子图书用户的感知有用性。

用户使用电子图书感受到的难易程度可能会影响其持续使用意向。Gefen 研究显示感知易用性会显著影响持续使用意向④。陈瑶和邵培基对用户社交网站持续使用的实证研究证明用户对社交网站的感知易用性与持续使用意向正相关⑤。因此，本研究提出如下研究假设：

研究假设 H7：感知易用性会显著正向影响电子图书用户的持续使用意向。

对信息系统满意的用户可能会形成使用该系统的习惯，而不满意的用户有可能停止使用。Limayem 等指出，满意度是影响信息系统使用习惯最重要的因素⑥。Lankton 等也得到了类似的结论⑦。因此，本研究提出如下研究假设：

① Davis F D, Bagozzi R P, Warshaw P R. User acceptance of computer technology: a comparison of two theoretical models [J]. Management Science, 1989, 35 (8): 982 - 1003.

② Chan S C, Lu M T. Understanding internet banking adoption and use behavior: a Hong Kong perspective [J]. Journal of Global Information Management, 2004, 12 (3): 21 - 43.

③ 杨根福. 数字化学习 (e-learning) 用户持续使用行为研究 [M]. 杭州: 浙江大学出版社, 2015: 57.

④ Gefen D. TAM or just plain habit: a look at experienced online shoppers [J]. Journal of Organizational and End User Computing, 2003, 15 (3): 1 - 13.

⑤ 陈瑶, 邵培基. 信息系统持续使用的实证研究综述 [J]. 管理学家 (学术版), 2010 (4): 59 - 69.

⑥ Limayem M, Hirt S G, Cheung C M. How habit limits the predictive power of intention: the case of information systems continuance [J]. MIS Quarterly, 2007, 31 (4): 705 - 737.

⑦ Lankton N K, Wilson E V, Mao E. Antecedents and determinants of information technology habit [J]. Information & Management, 2010, 47 (5): 300 - 307.

　　研究假设 H8：满意度会正向影响电子图书用户的使用习惯。

　　持续使用意向是用户的理性行为或者计划行为，习惯是用户自发产生的行为，持续使用意向和使用习惯是两种不同的机制。但是持续使用意向提升了实际使用行为的可能性，过去实际使用行为的频率是习惯形成的必要条件。因此，本研究提出如下研究假设：

　　研究假设 H9：持续使用意向会正向影响电子图书用户的使用习惯。

10.2.3　研究设计

　　本研究通过问卷来收集数据对研究模型和研究假设进行检验。

　　问卷量表的设计参考了国内外信息系统使用行为成熟量表，同时参考了国内外电子图书使用的相关研究对量表进行了适当的修改，所有的研究变量都采用至少 3 个测量指标进行测量。感知易用性是指用户感觉到的使用电子图书的容易程度。感知有用性是指用户感受到的使用电子图书对其学习或工作效率提高的程度。期望确认度就是用户使用电子图书之后感受到电子图书与其期望一致的程度。满意度是指用户使用电子图书之后的满意程度。持续使用意向是指用户继续使用电子图书的可能性。使用习惯是指用户使用电子图书的自觉程度。

　　问卷采用了五点量表进行设计，1 表示"极不同意"，2 表示"不同意"，3 表示"一般"，4 表示"同意"，5 表示"非常同意"。问卷采用的测量指标和参考来源见表 10 – 11。

表10-11　电子图书持续使用行为问卷测量指标和参考来源

变量	测量指标	参考来源
感知易用性	POE1 我很容易就学会了电子图书的使用 POE2 学习使用电子图书不会花费我很多时间 POE3 对我来说,使用电子图书的步骤很简单 POE4 整体来说,我觉得使用电子图书对我来说很简单	Venkatesh & Davis (2000)① 任会兰(2011)②
感知有用性	POU1 使用电子图书让我的学习(工作)过程变得容易 POU2 我很容易在电子图书中找到需要的信息 POU3 使用电子图书可以让我更有效地利用所需资料 POU4 整体而言,我觉得电子图书对我来说是有用的	Venkatesh & Davis (2000) 任会兰(2011)
期望确认度	EC1 使用电子图书的收获比我预期的要大 EC2 电子图书提供的功能比我预期的要多 EC3 电子图书提供的功能比我预期的要好 EC4 总的来说,我对电子图书的期望在使用后都达到了	Bhattacherjee(2001)③

① Venkatesh V, Davis F D. A theoretical extension of the technology acceptance model: four longitudinal field studies [J]. Management Science, 2000, 46 (2): 186-204.
② 任会兰. 高校学生的电子图书使用行为研究 [D]. 上海: 上海交通大学, 2011.
③ Bhattacherjee A. Understanding information systems continuance: an expectation-confirmation model [J]. MIS Quarterly, 2001, 25 (3): 351-370.

续表 10 - 11

变量	测量指标	参考来源
满意度	SA1 电子图书的服务令我满意 SA2 我对电子图书的使用经历感到满意 SA3 整体而言，我对电子图书感到满意	Lee & Lin （2005）① Yang et al. （2005）② Wang & Liao （2008）③
持续使用意向	CU1 我愿意继续使用电子图书 CU2 我会继续使用电子图书 CU3 我会向我的亲友推荐电子图书	Roca, Chiu & Martínez（2006）④ Hsu & Chiu （2004）⑤
使用习惯	UH1 使用电子图书已经成了我的惯例 UH2 当阅读的时候，电子图书对我来说是一个显而易见的选择 UH3 使用电子图书对我来说是很自然的事	Limayem, Hirt & Cheung（2007）⑥

10.2.4　数据分析

（1）信度和效度分析。本研究采用组合信度来检验问卷的信度。Hair 等认为组合信度 0.7 是可以接受的门槛⑦。如表 10 - 12 所示，本研究潜变量的组合信度在 0.83 ~ 0.90 之间，都高于 0.7，说明潜变量的测量题项

① Lee G, Lin H. Customer perceptions of e-service quality in online shopping ［J］. International Journal of Retail & Distribution Management, 2005, 33 （2）: 161 – 176.

② Yang Z, Cai S, Zhou Z, et al. Development and validation of an instrument to measure user perceived service quality of information presenting web portals ［J］. Information & Management, 2005, 42 （4）: 575 – 589

③ Wang Y S, Liao Y W. Assessing egovernment systems success: a validation of the DeLone and McLean model of information systems success ［J］. Government Information Quarterly, 2008, 25 （4）: 717 – 733.

④ Roca J C, Chiu C M, Francisco J M. Understanding e-learning continuance intention: an extension of the technology acceptance model ［J］. International Journal of Human-computer Studies, 2006, 64 （8）: 683 – 69.

⑤ Hsu M H, Chiu C M. Predicting electronic service continuance with a decomposed theory of planned behaviour ［J］. Behaviour & Information Technology, 2004, 23 （5）: 359 – 373.

⑥ Limayem M, Hirt S G, Cheung C M. How habit limits the predictive power of intention: the case of information systems continuance ［J］. MIS Quarterly, 2007, 31 （4）: 705 – 737.

⑦ Hair J F, Black W C, Babin B J, et al. Multivariate Data Analysis ［M］. 7th ed. Upper Saddle River: Prentice Hall, 2009.

具有良好的内部一致性，问卷信度得到验证。

表 10 – 12　潜变量信度与聚合效度分析

潜变量	组合信度	平均变异抽取量
感知易用性	0.90	0.70
感知有用性	0.83	0.56
期望确认度	0.89	0.66
满意度	0.84	0.64
持续使用意向	0.85	0.65
使用习惯	0.87	0.70

本研究采用聚合效度和区分效度来检验问卷的效度。聚合效度的检验可以通过潜变量的平均变异抽取量反映，理想的平均变异抽取量须大于 0.5[①]。如表 10 – 12 所示，本研究潜变量的平均变异抽取量在 0.56 ～ 0.70 之间，都大于 0.5，说明本问卷具备了较好的聚合效度。区分效度的检验可以通过潜变量的平均变异抽取量的平方根是否大于潜变量之间相关系数来判定。如果平均变异抽取量的平方根大于潜变量之间相关系数，说明题项具有较好的区分效度。如表 10 – 13 所示，本研究所有潜变量的平均变异抽取量的平方根都大于潜变量之间相关系数，说明问卷具有良好的区分效度。

表 10 – 13　潜变量区分效度分析

潜变量	感知易用性	感知有用性	期望确认度	满意度	持续使用意向	使用习惯
感知易用性	**0.837**					
感知有用性	0.618	**0.748**				
期望确认度	0.432	0.566	**0.812**			
满意度	0.423	0.518	0.682	**0.800**		
持续使用意向	0.588	0.660	0.598	0.597	**0.806**	
使用习惯	0.469	0.608	0.657	0.542	0.722	**0.843**

注：对角线黑体数据为平均变异抽取量的平方根值，其余数据为相关系数。

---

① Fornell C, Larcker D F. Evaluating structural equation models with unobservable variables and measurement error [J]. Journal of Marketing Research, 1981, 18 (1): 39 – 50.

（2）模型检验。模型适配度检测的目的是衡量假设模型与实际观察资料的符合程度。本研究根据 Bogozzi 和 Yi[1] 的建议，将模型适配度指标分为绝对适配指标、增值适配指标和简约适配指标三类，模型整体适配度的检验如表 10 - 14 所示。由表 10 - 14 可知，整体而言，研究模型具备了较好的适配度。绝对适配指标中 3 个指标适配，1 个指标为接近。简约适配指标全部满足要求。增值适配指标中只有规范适配指标比临界值稍低。

表 10 - 14　模型适配情况统计

指标		理想要求标准	本研究结果	适配情况
绝对适配指标	χ^2/df	<5	2.915	适配
	GFI	>0.8	0.847	适配
	AGFI	>0.8	0.803	适配
	RMSEA	<0.08	0.084	接近
增值适配指标	NFI	>0.9	0.879	接近
	CFI	>0.9	0.916	适配
	IFI	>0.9	0.917	适配
简约适配指标	PNFI	>0.5	0.753	适配
	PCFI	>0.5	0.785	适配

（3）假设检验。如图 10 - 2 所示，用户对电子图书的感知有用性显著正向影响其对电子图书的持续使用意向（$\beta = 0.408$，$p < 0.001$），研究假设 H1 得到支持。用户对电子图书的感知有用性显著正向影响其对电子图书的满意度（$\beta = 0.231$，$p < 0.001$），研究假设 H2 得到支持。用户对电子图书的期望确认度显著正向影响其对电子图书的感知有用性（$\beta = 0.428$，$p < 0.001$），研究假设 H3 得到支持。用户对电子图书的期望确认度显著正向影响其对电子图书的满意度（$\beta = 0.652$，$p < 0.001$），研究假设 H4 得到支持。用户对电子图书的满意度显著正向影响其对电子图书持续使用意向（$\beta = 0.305$，$p < 0.001$），研究假设 H5 得到支持。来源于期望确认模型的 5 个研究假设全部得到支持。

① Bagozzi R P, Yi Y. On the evaluation of structural equation models [J]. Journal of the Academy of Marketing Science, 1988, 16 (1): 74 - 94.

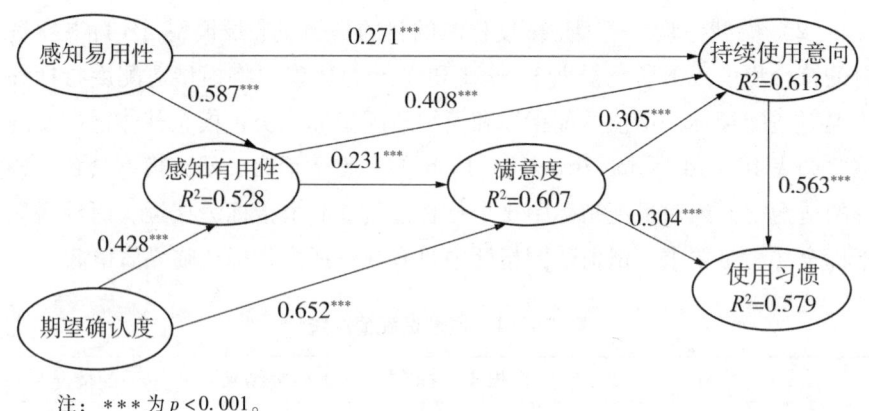

注：＊＊＊为 $p < 0.001$。

图 10 －2　研究模型的路径分析结果

用户对电子图书的感知易用性显著正向影响其对电子图书的感知有用性（$\beta = 0.587$，$p < 0.001$），研究假设 H6 得到支持。用户对电子图书的感知易用性显著正向影响其对电子图书的持续使用意向（$\beta = 0.271$，$p < 0.001$），研究假设 H7 得到支持。用户对电子图书的满意度显著正向影响其对电子图书的使用习惯（$\beta = 0.304$，$p < 0.001$），研究假设 H8 得到支持。用户的电子图书持续使用意向显著正向影响用户电子图书的使用习惯（$\beta = 0.563$，$p < 0.001$），研究假设 H9 得到支持。本研究引入的感知易用性和使用习惯这 2 个影响因素的研究假设也全部得到支持。

10.2.5　结果讨论

（1）期望确认模型能够适用于电子图书持续使用环境。以期望确认模型为基础的研究架构得到了实证研究数据的支持。除了一个指标外，其他适配指标都能满足要求。所有的研究假设都得到了证实。这说明，期望确认模型在电子图书持续使用环境中具有良好的适用性，能够较好地解释用户的持续使用意向。

（2）期望确认模型能够很好地解释用户电子图书持续使用意向。以期望确认模型为基础的研究模型能够解释电子图书用户持续使用意向变异的 61.3%。比较而言，同样是以期望确认模型为基础，Bhattacherjee 对在线银行用户持续使用意向的研究发现，模型能够解释用户持续使用意愿 41%

的变异①；刘鲁川和孙凯对用户移动数字阅读的持续使用行为的研究发现，模型能够解释用户持续使用意愿 47.5% 的变异②。这说明，期望确认模型不仅能够适用于电子图书持续使用环境，而且具有较强的解释力。

（3）感知易用性是影响电子图书用户持续使用意向最重要的因素。由图 10 - 2 可知，感知易用性、感知有用性、满意度均对电子图书用户持续使用意向存在直接影响。期望确认度通过感知有用性和满意度对电子图书用户持续使用意向存在间接影响。感知有用性还通过满意度对持续使用意向存在间接影响，感知易用性还通过感知有用性对持续使用意向存在间接影响。感知易用性、感知有用性、满意度和期望确认度对持续使用意向影响的总效应分别是 0.552、0.479、0.305 和 0.404。这表明，感知易用性是影响电子图书用户持续使用意向最重要的因素，感知有用性对持续使用意向的影响次之。这与陈瑶和邵培基对中国用户人人网持续使用意向的研究③的结果一致。在他们的研究中，感知易用性对用户持续使用意向的影响也高于感知有用性对用户持续使用意向的影响。

（4）期望确认度是影响电子图书用户满意度最重要的因素。研究结果表明，期望确认度和感知有用性对电子图书用户满意度都存在显著正向影响。但是，期望确认度到满意度的路径系数是 0.652，感知有用性到满意度的路径系数是 0.231。这说明，期望确认度是影响电子图书用户满意度最重要的因素。这个结果与 Bhattacherjee 对在线银行用户持续使用意向的研究的结果一致。在他的研究中，期望确认度到满意度的路径系数是 0.525，感知有用性对满意度的路径系数是 0.227④。

（5）满意度和持续使用意向可能转化为使用习惯。研究结果显示，满意度和持续使用意向对电子图书用户的使用习惯都存在显著正向影响，二

---

①　Bhattacherjee A. Understanding information systems continuance: an expectation-confirmation model [J]. MIS Quarterly, 2001, 25 (3): 351 - 370.

②　刘鲁川，孙凯. 移动数字阅读服务用户采纳后持续使用的理论模型及实证研究 [J]. 图书情报工作，2011 (10): 78 - 82.

③　陈瑶，邵培基. 社交网站持续使用的实证研究：基于改进的期望确认模型 [J]. 信息系统学报，2011 (1): 23 - 34.

④　Bhattacherjee A. Understanding information systems continuance: an expectation-confirmation model [J]. MIS Quarterly, 2001, 25 (3): 351 - 370.

者合起来能够解释57.9%的使用习惯变异量。如果用户对电子图书满意，对电子图书的持续使用有着较强的意向，那么，该用户就有可能将电子图书的使用变成习惯。

第 11 章　研究结论与建议

本章总结研究获得的结论，并且以研究结论为基础，对图书馆和电子资源供应商提出相应的对策建议，分析研究存在的局限性，提出进一步研究的建议。

11.1　研究结论

综合高校图书馆用户信息搜索起点、用户具体电子资源使用行为、用户电子资源使用偏好、用户电子资源使用行为习惯和用户电子图书使用行为的研究，现将结论概述如下。

（1）图书馆面临着非常严峻的挑战。学生是大学图书馆的重要用户群体。学生一方面对大学图书馆存在刻板印象，认为大学图书馆仅提供学术类电子资源，主要表现为学生只有进行研究时，才会首先想到图书馆提供特定的数据库。培养人才、发展知识和为社会服务是现代大学三大传统职能①。为了配合学校的人才培养工作，很多高校图书馆也购置了学习类的电子资源。另一方面，从用户使用电子资源遇到的问题来看，部分用户对图书馆电子资源缺乏了解，不知道图书馆有哪些电子资源，需要使用时也不知道该使用哪种电子资源。目前，图书馆不仅面临着与传统的竞争对手如网络搜索引擎的竞争，而且还面临着 B 站、小红书等新的竞争对手。当完成学习任务时，学生首先想到的是网络搜索引擎；当休闲娱乐时，有相当一部分学生首先想到网络搜索引擎。即使是在研究的背景下，有一部分学生也是以搜索引擎为信息搜索的起点。有相当一部分学生即使是访问图书馆电子资源，也要通过搜索引擎。而且学历越低的用户，对搜索引擎的依赖越强。B 站、小红书等特定的网站不仅是绝大部分学生休闲娱乐时首先想到的，也是学生在准备考试时首先想到的，更有小部分学生在进行研究时以它们为信息搜索的起点。

---

① 朱玉山. 论现代大学的三大传统职能［J］. 当代教育论坛，2014，260（2）：36-42.

（2）图书馆资源发现系统没有发挥其应有的作用。高校图书馆非常重视图书馆资源发现系统，2016 年的调查就发现 38 家 985 高校图书馆中有 36 家已经部署了资源发现系统。但学生群体即使是在进行学术研究时，都较少以图书馆资源发现系统为信息搜索的起点。教工的情况稍好一点，电子图书的查找起点方面，图书馆资源发现系统排在第三位。这说明，图书馆资源发现系统虽然已经成为高校图书馆的标配，但是其效益却不尽如人意。有必要对资源发现系统的用户行为进行专项研究。

（3）大多数类型的电子资源利用情况不太理想。电子期刊和电子图书是图书馆电子资源建设经费投入的重点，也是利用率最高的两种电子资源。除电子期刊和电子图书外，其他类型电子资源的利用率不高。各类型电子资源的高频用户比例不高，并且还有部分类型电子资源未用过的用户的比例较高。用户利用电子资源的时长也较为有限。超过七成的用户每周花在检索电子资源上的时间在 3 小时之内。超过一半的用户每周阅读电子文献的时间在 3 小时之内。

（4）图书馆仍然是用户使用电子资源的重要场所。无论是对用户使用电子资源场所的调查还是对用户使用电子图书场所的调查结果都表明，图书馆仍然是用户使用电子资源的重要场所。在这两个调查中，图书馆都是最多用户选择的场所。

（5）关键词和题名既是用户习惯使用的检索途径，也是用户进行检索结果相关性判断习惯使用的标准。关键词是用户最常使用的检索途径，也是用户进行检索结果相关性判断最常使用的标准。题名是用户第二常用的检索途径，也是用户第二常用的检索结果相关性判断标准。

（6）图书馆网站仍然具有重要的作用。图书馆网站依然是用户了解图书馆电子资源最主要的途径。图书馆网站也是用户查找电子图书最常用的起点。图书馆网站中的电子资源/数据库导航页面是用户访问图书馆电子资源最偏好的方式。

（7）电子资源的移动服务是大势所趋。在电子资源的使用中，移动设备得到了广泛的应用。将近八成的用户会通过移动设备使用电子资源，也有超过一成的用户只通过移动设备使用电子资源。并且用户对各种形式的电子资源移动服务均存在强烈需求。

（8）微信平台具有非常重要的价值。图书馆微信公众号是用户了解图书馆电子资源 7 条途径中排在第三位的途径，并且年龄越低，通过图书馆

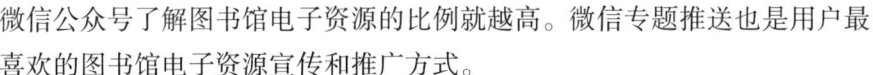

微信公众号了解图书馆电子资源的比例就越高。微信专题推送也是用户最喜欢的图书馆电子资源宣传和推广方式。

（9）用户行为符合最小努力原则。所谓最小努力原则，就是人们在解决任何一个问题时，总是力图把所有可能付出的平均工作最小化。根据最小努力原则，用户在选择利用图书馆服务时总是舍远求近、避繁就简、弃疏择熟①。当学生完成作业时，以咨询同学/老师作为信息搜索起点的比例是以咨询图书馆馆员作为信息搜索起点的比例的 4 倍。当学生准备考试时，以咨询同学/老师作为信息搜索起点的比例是以咨询图书馆馆员作为信息搜索起点的比例的 3 倍多。当想要了解图书馆电子资源时，老师或者同学推荐是 7 条途径中排在第二位的途径。当使用电子资源遇到问题时，不论是数据库页面的指定联系人还是学科馆员、学科联络员或者是用户认识的馆员，倾向于向其咨询的用户的比例都不高。简单检索是用户最常使用的检索方式。中文数据库列表、外文数据库列表、所有数据库列表等资源列表是用户偏好的导航途径。当使用电子资源遇到问题时，用户倾向于自己摸索。这些都是最小努力原则的生动体现。

（10）用户倾向于在下载全文之前进行相关性判断。对于检索结果，用户倾向于通过阅读摘要或者在线阅读全文对其相关性进行判断之后再下载全文。随着电子资源的广泛利用，超量下载等违规使用行为时有发生。通常认为在单位时间内超出正常的阅读或浏览速度下载全文，即属于超量下载②。如果用户在下载之前阅读摘要或者在线阅读全文，就一定不会产生超量下载的行为。

（11）电子资源的使用行为成为用户检索结果价值判断的主要辅助标准。被引次数、下载次数、浏览次数/播放次数等与电子资源使用相关的行为成为用户检索结果价值判断的主要辅助标准。一般认为，被引次数、下载次数、浏览次数/播放次数与文献的质量呈正相关关系。

（12）大多数用户已适应数字阅读。对于电子资源，用户目前已经习惯于在线阅读或者下载之后阅读。用户对图书馆联合供应商提供的电子资

① 王志军. 试论最小努力原则在图书馆服务中的应用 [J]. 图书情报工作，2001（6）：79-81.

② 张静，强自力，邵晶. 电子资源违规使用行为分析及图书馆的应对措施 [J]. 大学图书馆学报，2008（2）：64-67.

源阅读平台有着非常强烈的需求也证明了这一点。

（13）用户的文献管理水平亟待提升。大多数用户停留在根据内容设定专门的文件夹存放这样粗放管理的层次，只有不到三成的用户使用文献管理软件。用户在下载文献时，倾向于直接下载全文而不是将题录导入文献管理软件后再下载全文或者通过文献管理软件的批量下载功能下载全文。但是随着累计存储文献量的增长，用户对文献管理水平的提升存在较大需求。

（14）部分用户存在从学校网站到图书馆网站的路径偏好。部分用户访问图书馆电子资源时，习惯从学校主页链接中找到图书馆网站，再从图书馆网站找到电子资源/数据库导航页面。

（15）用户非常看重培训内容的实用性。用户对培训内容需求的强烈程度从高到低为特定电子资源、特定学科或专业电子资源、特定类型电子资源、最新或者特色电子资源、图书馆电子资源。这说明用户在培训时倾向于学以致用，解决实际问题。

（16）扩展版整合技术接受与使用模型能够较好地解释用户的电子资源使用行为。本研究以扩展版整合技术接受与使用模型为基础构建了高校图书馆用户电子资源使用习惯模型架构。通过问卷收集数据对模型进行了检验，发现该模型能够较好地解释用户的电子资源使用行为。模型中大部分潜变量之间的关系得到了证实。身份和学历是两个主要的调节变量。身份在高校图书馆用户的绩效期望、付出期望和社会影响对电子资源行为意向的影响方面存在显著调节效应，在高校图书馆用户的习惯对电子资源行为意向的影响方面存在显著调节效应。学历在高校图书馆用户的绩效期望、付出期望、社会影响、便利条件、习惯等对电子资源行为意向的影响方面存在显著调节效应。

（17）期望确认模型能够较好地解释用户的电子图书持续使用行为。以期望确认模型为基础的图书馆用户电子图书持续使用行为模型获得了实证研究数据的支持。模型具备较好的适配度，所有的研究假设都得到了支持。这表明期望确认模型适用于电子图书持续使用环境，能够较好地预测用户的持续使用行为。

（18）学历、年龄、身份是影响用户电子资源使用的重要因素。不同学历的学生所有情况下信息搜索的起点均存在差异。学历对教工了解学科/业界动态或前沿和进行学术研究时的信息搜索起点存在显著影响。学历是影响用户各类型电子资源使用频率和使用时长的重要因素。学历对电子图书之外的 7 种类型电子资源的使用频率存在显著影响，对电子资源的检索时长和阅读时长也都存在显著影响。学历对用户的高级检索和专业检索的使用均产生了显著影响。学历是影响用户检索结果相关性判断标准的重要因素。学历对 6 项辅助标准均存在显著影响。学历对 8 种检索结果处理方式中的 6 种存在显著影响。学历对图书馆服务和电子资源问题及自身问题均产生了显著影响。学历对 4 种进入图书馆电子资源/数据库导航页面途径方式中的 3 种存在显著影响。学历对所列的 8 种导航途径都存在显著影响。学历对用户电子资源移动服务需求存在一定的影响。学历对所列的 9 条解决问题渠道中的 7 条都存在显著影响。学历对 8 种宣传培训内容需求均产生了显著影响。学历对课程培训和宣传材料的需求都存在显著影响。

年龄对用户除电子音频/视频资源之外的其他 7 种电子资源的使用频率均存在显著差异。年龄对用户的高级检索和专业检索的使用均产生了显著影响。年龄是影响用户检索结果价值判断辅助标准的重要因素。年龄对除"选择需要的资料存储到网络空间"之外的其他 7 种检索结果处理方式均产生了显著影响。年龄对图书馆服务和电子资源问题及自身问题均存在显著影响。年龄对 4 条进入图书馆电子资源/数据库导航页途径中的 3 条都产生了显著影响。年龄对 8 种导航途径中的 7 种均存在显著影响。年龄对 7 条了解图书馆电子资源途径中的 5 条存在显著影响。年龄对 9 条解决电子资源使用问题的渠道中的 7 条存在显著影响。年龄对 8 项宣传和培训内容需求中的 7 项存在显著影响。年龄对课程培训和宣传材料的需求都存在显著影响。

身份对所有类型电子资源的使用频率及电子资源的检索时长和阅读时长都存在显著影响。身份对用户的高级检索和专业检索的使用均产生了显著影响。身份是影响用户检索结果相关性判断标准的重要因素。身份是影响用户检索结果价值判断辅助标准的重要因素。身份对 8 种检索结果处理方式中的 4 种存在显著影响。身份对 8 种用户导航途径中的 7 种产生了显著影响。身份对 7 条了解图书馆电子资源途径中的 5 条存在显著影响。身份对 9 条解决电子资源使用问题渠道中的 7 条存在显著影响。身份对 8 项宣传和培训内容需求中的 5 项存在显著影响。身份对宣传材料的需求存在显著影响。

11.2 建议

根据研究发现及结论，提出以下建议供图书馆和图书馆电子资源供应商参考。

11.2.1 对图书馆的建议

（1）加强图书馆电子资源评估工作。用户使用图书馆电子资源时遇到的问题有一部分与图书馆电子资源建设相关，包括有些电子资源质量不高、缺乏用户需要的电子资源等。图书馆应当加强电子资源的评估工作，定期对电子资源进行评估，评估的依据不仅应包括电子资源提供商提供的使用数据，还应该包括本校用户的需求和满意情况，审视这些资源是否与本校的学校建设目标相匹配，是否与本校的人才培养目标相匹配。

（2）建设好图书馆门户网站，特别是资源导航专题页面。在移动网络时代，图书馆门户网站仍然是图书馆用户进入图书馆电子资源的主要入口，因此，图书馆门户网站的建设应该加强而不是削弱。出生在数字网络环境下具有较高科技文化的群体被称为数字原住民。该群体的生活中充满了数码视频、智能手机和计算机等数字技术与设备。在我国一般将数字原住民定义为1994年我国接入互联网之后出生的群体①。目前高校图书馆用户群体中的学生主要都是数字原住民。数字原住民习惯于使用搜索引擎来查找自己需要的信息。图书馆应当继续向搜索引擎学习，将自己的检索界面进一步简单化，使其像搜索引擎界面一样简洁易用。图书馆资源发现系统致力于向用户提供一站式服务，其与搜索引擎比较类似。但是从调查的情况来看，图书馆资源发现系统并没有受到用户的青睐。所以，图书馆应该深入了解用户使用和不使用资源发现系统的原因，是用户不知道资源发现系统的存在还是资源发现系统不好用。找出问题的所在，有针对性地去改进。

针对有部分用户习惯于从学校网站到图书馆网站的路径，图书馆应该争取在学校网站主页的一级栏目设置图书馆网站链接，方便这部分用户直

---

① 王文韬，谢阳群，占南. 基于ERG理论的数字原住民信息行为研究［J］. 情报理论与实践，2015, 38（9）: 42 - 46.

接从学校网站进入图书馆网站。

针对用户偏好资源列表式的导航，图书馆在资源导航模块可以将中文数据库列表、外文数据库列表、所有数据库列表等资源列表排在前面，并且考虑根据用户的点击情况动态排列，方便用户快捷地找到自己所需的电子资源。

针对用户对电子资源移动服务的需求，图书馆网站对电子资源的揭示内容应该增加电子资源 APP 和无线访问页面等的链接，便于用户的使用。

（3）做好图书馆内的电子资源服务。图书馆仍然是用户使用电子资源的重要地点，同时越来越多的用户通过移动设备来使用图书馆电子资源，因此高校图书馆要在馆内提供无线网络，争取做到无线网络的全覆盖。针对部分用户特别是贫困学生可能需要图书馆提供上网设备，为了不出现信息鸿沟现象、保障信息公平，高校图书馆应该提供电脑等上网设备供用户使用。为了缓解用户对电量不足的焦虑，图书馆应该改进设施，方便用户对上网设备的供电和充电。

（4）做好电子资源的校外访问服务。根据调查可知，部分用户对于电子资源的校外访问具有较为强烈的需求。随着在校外生活和居住的师生人数的增长，校外访问服务的需求只会进一步增加，所以图书馆应当联合数据库供应商提供方便快捷的身份认证服务，解决好这一问题。

（5）做好数字阅读的推广工作。近几年，阅读推广服务受到了高校图书馆的重视，很多高校图书馆成立了专门部门进行此项工作。图书馆阅读推广工作不应该只局限于纸质图书的推广，也应该考虑到用户阅读方式的变化，使纸质阅读和电子阅读推广工作并行。

（6）做好电子资源的宣传和推广工作。首先要加强内容的实用性。内容方面要追求精和专，不要追求大而全。也就是说，内容要贴近用户需求，致力于解决用户电子资源使用中的实际问题，戳中用户的难点和痛点，用户学习之后能够立即派上用场。其次，要加强宣传和推广的针对性。学历、身份和年龄对用户的电子资源使用存在显著影响，因此，我们在进行电子资源的宣传和推广的时候，要细化工作，针对不同的学历、不同的身份、不同的年龄，以及用户不同的偏好，采用适合目标群体的细分方案。细分方案不仅包括宣传和推广的内容，也包括宣传和推广的形式。再次，采用用户偏好的方式来提升宣传和推广效果。用户偏好通过微信平台获取图书馆电子资源信息，图书馆就应该做好微信公众平台的运营工作。用户特别是学生偏好使用 B 站、小红书、抖音等网站，图书馆可以将电子资源的宣传和推广内容录制成短片在这些平台发布。图书馆也可以尝试在这些平台对图书馆的活动进行直播，提高图书馆电子资源的知晓率，让用户更方便地了解电子资源的使用方法。用户偏好通过同学/同事等人际渠道获取电子资源信息，在电子资源使用遇到问题时也是优先寻求同学/同事的帮助，而不是图书馆馆员的帮助。因此，图书馆可以挑选出一批有兴趣、有基础的学生和老师，将他们培养成用户群体之中图书馆文献资源利用的"达人"，通过图书馆来对图书馆电子资源进行宣传和推广，同时也帮助解决用户电子资源利用中的问题，以点带面，促进图书馆用户信息素养水平的提升。

（7）让用户养成使用图书馆电子资源的习惯。高校图书馆用户电子资源使用习惯模型检验结果发现，习惯对行为意向存在显著影响。用户的习惯越强烈，其行为意向就越多。习惯对使用行为存在显著正向影响。用户的习惯越强烈，其使用行为就越高。对电子图书持续使用模型的检验结果发现，满意度和持续使用意向对用户的使用习惯都存在显著正向影响，提升用户对电子资源的满意度和持续使用意向，有可能将电子资源的使用变成习惯。因此图书馆要不断提升用户访问图书馆电子资源的体验，提高用户对图书馆电子资源及相关服务的满意度，从而让用户养成使用图书馆电子资源的习惯。

11.2.2　对图书馆电子资源供应商的建议

（1）提升电子资源的质量。一方面，用户对图书馆电子资源的期望值非常高，对"使用图书馆电子资源可以增加我获取资料的丰富性"的平均认同程度为 4.16，对"图书馆的电子资源对我的学习/工作很有用"的平均认同程度为 4.12，对"使用图书馆电子资源可以加快我学习/工作的进度"的平均认同程度为 4.05，对"使用图书馆电子资源可以提高我学习/工作的绩效"的平均认同程度为 4.00。并且用户的电子资源绩效期望对其行为意向存在显著影响。另一方面，用户在使用电子资源时遇到的一些问题，如资源内容更新速度慢、资源收录内容和范围不完整、部分电子资源质量不高等，都与电子资源的质量有关。所以图书馆电子资源供应商应当苦练内功，提升资源的质量，改善用户的使用体验，从而提高电子资源利用率。

（2）提供移动服务。用户对电子资源供应商提供的移动版网页、电子资源供应商提供的 APP、图书馆联合供应商提供的综合性电子资源 APP 和图书馆联合供应商提供的电子资源阅读平台都存在强烈的需求。因此，图书馆电子资源供应商应当适应时代发展需求并满足用户需求，通过开发移动版网页、自己开发 APP 或者与其他供应商或图书馆联合开发 APP 等方式来提供移动服务。

（3）根据用户需求改进用户界面的设计。检索途径方面，关键词是用户最常使用的检索途径，题名是用户第二常用的检索途径。电子资源供应商在进行用户界面设计时，可以考虑将关键词设为默认检索途径。

（4）提供题录导出功能，引导用户合理使用。目前电子期刊普遍提供了题录导出功能，方便用户将题录导出到各种文献管理软件保存。但是其他类型的电子资源在这方面还有所欠缺，特别是中文电子图书供应商应该提供这项功能。

11.3　研究的创新之处和不足

本研究的创新之处表现为以下三点。

（1）从全流程的视角对高校图书馆用户电子资源使用习惯进行了全景式的剖析。从使用前的用户了解图书馆电子资源的途径，到启动使用行为的访问图书馆电子资源方式、进入电子资源导航页面方式、导航途径的使用，再到使用过程中的各类型电子资源的使用频率、使用时长（包括检索时长和阅读时长）、使用场所、使用设备、信息行为（包括检索途径、检索方式、检索结果相关性判断、检索结果价值判断辅助标准、检索结果处理等）、遇到的问题、解决问题的渠道，还有既可能是在使用之前的也有可能是在使用之后主动或者被动接受的图书馆电子资源宣传和培训（包括具体的内容和方式等），本研究对高校图书馆用户的电子资源使用行为进行了全面深入的剖析，提供了用户电子资源使用习惯的全景画面。

（2）对影响高校图书馆用户电子资源使用行为的因素进行了全面分析。之前图书馆用户电子资源使用行为影响因素的研究只涉及用户的部分使用行为，比如电子资源使用的频率、电子资源重要性的认知、电子资源熟悉程度等，影响因素的数量也较少。本研究一方面对高校图书馆用户电子资源全部使用行为的影响因素进行了研究，另一方面也引入性别、年龄、身份、学历、专业和职称等多个影响因素进行了全面的研究。影响因素研究的广度和深度都有所加强。

（3）虚实结合的使用习惯研究。本研究根据习惯的定义，一方面将使用习惯细分为用户电子资源使用行为的具体偏好，如检索途径、检索方式等。另一方面，以扩展版整合技术接受与使用模型为基础构建了高校图书馆用户电子资源使用习惯模型。将用户的使用习惯转化为量表表述，探讨其对使用意向和使用行为的影响。以期望确认模型为基础，建立了图书馆用户电子图书持续使用行为模型，同样将用户的使用习惯转化为量表表述，探讨如何能形成使用习惯。

由于研究条件的限制和种种无法克服的困难，本研究存在一些局限性，主要有两点。

（1）样本的代表性应进一步加强。在研究设计和问卷调查过程中考虑了调查对象的代表性问题，但难以做到随机抽样，所以样本中某些用户群体的分布并不是非常平衡，本研究样本女性占多数。尽管在数据的收集过程中设置了性别的配额，想要尽量均衡性别比例，但是通过网络发放问卷的局限性使得女性的配额很早用完，男性的配额一直没有达到。样本中50岁及以上的用户数量过少。尽管研究联系了此年龄段的人群发放问卷，但是响应者还是不多。

（2）案例研究也应该加强。电子资源有电子期刊、电子图书、全文（集成）数据库、索引文摘数据库、参考数据库、数值和统计数据库、电子图像和电子音频/视频资源8种类型，本研究只选择了电子图书的使用行为进行案例研究。

对未来研究的建议主要有两点。

（1）突发公共事件对高校图书馆用户电子资源使用行为的影响。本研究对正常状态下高校图书馆用户的电子资源使用行为进行了探讨，但是近年来图书馆不断面临各种突发公共事件，比如突发公共卫生事件、突发公共安全事件等，有些事件给人类社会带来了较大的影响。那么，具体在电子资源使用行为方面，突发公共事件带来了哪些影响？高校图书馆用户的电子资源使用行为发生了哪些变化？图书馆和电子资源供应商应该采取哪些措施去应对？哪些是临时性应对措施，哪些是永久性应对措施？这些都是值得进一步思考的问题。

（2）使用综合定性和定量方法对高校图书馆用户的电子资源使用行为

进行研究。虽然本研究在问卷设计的过程中对部分用户进行了访谈，但是规模和范围有限，所以还需要在今后的研究中加强定性方法的应用，结合定性和定量方法对用户的行为进行深入研究。

附录一　高校图书馆用户电子资源使用习惯调查问卷

尊敬的先生/女士：

您好！非常感谢您参与本次调查。我们是国家社科基金项目组，正在进行一项大学图书馆用户电子资源使用习惯的研究，目的是了解高校图书馆用户电子资源使用习惯，发现使用中存在的问题，为图书馆电子资源的建设、管理和服务改进提供依据。调查对象为课题组邀请的大学中使用过图书馆电子资源的师生员工。本次调查仅作为研究使用，对您的资料全程保密，请您放心填答。此次调查大约需要花费您15分钟的时间。

填写说明：

（1）问卷答案没有对错之分，请您根据提示选择符合自己实际情况的选项或者填写答案。

（2）电子资源（electronic resources），又称电子馆藏、电子信息资源、数字资源，是指那些需要通过计算机访问的资料，无论是通过个人电脑、大型机还是手持移动设备。它们可以通过互联网远程访问或在本地使用，主要包括电子期刊、电子图书、全文（集成）数据库、索引文摘数据库、参考数据库（传记、词典、指南、百科等）、数值和统计数据库、电子图像、电子音频/视频等。

第一部分　个人信息

1. 您的性别是：① 男性　②女性
2. 您的身份是：
①学生　　　②教学科研人员（专任教师、专职科研人员等）
③行政人员（机关部处、院系从事行政管理、服务等的工作人员）
④教辅人员（图书馆、实验室等工作人员）
⑤其他，请具体说明＿＿＿＿＿＿＿＿＿＿＿＿＿＿
3. 您的年龄是：

① 20 岁及以下　　　② 21～29 岁　　　③ 30～39 岁

④ 40～49 岁　　　⑤ 50～59 岁　　　⑥ 60 岁及以上

4. 您的文化程度是（包括您正在读的）：

①大专及以下　　　②本科

③硕士研究生　　　④博士研究生

5. 您目前学习或者从事的专业是（身份为学生、教学科研人员、教辅人员和其他人员才需要作答）：

①社会科学类专业（包括政治学、经济法、法学、社会学、人类学、教育学、体育学、管理学等专业）

②人文科学类专业（包括哲学、伦理学、宗教学、语言学、文学、艺术、美学、历史学等专业）

③自然科学类专业（包括数学、物理、化学、天文学、地学、生物学、气象学、医学、农学等专业）

6. 您所在的年级是（身份为学生的才需要作答）：

①一年级　　　②二年级　　　③三年级　　　④四年级

⑤其他，请具体说明_____

7. 您的职称是：

①初级　　　②中级　　　③副高　　　④正高　　　⑤无职称

8. 在学习（工作）中，您的信息获取能力如何，请根据以下描述从"极不符合"到"完全符合"中选择最符合您实际情况的选项。

	极不符合	不符合	一般	符合	完全符合
我有能力获取有用信息	1	2	3	4	5
我自信我能够获取有用信息	1	2	3	4	5
即使周围没有人告诉我如何去做，我也自信能够获取有用信息	1	2	3	4	5

9. 您最常使用的大学图书馆是？

请填入您最常使用大学图书馆的名称，如"××大学图书馆""××学院图书馆"等。

第二部分　信息查寻行为

10. 在以下情景中，当您需要查找资料时，您一般从哪里开始？如果对您来说是不存在的情景，如您不需要"备课"，您就在"备课"这一栏选择"不适用"（教工作答题）。

	特定的数据库	图书馆网站或馆藏目录	网络搜索引擎	学术搜索引擎	图书馆资源发现系统	询问同事／朋友	咨询图书馆馆员	其他，请说明	不适用
了解学科/业界动态或前沿									
进行学术研究如申请课题、撰写论文和研究报告等									
备课									
休闲娱乐									
随便看看									

11. 在以下情景中，当您需要查找资料时，您一般从哪里开始？如果对您来说是不存在的情景，如您不存在"撰写毕业论文"的情况，您就在"撰写毕业论文"这一栏选择"不适用"（学生作答题）。

	特定的数据库	图书馆网站或馆藏目录	网络搜索引擎如百度等	学术搜索引擎	图书馆资源发现系统	询问同学／老师	咨询图书馆馆员	特定的网站（如B站）	其他，请说明	不适用
查找研究课题的相关资料										
完成作业										

续表

	特定的数据库	图书馆网站或馆藏目录	网络搜索引擎如百度等	学术搜索引擎	图书馆资源发现系统	询问同学/老师	咨询图书馆馆员	特定的网站（如B站）	其他，请说明	不适用
了解学科动态或前沿										
撰写毕业论文										
准备考试如英语等级考试、公务员考试等										
随便看看										
休闲娱乐										

12. 最近半年来，图书馆提供的以下类型电子资源，您的使用频率如何，请选择最符合您实际情况的选项。

	没有用过	1~2次	每季度1~2次	每月1~3次	每周1~3次	每周4次及以上
电子期刊	1	2	3	4	5	6
电子图书	1	2	3	4	5	6
全文（集成）数据库	1	2	3	4	5	6
索引文摘数据库	1	2	3	4	5	6
参考数据库	1	2	3	4	5	6
数值和统计数据库	1	2	3	4	5	6
电子图像	1	2	3	4	5	6
电子音频/视频	1	2	3	4	5	6

13. 您经常在哪些场所中使用图书馆电子资源？（多选题）
①办公室/课室　　②校内的宿舍/家里　　③图书馆　　④实验室
⑤校外　　　　　　⑥其他，请具体说明_____
14. 您经常通过什么设备访问图书馆电子资源？（多选题）

①电脑　　　　　　　　②平板电脑如 ipad　　　③智能手机
④电子图书阅读器/阅读机　　⑤其他

15. 您通常通过什么方式访问图书馆电子资源？（多选题）

①通过图书馆电子资源/数据库导航页面

②直接在浏览器中输入具体数据库的网址

③将常用的数据库网址保存到浏览器书签，再从书签进入

④直接在搜索引擎（如百度、Google 等）输入搜索的内容

⑤直接在学术搜索引擎（如百度学术、Google 学术搜索）输入搜索的内容

⑥在图书馆资源发现系统中输入搜索的内容

⑦其他，请具体说明_____

16. 您是如何进入图书馆电子资源/数据库导航页面的？

注："很少使用"是指使用可能性在 10% 左右，"有时使用"是指使用可能性在 30% 左右，"经常使用"是指使用可能性在 70% 左右，"最常使用"是指您使用频率最高。

	从不使用	很少使用	有时使用	经常使用	最常使用
从学校主页链接中找到图书馆网站，再从图书馆网站找到电子资源/数据库导航页面	1	2	3	4	5
在搜索引擎中输入图书馆的名称，进入图书馆网站，再从图书馆网站找到电子资源/数据库导航页面	1	2	3	4	5
直接在浏览器中输入图书馆网址，之后在图书馆网站找到电子资源/数据库导航页面	1	2	3	4	5
将图书馆电子资源/数据库导航页面保持为书签，再从书签进入	1	2	3	4	5

17. 您在使用以下类型电子资源时，常用的检索途径有哪些？（多选题）

　　此题的回答需要与第 12 题的回答一致，如果在第 12 题相应类型电子资源使用频率为"没有用过"，那么此题也是选择"没有用过"。

	系统默认的检索途径	题名	作者	关键词	主题	全文	出版社／出版者／学位授予单位	分类	其他，请具体说明	没有用过
电子期刊										
电子图书										
全文（集成）数据库										
索引文摘数据库										
参考数据库										
数值和统计数据库										
电子图像										
电子音频／视频										

18. 以下图书馆电子资源导航的途径，您使用的频率如何？

注："很少使用"是指使用可能性在10%左右，"有时使用"是指使用可能性在30%左右，"经常使用"是指使用可能性在70%左右。

	从不使用	很少使用	有时使用	经常使用	最常使用
按电子资源名称首字母的导航（A、B、C等）	1	2	3	4	5
按电子资源语种的导航（中文、英文等）	1	2	3	4	5
按电子资源所属学科的导航（哲学、经济学、政治学等）	1	2	3	4	5
按电子资源文献类型的导航（图书、期刊、报纸等）	1	2	3	4	5
所有数据库列表	1	2	3	4	5
中文数据库列表	1	2	3	4	5

续表

	从不 使用	很少 使用	有时 使用	经常 使用	最常 使用
外文数据库列表	1	2	3	4	5
常用数据库列表	1	2	3	4	5

19. 以下检索方式，您使用的频率如何？

注："很少使用"是指使用可能性在 10% 左右，"有时使用"是指使用可能性在 30% 左右，"经常使用"是指使用可能性在 70% 左右。

	从不 使用	很少 使用	有时 使用	经常 使用	最常 使用
简单检索（直接输入检索词进行检索）	1	2	3	4	5
高级检索（输入多个检索词组合进行检索）	1	2	3	4	5
专业检索（构造检索表达式进行检索）	1	2	3	4	5

20. 以下判断检索结果相关性的途径，您使用的频率如何？

注："很少使用"是指使用可能性在 10% 左右，"有时使用"是指使用可能性在 30% 左右，"经常使用"是指使用可能性在 70% 左右。

	从不 使用	很少 使用	有时 使用	经常 使用	最常 使用
摘要	1	2	3	4	5
题名	1	2	3	4	5
关键词	1	2	3	4	5
目录	1	2	3	4	5
全文	1	2	3	4	5

21. 判断检索出的文献的价值高低，以下辅助途径，您使用的频率如何？

注："很少使用"是指使用可能性在 10% 左右，"有时使用"是指使用可能性在 30% 左右，"经常使用"是指使用可能性在 70% 左右。

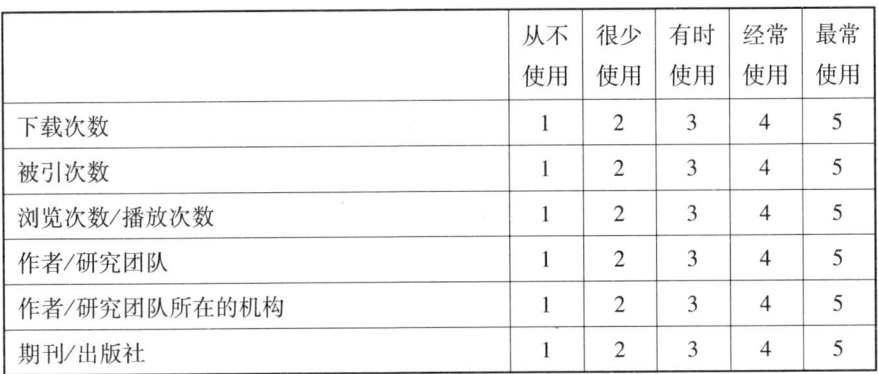

	从不使用	很少使用	有时使用	经常使用	最常使用
下载次数	1	2	3	4	5
被引次数	1	2	3	4	5
浏览次数/播放次数	1	2	3	4	5
作者/研究团队	1	2	3	4	5
作者/研究团队所在的机构	1	2	3	4	5
期刊/出版社	1	2	3	4	5

22. 当您完成检索之后，您通常如何处理检索结果？

注："很少"是指可能性在10%左右，"有时"是指可能性在30%左右，"经常"是指可能性在70%左右。

	从不	很少	有时	经常	最常
先阅读摘要，再将需要的资料下载到本地设备	1	2	3	4	5
先阅读摘要，选择需要资料的题录导入到书目管理软件（如 noteexpress、endnote 等），再下载全文	1	2	3	4	5
直接选择需要的资料导入到书目管理软件，在通过书目管理软件的批量下载功能下载全文	1	2	3	4	5
选择需要的资料直接下载全文到本地设备	1	2	3	4	5
选择需要的资料存储到网络空间	1	2	3	4	5
选择需要的资料先在线阅读全文，根据情况再决定是否下载到本地	1	2	3	4	5
仅在线阅读需要的资料	1	2	3	4	5
将需要的资料打印出来阅读	1	2	3	4	5

23. 您通常如何存储您下载的电子文献？（多选题）

①存储到硬盘　②存储到移动存储设备（如移动硬盘、U 盘等）

③存储到云服务（如百度网盘）　④存储到光盘　⑤存储到闪存卡

24. 您累积存储的电子文献有多少篇？

① 100 篇以内　　② 100～499 篇　　③ 500～999 篇

④ 1000～1499 篇　　　⑤ 1500 篇及以上

25. 您通常是如何管理您存储的电子文献？（多选题）

①使用文献管理软件管理　　②根据内容设定专门的文件夹存放

③没有管理，存放在系统默认的文件夹中　　④其他，请具体说明
_____

26. 您使用的文献管理软件是？（多选题）

① Endnote　　② Mendeley　　③ Zotero　　④ NoteExpress

⑤ CNKI E-Study　　⑥其他，请具体说明_____

27. 最近半年来，您平均每周花费在检索电子资源的时间大约有多长？

① 1 小时以内　　② 1 小时到 3 小时以内　　③ 3 小时到 5 小时以内

④ 5 小时到 7 小时以内　　⑤ 7 小时到 9 小时以内　　⑥ 9 小时以上

28. 最近半年来您平均每周花费在阅读电子文献资料的时间有多长（包括在电子设备阅读和打印出来阅读）？

① 1 小时以内　　② 1 小时到 3 小时以内　　③ 3 小时到 5 小时以内

④ 5 小时到 7 小时以内　　⑤ 7 小时到 9 小时以内　　⑥ 9 小时以上

第三部分　对图书馆电子资源的认知与服务需求

29. 对于以下有关图书馆电子资源的表述，您的观点如何？请从"极不同意"到"非常同意"之间选择最符合您实际情况的选项。

	非常同意	同意	一般	不同意	极不同意
1. 图书馆的电子资源对我的学习/工作很有用	1	2	3	4	5
2. 使用图书馆电子资源可以加快我学习/工作的进度	1	2	3	4	5
3. 使用图书馆电子资源可以增加我获取资料的丰富性	1	2	3	4	5
4. 使用图书馆电子资源可以提高我学习/工作的绩效	1	2	3	4	5
5. 我认为图书馆电子资源使用说明容易理解	1	2	3	4	5
6. 我发现图书馆电子资源容易使用	1	2	3	4	5
7. 对我来说，学习如何使用图书馆电子资源是简单的	1	2	3	4	5

续表

	非常同意	同意	一般	不同意	极不同意
8. 对我来说，熟练地使用图书馆电子资源是简单的	1	2	3	4	5
9. 对我很重要的人（如老师、长辈）认为我应该使用图书馆电子资源	1	2	3	4	5
10. 同学/同事认为我应该使用图书馆电子资源	1	2	3	4	5
11. 我使用图书馆电子资源是因为周围同学/同事的广泛使用	1	2	3	4	5
12. 我看重的人（如老师、长辈）希望我使用图书馆电子资源	1	2	3	4	5
13. 我拥有使用电子资源所需的条件（如上网设备、网络等）	1	2	3	4	5
14. 我拥有使用电子资源必要的知识	1	2	3	4	5
15. 图书馆电子资源的使用方式和我熟悉的网上资源使用方式是一致的	1	2	3	4	5
16. 使用图书馆电子资源已经成为我的习惯	1	2	3	4	5
17. 我沉迷于使用图书馆电子资源	1	2	3	4	5
18. 使用图书馆电子资源对我来说是很自然的事情	1	2	3	4	5
19. 我将始终在学习/工作中尝试使用图书馆电子资源	1	2	3	4	5
20. 我会继续使用图书馆电子资源	1	2	3	4	5
21. 我使用图书馆电子资源的次数将会增加	1	2	3	4	5
22. 我愿意推荐其他人来使用图书馆电子资源	1	2	3	4	5

30. 您对以下各项电子资源的移动服务需求程度如何？请从"极不需要"到"非常需要"之间选择最符合您实际情况的选项。

	极不需要	不需要	一般	需要	非常需要
电子资源供应商（如中国知网、维普、EB-SCO）提供的移动版网页	1	2	3	4	5
电子资源供应商提供的APP（如中国知网提供的全球学术快报等）	1	2	3	4	5
图书馆联合供应商提供的综合性电子资源APP（如超星学习通）	1	2	3	4	5
图书馆联合供应商提供的电子资源阅读平台（如超星电子图书、京东电子图书等）	1	2	3	4	5

31. 您是通过哪些途径了解所在大学图书馆电子资源的信息的？

注："很少使用"是指使用可能性在10%左右，"有时使用"是指使用可能性在30%左右，"经常使用"是指使用可能性在70%左右。

	从不使用	很少使用	有时使用	经常使用	总是使用
图书馆网站	1	2	3	4	5
图书馆微信公众号	1	2	3	4	5
图书馆微博	1	2	3	4	5
老师或同学推荐	1	2	3	4	5
图书馆馆员推荐	1	2	3	4	5
图书馆讲座	1	2	3	4	5
信息素养课程	1	2	3	4	5
图书馆网站	1	2	3	4	5
图书馆微信公众号	1	2	3	4	5
图书馆微博	1	2	3	4	5
老师或同学推荐	1	2	3	4	5

32. 您在使用图书馆电子资源时，遇到以下问题的频率如何？

注："很少"是指可能性在10%左右，"有时"是指可能性在30%左右，"经常"是指可能性在70%左右。

	没有	很少	有时	经常	总是
不知道图书馆有哪些电子资源	1	2	3	4	5
图书馆电子资源太少，找不到自己需要的资料	1	2	3	4	5
无法获得全文	1	2	3	4	5
访问不稳定，经常访问不了或速度太慢	1	2	3	4	5
资源内容更新速度慢	1	2	3	4	5
资源收录内容、范围不完整	1	2	3	4	5
校外访问存在问题（如访问不稳定）	1	2	3	4	5
不知道该使用哪个数据库	1	2	3	4	5
不知道电子资源/数据库检索方法	1	2	3	4	5
图书馆电子资源导航分类不清晰，用户体验差	1	2	3	4	5
部分电子资源质量不高	1	2	3	4	5

33. 当您在使用图书馆电子资源遇到问题，您通过以下途径解决的可能性有多大？请您从"极不可能"到"非常可能"之间选择最符合您实际情况的选项。

	极不可能	不可能	一般	可能	非常可能
向同学或者同事咨询	1	2	3	4	5
向电子资源页面提供的指定联系人（图书馆工作人员）咨询	1	2	3	4	5
向电子资源提供商咨询	1	2	3	4	5
向学科馆员或者学科联络员或者认识的馆员咨询	1	2	3	4	5
在学校的微信群或者QQ群咨询	1	2	3	4	5
在图书馆"常见问题解答"中寻找答案	1	2	3	4	5
在电子资源的帮助页面寻找答案	1	2	3	4	5
参加图书馆讲座或培训	1	2	3	4	5
自己摸索	1	2	3	4	5

34. 对以下图书馆电子资源宣传和培训的内容，您的需求程度如何？请您从"极不需要"到"非常需要"之间选择最符合您实际情况的选项。

	极不需要	不需要	一般	需要	非常需要
图书馆电子资源综合介绍	1	2	3	4	5
电子资源检索方法与技巧	1	2	3	4	5
特定学科或专业电子资源利用（如教育学科电子资源的利用）	1	2	3	4	5
特定电子资源（如中国知网 CNKI、Emerald 等）的利用	1	2	3	4	5
特定类型电子资源（如电子图书、学位论文等）的利用	1	2	3	4	5
文献管理工具使用	1	2	3	4	5
最新或者特色电子资源	1	2	3	4	5
原文传递（在无法直接下载原文时）服务流程	1	2	3	4	5

35. 以下图书馆电子资源培训方式，您需求的程度如何？请您从"极不需要"到"非常需要"之间选择最符合您实际情况的选项。

	极不需要	不需要	一般	需要	非常需要
专题讲座/培训	1	2	3	4	5
网络教程	1	2	3	4	5
图书馆提供的信息素养课程	1	2	3	4	5
嵌入式信息素养课程	1	2	3	4	5
在线信息素养课程（如慕课等）	1	2	3	4	5
纸质版使用指南小册子	1	2	3	4	5
纸质版宣传单张（如一种资源一张）	1	2	3	4	5
电子版使用指南小册子	1	2	3	4	5
电子版宣传单张	1	2	3	4	5
微信专题推送	1	2	3	4	5
电子邮件专题推送	1	2	3	4	5

附录二 学术类电子图书使用行为调查问卷

尊敬的先生/女生：

感谢您在百忙中填写此问卷，为了保证数据的可靠性和有效性，请您对问卷中各问题表达真实的意见。本调查所有回答仅用于学术研究，您填写的所有资料都将受到严格的保密。谢谢您的合作！

填写说明：

（1）问卷答案没有对错之分，请您根据提示选择符合自己实际情况的选项或者填写答案。

（2）学术类电子图书是指以电子版的方式在网上出版、发行，用户通过个人电脑或者其他便携式阅读终端进行有线下载或无线下载接收并阅读的数字化学术类图书。

1. 您的身份是？
□本科生　□研究生　□教师　□科研人员　□行政教辅人员
□其他，请具体说明＿＿＿＿＿＿＿＿

2. 您的性别是？
□男　　　□女

3. 您的教育程度是（包括在读的）？
□大专　　□本科　　□硕士　　□博士

4. 您的年龄是？
□ 20 岁以下　　□ 20～29 岁　　□ 30～39 岁　　□ 40～49 岁
□ 50～59 岁　　□ 60 岁及以上

5. 您目前从事或者学习的专业属于？
□人文科学类（哲学、伦理学、宗教学、语言学、文学、艺术、美学、历史学等）
□社会科学类（政治学、教育学、心理学、经济法、法学、社会学、文化学、人类学等）
□自然科学类（理工农医等）

☐其他，请具体说明＿＿＿＿＿＿

6. 您曾经使用过下列哪些学术类电子图书？（多选）

☐超星数字图书馆　　　　　☐读秀　　　　　　　☐ Apabi 电子图书

☐CADAL 百万册电子书　　☐ Springer 电子图书

☐其他，请具体说明＿＿＿＿＿＿

7. 您对以下类型的学术类电子图书的需求程度如何？请选择最符合您实际情况的选项。

	极不需要	不需要	一般	需要	非常需要
专著					
教材					
参考工具书（字典、词典、百科全书等）					
年鉴					

8. 当您需要查找学术类电子图书的时候，您通常从哪里开始？

	从不	很少	有时	经常	几乎每次
搜索引擎（如 Google、百度等）					
电子图书数据库的网站（如超星、读秀、Springer Linker 等）					
图书馆网站					
图书馆资源发现系统					

9. 当您找到您需要的学术类电子图书之后，您通常的做法是？

	从不	很少	有时	经常	几乎每次
在电子设备在线阅读					
在电子版本上进行注释和笔记					
复制和粘贴需要的部分					
打印出需要的页面					
将其下载存档之后阅读					

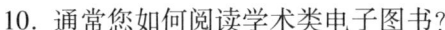

10. 通常您如何阅读学术类电子图书？

	从不	极少	有时	经常	几乎每次
浏览目次					
从头到尾整本阅读					
跳读，仅阅读特定的章节/段落					

11. 您平均一次阅读学术类电子图书大概有多长时间？

□ 15 分钟以内　　□ 15～30 分钟　　□ 31～45 分钟

□ 46～60 分钟　　□ 60 分钟以上

12. 您一般在哪些场合会阅读学术类电子图书？

□宿舍　　□图书馆　　□教室　　□家中　　□办公室

□等待交通工具的场所或交通工具上　　□其他＿＿＿＿＿＿

13. 在使用学术类电子图书的时候，您觉得下列检索途径的重要性如何？请给下列检索途径排序。（排序题请填写 1—7）

＿＿书名检索　　　＿＿作者检索　　　＿＿关键词检索　　　＿＿出版社

＿＿章节标题检索　　　＿＿全文检索

＿＿高级检索（使用多个途径组合检索）

14. 您希望学术类电子图书具备的功能有哪些？

□字体的放大和缩小　　□文本和图片的复制　　□章节/页面显示

□目次显示　　□全文检索　　□整本下载

□打印　　□个人书架　　□推荐相关图书

□其他，请具体填写＿＿＿＿＿＿＿

15. 您通过以下设备阅读学术性电子图书的频率如何？

	从不	极少	有时	经常	几乎每天
电脑					
平板电脑					
智能手机					

续表

	从不	极少	有时	经常	几乎每天
电子图书阅读器（如 Kindle）					
其他设备					

16. 根据您的使用经验，您对学术类电子图书易用性的感受如何？请选择最符合您实际情况的选项。

	极不同意	不同意	一般	同意	非常同意
我很容易就学会了电子图书的使用					
学习使用电子图书不会花费我很多时间					
对我来说，使用电子图书的步骤很简单					
整体来说，我觉得使用电子图书对我来说很简单					

17. 根据您的使用经验，您对学术类电子图书有用性的感受如何，请选择最符合您实际情况的选项。

	极不同意	不同意	一般	同意	非常同意
使用电子图书让我的学习（工作）过程变得容易					
我很容易在电子图书中找到需要的信息					
使用电子图书可以让我更有效地利用所需资料					
整体而言，我觉得电子图书对我来说是有用的					

18. 您使用学术类电子图书的信心如何？请选择最符合您实际情况的选项。

	极不同意	不同意	一般	同意	非常同意
对我来说，我有能力使用电子图书					
对我来说，我能够随心所欲地使用电子图书的所有功能					
对我来说，就算没有人在旁边协助指导，我也会使用电子图书的所有功能					

19. 在学术类电子图书的使用上，您受到对自己重要的人或对自己有影响力的人的影响程度如何？请选择最符合您实际情况的选项。

	极不同意	不同意	一般	同意	非常同意
对我重要的人（如家人、朋友）使用电子图书并鼓励或建议我使用					
对我有影响力的人（如同学、老师）使用电子图书并鼓励或建议我使用					
我周围的人认为我应该使用电子图书					

20. 您对学术类电子图书的使用意愿如何？请选择最符合您实际情况的选项。

	极不同意	不同意	一般	同意	非常同意
我打算在今后的学习（工作）中使用电子图书					
我会使用图书馆的电子图书数据库					
我会通过网络寻找我需要的电子图书					

21. 您对学术类电子图书的满意程度如何？请选择最符合您实际情况的选项。

	极不同意	不同意	一般	同意	非常同意
电子图书的服务令我满意					
我对电子图书的使用经历感到满意					
整体而言，我对电子图书感到满意					

22. 您持续使用学术类电子图书的意愿如何？请选择最符合您实际情况的选项。

	极不同意	不同意	一般	同意	非常同意
我愿意继续使用电子图书					
我会继续使用电子图书					
我会向其他人推荐电子图书					

23. 您使用学术类电子图书的实际体验与您事先的期望相符的程度如何？请选择最符合您实际情况的选项。

	极不同意	不同意	一般	同意	非常同意
使用电子图书的收获比我预期的要大					
电子图书提供的功能比我预期的要多					
电子图书提供的功能比我预期的要好					
总的来说，我对电子图书的期望在使用后都达到了					

24. 您使用电子图书的习惯如何？请选择最符合您实际情况的选项。

	极不同意	不同意	一般	同意	非常同意
使用电子图书已经成了我的惯例	1	2	3	4	5

续表

	极不同意	不同意	一般	同意	非常同意
当阅读的时候，电子图书对我来说是一个显而易见的选择	1	2	3	4	5
使用电子图书对我来说是很自然的事	1	2	3	4	5

问卷填写完毕，感谢您的配合！

参 考 文 献

[1] 白晨，甘利人. 数据库使用中的用户偏好分析 [J]. 图书情报工作，2009，53（16）：13－17.

[2] 白晗，周雪松. "211" 院校图书馆电子资源的组织与揭示调研 [J]. 图书馆学研究，2007（10）：32－34.

[3] 宾锋. 基于使用情况分析的电子图书采购和服务建议：以上海图书馆为例 [J]. 图书馆建设，2010（11）：28－31.

[4] 蔡建康. 高校图书馆电子资源使用行为类型研究 [J]. 卷宗，2020（20）：220.

[5] 曹骏，宋丽萍. "以刊评文" 的利弊分析与建议 [J]. 陕西青年管理干部学院学报，2004（4）：40－41.

[6] 曹秀丽，张泸月，谭英. 高校图书馆电子书阅读和利用统计分析：以四川师范大学电子书数据库为例 [J]. 四川图书馆学报，2016（3）：70－73.

[7] 曾尔雷. 电子资源使用统计的应用实例研究 [J]. 图书馆杂志，2007，26（6）：26－29.

[8] 陈浩. 基于用户行为分析的图书馆数据库资源的整合与利用 [J]. 计算机应用与软件，2014，31（7）：24－27.

[9] 陈惠兰，吴素坤，董政娥. 东华大学 ISI Web of Knowledge 数据库使用评估 [J]. 东华大学学报（自然科学版），2009，35（2）：233－237.

[10] 陈陶，夏立娟，马克芬. 图书馆电子资源利用统计与分析 [J]. 图书情报工作，2005，49（4）：92－95.

[11] 陈文龙. 数字资源在高校学科建设中的利用研究 [D]. 南京：南京航空航天大学，2012.

[12] 陈忆金，曹树金. 研究生利用数据库资源的满意度及影响因素实证研究 [J]. 图书情报知识，2008（2）：29－39.

[13] 程坤. 中外文电子资源的使用统计与分析：哈尔滨理工大学图书馆

案例研究［J］. 现代情报, 2006 (10): 183－185.

［14］邓李君, 袁红, 杨文建. 基于用户感知价值的数字资源利用影响因素与对策研究: 以重庆地区高校为例［J］. 图书情报工作, 2013, 57 (4): 44－48.

［15］丁枝秀. 大学生移动阅读行为特征调查与分析: 以江苏省 6 所高校为例［J］. 四川图书馆学报, 2014 (5): 75－78.

［16］杜坤. 我国 211 高校图书馆电子资源使用政策分析研究［D］. 保定: 河北大学, 2012.

［17］杜晓敏. 高校图书馆资源利用影响因素统计学分析研究［D］. 洛阳: 河南科技大学, 2013.

［18］高春玲, 卢小君. 用户阅读图书馆电子资源意愿的影响因素分析: 以辽宁师范大学师生移动阅读行为为例［J］. 图书馆论坛, 2014, 34 (2): 34－40.

［19］高丽, 王细荣. 基于用户信息行为特征的电子期刊资源利用现状分析［J］. 图书馆工作与研究, 2014 (1): 31－34.

［20］高冉, 郭丽然, 毛芸. 发现系统对期刊数据库使用量的影响分析: 基于北京师范大学使用 Primo 发现系统前后 4 年的数据库统计［J］. 高校图书馆工作, 2018, 38 (2): 42－44.

［21］勾丹, 郑洋洋. 我国高校图书馆电子资源利用现状与对策［J］. 图书馆学研究, 2008 (11): 85－87.

［22］关芳, 林强, 尹瑾. 高校图书馆数字资源用户采纳模型研究: 以西安电子科技大学图书馆为例［J］. 情报学报, 2015, 34 (2): 203－212.

［23］郭贝. 电子图书, 想说爱你不容易: 从 APABI 电子图书的利用率谈其在图书馆的发展瓶颈及解决对策［J］. 新世纪图书馆, 2008 (5): 26－28.

［24］韩玺, 袭继红, 顾萍. 高校图书馆非科研型电子资源用户行为调查: 以南方医科大学为例［J］. 图书馆学刊, 2014, 36 (2): 48－50.

［25］韩正彪. 综合性文献数据库大学生用户心智模型影响因素及效用分析: 以 CNKI 为例［J］. 图书情报工作, 2014, 58 (21): 81－91.

［26］韩正彪, 许海云. 我国综合性文献数据库大学生用户心智模型结构测量实证研究［J］. 情报学报, 2014, 33 (7): 740－751.

［27］郝永丽.高校学生群体电子图书采纳行为研究［D］.天津：天津大学，2013.

［28］何欢.Ebrary电子图书使用情况分析：以上海交通大学为例［J］.图书馆学研究，2011（4）：81－85.

［29］何建芳.电子资源利用的影响因素及对策：以广东工业大学图书馆为例［J］.科技管理研究，2009，29（12）：227－229.

［30］洪荣照，邓英兰，苏雅敏.台中教育大学研究生对电子资源馆藏使用情形之研究［J］.台中教育大学学报（教育类），2010，24（2）：151－172.

［31］胡杰，张计龙，殷沈琴，等.2016年复旦大学人文社会科学领域中文电子期刊资源访问行为数据集［J］.图书馆杂志，2018，37（11）：105－108.

［32］胡礼忠，严丹.外语院校图书馆电子资源用户满意度调查及改进策略［J］.大学图书馆学报，2011，29（6）：79－85.

［33］皇甫青红.国内外信息系统持续使用研究综述：基于电子服务及相关领域文献的调研［J］.情报杂志，2013，32（10）：111－116.

［34］黄靖靓.高校图书馆数字资源的配置与利用研究［D］.武汉：华中师范大学，2013.

［35］黄燕华.近5年我国高校图书馆资源建设经费投入差异性研究［J］.图书馆建设，2014（6）：31－35.

［36］吉汉强，李丽舒.数字资源分类方法的探讨［J］.图书馆论坛，2011，31（1）：101－103.

［37］姜琳.关于非校园网用户利用图书馆电子资源的研究［J］.现代情报，2006（2）：64－66.

［38］蒋伟伟，吴志祥.我国学位论文利用现状分析［J］.图书与情报，2015（4）：41－45.

［39］雷东升，郭振英.基于EZproxy日志的电子资源异常访问行为研究［J］.现代情报，2016，36（7）：101－106.

［40］李爱国.学术数据库的利用分析［J］.现代图书情报技术，2003，19（5）：29－31.

［41］李丹.电子资源导航系统优化应用实践［J］.图书情报工作，2015，59（10）：60－66.

［42］李慧. 基于读者需求的图书馆数字资源增效利用研究：以天津广播电视大学图书馆为例［J］. 现代情报，2012，32（7）：32－35.

［43］李静. 高校图书馆电子资源使用过程中用户情境模型的构建与应用［J］. 情报理论与实践，2009，32（2）：85－87.

［44］李丽萍，张丽娟. ScienceDirect 数据库的订购问题及使用统计分析：以河北师范大学为例［J］. 图书馆论坛，2009，29（4）：60－62.

［45］李莉，卞佳. 电子期刊数据库用户满意群组实证研究［J］. 情报科学，2008，26（2）：229－232.

［46］李莉，甘利人，谢兆霞. 基于感知质量的科技文献数据库网站信息用户满意模型研究［J］. 情报学报，2009，28（4）：565－581.

［47］李莉，徐蔡余，马彪，等. 科技数据库网站信息用户满意度测评研究及实证分析［J］. 情报学报，2007，26（4）：546－554.

［48］李宁，陈兵，石晓锋. 高校图书馆电子书使用效果研究：基于实证调研和国外图书馆的实践与经验［J］. 图书馆理论与实践，2017（7）：37－42.

［49］李晓菲. 高校图书馆资源的结构、使用效率与借阅行为特征［D］. 大连：东北财经大学，2016.

［50］李晓童. 基于 TAM 与 TTF 模型的高校图书馆电子资源利用效率研究［D］. 天津：天津工业大学，2019.

［51］李永芳胡娟林铁莉. 北京工业大学图书馆电子资源利用及相关服务调查与分析［J］. 图书馆建设，2005（1）：79－81.

［52］凌征强. 当前国内高校图书馆校外用户利用数字资源现状调查与研究［J］. 情报理论与实践，2009，32（3）：77－80.

［53］凌征强，陈艳，赵俊颜，等. 广东省高职院校图书馆数字资源服务模式与利用现状调查与研究［J］. 图书馆学研究，2010（14）：76－81.

［54］刘素清，廖三三. 用户视角下的电子资源利用障碍及对策［J］. 图书情报工作，2013，57（21）：48－51.

［55］刘筱敏，张建勇. 数字资源获取对科学研究的影响：电子期刊全文下载与引用分析［J］. 大学图书馆学报，2009，27（1）：60－63.

［56］刘振华. 高校图书馆数字资源利用存在的问题及对策：基于哈尔滨市高校图书馆数字资源利用情况调查的实证研究［J］. 高校图书馆工作，2009（5）：68－69.

[57] 龙旭梅，祝业，马明慧. 国外三大全文电子期刊数据库使用统计分析 [J]. 中华医学图书情报杂志，2013（8）：75－78.

[58] 罗毅，莫祖英，占南. 基于用户期望感知的数据库资源质量研究：以 CNKI 数据库为例 [J]. 情报理论与实践，2014，37（9）：69－73.

[59] 毛莉，陈惠兰. 电子资源的投入与科研产出：东华大学图书馆案例研究 [J]. 东华大学学报（自然科学版），2010，36（3）：324－331.

[60] 米梓源，张立彬，丁可宁. 基于扎根理论的高校图书馆提升电子图书利用效率分析 [J]. 情报科学，2019，37（7）：48－55.

[61] 莫祖英，马费成. 数据库信息资源内容质量用户满意度模型及实证研究 [J]. 中国图书馆学报，2013，39（2）：85－97.

[62] 穆广菊. 数字期刊阅读现状及趋势：以龙源 2011 期刊数字阅读 TOP100 数据为实证 [J]. 图书与情报，2012（2）：1－6.

[63] 潘菊英，刘清，周和玉，等. 数字资源建设与使用成效分析：武汉理工大学图书馆案例研究 [J]. 情报理论与实践，2010，33（9）：42－46.

[64] 齐向华，何巍. 大学生电子服务的调查与分析 [J]. 图书情报工作，2012，56（5）：106－111.

[65] 秦鸿. 决策支持视角下的数字资源使用统计分析实例研究：以电子科技大学图书馆为例 [J]. 大学图书馆学报，2013，31（6）：60－66.

[66] 秦珂，王凌. 从高校若干侵权事件谈图书馆对读者使用电子资源的版权管理 [J]. 情报理论与实践，2009，32（12）：37－40.

[67] 邵小彬，刘传玺，李晓丽. Balis 原文传递及图书馆电子资源使用情况实证研究 [J]. 国际关系学院学报，2010（1）：92－96.

[68] 隋移山. 电子资源利用实证研究：以山东大学图书馆为例 [J]. 现代情报，2010，30（1）：52－55.

[69] 孙洋，张敏. 基于眼动追踪的电子书移动阅读界面的可用性测评：以百阅和 iReader 为例 [J]. 中国出版，2014（5）：48－52.

[70] 孙长虹. 高校图书馆电子资源利用中的影响因素与对策 [J]. 现代情报，2007（12）：9－10.

[71] 汤罡辉，程焕文. Wiley 期刊库使用统计报告分析：以中山大学图书

馆为例［J］. 图书情报工作，2007（4）：136 – 138.

［72］滕华巍. 高校学生图书馆资源使用满意度的调查研究［D］. 哈尔滨：
哈尔滨师范大学，2016.

［73］王宏骞. 高校图书馆电子资源使用"U"型分布规律研究［J］. 图书
馆学研究，2014（9）：74 – 80，48.

［74］王萍，王毅，文丽. 优化用户满意体验的数字资源建设探究［J］. 中
国图书馆学报，2014，40（5）：98 – 109.

［75］徐革，姚卫东，陈浩. 电子资源用户满意度影响因子的多元线性回归
分析［J］. 现代图书情报技术，2007（10）：52 – 56.

［76］徐慧芳，贾苹，孟连生. 数字环境下科研人员信息查询利用行为调查
分析：以中国科学院为例［J］. 图书馆论坛，2012，32（6）：37 –
42.

［77］徐刘靖，刘华. 高校图书馆外文电子书使用行为研究：以上海大学
图书馆为例［J］. 图书馆杂志，2014，33（2）：60 – 63.

［78］徐文贤，陈雪梅. 高校图书馆数据库过量下载行为研究［J］. 图书馆
理论与实践，2014（11）：20 – 23.

［79］徐小婷，姜海，刘薇薇，等. 医科大学图书馆学习考试类数字资源建
设与利用研究［J］. 图书馆学研究，2019（16）：38 – 42.

［80］徐志玮，郑建瑜. 高校化学学科用户对纸本/电子期刊需求研究：
以中山大学化学学科用户为例［J］. 图书情报知识，2010（4）：
44 – 50.

［81］严丹，胡礼忠. 高校图书馆外文电子资源利用率调查及优化探讨：
以上海外国语大学图书馆为例［J］. 外语电化教学，2010（5）：
53 – 58.

［82］杨聪仁，林巧雯. 儿童电子书服务平台使用因素探讨［J］. 出版科
学，2014，22（2）：12 – 16.

［83］杨鲁捷. 从研究生论文引用期刊文献的保障情况考察印本与数字期
刊馆藏［D］. 郑州：郑州大学，2007.

［84］杨涛. 电子图书使用行为实证研究：以华南师范大学图书馆为例
［J］. 图书情报知识，2009（4）：68 – 72.

［85］杨涛，曹树金. 用户对数据库个性化服务功能利用研究：以《中文科
技期刊数据库》为例［J］. 图书情报工作，2007，51（5）：70 – 73.

[86] 杨文建, 袁红, 邓李君. 重庆地区高校数字资源利用现状与对策研究: 基于用户感知角度 [J]. 新世纪图书馆, 2013 (4): 44-47.

[87] 叶新明. 美国大学合法用户在校外利用图书馆电子资源的访问方式调查与研究 [J]. 大学图书馆学报, 2006 (2): 98-102.

[88] 余玲, 邓敏, 梁晓天. 基于用户满意度的图书馆整体电子资源使用评价模型 [J]. 现代情报, 2007 (7): 58-61.

[89] 张国臣. 从大学生的认知度看电子图书的发展空间: 以北京工商大学图书馆为例 [J]. 图书情报工作, 2010, 54 (19): 98-100.

[90] 张华. 高校图书馆电子资源使用现状及对策 [J]. 重庆与世界 (学术版), 2014 (1): 99-102.

[91] 张建, 陈陶. 高校图书馆如何提高电子资源利用率 [J]. 情报探索, 2007 (9): 96-98.

[92] 张静, 强自力, 邵晶. 电子资源违规使用行为分析及图书馆的应对措施 [J]. 大学图书馆学报, 2008 (2): 64-67.

[93] 张敏, 张磊. 数字图书馆电子资源过度下载意愿的影响因素研究: 基于任务驱动与惩罚抑制的双重情境 [J]. 图书情报工作, 2016 (7): 116-122.

[94] 张谦, 陈大庆. 高校图书馆数字文献资源读者利用状况分析及其对策 [J]. 图书馆论坛, 2006 (3): 204-207.

[95] 张新兴, 杨志刚. 高校图书馆数据库用户满意指数模型: 假设与检验 [J]. 图书情报工作, 2010, 54 (3): 76-80.

[96] 张燕莉. 提高高校图书馆电子资源利用率的策略 [J]. 西南民族大学学报 (人文社会科学版), 2012, 33 (3): 235-238.

[97] 甄连花. 高校图书馆数字信息资源的需求及利用调查分析 [J]. 图书馆理论与实践, 2008 (6): 104-105.

[98] 职珂珂, 刘华. 同题名电子书与纸质书借阅比较研究: 以上海大学图书馆 H 类、I 类为例 [J]. 图书馆建设, 2017 (6): 46-52.

[99] 周剑, 王艳, 邓小昭. 基于读者行为特征的数据库购买决策研究 [J]. 图书情报工作, 2009, 53 (21): 68-71.

[100] 周庆红. 高校用户数字信息获取行为优化探究 [J]. 图书馆建设, 2011 (6): 15-18.

[101] 周欣, 陆康. 基于图书馆数字资源访问系统的读者行为数据挖掘研

究 [J]. 现代情报, 2016, 36 (1): 51 – 56.

[102] ABBA T, BABAYI B U. Website use and evaluation by senior library staff in Ibrahim Babangida Library, Modibbo Adama University of Technology, Yola, Nigeria [J]. The Information Technologist, 2019, 16 (1): 95 – 105.

[103] ABRAMS K R. An analysis of ebrary academic complete at Adelphi University [J]. Collection Building, 2014, 33 (1): 11 – 14.

[104] ADHIKARI S S G C. Analysis of usage of electronic resources by the Department of Science and Technology (DST) Institutions in India [J]. SRELS Journal of Information Management, 2017, 54 (4): 187 – 198.

[105] AGBOOLA I O. Use of print and electronic resources by agricultural science students in Nigerian universities [J]. Library & Information Science Research, 2010, 32 (1): 62 – 65.

[106] AHARONY N. LIS students' perceptions toward the assimilation of e-books in the library: an exploratory analysis [J]. Journal of Education for Library & Information Science, 2013, 54 (1): 67 – 78.

[107] AHARONY N. Factors affecting the adoption of e-books by information professionals [J]. Journal of Librarianship & Information Science, 2015, 47 (2): 131 – 144.

[108] AHENKORAH-MARFO M. Domain analytic approach to the use of academic databases by graduate students [J]. International Information & Library Review, 2017, 49 (1): 1 – 10.

[109] AJAYI N A. Utilization of electronic databases for diagnostic information among medical laboratory scientists: implication on evidence-based medicine [J]. Journal of Hospital Librarianship, 2007, 7 (1): 43 – 51.

[110] ALAJMI M A. The acceptance and use of electronic information resources among faculty of selected Gulf Cooperation Council States universities [J]. Information Development, 2019, 35 (3): 447 – 466.

[111] ALI P M N, NISHA F. Use of e-journals among research scholars at Central Science Library, University of Delhi [J]. Collection Building, 2011, 30 (1): 53 – 60.

［112］ ALSALMI J M, LIEW C L, CHAWNER B. The influence of contextual factors on the adoption and development of electronic theses and dissertations (ETD) programmes in the Arab Gulf States ［J］. Library Management, 2014, 35 (4/5): 355 –363.

［113］ AL-SUQRI M N. Perceived usefulness, perceived ease-of-use and faculty acceptance of electronic books: an empirical investigation of Sultan Qaboos University, Oman ［J］. Library Review, 2014, 63 (4/5): 276 –294.

［114］ ALTAF A, WARRAICH N F. Awareness and use of electronic information sources by university students in Pakistan ［J］. Pakistan Library & Information Science Journal, 2017, 48 (4): 14 –25.

［115］ ARMSTRONG C, BANWELL L, COULSON G, et al. The JISC user behaviour monitoring and evaluation framework ［J］. Journal of Documentation, 2004, 60 (3): 302 –320.

［116］ ARSHAD A, AMEEN K. Scholarly information seeking of academic engineers and technologists ［J］. International Information & Library Review, 2019, 51 (1): 1 –8.

［117］ ARSHAD A A I P, AMEEN K. Usefulness of ejournals consortium in Pakistan: academic staff's perceptions and expectations ［J］. Serials Review, 2018, 44 (4): 275 –281.

［118］ ARSHAD A, AMEEN K. Academic scientists' scholarly use of information resources in the digital environment ［J］. Global Knowledge, Memory and Communication, 2018, 67 (6/7): 467 –483.

［119］ ASOGWA B E, UGWU C I, UGWUANYI F C. Evaluation of electronic service infrastructures and quality of e-services in Nigerian academic libraries ［J］. The Electronic Library, 2015, 33 (6): 1133 –1149.

［120］ ATAKAN C, ATILGAN D, BAYRAM O, et al. An evaluation of the second survey on electronic databases usage at Ankara University digital library ［J］. The Electronic Library, 2008, 26 (2): 249 –259.

［121］ ATILGAN D, BAYRAM O G. An evaluation of faculty use of the digital library at Ankara University, Turkey ［J］. The Journal of Academic Librarianship, 2006, 32 (1): 86 –93.

[122] BAILEY T P, SCOTT A L, BEST R D. Cost differentials between e-books and print in academic libraries [J]. College & Research Libraries, 2015, 76 (1): 6 – 18.

[123] BAJPAI P N P Y, SHARMA S. Awareness and use of electronic resources in special libraries of Delhi NCR [J]. International Journal of Information Dissemination & Technology, 2017, 7 (4): 272 – 275.

[124] BAKKALBASI N, GOERTZEN M. Exploring academic e-book use: part I through text analysis [J]. Performance Measurement and Metrics, 2015, 16 (3): 252 – 262.

[125] BANA D, EZE M E, ESIEVO L O. A comparative study of the use of electronic resources by LIS and computer science students in two Nigerian universities [J]. Library Hi Tech News, 2019, 36 (9): 6 – 10.

[126] BAR-ILAN J, PERITZ B C, WOLMAN Y. A survey on the use of electronic databases and electronic journals accessed through the web by the academic staff of Israeli universities [J]. The Journal of Academic Librarianship, 2003, 29 (6): 346 – 361.

[127] BELEFANT MILLER H, KING D W. A profile of faculty reading and information-use behaviors on the cusp of the electronic age [J]. Journal of the American Society for Information Science and Technology, 2003, 54 (2): 179 – 181.

[128] BENNETT D B, BUHLER A G. Browsing of e-journals by engineering faculty [J]. Issues in Science & Technology Librarianship, 2010 (61).

[129] BERG S A, HOFFMANN K, DAWSON D. Not on the same page: undergraduates' information retrieval in electronic and print books [J]. The Journal of Academic Librarianship, 2010, 36 (6): 518 – 525.

[130] BHAT N A B G. Impact of advent of electronic information resources on performance of library users [J]. Bottom Line: Managing Library Finances, 2019, 32 (2): 135 – 143.

[131] BHAT N A B G. Usage of e-theses in agricultural libraries of Northern India [J]. International Journal of Information Dissemination & Technology, 2019, 9 (2): 79 – 82.

［132］ BHAT N A B G. Engagement of users with e-resources across agricultural libraries of Northern India ［J］. Library Management, 2018, 39 (3/4): 233 –245.

［133］ BHAT N A B G, GANAI S A S R. Impact of availability of e-resources on user satisfaction in agricultural libraries of Northern India ［J］. SRELS Journal of Information Management, 2017, 54 (1): 51 –54.

［134］ BHAT P S. Use of periodicals in engineering college libraries under North Maharashtra University, Jalgaon ［J］. International Journal of Library and Information Science, 2014, 6 (3): 35 –39.

［135］ BHATA V R, KUMARB B T S. Use of web based sources in scholarly electronic journals in the field of library and information science: a citation analysis ［J］. Annals of Library & Information Studies, 2008, 55 (2): 9.

［136］ BHATT S, MADAN S R. E-information usage among engineering academics in India with special reference to Rajasthan State ［J］. Library Hi Tech, 2011, 29 (3): 496 –511.

［137］ BIERMAN J, ORTEGA L, RUPP-SERRANO K. E-book usage in pure and applied sciences ［J］. Science & Technology Libraries, 2010, 29 (1/2): 69 –91.

［138］ BLECIC D D, BRENNAN M J, HURD J M, et al. A snapshot of early adopters of e-journals: challenges to the library ［J］. College and Research Libraries, 2002, 63 (6): 515 –526.

［139］ BLUMMER B A. A literature review of academic library web page studies ［J］. Journal of Web Librarianship, 2007, 1 (1): 45.

［140］ BOAKYE E E Y C. Faculty members and e-journals: the case of private universities in Kumasi, Ghana ［J］. New Review of Academic Librarianship, 2017, 23 (4): 377 –395.

［141］ BORREGO A, ANGLADA L, BARRIOS M, et al. Use and users of electronic journals at Catalan universities: the results of a survey ［J］. The Journal of Academic Librarianship, 2007, 33 (1): 67 –75.

［142］ BORREGO A, URBANO C. Analysis of the behaviour of the users of a package of electronic journals in the field of chemistry ［J］. Journal of

Documentation, 2007, 63 (2): 243 - 258.

[143] BORRELLI S, GALBRAITH B, BRADY E E. The impact of electronic journals on use of print in geology [J]. College & Research Libraries, 2009, 70 (1): 26 - 33.

[144] BOYCE P, GRAYSON M, KING D W, et al. Relying on electronic journals: reading patterns of astronomers [J]. Journal of the American Society for Information Science and Technology, 2005, 56 (8): 786 - 802.

[145] BOYCE P, KING D W, MONTGOMERY C, et al. How electronic journals are changing patterns of use [J]. Serials Librarian, 2004, 46 (1/ 2): 121 - 141.

[146] BRADY E E, GALBRAITH B, SIEBENBERG T R. Print versus electronic journal use in three sci/tech disciplines: what's going on here? [J]. College & Research Libraries, 2004, 65 (5): 427 - 438.

[147] BRADY E E, MCCORD S K, GALBRAITH B. Print versus electronic journal use in three sci/tech disciplines: the cultural shift in process [J]. College & Research Libraries, 2006, 67 (4): 354 - 363.

[148] BRAZZEAL B, PLUTCHAK T S. After the e-journal: now it really gets interesting [J]. Serials Librarian, 2008, 53 (4): 177 - 183.

[149] BRENNAN M J, HURD J M, BLECIC D D, et al. A snapshot of early adopters of e-journals: challenges to the library [J]. College & Research Libraries, 2002, 63 (6): 515.

[150] BROADHURST D, WATSON J. E-book readers for full-time MBA students: an investigation in Manchester [J]. Journal of Business & Finance Librarianship, 2012, 17 (2): 170 - 182.

[151] BUCKNELL T. The 'big deal' approach to acquiring e-books: a usage-based study [J]. Serials, 2010, 23 (2): 126 - 134.

[152] BURROWS S. A review of electronic journal acquisition, management, and use in health sciences libraries [J]. Journal of the Medical Library Association, 2006, 94 (1): 67 - 74.

[153] C. M J M G. Use of e-resources by research scholars and students at central library in Alagappa University, Karaikudi: a case study [J].

International Journal of Information Dissemination & Technology, 2018, 8 (1): 37 – 38.

[154] CAIN J J U E, COOPER L C U E, DEMOTT S S D N, et al. Where is QDA hiding? An analysis of the discoverability of qualitative research support on academic library websites [J]. IASSIST Quarterly, 2019, 43 (2): 1 – 9.

[155] CALVERT K. Maximizing academic library collections: measuring changes in use patterns owing to EBSCO discovery service [J]. College & Research Libraries, 2015, 76 (1): 81 – 99.

[156] CAMACHO L, SPACKMAN A. Transitioning to e-books: usage and attitudes among business faculty [J]. Journal of Business & Finance Librarianship, 2011, 16 (1): 33 – 45.

[157] CARRICO S B, CATALDO T T, BOTERO C, et al. What cost and usage data reveals about e-book acquisitions: ramifications for collection develop-ment [J]. Library Resources & Technical Services, 2015, 59 (3): 102.

[158] CASSIDY E D, MARTINEZ M, SHEN L. Not in love, or not in the know? Graduate student and faculty use (and non-use) of e-books [J]. The Journal of Academic Librarianship, 2012, 38 (6): 326 – 332.

[159] CHANDRASHEKARA M, MULLA K R. The usage pattern of electronic information resources among the engineering research community in Karnataka: a survey [J]. Pearl: A Journal of Library & Information Science, 2007, 1 (4): 33 – 38.

[160] CHAUDHRY A S. Student response to e-books: study of attitude toward reading among elementary school children in Kuwait [J]. The Electronic Library, 2014, 32 (4): 458 – 472.

[161] CHAUDHURI J, THOHIRA M. Usage of open-access journals: findings from eleven top science and medical journals [J]. Serials Librarian, 2010, 58 (1 – 4): 97 – 105.

[162] CHEN S M F E. Exploring the use of electronic resources by humanities scholars during the research process [J]. The Electronic Library, 2019, 37 (2): 240 – 254.

[163] CHI P P C K, GORRAIZ J J G U, GLÄNZEL W W G K. Comparing capture, usage and citation indicators: an altmetric analysis of journal papers in chemistry disciplines [J]. Scientometrics, 2019, 120 (3): 1461 – 1473.

[164] CHITHRA V, GEETHA V. Use of electronic information resources among the faculty members of K. Ramakrishnan College of Engineering, Trichy District, Tamil Nadu: a study [J]. Asian Journal of Information Science and Technology, 2019, 9 (1): 50 – 54.

[165] CHIU P, CHAO I, KAO C, et al. Implementation and evaluation of mobile e-books in a cloud bookcase using the information system success model [J]. Library Hi Tech, 2016, 34 (2): 207 – 223.

[166] CHRZASTOWSKI T E, WILEY L N. E-book use and value in the humanities: scholars' practices and expectations [J]. Library Resources & Technical Services, 2015, 59 (4): 172 – 186.

[167] CHU-HAN C, CHEN-WEI H, SHERRY Y C. Cognitive styles and the use of electronic journals in a mobile context [J]. Journal of Documentation, 2014, 70 (6): 997 – 1014.

[168] CLARK D T. Lending Kindle e-book readers: first results from the Texas A&M University project [J]. Collection Building, 2009, 28 (4): 146 – 149.

[169] COATES M. Electronic theses and dissertations: differences in behavior for local and non-local users [J]. Library Hi Tech, 2014, 32 (2): 285 – 299.

[170] COLON-AGUIRRE M, FLEMING-MAY R A. "You just type in what you are looking for": undergraduates' use of library resources vs. Wikipedia [J]. The Journal of Academic Librarianship, 2012, 38 (6): 391 – 399.

[171] COOPER M M. Librarians as hunter-gatherers: lessons learned from an excursion [J]. Journal of Electronic Resources Librarianship, 2013, 25 (4): 283 – 293.

[172] COSTELLO B K. Does book subject influence format preference? Survey results from a sample of graduate business school students, staff, and

faculty [J]. Journal of Business & Finance Librarianship, 2014, 19 (4): 319 –332.

[173] CRAMER C, DAUGMAN E, HANSON E. Facing faculty fears about embracing the ebook: communication strategies for liaison librarians [J]. Serials Review, 2014, 40 (3): 197 –199.

[174] CROFT R, BEDI S. E-books for a distributed learning university: the Royal Roads University case [J]. Journal of Library Administration, 2004, 41 (1/2): 133 –137.

[175] CROFT R, DAVIS C. E-books revisited: surveying student e-book usage in a distributed learning academic library 6 years later [J]. Journal of Library Administration, 2010, 50 (5/6): 543 –569.

[176] CUDDY C. Delivery of electronic journal content to personal digital assistants (PDAs): seven free options for health care professionals [J]. Journal of Electronic Resources in Medical Libraries, 2006, 3 (4): 77 –85.

[177] CUILLIER C A, DEWLAND J C. Understanding the key factors for e-textbook integration into a business course: a case study [J]. Journal of Business & Finance Librarianship, 2014, 19 (1): 32 –60.

[178] DALTON J T. Electronic reserves and the copyright challenge in Canada [J]. Journal of Interlibrary Loan, Document Delivery & Electronic Reserves, 2007, 17 (1/2): 97 –120.

[179] DAVIS P M. Patterns in electronic journal usage: challenging the composition of geographic consortia [J]. College & Research Libraries, 2002, 63 (6): 484.

[180] DAVIS P M, PRICE J S. Ejournal interface can influence usage statistics: implications for libraries, publishers, and Project COUNTER [J]. Journal of the American Society for Information Science and Technology, 2006, 57 (9): 1243 –1248.

[181] DAVIS P M, SOLLA L R. An IP-level analysis of usage statistics for electronic journals in chemistry: making inferences about user behavior [J]. Journal of the American Society for Information Science and Technology, 2003, 54 (11): 1062 –1068.

[182] DAVY T. E-textbooks: opportunities, innovations, distractions and dilemmas [J]. Serials, 2007, 20 (2): 98 – 102.

[183] DE GROOTE S L, BLECIC D D, MARTIN K. Measures of health sciences journal use: a comparison of vendor, link-resolver, and local citation statistics [J]. Journal of the Medical Library Association, 2013, 101 (2): 110 – 119.

[184] DE GROOTE S L, DORANSKI M, SHULTZ M. Online journals' impact on the citation patterns of medical faculty [J]. Journal of the Medical Library Association, 2005, 93 (2): 223 – 228.

[185] DE TIRATEL S R. Accessing information use by humanists and social scientists: a study at the Universidad de Buenos Aires, Argentina [J]. The Journal of Academic Librarianship, 2000, 26 (5): 346.

[186] DEJA M M D U, RAK D D R U. Knowledge management and academic information behaviour: a preliminary study of metaliteracy among junior faculty staff in the digital environment [J]. Aslib Journal of Information Management, 2019, 71 (4): 480 – 499.

[187] DENNIS T C, SUSAN P G, TODD S, et al. A qualitative assessment of the Kindle e-book reader: results from initial focus groups [J]. Performance Measurement and Metrics, 2008, 9 (2): 118 – 129.

[188] DERMODY K, MAJEKODUNMI N. Online databases and the research experience for university students with print disabilities [J]. Library Hi Tech, 2011, 29 (1): 149 – 160.

[189] DESTA A G D U, Du PREEZ M P U A, NGULUBE P N U A. Factors affecting the information-seeking behaviour of postgraduate students at the University of South Africa Ethiopia Regional Learning Centre [J]. Information Development, 2019, 35 (3): 362 – 373.

[190] DEWALD N H, SILVIUS M A. Business faculty research: satisfaction with the web versus library databases [J]. Portal: Libraries and the Academy, 2005, 5 (3): 313 – 328.

[191] DILEK-KAYAOGLU H. Use of electronic journals by faculty at Istanbul University, Turkey: the results of a survey [J]. The Journal of Academic Librarianship, 2008, 34 (3): 239 – 247.

[192] EKWELEM V O, OKAFOR V N, UKWOMA S C. Students' use of electronic information sources at the University of Nigeria, Nsukka [J]. African Journal of Library, Archives & Information Science, 2009, 19 (1): 89 –97.

[193] ESTELLE L, WOODWARD H. The national e-books observatory project: examining student behaviors and usage [J]. Journal of Electronic Resources Librarianship, 2009, 21 (2): 172 –177.

[194] EVANS P, PETERS J. Analysis of the dispersal of use for journals in emerald management xtra (EMX) [J]. Interlending and Document Supply, 2005, 33 (3): 155 –157.

[195] FABUNMI S O F Y. Use of electronic information resources among the undergraduate students in academic libraries in a recessed economy [J]. The Information Technologist, 2017, 14 (2): 99 –110.

[196] FLAVIAN C, GURREA R. The choice of digital newspapers: influence of reader goals and user experience [J]. Internet Research: Electronic Networking Applications and Policy, 2006, 16 (3): 231 –247.

[197] FOOTE J B, RUPP-SERRANO K. Exploring e-book usage among faculty and graduate students in the geosciences: results of a small survey and focus group approach [J]. Science & Technology Libraries, 2010, 29 (3): 216 –234.

[198] FOURIE I. A call for libraries to go green: an information behaviour perspective to draw interest from twenty-first century librarians [J]. Library Hi Tech, 2012, 30 (3): 428 –435.

[199] FRIEND L. Independence at the terminal: training student end users to do online literature searching [J]. The Journal of Academic Librarianship, 1985, 11 (3): 136.

[200] GANAPATHY K S G C, JAYABAL R J G C. Use of electronic resources by the undergraduate students in private engineering colleges in Coimbatore, Tamil Nadu [J]. Asian Journal of Information Science & Technology, 2019, 9 (1): 62 –64.

[201] GANESAN S G G C, THIRUNAVUKKARASU N. User perception to analysis and methods of using electronic resources in Coimbatore District

engineering colleges: a study [J]. Asian Journal of Information Science and Technology, 2018, 8 (2): 36 –39.

[202] GARG R J R G, KUMAR V V I G, VANDANA V G C. Factors affecting usage of e-resources: scale development and validation [J]. Aslib Journal of Information Management, 2017, 69 (1): 64 –75.

[203] GAROFALO D A. Tips from the trenches [J]. Journal of Electronic Resources Librarianship, 2015, 27 (2): 108 –110.

[204] GARRETT J. Wood, flour, journal: how the electronic turn has affected the way journals are found, used, and read [J]. Theological Librarianship, 2009, 2 (2): 37 –42.

[205] GEORGAS H. Google vs. the library (part Ⅲ): assessing the quality of sources found by undergraduates [J]. Portal: Libraries and the Academy, 2015, 15 (1): 133 –161.

[206] GIELEN N. Handheld e-book readers and scholarship: report and reader survey [J]. Reference Librarian, 2011, 52 (1/2): 178 –180.

[207] GILBERT J, FISTER B. The Perceived impact of e-books on student reading practices: a local study [J]. College & Research Libraries, 2015, 76 (4): 469 –489.

[208] GLACKIN B C, RODENHISER R W, HERZOG B. A library and the disciplines: a collaborative project assessing the impact of e-books and mobile devices on student learning [J]. The Journal of Academic Librarianship, 2014, 40 (3/4): 299 –306.

[209] GOEDEKEN E A, LAWSON K. The past, present, and future of demand-driven acquisitions in academic libraries [J]. College & Research Libraries, 2015, 76 (2): 205 –221.

[210] GOERTZEN M, BAKKALBASI N. Exploring academic e-book use: part Ⅱ through focus groups and interviews [J]. Performance Measurement and Metrics, 2016, 17 (1): 83 –92.

[211] GOODWIN C. The e-duke scholarly collection: e-book v. print use [J]. Collection Building, 2014, 33 (4): 101 –105.

[212] GOODWIN S, SHURTZ S, GONZALEZ A, et al. Assessing an e-reader lending program: from pilot to mainstream service [J]. Library Review,

2012, 61 (1): 8 – 17.

[213] GRAY D J, COPELAND A J. E-book versus print [J]. Reference & User Services Quarterly, 2012, 51 (4): 334 – 339.

[214] GREEN H E, COURTNEY A. Beyond the scanned image: a needs assessment of scholarly users of digital collections [J]. College & Research Libraries, 2015, 76 (5): 690 – 707.

[215] GREGORY C L. "But I want a real book": an investigation of undergraduates' usage and attitudes toward electronic books. [J]. Reference & User Services Quarterly, 2008, 47 (3): 266 – 273.

[216] GRIGSON A. Evaluating business models for e-books through usage data analysis: a case study from the University of Westminster [J]. Journal of Electronic Resources Librarianship, 2009, 21 (1): 62 – 74.

[217] GUPTA S K S G, SHARMA S. User's awareness and satisfaction towards the use of digital information resources and services amongst the students of IIT Guwahati [J]. International Journal of Information Dissemination & Technology, 2017, 7 (1): 54 – 62.

[218] GURUPRASAD R, MARIMUTHU P, NIKAM K. Use patterns of e-journals from aerospace professional associations by the aerospace scientists and engineers of Bangalore [J]. International Journal of IT, Engineering & Applied Sciences Research, 2013, 8048 (2): 386 – 393.

[219] GUTHRIE K M. Lessons from JSTOR: user behavior and faculty attitudes [J]. Journal of Library Administration, 2002, 36 (3): 109 – 120.

[220] GUTIERREZ C, WANG J. A Comparison of an electronic vs. print workbook for information literacy instruction [J]. The Journal of Academic Librarianship, 2001, 27 (3): 208.

[221] GYLFADOTTIR T, HLYNSDOTTIR T. Iceland: the story continues of nation-wide access to e-journals [J]. Interlending and Document Supply, 2006, 34 (1): 9 – 14.

[222] HAHN J. On the remediation of Wikipedia to the iPod [J]. Reference Services Review, 2009, 37 (3): 272 – 285.

[223] HAMUTUMWA N N U N, MUTULA S M U A, HOSKINS R H U A.

Distance learners' attitude and use behaviour of electronic information resources at the University of Namibia library [J]. African Journal of Library, Archives & Information Science, 2017, 27 (2): 145 – 158.

[224] HARATI H H G C, NOOSHINFARD F N S A, ISFANDYARI-MOGHADDAM A A I G, et al. Factors affecting the unplanned use behavior of academic libraries users: towards an axial coding pattern [J]. Aslib Journal of Information Management, 2019, 71 (2): 138 – 154.

[225] HARTER S P. Scholarly communication and electronic journals: an impact study [J]. Journal of the American Society for Information Science, 1998, 49 (6): 507 – 516.

[226] HAWKINS D T. Bibliographic data base usage in a large technical community [J]. Journal of the American Society for Information Science, 1974, 25 (2): 105 – 108.

[227] HAYATI Z, JOWKAR T. Adoption of electronic reference materials in academic libraries of Iran [J]. International Information & Library Review, 2008, 40 (1): 52 – 63.

[228] HEMAVATHI K N H K, CHANDRASHEKARA M C U G. Information literacy skills among faculty members in the College of Horticulture, Bagalkote, Karnataka: a study [J]. Asian Journal of Information Science and Technology, 2019, 9 (2): 71 – 75.

[229] HERRING S D. Use of electronic resource in scholarly electronic journals: a citation analysis [J]. College & Research Libraries, 2002, 63 (4): 334 – 340.

[230] HOANG T H, NGUYEN N N N L. Why do university students refrain from using e-books in libraries? Empirical evidence from Vietnam [J]. Publishing Research Quarterly, 2018, 34 (4): 568 – 572.

[231] HOBBS K, KLARE D. Are we there yet?: a longitudinal look at e-books through students' eyes [J]. Journal of Electronic Resources Librarianship, 2016, 28 (1): 9 – 24.

[232] HOOD M. E-newspapers: digital deliverance? [J]. IEEE Spectrum, 2007, 44 (2): 10 – 12.

[233] HOSETH A, MCLURE M. Perspectives on e-books from instructors and

students in the social sciences [J]. Reference & User Services Quarterly, 2012, 51 (3): 278 – 288.

[234] HUNTINGTON P, NICHOLAS D, JAMALI H R, et al. Article decay in the digital environment: an analysis of usage of OhioLINK by date of publication, employing deep log methods [J]. Journal of the American Society for Information Science and Technology, 2006, 57 (13): 1840 – 1851.

[235] HUNTINGTON P, NICHOLAS D, WATKINSON A. Scholarly journal usage: the results of deep log analysis [J]. Journal of Documentation, 2005, 61 (2): 248 – 280.

[236] HWANG J, KIM J, LEE B, et al. Usage patterns and perception toward e-books: experiences from academic libraries in South Korea [J]. Electronic Library, 2014, 32 (4): 522 – 541.

[237] IGBO H U H I, IMO N T N I. Electronic information resource sharing among university libraries in Southern Nigeria: opportunities and challenges [J]. African Journal of Library, Archives & Information Science, 2017, 27 (1): 77 – 91.

[238] ISAH A. Electronic library use by academic staff at the University of Ilorin, Nigeria [J]. Journal of Library and Information Science, 2010, 1&2 (7): 138 – 149.

[239] IZUAGBE R R I C, POPOOLA S O D G. Social influence and cognitive instrumental factors as facilitators of perceived usefulness of electronic resources among library personnel in private universities in South-west, Nigeria [J]. Library Review, 2017, 66 (8/9): 679 – 694.

[240] JABAILY M J M U. An analysis of a pay-per-view article token report: lessons for better understanding value and reporting [J]. Serials Review, 2018, 44 (2): 113 – 121.

[241] JACKSON M. What faculty think: a survey on electronic resources [J]. Journal of Electronic Resources Librarianship, 2008, 20 (2): 110 – 116.

[242] JAGADEESWARI H H Y C, SARANGAPANI R. The awareness and usage of web-technologies among library professionals: a study [J].

Asian Journal of Information Science and Technology, 2017, 7 (1):
1 - 4.

[243] JAMALI H R, NICHOLAS D, HUNTINGTON P. The use and users of scholarly e-journals: a review of log analysis studies [J]. Aslib Proceedings, 2005, 57 (6): 554 - 571.

[244] JASKOWIAK M M F B, SPIRES T. Subscription alternations: usage of canceled journal subscriptions via article delivery methods [J]. Serials Review, 2018, 44 (2): 98 - 103.

[245] JUDD T, ELLIOTT K. Selection and use of online learning resources by first-year medical students: cross-sectional study [J]. Jmir Medical Education, 2017, 3 (2): e17.

[246] JUST P. Electronic books in the USA: their numbers and development and a comparison to Germany [J]. Library Hi Tech, 2007, 25 (1): 157 - 164.

[247] KARAK S K H C. Impact of awareness of library resources through electronic and social media on students: a model for library awareness [J]. International Journal of Information Dissemination & Technology, 2017, 7 (4): 292 - 294.

[248] KARTHIKEYAN S K G C, VIJAYAKUMAR K A G C. Information access pattern of faculty members of veterinary college and research institute in Chennai and Orathanad of Tamil Nadu, India: a study [J]. Asian Journal of Information Science and Technology, 2019, 9 (1): 86 - 90.

[249] KAUR A. Academics' attitudes towards use of electronic journals: a case study of Punjab and Chandigarh [J]. International Information & Library Review, 2012, 44 (4): 182 - 193.

[250] KAUR A A L Y, KAUR S. Information seeking behaviour of medical practitioners: a study of Majha region of Punjab [J]. International Journal of Information Dissemination & Technology, 2018, 8 (3): 166 - 169.

[251] KAUSHAL S S G C, CHAKRAVARTY R. Satisfaction level of students and faculty in the usage of n-list of various degree colleges affiliated to

Punjab University Chandigarh [J]. International Journal of Information Dissemination & Technology, 2018, 8 (2): 62 – 66.

[252] KELLEY K B, ORR G J. Trends in distant student use of electronic resources: a survey [J]. College & Research Libraries, 2003, 64 (3): 176 – 191.

[253] KETTERMAN E, INMAN M E. Discovery tool vs. PubMed: a health sciences literature comparison analysis [J]. Journal of Electronic Resources in Medical Libraries, 2014, 11 (3): 115 – 123.

[254] KETTLER M M K P. Ways of disseminating, tracking usage and impact of electronic theses and dissertations (ETDs)   [J]. Grey Journal, 2017, 13: 27 – 31.

[255] KHAREA S K, THAPA N, SAHOO K C. Internet as a source of information: a survey of Ph. D scholars [J]. Annals of Library & Information Studies, 2007, 54 (4): 5.

[256] KINMAN V. E-metrics and library assessment in action [J]. Journal of Electronic Resources Librarianship, 2009, 21 (1): 15 – 36.

[257] KORAH A, CASSIDY E, ELMORE E, et al. Off the shelf: trends in the purchase and use of electronic reference books [J]. Journal of Electronic Resources Librarianship, 2009, 21 (3/4): 263 – 278.

[258] KRAEMER A. Ensuring consistent usage statistics, part 2 working with use data for electronic journals [J]. Serials Librarian, 2006, 50 (1/2): 163 – 172.

[259] KUDLOW P P T C, COCKERILL M, TOCCALINO D, et al. Online distribution channel increases article usage on Mendeley: a randomized controlled trial [J]. Scientometrics, 2017, 112 (3): 1537 – 1556.

[260] KUMAR B T S, KUMAR G T. Perception and usage of e-resources and the internet by Indian academics [J]. The Electronic Library, 2010, 28 (1): 137 – 156.

[261] KUMAR G K, KUMBAR M. Use of internet based electronic information resourcesand search strategy by the faculty of autonomous engineering colleges in Karnataka: a survey [J]. Journal of Library, Information and Communication Technology, 2013, 6 (1 – 2): 52 – 60.

［262］ KUMAR S S G C. Use of electronic information resources by research scholars and faculty members of National University of Study and Research in Law, Ranchi: a study ［J］. International Journal of Knowledge Management & Practices, 2017, 5 (1): 8 – 12.

［263］ KUMAR S, NGAIHTE S M. Use of web-based information resources in biochemistry by research scholars of University of Delhi ［J］. Journal of Library & Information Science, 2011, 36 (1/2): 35 – 52.

［264］ KUMAR V V. Knowledge and use of digital library resources by engineering faculty members affiliated to JNTUH, Andhra Pradesh, India ［J］. Pearl: A Journal of Library and Information Science, 2014, 8 (2): 65 – 70.

［265］ KUMBHAR R. E-books: review of research and writing during 2010 ［J］. The Electronic Library, 2012, 30 (6): 777 – 795.

［266］ KURHAN S H, GRIFFING E A. Horse racing at the library: how one library system increased the usage of some of its online databases ［J］. Journal of Electronic Resources Librarianship, 2011, 23 (2): 150 – 161.

［267］ LAMOTHE A R. Comparing usage between selective and bundled e-monograph purchases ［J］. Collection Building, 2013, 32 (3): 116 – 121.

［268］ LAMOTHE A R. Factors influencing the usage of an electronic book collection: size of the e-book collection, the student population, and the faculty population ［J］. College & Research Libraries, 2013, 74 (1): 39 – 59.

［269］ LAMOTHE A R. Examining the possibility of an e-resource collection maximal mass: looking beyond the critical mass of e-journals ［J］. Journal of Electronic Resources Librarianship, 2014, 26 (4): 235 – 249.

［270］ LAMOTHE A R. Comparing usage patterns recorded between an electronic reference and an electronic monograph collection: the differences in searches and full-text content viewings ［J］. Journal of Electronic Resources Librarianship, 2012, 24 (2): 101 – 118.

［271］ LAMOTHE A R. Comparing linear relationships between e-book usage and university student and faculty populations: the differences between e-reference and e-monograph collections [J]. Journal of Electronic Resources Librarianship, 2013, 25 (1): 1 – 15.

[272] LAMOTHE A R. Factors influencing usage of an electronic journal collection at a medium-size university: an eleven-year study [J]. Partnership: The Canadian Journal of Library and Information Practice and Research, 2012, 7 (1): 1 – 22.

[273] LAMOTHE A R. Electronic serials usage patterns as observed at a medium-size university: searches and full-text downloads [J]. Partnership: The Canadian Journal of Library and Information Practice and Research, 2008, 3 (1).

[274] LANNON A, MCKINNON D. Business e-books: what can be learned from vendor supplied statistics? [J]. Journal of Business & Finance Librarianship, 2013, 18 (2): 89 – 99.

[275] LARSSON A O. Understanding nonuse of interactivity in online newspapers: insights from structuration theory [J]. Information Society, 2012, 28 (4): 253 – 263.

[276] LATHEEF N A A G, THIRUVENGADA MANI T K. Usage of commercial and open source digital resources in libraries: with special reference to Islamic management arts & science colleges of Tamil Nadu [J]. Asian Journal of Information Science and Technology, 2019, 9: 1 – 5.

[277] LAWAL I O. Electronic reference works and library budgeting dilemma [J]. Acquisitions Librarian, 2006, 19 (37/38): 46 – 62.

[278] LEMLEY T, LI J. 'Big deal' journal subscription packages: are they worth the cost? [J]. Journal of Electronic Resources in Medical Libraries, 2015, 12 (1): 1 – 10.

[279] LETCHUMANAN M, TARMIZI R. Assessing the intention to use e-book among engineering undergraduates in Universiti Putra Malaysia, Malaysia [J]. Library Hi Tech, 2011, 29 (3): 512 – 528.

[280] LETCHUMANAN M, TARMIZI R A. E-book utilization among mathematics students of Universiti Putra Malaysia (UPM) [J]. Library Hi Tech, 2011, 29 (1): 109 – 121.

［281］ LEVINE-CLARK M. Electronic books and the humanities: a survey at the University of Denver ［J］. Collection Building, 2007, 26 (1): 7 – 14.

［282］ LEVINE-CLARK M, PAULSON K, MOELLER P. 10,000 libraries, 4 years: a large-scale study of e-book usage and how you can use the data to move forward ［J］. Serials Librarian, 2015, 68 (1 – 4): 262 – 268.

［283］ LIH-JUAN C, SHIUAN S. Uncertainty in the process of scholarly problem-solving ［J］. Journal of Educational Media & Library Sciences, 2010, 48 (2): 175 – 201.

［284］ LINGLE V A. FAQs and tips about electronic journals on library web sites: what information are we sharing with our users? ［J］. Journal of Electronic Resources in Medical Libraries, 2004, 1 (3): 57 – 64.

［285］ LINK F, TOSAKA Y, WENG C. Notes on operations employing usage data to plan for an e-book collection ［J］. Library Resources & Technical Services, 2012, 56 (4): 254 – 265.

［286］ LITTMAN J, CONNAWAY L S. A circulation analysis of print books and e-books in an academic research library ［J］. Library Resources & Technical Services, 2004, 48 (4): 256 – 262.

［287］ LIU Q, ZHANG L. Information cascades in online reading: an empirical investigation of panel data ［J］. Library Hi Tech, 2014, 32 (4): 687 – 705.

［288］ LOCKYER S, CREASER C, DAVIES J E. Assessing the IBSS database from a novice user perspective ［J］. The Electronic Library, 2006, 24 (5): 590 – 607.

［289］ LONG B A. Interlibrary loan and e-journals: do you know your library's site licenses? ［J］. Journal of Electronic Resources in Medical Libraries, 2007, 4 (3): 93 – 98.

［290］ LONSDALE R, ARMSTRONG C. Electronic books: challenges for academic libraries ［J］. Library Hi Tech, 2001, 19 (4): 332 – 339.

［291］ LOPATOVSKA I, SLATER A, BRONNER C, et al. In transition: academic e-book reading in an institution without e-books ［J］. Library Review, 2014, 63 (4/5): 261 – 275.

[292] LUNDH A H, JOHNSON G M. The use of digital talking books by people with print disabilities: a literature review [J]. Library Hi Tech, 2015, 33 (1): 54 – 64.

[293] LUSTRIA M L A, CASE D O. The SPARC initiative: a survey of participants and features analysis of their journals [J]. The Journal of Academic Librarianship, 2005, 31 (3): 236 – 246.

[294] MACPHERSON K. An information processing model of undergraduate electronic database information retrieval [J]. Journal of the American Society for Information Science and Technology, 2004, 55 (3): 333 – 347.

[295] MAHAPATRA R K R G. Use of e-resources among social scientists in selected institutes in Bhubaneswar: a study [J]. International Journal of Information Dissemination & Technology, 2017, 7 (2): 102 – 106.

[296] MAJINGE R M M U, MUTULA S M M U. Access to electronic and print information resources by people with visual impairments in university libraries [J]. Library Management, 2018, 39 (6/7): 462 – 473.

[297] MAKRI S, BLANDFORD A, COX A L. Using information behaviors to evaluate the functionality and usability of electronic resources: from Ellis's model to evaluation [J]. Journal of the American Society for Information Science and Technology, 2008, 59 (14): 2244 – 2267.

[298] MALAPELA T T I C, DE JAGER K K D U. Evaluating electronic journal use and access among academic staff at the Faculty of Agriculture, University of Zimbabwe [J]. Performance Measurement and Metrics, 2017, 18 (2): 110 – 117.

[299] MALLETT E. A screen too far? Findings from an e-book reader pilot [J]. Serials, 2010, 23 (2): 140 – 144.

[300] MAMMO Y Y G C, NGULUBE P. Insights into e-information resources (e-journals) access models in higher learning institutions in Ethiopia [J]. International Information & Library Review, 2019, 51 (1): 19 – 27.

[301] MARTINDALE G, WILLETT P, JONES R. Use and perceptions of e-books in Derbyshire libraries [J]. Library Review, 2015, 64 (1/2):

2 – 20.

［302］MAT-HASSAN M, LEVENE M. Associating search and navigation be-
havior through log analysis ［J］. Journal of the American Society for In-
formation Science and Technology, 2005, 56 (9): 913 –934.

［303］MCCASLIN D. Guest editorial: e-reserves and the threat to using persis-
tent links ［J］. Journal of Access Services, 2011, 8 (2): 51 –55.

［304］MCCRILLIS A A M M, PIAZZA A, LARSON C. Seeing the big picture
through smaller screens: characterizing the library users' experience on
mobile devices ［J］. Journal of Electronic Resources in Medical Librar-
ies, 2017, 14 (3): 114 –119.

［305］MCKENNA K, BENNETT S, DIERSELHUIS Z, et al. Australian occu-
pational therapists' use of an online evidence-based practice database
(OTseeker) ［J］. Health Information and Libraries Journal, 2005, 22
(3): 205 –214.

［306］MCKINNON D D M M, TUMMON N. Measuring usage: a comprehen-
sive analysis of a social work journal collection ［J］. Serials Review,
2019, 45 (1/2): 26 –38.

［307］MCLURE M, HOSETH A. Patron-driven e-book use and users' e-book
perceptions: a snapshot ［J］. Collection Building, 2012, 31 (4):
136 –147.

［308］MING-DER WU S Y. Effects of undergraduate student computer compe-
tence on usage of library electronic collections ［J］. Journal of Library
and Information Studies, 2012, 10 (1): 1 –17.

［309］MING-JIU H, JIANN-CHERNG S, CHIH-CHIA H. Using data envelop-
ment analysis to evaluate library electronic databases ［J］. Journal of
Educational Media & Library Sciences, 2012, 49 (3): 361 –367.

［310］MIREL B, TONKS J S, SONG J, et al. Studying PubMed usages in the
field for complex problem solving: implications for tool design ［J］.
Journal of the American Society for Information Science and Technology,
2013, 64 (5): 874 –892.

［311］MISHRA C C G C. Faculty perceptions of digital information literacy
(DIL) at an Indian university: an exploratory study ［J］. New Review

of Academic Librarianship, 2019, 25 (1): 76 – 94.

[312] MIZRACHI D. Undergraduates' academic reading format preferences and behaviors [J]. The Journal of Academic Librarianship, 2015, 41 (3): 301 – 311.

[313] MOED H F. Statistical relationships between downloads and citations at the level of individual documents within a single journal [J]. Journal of the American Society for Information Science and Technology, 2005, 56 (10): 1088 – 1097.

[314] MOGHADDAM G G, TALAWAR V G. The use of scholarly electronic journals at the Indian Institute of Science: a case study in India [J]. Interlending & Document Supply, 2008, 36 (1): 15 – 29.

[315] MOORE K B. Are we there yet? Moving to an e-only collection development policy for books [J]. Serials Librarian, 2015, 68 (1 – 4): 127 – 136.

[316] MUIR L, HAWES G. The case for e-book literacy: undergraduate students' experience with e-books for course work [J]. The Journal of Academic Librarianship, 2013, 39 (3): 260 – 274.

[317] MULHOLLAND E, BATES J. Use and perceptions of e-books by academic staff in further education [J]. The Journal of Academic Librarianship, 2014, 40 (5): 492 – 499.

[318] MULLIKEN A A H C, FALLOON K K F C. Blind academic library users' experiences with obtaining full text and accessible full text of books and articles in the USA: a qualitative study [J]. Library Hi Tech, 2019, 37 (3): 456 – 479.

[319] MUNE C, AGEE A. Are e-books for everyone? An evaluation of academic e-book platforms' accessibility features [J]. Journal of Electronic Resources Librarianship, 2016, 28 (3): 172 – 182.

[320] NATARAJAN M D G C. Use and impact of electronic resources by information science students at Jimma University, Jimma, Ethiopia [J]. Collection Building, 2017, 36 (4): 163 – 171.

[321] NEGAHBAN M B M U. Extent of future e-resource usage as perceived by students of information science in Iran [J]. SRELS Journal of Infor-

mation Management, 2017, 54 (3): 121 –124.

[322] NICHOLAS D, HUNTINGTON P. Electronic journals: are they really used? [J]. Interlending and Document Supply, 2006, 34 (2): 74 – 77.

[323] NICHOLAS D, HUNTINGTON P, JAMALI H R, et al. Student digital information-seeking behaviour in context [J]. Journal of Documentation, 2009, 65 (1): 106 –132.

[324] NICHOLAS D, HUNTINGTON P, JAMALI H R, et al. What deep log analysis tells us about the impact of big deals: case study OhioLINK [J]. Journal of Documentation, 2006, 62 (4): 482 –508.

[325] NICHOLAS D, HUNTINGTON P, JAMALI H R, et al. The information seeking behaviour of the users of digital scholarly journals [J]. Information Processing & Management, 2006, 42 (5): 1345 –1365.

[326] NICHOLAS D, ROWLANDS I, HUNTINGTON P, et al. Diversity in the e-journal use and information-seeking behaviour of UK researchers [J]. Journal of Documentation, 2010, 66 (3): 409 –433.

[327] NIKKAR M, MOOGHALI A R. Investigating the electronic journals' status in comparison with printed journals among the faculty members of Payam-e-Noor University: a study [J]. International Journal of Information Science & Management, 2010, 8 (1): 83 –105.

[328] NISHA F, P. M. N A. Awareness and use of e-journals by IIT Delhi and Delhi University library users [J]. Collection Building, 2013, 32 (2): 57 –64.

[329] NWAGWU W E, OKAFOR J. Diffusion of ebooks among postgraduate students of the University of Ibadan, Nigeria [J]. Library Review, 2014, 63 (1/2): 86 –109.

[330] OBASUYI L O, OKWILAGWE O A. Individual factors influencing utilization of research4life databases by National Agricultural Research Institute scientists in Nigeria [J]. Journal of Agricultural & Food Information, 2017, 18 (1): 9 –24.

[331] OBASUYI L, USIFOH S F. Factors influencing electronic information sources utilised by pharmacy lecturers in universities in South-South, Ni-

geria [J]. African Journal of Library, Archives & Information Science, 2013, 23 (1): 45 – 57.

[332] O'CONNELL B, HAVEN D. E-books as a collection and a service: developing a public library instruction program to support e-book use [J]. Journal of Library Innovation, 2013, 4 (1): 53 – 66.

[333] OKPALA A E, IGBEKA J U. Analysis of users' searches of CD-ROM databases [J]. The Electronic Library, 2005, 23 (3): 362 – 368.

[334] OLNEY-ZIDE M, EIFORD L. Confessions of a late bloomer: use and acceptance of an e-books program in an undergraduate library [J]. Serials Librarian, 2015, 68 (1 – 4): 307 – 317.

[335] OMEKWU C O, IBEGBULAM I J, AIYEBELEHIN J A, et al. Assessment of the information literacy competencies of academics in Nigeria [J]. The Information Technologist, 2019, 16 (1): 189 – 202.

[336] OYEWO R O, BELLO G R. Students' accessibility and utilization of electronic information resources in the library: a case study of selected monotechnics in Oyo State [J]. The Information Technologist, 2014, 11 (1).

[337] PALANI R P G C, BABU V R. Electronic resources access pattern in engineering college libraries: an analytical study at Vellore District, Tamil Nadu [J]. Asian Journal of Information Science and Technology, 2019, 9 (2): 56 – 62.

[338] PALILONIS J, BOLCHINI D. Active reading behaviors in tablet-based learning [J]. Journal of Educational Multimedia and Hypermedia, 2015, 24 (3): 235.

[339] PALMER J, SANDLER M, GEORGE S E. Get hip to e-journals and forget about the print: inciting a faculty revolution? [J]. Serials Librarian, 2003, 44 (1/2): 135.

[340] PAN R, BYRNE U, MURPHY H. Nudging the envelope: the hard road to mainstreaming UCD library e-book provision [J]. Serials, 2009, 22 (3 S1): S12 – S22.

[341] PARK E, SUNG J, CHO K. Reading experiences influencing the acceptance of e-book devices [J]. The Electronic Library, 2015, 33

(1): 120 – 135.

[342] PARK S. Usability, user preferences, effectiveness, and user behaviours when searching individual and integrated full-text databases: implications for digital libraries [J]. Journal of the American Society for Information Science, 2000, 51 (5): 456 – 468.

[343] WANG P Y, WANG H F, LIU Y C. Elementary learners' reading behaviors of e-books with different adaptive designs [J]. Journal of Educational Media & Library Sciences, 2013, 51 (2): 285 – 291.

[344] PENG LONG NG P W E M, TAN A K G A. Determinants of e-resource usage by open distance learning university students [J]. Malaysian Journal of Library & Information Science, 2017, 22 (1): 29 – 44.

[345] PESCH O O E C. COUNTER release 5: what's new and what it means to libraries [J]. Serials Librarian, 2017, 73 (3/4): 195 – 207.

[346] PINTO M, POULIOT C, CORDÓN-GARCÍA J A. E-book reading among Spanish university students [J]. The Electronic Library, 2014, 32 (4): 473 – 492.

[347] POGREBNYAKOV N, BUCHMANN M. The role of perceived substitution and individual culture in the adoption of electronic newspapers in Scandinavia [J]. Information Research, 2014, 19 (3): 184 – 201.

[348] POONGODI K P G C, SARANGAPANI R. Utilization of electronic resources by engineering college students in Kanchipuram District, Tamil Nadu [J]. Asian Journal of Information Science and Technology, 2019, 9 (1): 75 – 77.

[349] PORTA M, RAVARELLI A, SPAGHI F. Online newspapers and ad banners: an eye tracking study on the effects of congruity [J]. Online Information Review, 2013, 37 (3): 405 – 423.

[350] POSIGHA B E. The use and future of electronic books in academic institutions in Nigeria [J]. The Electronic Library, 2012, 30 (6): 796 – 808.

[351] PU Y, CHIU P, CHEN T, et al. The design and implementation of a mobile library APP system [J]. Library Hi Tech, 2015, 33 (1): 15 – 31.

［352］ QAYYUM M A. Capturing the online academic reading process ［J］. Information Processing & Management, 2008, 44 (2): 581 –595.

［353］ RAFIQUE A A H H, AMEEN K K I P, ARSHAD A A I P. Use patterns of e-journals among the science community: a transaction log analysis ［J］. The Electronic Library, 2019, 37 (4): 740 –759.

［354］ RAMAKRISHNAN K R G C, MAGUDEESWARAN T M C R. Readers' perception towards e-resources and services in JKK Nattaraja Dental College and Hospital, Komarapalayam, Tamil Nadu: a study ［J］. Asian Journal of Information Science and Technology, 2018, 8 (3): 45 – 49.

［355］ RAMIREZ D, GYESZLY S D. Netlibrary: a new direction in collection development ［J］. Collection Building, 2001, 20 (4): 154 –164.

［356］ RATAJESKI M A, KRAFT M A. Use of QR codes to promote e-books in medical libraries ［J］. Journal of Electronic Resources in Medical Libraries, 2015, 12 (1): 11 –24.

［357］ REN W. Library instruction and college student self-efficacy in electronic information searching ［J］. The Journal of Academic Librarianship, 2000, 26 (5): 323.

［358］ RENWICK S. Knowledge and use of electronic information resources by medical sciences faculty at the University of the West Indies ［J］. The Journal of the Medical Library Association, 2005, 93 (1): 21 –31.

［359］ REVELLE A, MESSNER K, SHRIMPLIN A, et al. Book lovers, technophiles, pragmatists, and printers: the social and demographic structure of user attitudes toward e-books ［J］. College & Research Libraries, 2012, 73 (5): 420 –429.

［360］ RICHARDSON JR J V, MAHMOOD K. E-book readers: user satisfaction and usability issues ［J］. Library Hi Tech, 2012, 30 (1): 170 – 185.

［361］ ROBB B G, HICKS E R. Print vs. e-journals: one hospital library's quest for the final solution ［J］. Journal of Electronic Resources in Medical Libraries, 2010, 7 (1): 70 –78.

［362］ RODRÍGUEZ-BRAVO B, ALVITE-DÍEZ M L, BARRIONUEVO-AL-

MUZARA L. Trends and models in the consumption of electronic contents: an analysis of the journals most widely used in Spanish universities [J]. The Journal of Academic Librarianship, 2012, 38 (1): 42 – 59.

[363] ROJESKI M. User perceptions of ebooks versus print books for class reserves in an academic library [J]. Reference Services Review, 2012, 40 (2): 228 – 241.

[364] ROSENBERG Z. Citation analysis of M. A. theses and Ph. D. dissertations in sociology and anthropology: an assessment of library resource usage [J]. The Journal of Academic Librarianship, 2015, 41 (5): 680.

[365] ROSSI P L, THIAW A. Log analysis and text mining on internet access to dissertations of the inseps (institut national superieur de l'ducation populaire et du sport) dakar, senegal [J]. African Research & Documentation, 2012 (118): 79 – 90.

[366] ROWLANDS I, NICHOLAS D. Understanding information behaviour: how do students and faculty find books? [J]. The Journal of Academic Librarianship, 2008, 34 (1): 3 – 15.

[367] ROWLEY J, URQUHART C. Understanding student information behavior in relation to electronic information services: Lessons from longitudinal monitoring and evaluation, Part 1 [J]. Journal of the American Society for Information Science and Technology, 2007, 58 (8): 1162 – 1174.

[368] SAHOO B B S Y, BISWAL S. Impact of electronic resources on engineering disciplines in the present day educational system [J]. International Journal of Information Dissemination & Technology, 2017, 7 (4): 257 – 260.

[369] SANDLER M, ARMSTRONG K, NARDINI B. Market formation for e-books: diffusion, confusion or delusion? [J]. Journal of Electronic Publishing, 2007, 10 (3): 1.

[370] SARRINA LI S. Electronic newspaper and its adopters: examining the factors influencing the adoption of electronic newspapers in Taiwan [J]. Telematics & Informatics, 2003, 20 (1): 35.

[371] SCHAFFER T. Psychology citations revisited: behavioral research in the age of electronic resources [J]. The Journal of Academic Librarianship, 2004, 30 (5): 354 – 360.

[372] SHASHIDHARA J J G C, SAMBATHKUMAR S A S Y. Awareness and use of open access resources by the users of selected dental college libraries in Bangalore, Karnataka: a comparative study [J]. Asian Journal of Information Science and Technology, 2019, 9 (2): 50 – 55.

[373] SHASHIKALA H M H G, SRINIVASARAGAVAN S. Usage of e-resources by the faculty members and PG students of Kempegowda Institute of Medical Sciences Hospital and Research Centre (KIMS), Bangalore, Karnataka: a study [J]. Asian Journal of Information Science and Technology, 2019, 9 (2): 81 – 86.

[374] SHELBURNE W A. E-book usage in an academic library: user attitudes and behaviors [J]. Library Collections, Acquisitions, & Technical Services, 2009, 33 (2/3): 59 – 72.

[375] SHEN J. The E-book lifestyle: an academic library perspective [J]. Reference Librarian, 2011, 52 (1/2): 181 – 189.

[376] SHEPHERD P T, WOODWARD H. The COUNTER Code of practice for books and reference works: a primer [J]. Serials, 2009, 22 (3 S1): S39 – S44.

[377] SHRIMPLIN A K, REVELLE A, HURST S, et al. Contradictions and consensus: clusters of opinions on e-books [J]. College & Research Libraries, 2011, 72 (2): 181 – 190.

[378] SIDDIQUE M A, ALI A. Online journals in the Jawaharlal Nehru University (JNU): a user survey [J]. Trends in Information Management, 2010, 6 (1): 41 – 50.

[379] SIMON C. Just the facts: an examination of e-book usage by business students and faculty [J]. Reference Librarian, 2011, 52 (3): 263 – 273.

[380] SINGH CHAUHAN J K, NAYAR K, SHARMA L, et al. Use of electronic resources among members of the Ratan Tata Library, University of Delhi: a study [J]. Journal of Library & Information Science, 2010,

35 (2): 57 - 66.

[381] SINGH G, SHARMA M. Use of electronic resources by faculty members in management institutions in Delhi: a survey [J]. Journal of Library & Information Science, 2012, 37 (1): 80 - 90.

[382] SINGSON M, HANGSING P. Implication of 80/20 rule in electronic journal usage of UGC-infonet consortia [J]. The Journal of Academic Librarianship, 2015, 41 (2): 207 - 219.

[383] SIVAKUMAREN K S S K. Access to electronic resources and services among the research scholars: a study [J]. International Journal of Information Dissemination & Technology, 2018, 8 (2): 85 - 88.

[384] SMITH E T. Changes in faculty reading behaviors: the impact of electronic journals on the University of Georgia [J]. The Journal of Academic Librarianship, 2003, 29 (3): 162 - 168.

[385] SOULES A. E-books and user assumptions [J]. Serials, 2009, 22 (3 S1): S1 - S5.

[386] SPEIER C, PALMER J. Faculty perceptions of electronic journals as scholarly communication: a question of prestige and legitimacy [J]. Journal of the American Society for Information Science, 1999, 50 (6): 537 - 543.

[387] SPIRES T. Handheld librarians: a survey of librarian and library patron use of wireless handheld devices [J]. Internet Reference Services Quarterly, 2008, 13 (4): 287 - 309.

[388] SPITZER S. Better control of user web access of electronic resources [J]. Journal of Electronic Resources in Medical Libraries, 2009, 6 (2): 91 - 100.

[389] STAIGER J. How e-books are used [J]. Reference & User Services Quarterly, 2012, 51 (4): 355 - 365.

[390] STEBBINS L. The case of the disappearing e-book: academic libraries and subscription packages [J]. The Journal of Academic Librarianship, 2015, 41 (6): 863.

[391] STEIN B. Back to the future [J]. Journal of Electronic Publishing, 2015, 18 (2): 1.

[392] STEWART L. User acceptance of electronic journals: interviews with chemists at Cornell University [J]. College & Research Libraries, 1996, 57 (4): 339.

[393] SUBHA S, NATARAJAN N O. Utilization and impact of electronic information resources among the faculty members of arts & science colleges in Erode District, Tamil Nadu: a case study [J]. Asian Journal of Information Science & Technology, 2019, 9 (1): 38 –42.

[394] SUJATHA H R, MUDHOL M V. Use of electronic information sources at the College of Fisheries, Mangalore, India [J]. Annals of library and information studies, 2008, 55 (3): 234 –245.

[395] SUMMERFIELD M, MANDEL C, KANTOR P. Perspectives on scholarly online books: the Columbia University online books evaluation project [J]. Journal of Library Administration, 2001, 35 (1/2): 61.

[396] SUNITHA T S I A. E-resources usage statistics as an indicator and measure of knowledge consumption in higher learning academic institutions [J]. Asian Journal of Information Science and Technology, 2019, 9: 46 –50.

[397] SWANSON J. Mine or theirs, where do users go?: A comparison of e-journal usage at the OhioLINK electronic journal center platform versus the elsevier science direct platform [J]. Journal of Electronic Resources Librarianship, 2015, 27 (1): 1 –9.

[398] TALJA S, VAKKARI P, FRY J, et al. Impact of research cultures on the use of digital library resources [J]. Journal of the American Society for Information Science and Technology, 2007, 58 (11): 1674 –1685.

[399] TANDI LWOGA E T G C, SUKUMS F S G C. Health sciences faculty usage behaviour of electronic resources and their information literacy practices [J]. Library Review, 2018, 67 (1/2): 2 –18.

[400] TENOPIR C. Measuring the value of the academic library: return on investment and other value measures [J]. Serials Librarian, 2010, 58 (1 –4): 39 –48.

[401] TENOPIR C, KING D W, CHRISTIAN L, et al. Scholarly article see-

king, reading, and use: a continuing evolution from print to electronic in the sciences and social sciences [J]. Learned Publishing, 2015, 28 (2): 93 –105.

[402] TENOPIR C, KING D W, CLARKE M T, et al. Journal reading patterns and preferences of pediatricians [J]. Journal of the Medical Library Association, 2007, 95 (1): 56 –63.

[403] TENOPIR C, KING D W, EDWARDS S, et al. Electronic journals and changes in scholarly article seeking and reading patterns [J]. Aslib Proceedings, 2009, 61 (1): 5 –32.

[404] TENOPIR C, VOLENTINE R, KING D W. Article and book reading patterns of scholars: findings for publishers [J]. Learned Publishing, 2012, 25 (4): 279 –291.

[405] TERRANA A, LEUNG A C, JERZAK S. Use of online resources by physics students in Canada: a cross sectional study [J]. Canadian Journal of Physics, 2017, 95 (2): 201 –208.

[406] TESKEY P, URQUHART E. The acceptance of electronic journals in UK higher education [J]. Information Services & Use, 2001, 21 (3/4): 243.

[407] TINTSWALO P T, MADELEINE F. The use of electronic resources by undergraduate students at the University of Venda, South Africa [J]. The Electronic Library, 2017, 35 (5): 861 –881.

[408] TOBIA R C, HUNNICUTT S C. Print journals in the electronic library: what is happening to them? [J]. Journal of Electronic Resources in Medical Libraries, 2008, 5 (2): 161 –170.

[409] TORBERT C. Cost-per-use versus hours-per-report: usage reporting and the value of staff time [J]. Serials Librarian, 2015, 68 (1 –4): 163 –167.

[410] TOTENG B, HOSKINS R, BELL F. Use of electronic databases by law students at the University of Botswana library [J]. African Journal of Library, Archives & Information Science, 2013, 23 (1): 59 –74.

[411] TUCKER J C. Ebook collection analysis: subject and publisher trends [J]. Collection Building, 2012, 31 (2): 40 –47.

［412］UMEOZOR S N S U, EMASEALU H U H E. Availability and accessibility of e-resources in academic libraries in Nigeria: the impact of the interventionist programmes ［J］. Annals of Library & Information Studies, 2017, 64 (4): 229 – 233.

［413］URBANO C, YIN Z, DOWNEY K, et al. Library catalog log analysis in e-book patron-driven acquisitions (PDA): a case study ［J］. College & Research Libraries, 2015, 76 (4): 412 – 426.

［414］URQUHART C, ROWLEY J. Understanding student information behavior in relation to electronic information services: lessons from longitudinal monitoring and evaluation, part 2 ［J］. Journal of the American Society for Information Science and Technology, 2007, 58 (8): 1188 – 1197.

［415］VAKKARI P. Perceived influence of the use of electronic information resources on scholarly work and publication productivity ［J］. Journal of the American Society for Information Science and Technology, 2008, 59 (4): 602 – 612.

［416］VAN DER VELDE W, ERNST O. The future of e-books? Will print disappear? An end-user perspective ［J］. Library Hi Tech, 2009, 27 (4): 570 – 583.

［417］VAN SCOYOC A M, CASON C. The electronic academic library: undergraduate research behavior in a library without books ［J］. Portal: Libraries and the Academy, 2006, 6 (1): 47 – 58.

［418］VASANTHA B V B R, MEERA B M M R, DHANAMJAYA M R R E. Usage of electronic resources by the research scholars of REVA University: a study ［J］. Asian Journal of Information Science & Technology (AJIST), 2018, 8 (3): 71 – 74.

［419］VASILEIOU M, ROWLEY J. Marketing and promotion of e-books in academic libraries ［J］. Journal of Documentation, 2011, 67 (4): 624 – 643.

［420］VIBERT N, ROS C, Le BIGOT L, et al. Effects of domain knowledge on reference search with the PubMed database: an experimental study ［J］. Journal of the American Society for Information Science and Technology, 2009, 60 (7): 1423 – 1447.

[421] VILAR P, ZUMER M. Comparison and evaluation of the user interfaces of e-journals [J]. Journal of Documentation, 2005, 61 (2): 203 – 227.

[422] VILAR P, ŽUMER M. Comparison and evaluation of the user interfaces of e-journals Ⅱ: perceptions of the users [J]. Journal of Documentation, 2008, 64 (6): 816 – 841.

[423] VOORBIJ H, ONGERING H. The use of electronic journals by Dutch researchers: a descriptive and exploratory study [J]. The Journal of Academic Librarianship, 2006, 32 (3): 223 – 237.

[424] WALKER M. E-resource statistics: what to do when you have no money [J]. Journal of Electronic Resources Librarianship, 2009, 21 (3/4): 237 – 250.

[425] WALTERS W H. E-books in academic libraries: challenges for sharing and use [J]. Journal of Librarianship & Information Science, 2014, 46 (2): 85 – 95.

[426] WALTON E W. Why undergraduate students choose to use e-books [J]. Journal of Librarianship & Information Science, 2014, 46 (4): 263 – 270.

[427] WANG M. Scholarly journal use and reading behavior of social scientists in Taiwan [J]. International Information & Library Review, 2010, 42 (4): 269 – 281.

[428] WANG S, BAI X. University students awareness, usage and attitude towards e-books: experience from China [J]. The Journal of Academic Librarianship, 2016, 42 (3): 247.

[429] WEXELBAUM R, MILTENOFF P. Challenges to e-reader adoption in academic libraries [J]. Reference Librarian, 2012, 53 (3): 270 – 283.

[430] WILEY L, CHRZASTOWSKI T E. The impact of electronic journals on interlibrary lending: a longitudinal study of statewide interlibrary loan article sharing in Illinois [J]. Library Collections, Acquisitions, & Technical Services, 2005, 29 (4): 364 – 381.

[431] WILSON R, LANDONI M, GIBB F. A user-centered approach to

e-book design [J]. The Electronic Library, 2002, 20 (4): 322 –
330.

[432] WU M, YEH S. Effects of undergraduate student computer competence
on usage of library electronic collections [J]. Journal of Library and In-
formation Studies, 2012, 10 (1): 1 – 17.

[433] XUEMEI G. Information-seeking behavior in the digital age: a multidis-
ciplinary study of academic researchers [J]. College & Research Li-
braries, 2010, 71 (5): 435 – 455.

[434] YI K, BEHESHTI J, COLE C, et al. User search behavior of domain-
specific information retrieval systems: an analysis of the query logs from
PsycINFO and ABC-Clio's historical Abstracts/America: history and life
[J]. Journal of the American Society for Information Science and Tech-
nology, 2006, 57 (9): 1208 – 1220.

[435] YOU K H, LEE S A, LEE J K, et al. Why read online news? The
structural relationships among motivations, behaviors, and consumption
in South Korea [J]. Information, Communication & Society, 2013,
16 (10): 1574 – 1595.

[436] YUE P W, SYRING M L. Usage of electronic journals and their effect
on interlibrary loan: a case study at the University of Nevada, Reno
[J]. Library Collections, Acquisitions, & Technical Services, 2004,
28 (4): 420 – 432.

[437] YUSUF A A. Awareness and use of off-line database for academic activi-
ties by undergraduate students in Bayero University Kano [J]. Informa-
tion Technologist, 2019, 16 (1): 125 – 135.

[438] ZABED AHMED S M. Use of electronic resources by the faculty mem-
bers in diverse public universities in Bangladesh [J]. The Electronic
Library, 2013, 31 (3): 290 – 312.

[439] ZHANG L, MA W. Correlation analysis between users' educational level
and mobile reading behavior [J]. Library Hi Tech, 2011, 29 (3):
424 – 435.

[440] ZIMERMAN M. E-readers in an academic library setting [J]. Library
Hi Tech, 2011, 29 (1): 91 – 108.

后　记

　　本书是国家哲学社会科学基金一般项目"基于小数据的高校图书馆用户电子资源使用习惯研究"（项目批准号：15BTQ031）的研究成果。此课题缘于笔者在中山大学攻读图书馆学博士学位期间主要完成的关于图书馆用户需求、个性化需求和信息行为等方面的研究，目的是通过对高校图书馆用户电子资源使用全流程的深度剖析，为图书馆实践提供指导。

　　本书由笔者设计研究思路、写作方法和主要内容，参与所有章节的讨论与撰写，并承担全书的审稿和定稿工作。课题组成员按照分工完成了各自的任务，在调查问卷的设计、发放和回收等方面都付出了辛勤的努力。

　　本书的顺利出版，要感谢国家哲学社会科学基金结题评审的五位匿名评委，他们为如何把结题材料修改为书稿提供了非常好的意见和建议，对于研究质量的提升起到了决定性的作用。本书的出版还要感谢中山大学出版社的编辑团队，他们字斟句酌、耐心细致地修改，体现了专业精神和专业水准。最后，我也要感谢我的家人，特别是妻子冯彩芬，没有她的鼓励和督促，我很有可能就止步于课题结项，而不会有这本书的出版。

　　本书的出版是整个团队共同努力的结果，也是对国家哲学社会科学基金项目的最好回报。希望本书能够使读者对高校图书馆用户电子资源的使用行为有更深入的了解，为图书馆资源建设和服务提升提供有益的参考。

杨　涛

2023 年 8 月于广州